大下英治
Ohshita Eiji

ハマの帝王

横浜をつくった男 藤木幸夫

さくら舎

目次◆ハマの帝王――横浜をつくった男　藤木幸夫

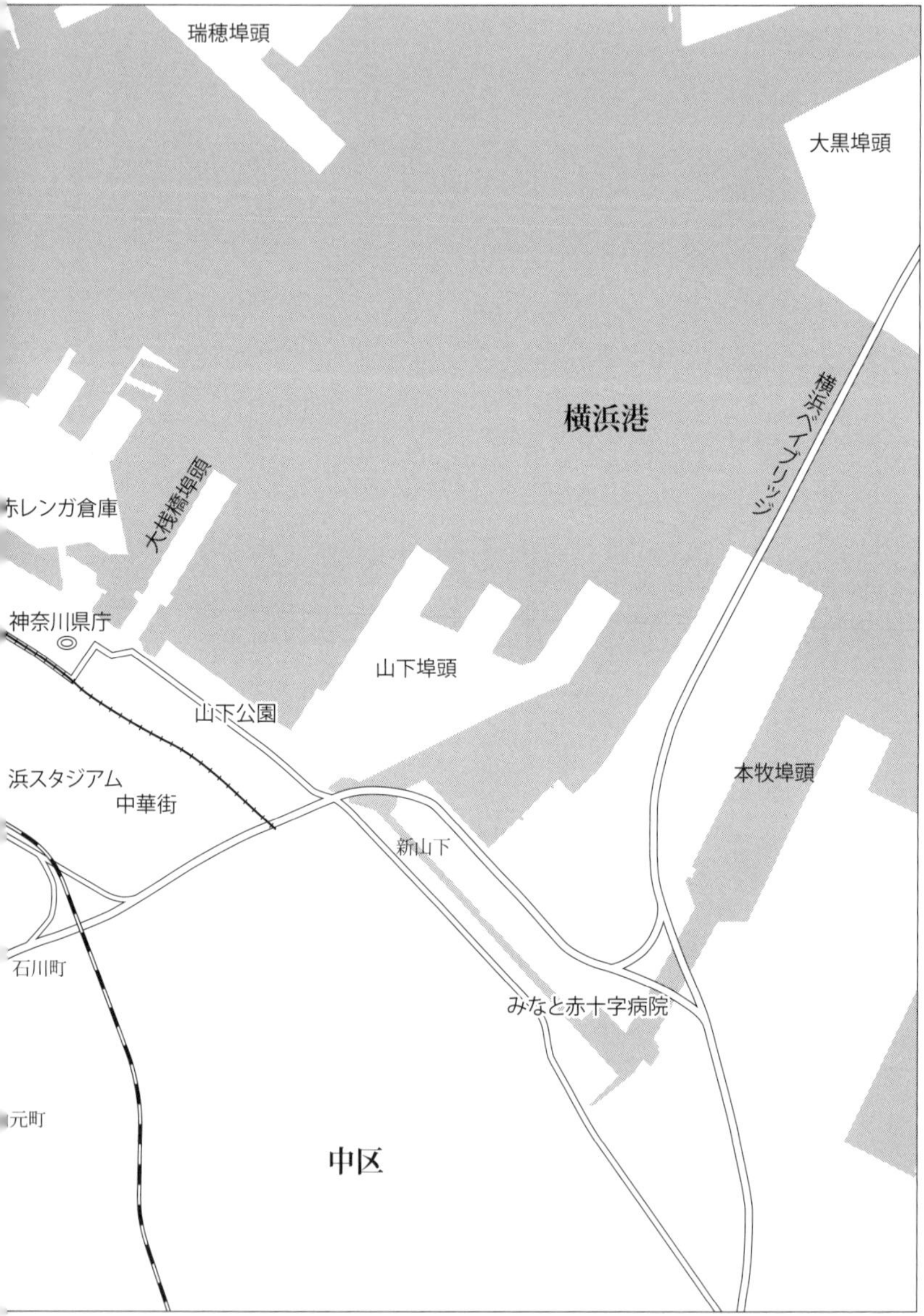

瑞穂埠頭
大黒埠頭
横浜港
横浜ベイブリッジ
大桟橋埠頭
赤レンガ倉庫
神奈川県庁
山下埠頭
山下公園
浜スタジアム
中華街
本牧埠頭
新山下
石川町
みなと赤十字病院
元町
中区

横浜地図

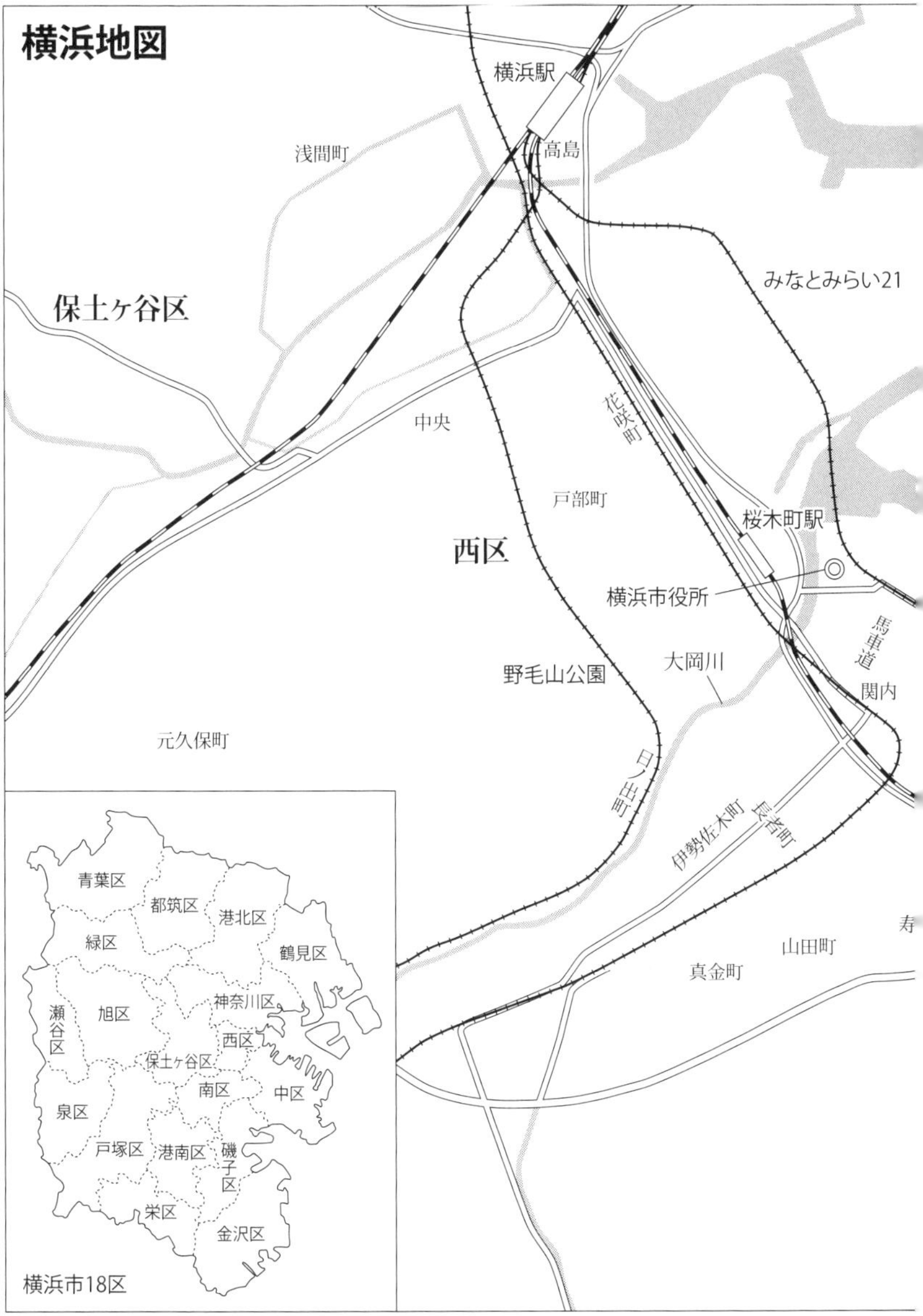

横浜駅
浅間町
高島
みなとみらい21
保土ヶ谷区
中央
花咲町
戸部町
桜木町駅
西区
横浜市役所
馬車道
野毛山公園
大岡川
関内
元久保町
日ノ出町
伊勢佐木町
長者町
寿
山田町
真金町
青葉区
都筑区
港北区
緑区
鶴見区
瀬谷区
旭区
神奈川区
西区
保土ヶ谷区
南区
中区
泉区
戸塚区
港南区
磯子区
栄区
金沢区
横浜市18区

ハマの帝王——横浜をつくった男

藤木幸夫

プロローグ――カジノ追放

ハマにカジノは必要か

藤木企業の藤木《ふじき》幸夫《ゆきお》会長は、横浜市の山下埠頭《ふとう》再開発の材料として、カジノを含むＩＲリゾートの誘致の問題が浮上して以来、反対を訴え続けてきた。

藤木幸夫がカジノに強く反対するきっかけは、親交のある元参議院議員の斎藤文夫《さいとうふみお》からの連絡だった。

斎藤は、かつて外務大臣の藤山愛一郎《ふじやまあいいちろう》の秘書を務め、その後、川崎市選出の神奈川県議会議員を務めた。昭和六一年の参院選に自民党から出馬し、初当選。二期一二年を務めた。かつては、公益社団法人川崎港振興協会の会長を務め、浮世絵のコレクターとしても有名だ。

その斎藤から、あるとき藤木のもとに電話があった。

「藤木会長の地元の横浜でカジノをやる構想がありますが、わたしの友人でギャンブル依存症に取り組んでいる専門家がいる。一度話を聞いてあげてくれませんか」

斎藤が紹介してくれたのは、日本社会病理学会の前会長で、国学院大学の横山実《よこやまみのる》名誉教授だった。

藤木は長年付き合いのある斎藤からの頼みということもあって、横山に会った。

横山から聞いたギャンブル依存症の実態は悲惨なものだった。

藤木は、話を聞きながら思った。

〈射幸心《しゃこう》のあるものはなんでも依存症になるんだな〉

藤木は、あることを思い出した。

かつて運輸省の官僚が会議の途中にたびたびウイスキーの小瓶に口をつけているのを見たことがあったのだ。おそらくアルコール中毒だったのだろう。

横山には正式に講演をしてもらい、藤木はあらためて、カジノが横浜には不要なものだと実感したという。

平成二九（二〇一七）年七月三〇日投開票の横浜市長選の前、三選を目指す現職の林文子《はやしふみこ》市長は、藤木幸夫のもとに相談に来たという。

この市長選では、林が推進していたカジノを含む統合型リゾート（ＩＲ）誘致への是非をめぐって、元逗子《ずし》市長で元衆議院議員の長島一由《ながしまかずよし》が誘致反対を掲げて、無所属で出馬する考えを表明していた。

林は、カジノの誘致が争点化し、自身の三選が難しくなることを危惧《きぐ》していたようだった。

「藤木会長、今度の市長選でカジノが争点になりそうで、賛成か反対か言わなきゃいけないのですが、どうしたらよいでしょうか」

藤木幸夫は助言した。

「おれは反対に決まっているけど、それなら『賛成でも反対でもなく、白紙です』でいいんじゃないか」

林は藤木の助言に従い、是非には触れず、選挙戦では白紙という立場を貫き、無事に三選を果たした。

しかし、それから数ヵ月で、林市長はすぐさま態度を白紙から推進へと翻《ひるがえ》した。

しかも、藤木のもとに一切連絡もしなかったという。

林の背後には、ＩＲ整備推進法（特定複合観光施設区域の整備の推進に関する法律）を成立させた第三次安倍政権の官房長官である菅義偉《すがよしひで》の存在があった。林市長は、菅の意向を受けて、推進に向けて動いたようだった。

そのことによって、さらに藤木幸夫と菅の間にはひびが入ったという。

藤木幸夫自身は、菅との関係をどのように考えていたのか。

「菅は菅。わたしは個人的な関係ではありません。菅は以前は細かいことでも相談に来ていた。が、いまは違います。かつては、自民党の総務会で先輩議員に菅がいびられたら、その先輩のところにとりなしに行ったりしてあげましたよ。

しかし、彼は、どんどん中央で出世していった。官房長官になってからは、よけい疎遠になった。官房長官の部屋には、秘書官も控えているから、込み入った話はどんどんできなくなった。そのうち出世していく話ばかり聞くようになっていった。結局、向こうの出方一つです。わたしが気に入らないから『来るな』と言ったわけじゃない。あちらが役職が変わって、人が変わっただけのことだから」

「わたしは命を張って反対していく」

横浜市は、二〇二〇年代後半の開業を目指し、カジノを含む統合型リゾート（ＩＲ）の山下埠頭への誘致に乗り出す。林文子市長が令和元（二〇一九）年八月二二日の記者会見で発表した。

ただ、ギャンブル依存症や治安悪化への懸念《けねん》から、市民の反対は根強い。林市長は「丁寧に説明していきたい」と繰り返したが、「白紙」としてきた従来の姿勢を変えたことに対し、激しい反発が起きている。

「背景にあるのは、横浜の将来に対する強い危機感だ」

ＩＲ誘致の理由について、林市長は記者会見で真っ先にこう述べた。

市は令和元年をピークに人口減少に転じ、高齢化が進むなか、市財政は厳しさを増すことが予想される。

「二〇年、三〇年先を見据え、成長、発展を続けるためにはＩＲを実現する必要がある」

ＩＲは大規模な国際会議場や展示場、ホテル、劇場などの施設を一体的に整備し、建設費や運営費の不足をカジノの収益で補う仕組みだ。林市長は述べた。

「昼夜問わず幅広いコンテンツを提供し、横浜の観光面の弱点を克服する中核となる」

市はこの日、IRの経済波及効果について、建設時は一兆二〇〇〇億～七五〇〇億円、開業後は年一兆～六三〇〇億円に上るとの試算も公表した。

いっぽう、市民に懸念の強い治安悪化やギャンブル依存症に対し、林市長は強調した。

「国が進める依存症を増やさない取り組みや、治安対策の環境が整ってきた」

林市長はもともとIRに前向きだったが、平成二九年の市長三選を前に「白紙の状態」と慎重姿勢に転じた。

いっぽう、平成三〇年七月のIR実施法成立後、IRに関心がある民間事業者から構想案を公募。「白紙」の姿勢を維持しつつ、IRに関する情報を集めてきた。

選挙で民意を問わないままIR誘致を決めたことについて、林市長は「丁寧な説明をしていきたい」と繰り返し、一八区すべてで自ら出席した説明会を開く考えを示した。

林市長の誘致表明をめぐり、山下埠頭を利用する企業が加盟する藤木幸夫を会長とする横浜港運協会は反対姿勢を強めた。

協会幹部は話す。

「いままでは市長の立場に配慮して紳士的に対応してきたが、これからは他の反対派との連携も考え、総動員で対応する。カジノをできなくするためなら、何でもするという対応になる」

黒岩祐治《くろいわゆうじ》知事は八月二二日、記者団の取材に答えて、林市長がIR誘致を表明したことを「県全体の観光の活性化に非常に有効な施策」と評価し、実現に向けて協力していく姿勢を示した。

カジノを含む統合型リゾート施設（IR）をめぐり、横浜市の林文子市長の誘致表明から一夜明けた八月二三日、港湾関係者は断固反対の意思をあらためて明確にする一方、待ちわびた地元経済界は歓迎の声を上げた。ＩＲ事業者であるラスベガス・サンズなどが海の向こうから候補地に秋波《しゅうは》を送るなど、横浜市の名乗りで情勢は一気に動きだした。

横浜港運協会は二三日、横浜市内で会見を開き、ＩＲの山下埠頭への誘致に反対する姿勢をあらためて示した。

藤木幸夫会長は、市が山下埠頭を対象地としたことに猛反発。

「昨日、林さんがわたしの顔に泥を塗った」

藤木会長は「泥」という言葉を七回も繰り返し、市長に対する不快感をあらわにした。

「ここはわれわれ港湾人の聖地であり、博打《ばくち》場にしない。横浜の将来のためによかったと思われる守り方をしていきたい。カジノのような犯罪的なものは一切しない」

山下埠頭は９割が市有地で、一部はさら地になったが残りは倉庫などが並び、同協会の事務所もある。ＩＲの事業化に向けて市が立ち退きを求めた場合は「ここでわたしたちは寝泊まりする」と述べ、退去しない考えを示した。

ギャンブル依存症問題にも言及し、「カジノがあるところには悲しい歴史、悲しい現実がある」として、市民に対して訴えた。

「横浜の三〇年、五〇年後はどうなのか。これは一人一人が判断してもらいたい」

そして、横浜港の現状やカジノ、ギャンブル依存症への市民の理解を促すために協力する意向を明かした。

同協会が五月に設立した港湾運送事業者でつくる新組織「横浜港ハーバーリゾート協会（ＹＨＲ）」は、カジノなしの再開発は採算可能としている。協会は六月、林市長宛てに山下埠頭へのＩＲ誘致に反対する要望書を提出していた。

藤木幸夫会長は「わたしは命を張って反対していく」と徹底抗戦の気炎を上げた。

会長の長男で、横浜港運協会の藤木幸太《こうた》副会長はＩＲをめぐるこの年一月のインタビューでこう答えた。

「おれたちが明け渡した土地で外国企業がたっぷり稼ぎ、その利益を外国に持ち帰るとすれば、そんなことは許せますか。ミナトの人間としてあり得ない話だ」

藤木幸夫会長は当初、ＩＲの山下埠頭への誘致に前向きな姿勢を示していた。平成二八年一二月に成立したＩＲ整備推進法の審議中の頃から有力政治家と接触し、「カジノを横浜でやるときはおれがやるよ」と伝えたと、会見で明かした。

会長自らが賛否をめぐり変遷《へんせん》してきたように、港湾事業者、ひいては地元経済界も一枚岩ではない。むしろ分裂している。

横浜商工会議所は、平成二八年にＩＲについての研究会を設置するなど早くからＩＲに期待を寄せてきた。平成三〇年には「ＩＲを活用した横浜のまちづくり」を盛り込んだ市政と予算編成に関する要望書を市に提出。林市長によるＩＲ誘致表明に対しては、上野孝《うえのたかし》会頭名で「英断」と最大限の賛辞を贈った。

横浜商工会議所には会頭ら幹部をはじめ、会員企業に多くの港湾関係の事業者が名を連ねる。今後、綱引きも予想されるが、「市民不在」との声は市長だけでなく経済界にも当てはまる。


ＩＲは安倍晋三《あべしんぞう》政権が成長戦略の目玉と位置づけていた。そして横浜は安倍総理の側近、菅義偉官房長官がかつて市議などを務めたお膝元だ。横浜で「カジノ反対」を唱えることは、安倍政権に真っ向から対立しているようにも映る。藤木幸夫は菅と四〇年来の深い付き合いがあり、ＩＲについても意見交換したことがあるという。最初に話題に上ったのは平成二七年の夏。菅からＩＲについて説明を受けた。

藤木幸夫は、後悔の念をにじませる。

「いまとなっては不徳の致すところだが、そのときは『菅さん、やるというなら、わたしがやるぞ』と言ってしまった」

藤木幸夫は語る。

「正直、わたしは（横浜市長の）林さんの最大の後援者ですよ。彼女はそこに座って、わたしと年中、話をしていたんだ。だから彼女の心は痛いほどわかる。カジノに賛成するはずがないんだ」

本心でないとしたら、市長はなぜIR誘致に突き進もうとしているとみているのか。

「『ハードパワー』が働いているせいだよ。プレッシャーに耐えられなくなったんだ。ハードパワーは何かって？　総理官邸ですよ」

「わたしは横浜でも最初の自民党支援者だよ。市民の声を聞かなくなったら、本来の自民党じゃない。そういう自民党は応援しない」

藤木の怒りのボルテージは上がる。

「安倍さんもトランプさんも、せいぜい一〇年ぐらい政権を維持させればいいんでしょ。でも横浜に住む自分たちは何十年、何百年先が大事なんだ。目先の利益だけでかき回されたらたまらないよ。将来の港に大きな汚点を残すことは許さない」

真っ向勝負に出た藤木と菅

二《に》階《かい》俊博《としひろ》幹事長は、表明こそしていなかったが、ポスト安倍候補として菅義偉官房長官を考えていた。

わたしはそう察し、令和元年七月に『ふたりの怪物　二階俊博と菅義偉』を上梓《じょうし》し、さらに令和二年四月に菅官房長官の活躍を描いた『内閣官房長官』を上梓していた。

安倍総理は、任期途中の令和二（二〇二〇）年八月二八日、持病悪化を理由に退陣を表明した。

二階幹事長は、いわゆる「一番槍《やり》」として菅を担ぎ、みごと菅政権を誕生させた。

令和二年九月の自民党総裁選で総理に就任した直後、菅義偉は、藤木幸夫のもとに挨拶に来た。

横浜市へのカジノの誘致をめぐり、対立関係にあった藤木だが、菅の挨拶に応じ、それからまもなく、ご祝儀として一〇〇万円を包んで持っていかせた。

持っていったのは、藤木が長年支援していた小此木彦三郎《おこのぎひこさぶろう》の息子でやはり支援し続けている小此木八郎《はちろう》衆議院議員であった。

菅は、かって小此木彦三郎の秘書をしていて、小此木八郎とも親しかった。

だが、菅はそれを返してきたという。

このことがさらに、混乱に拍車をかけた。

菅総理としてはカジノで対立関係にあることが公《おおやけ》になっているなかで受け取れないと思ったのかもしれない。

が、藤木にしてみたら、メンツを潰されたのと同じ行為であった。

藤木は語る。

「喧嘩《けんか》しているなかでも、お祝いはお祝いなわけです。天保水滸伝《てんぽうすいこでん》のような切った張ったの義理人情の世界では渡した金を突き返すなど、許しがたいという話になる」


菅政権が発足した令和二年九月一六日から約一ヵ月後の一〇月三一日午後、わたしは菅総理に招かれ、東京永田町のザ・キャピトルホテル東急の中国料理店「星ケ岡」で菅総理と食事をした。

そのとき、わたしが藤木幸夫伝を執筆中だと伝えると、菅総理は語った。

「わたしと藤木会長と距離ができたように言われていますが、じつは、わたしと藤木会長との間には、わたしが秘書として仕えていた小此木彦三郎先生の息子の小此木八郎議員がれっきと存在している。藤木会長は、小此木彦三郎先生、小此木八郎議員を支え続けてきた方です。その小此木議員を飛び越えてわたしが藤木会長により近づくのは問題だと思っているんです」

わたしは、この菅総理の思いも、藤木会長には伝えておいたが、その当時、藤木会長と菅総理の距離感は、カジノの是非をめぐる論争も続いていて、複雑なものであったのだろう。


横浜港ハーバーリゾート協会の藤木幸夫会長は令和三（二〇二一）年八月三日午前、東京都千代田区の外国特派員協会で記者会見を開いた。

記者から横浜市長選について、藤木会長に質問が発せられた。

「藤木先生は自由民主党の党員でありながら、事あるごとに自民党をぶっ壊すとおっしゃっています。そこで、横浜の未来を決める横浜市長選挙に関してお尋ねします。藤木先生が支持を表明されている元大学教授の山中竹春《やまなかたけはる》さんこそ横浜市長にふさわしいとお考えでしょうか」

藤木会長は答えた。

「山中さんのことは、わたしは何も知りません。とにかく誰か出さなきゃいけないっていうことだけはわかってましたね。わたしの友達、田中康夫《たなかやすお》（元長野県知事）もその一人だし、みんなわたしのところへ来て、出たい出たいって言ってたんですよ。

結論から言いますと、江田憲司《えだけんじ》（立憲民主党代表代行）さん、あの人は友達で、江田に任したの。もう誰でもいいよと。（ＩＲ推進の）林（文子市長）以外なら誰でもいい。林はいまもうロボット、操り人形だから。もう菅（総理）の言うとおり動いてるだけだから。江田君がこの人がいいよということを言ったら、おれはそれでいいよと、もうおれは顔を出さないと。そのあと小此木八郎がああいうこと言いだしたんですよ」

国家公安委員長である小此木八郎は、突然、閣僚を辞職して、八月二二日投開票の横浜市長選出馬を表明した。

しかも、菅義偉首相の最側近でありながら、意外なことに菅首相が目指すカジノを含む統合型リゾート施設（ＩＲ）の横浜誘致に反対を表明したのだ。

藤木幸夫は、菅が秘書として仕えていた小此木彦三郎の支援者であり、息子の八郎の支援者でもあった。

小此木八郎は、令和三年八月の横浜市長選に出馬する際、藤木幸夫の息子の藤木幸太の元にも挨拶に来た。

藤木幸太は、小此木に言った。

「なんでおまえは閣僚を辞めてまで出馬したんだ。刺客《しかく》じゃないか」

すると、小此木はムキになった。

「おれのことを子どもの頃から知っていて、刺客に見えますか」

幸太は冗談めかして言った。

「見える」

小此木が市長選への出馬を決断した背景には、自民党神奈川県連の会長として、市長選に公認候補を擁《よう》立《りつ》しないといけないという切羽詰まった事情があったようだ。

菅総理も、自分のお膝元である横浜市の市長選だけに公認候補の擁立に躍起《やっき》だった。小此木は閣議などで菅に会うたびに、ほかの大臣の面前で催促されていたという。

国会の最終日の翌日、小此木は菅総理に見得《みえ》を切ったという。

「誰も出せなかったら、おれが出ます」

小此木八郎の出馬の裏では藤木が動いているのでは、との声も広がっていた。

藤木幸夫は、外国特派員協会での記者会見でボルテージを上げた。

「わたしは八郎の名付け親ですよ。で、八郎がああやってきて、いろんな人が今度、あれはまた藤木さんがシナリオ書いたんじゃないかとか痛くもない腹を探られていますけど、そうじゃないんです。

そしたら江田がこの間急に山中さんを連れてきて、こいつどうですかって。わたしは、すぐ、あんたは目が鋭すぎるよって、それだけ言いました。ほかには悪いことはないだろうと。江田がちゃんと責任持って薦めてるんだから。ただ、あんたのその目じゃ、当選できないよ、もっと柔らかい目になりなさいってことだけ言って帰りましたけど。

その後いろいろ聞いてみると、いい人だ、山中って人はね。だけど当選するのは八郎でしょう。そりゃ八郎が当選しなきゃしょうがないでしょう。だからもういま、八郎の母親からも毎日のように手紙が来るし、もうみんな港の連中もどうするんだどうするんだと言ってくれているけど」

司会が疑問点を確認した。

「すいません、いまの江田さんに任せたというお話、江田さんは立憲の、もう公式のポジションで山中さんを支持してますから、現時点では藤木さんはやはり山中さんの支持ということでよろしいのか。

それからもう一点は、八郎がどうせ勝つんでしょうというお話でしたが、小此木さんでも藤木さんとしては構わないというお立場なのか。特に小此木さんがカジノにきちんと反対している限りは、べつに小此木さんでも構わないというお立場という理解でよろしいのか、その二点をお願いいたします」

藤木会長は言った。

「変えさせますから。すぐ考え変えさせちゃう」

藤木会長は、小此木が現在「カジノ反対」を掲げていても、やがて菅総理に「カジノ賛成」と変えさせられると思い込んでいるのだ。

藤木は語り続けた。

「カジノはやっていいんですよ。横浜港以外ならどこでもやってくださいよ。もう、だって国がやるって言ってるんだから。もう京浜急行はじめ、いろいろ、里見《さとみ》（治《はじめ》セガサミー会長）君のところの会社にしてもなんにしても、わたしは向こう方の人が何やってるかみんな知ってますから。向こうもちゃんと後ろめたいところがあることはみんなわかってるんです。みんな大人ですからわかってるんです。

ただ世の中はお金のある人と事業家とは別なんです。事業家は事業家で、もう投資をしなさい、おれがちゃんと大きくしてあげますよっていう、そういうシステムでしょう、いまは。だから投資するためのお金をカジノで。もうはっきり言いますよ、京浜急行だってみんなつくっちゃったんだ。それで投下しちゃってるんだ。誰がやらしたんだよ、政治家ですよ。もう本当にこんなカジノをめぐる問題は汚い問題ばかり。かわいそうです。

ですから、もう結論から言えば、誰が市長になろうと、カジノはやらせません、港では。ただ、どっか横浜の端っこの端っこの端っこで細々とやりますというならばそれもよし。

ただ、現在のカジノの施設を設計した人がいます。設計しただけでも二〇億円もらったって言ってる。その人が心配して、わたしの知らない人だけど、ニューヨークから来てくれていろいろ教えてくれたんだ、わたしのところへ。ホワイトハウスからも来てますよ。

もうみんな、かわいそうなくらい人生懸けてる人いっぱいいる。だからいまここでうっかりしたこと言えないんですよ。

しかし、横浜でカジノはやらせません。絶対やらせません。わたしは、カジノをやるときは、オープンの日に切腹して死にますから」

菅政権に対する評価を訊かれ、藤木会長は答えている。

「政界は、日本の政界はもう完全な病気です、全員が。どういう病気かっていうと世襲病。だから生まれたら、もうおじいさんが県議会議長をやってた、で、親が国会議員やってた、自分がのほほんって、気がついたら後援会の人に推されて、自分にいつの間にかバッジが着いてたと、そういう議員ばかりなんですよ。だから菅くんなんかの場合はまったく異色で、要するに草履《ぞうり》取りが総理大臣になったわけですからね、やっぱり偉いですよ。ずいぶん我慢したんですよ。だから我慢の塊《かたまり》っていうか、わたしに言わせれば菅くんの周りはジェラシーの塊ですけどね」

菅をそういう一面では評価しているのだ。

横浜市長選の勝利は藤木に

令和三年八月二二日投開票の横浜市長選への立候補を表明した立憲民主党推薦の元横浜市立大学教授・山中竹春の支援団体が集まる合同選対会議の初会合が、七月一七日、横浜市内で開かれた。カジノ誘致に反対する横浜港ハーバーリゾート協会の藤木幸夫会長が名誉議長として出席。山中を全面支援する考えを示した。

「ハマのドン」と呼ばれ、横浜の政財界に影響力を持つ藤木幸夫。前自民党県連会長の小此木八郎衆院議員が、市が進めるカジノを含む統合型リゾート（ＩＲ）の誘致とりやめを掲げて立候補表明したため、小此木とつながりが深い藤木が山中支援に動くか注目されていた。

藤木は会合で挨拶した。

「山中さんの支援を頑張るつもりだ。この人に任そうと思う」

藤木はこの日事務所開きをした政治団体「横浜をコロナとカジノから守る会」の代表にも就任した。

横浜市長選をめぐり、山中竹春の全面支援を明かした藤木幸夫へ八月一五日、菅義偉総理が直接電話をし、会談していたことが明らかになった。

自民党総裁でもある総理やその周辺は、ＩＲに反対し、「ハマのドン」と評される藤木の野党への肩入れやその度合いに神経をとがらせているという。市長選後の解散総選挙をにらむ動きが早くも浮上した格好だ。

同協会はカジノなしの山下埠頭再開発を提唱しており、山中も出馬会見時に「ＩＲ誘致は断固反対」と決意を表明。一七日に発足した山中の合同選対会議では、藤木が名誉議長に就任するとともに、協会挙げての支援を約束した。

その際のあいさつで藤木は「山中さんにしっかりお願いする」などとしたうえで、「中身は言えないが菅総理からおととい（一五日）電話があった」と明かした。官邸サイドから「藤木氏が総理と話をした」との情報が流れることを見越し、取引などは一切ないと印象づけるため、先手を打ち発言したとみられる。

総理周辺や自民党関係者によると、二階俊博幹事長ら党幹部は、藤木が立民代表代行・江田憲司の主導で擁立がなった山中を推す過程で、総選挙などにおいても野党に肩入れすることを警戒。総理は周囲からの助言や打診もあり、電話を入れたという。

菅総理は先の都議選で街頭演説を見送るなど、就任以来「総理は地方選にはノータッチ」との不文律を通してきただけに、ＩＲをめぐり対立関係に陥っている藤木への今回の対応は異例だ。

関係者の話を総合すると、藤木は「江田氏や山中氏を個人として信頼して応援する。政党は関係ない」などと総理に告げたという。

藤木は一七日の挨拶でも「立憲の江田、立憲の山中とは思っていない」と公で述べた。野党と一定の距離を保つ姿勢を見せる一方で、「カジノ賛成の自民党議員は全員落とす」などと与党を強く批判した。

八月二二日の横浜市長選は、立憲民主党が推薦した元横浜市立大教授の山中竹春が、与党系候補ら七人を破って初当選した。次点の小此木八郎に一八万票の差をつけた。

菅総理ら自民党の地元議員の大半と公明党が支えた小此木八郎をはじめ、政治経験豊富で名の知られたライバル候補を引き離し、市民の期待を一身に集めた「新市長」の誕生である。

当	五〇万六三九二票	山中竹春	48	無所属	新
	三二万五九四七票	小此木八郎	56	無所属	新
	一九万六九二六票	林文子	75	無所属	現
	一九万四七一三票	田中康夫	65	無所属	新
	一六万二二〇六票	松沢成文	63	無所属	新
	六万二四五五票	福田峰之	57	無所属	新
	三万九八〇二票	太田正孝	75	無所属	新
	一万九一一三票	坪倉良和	70	無所属	新

八月二二日の横浜市長選で敗れた前国家公安委員長・小此木八郎は、真っ先に盟友でもあり兄とも慕う総理・菅義偉を気遣った。

「ぼくは大丈夫だけれど、菅さんが心配だ……」

横浜市長選から一夜明けた八月二三日、菅総理は官邸で記者団の前に立った。

「大変残念な結果だが、市政が抱えているコロナ問題とか、さまざまな課題についてご判断をされたわけであり、謙虚に受けとめたい」

さらに、九月末に迫る自身の自民党総裁任期満了に伴う総裁選への立候補にあらためて意欲を示した。

しかし、昨秋の政権発足以降、大型選挙での実績に乏しい菅総理は今回、お膝元の選挙でありながら自民党をまとめきれずに小此木八郎元国家公安委員長を支援した。

だが、小此木は、菅の選挙区である衆院神奈川二区でも、野党が支援した山中竹春に約二万票も離されて、敗れた。「選挙の顔」としての役割を果たせていない結果に、自民党内では遠心力が強まっている。

八月二四日に自民党本部でおこなわれた二階幹事長の記者会見で、総裁選について、会長を務める二階派としても菅総理の再選を支持するのかを問われて、二階は憤然と強調した。

「当然のことじゃありませんか。愚問だ」

「選挙の顔」としての菅総理を不安視する声が党内で高まっているとの指摘についても、交代論を牽制《けんせい》しつつ、語った。

「誰々さんでは選挙が戦えないって、失礼な話だ」

周辺によると、小此木の落選以降、菅の口数がめっきり少なくなったという。

連日、官邸に通い菅を励まし続けた小泉進次郎《こいずみしんじろう》へは、「自分の思いが伝わらないし広がらない」とこぼした。

菅の退任表明前日の九月二日深夜、小泉は周囲に「こういうときに小此木さんがいないのは本当に痛い」と漏らしている。

九月三日、菅は次期総裁選には立候補せず、九月末の総裁任期満了とともに首相を退任する意向を示した。

新総裁には岸田文雄《きしだふみお》が就任した。

「自分が勝ったら、次は負けてやらないといけない」

横浜市へのカジノの誘致をめぐって関係が疎遠になっていた横浜港運協会前会長で横浜港ハーバーリゾート協会会長の藤木幸夫と菅義偉前総理だが、最近、雪解けムードが演出されつつある。

令和五（二〇二三）年一月六日の朝、菅義偉は、神奈川県庁近くにある藤木企業の本社ビルを訪れ、藤木幸夫のいる七階の会長室を訪れた。

会談は両者の関係者を交えて約三〇分間おこなわれ、二人だけで話し合う時間もあったという。

神奈川新聞社の取材に対して、藤木幸夫は会長室を通じて「二人だけのトップシークレット」として応じなかった。

ただし、菅は、前日の五日に自身から会談を申し出たことを明らかにし、「ある意味で自然な形であいさつした」と再会の様子を振り返っている。

二人が会長室で会談したのは、菅が総理大臣に就任する直前の官房長官時代の令和二年夏以来である。

藤木との会談は、菅が関係修復を模索したとの臆測《おくそく》を各方面に呼んだ。

藤木幸夫は、今回の菅の行動について次のように評した。

「雪解けではなく、水たまり程度だ」

だが、実際に菅と和解する雰囲気はあるのだろうか。


令和三年八月の横浜市長選でカジノ反対派が擁立し、藤木幸夫も支援した山中竹春が勝ったとき、藤木幸夫は、じつは息子の幸太に次のように言っていた。

「幸太、こういうのは自分が勝ったら、その次は、負けてやらないといけないんだよ」

藤木幸夫は、訪問してきた菅に対して、お返しに「自分の方からも表敬訪問したい」という気持ちもあるようだ。

藤木幸太が語る。

「うちのオヤジには、来てくれてうれしいという気持ちはあると思いますよ。また、それをちゃんと伝えたいという気持ちもあると思います」

ただ今回、藤木幸夫と菅の仲介に入った人物からは「これでもういい。わざわざ藤木会長の方から行く必要はない」と連絡があったという。

藤木幸夫と菅義偉の関係は横浜港へのカジノ招致問題をめぐって、冷え込んでいた。

藤木は「カジノに賛成する議員はみんな選挙で落とす」とまで発言していた。

実際に藤木が支援した山中竹春が横浜市長選で当選したこともあって、藤木幸太によると、菅に近い横浜市議会議員たちは、「今年四月に迫る自分の選挙もピンチになる」と危機感を抱き、藤木と菅の和解を模索する動きがあったという。

菅のところにも横浜市議たちからの声は入っているようだった。

藤木幸太は次のように分析する。

「菅さんも、メディアで表立って批判されたこと自体は面白くなかったろうけれど、市議たちのことを考えて、行動したんじゃないでしょうか」

藤木幸太によると、今回の和解劇で、菅との仲介に立ったのは、藤木幸夫の助さん格さん的存在の人物だという。

幸太のところにも「仲介の音頭を取ってくれないか」という声もあったという。

だが、藤木幸太は自分がやるべきことではないと思っていた。

〈自分が口を出したら、オヤジもセガレに言われて和解したのではみっともないという気持ちになるだろう。自分以外の人が間に入ってくれたからこそうまくいったんだ〉

幸太は、幸夫本人からも言われていた。

「いいか。菅との喧嘩はおれの喧嘩だ。おまえには関係ないからな」

幸太は「そうは言っても、実際に関係ないで済むわけはないだろう」と苦笑しながら聞いていたという。

神奈川新聞によると、二月一五日、藤木幸夫は、自民党の菅義偉前総理を衆院議員会館の菅事務所に訪ね、約二〇分間会談した。

藤木幸夫は、退室時、事務所前の廊下で見送る菅に対して、一〇二歳になる菅の母親について、笑顔で語りかけた。

「お母さんによろしく伝えてください」

藤木幸夫は、そう言いながら菅と握手を交わした。

藤木幸夫は、今回の会談について次のように語っている。

「この間お目にかかった際のお礼にきた。忙しい中に来てくれたので、返礼しないといけないね」

第一章　沖仲仕の港に根を張る男

海への憧れ

藤木幸夫の父親の藤木幸太郎《こうたろう》は、それまで働いていた両親の営む浅草北三筋町《あさくさきたみすじまち》（のち台東区三筋）の八百屋「八百清」を出るや、ひたすら横浜へ横浜へと急いだ。

〈船員になるんだ。世界中を思うぞんぶん走り回ってやるぞ〉

明治四二（一九〇九）年、一七歳の春であった。

当時政府は、殖産興業政策の一環として海運事業の奨励に力を入れ、海運会社もまた熾烈《しれつ》な競合時代に入っていた。

が、幸太郎が海に憧れたのは、物心ついてから小学校四年までを開港地の横浜で過ごしていたことが大きかった。

幸太郎は、明治二五（一八九二）年二月一八日、神奈川県久良岐《くらき》郡戸部《とべ》村（のち横浜市西区戸部町）に生まれた。ハマっ子であった。

幸太郎の住んでいた神奈川県横浜市の西戸部の背後の丘陵地にのぼると、眼下に紺青の横浜港がひろがった。左に西波止場、右に東波止場が眺められ、沖に碇泊《ていはく》した船からこの波止場へ荷物を運ぶ艀《はしけ》が一日中走り回っていた。

関内《かんない》に遊びに行くと、鉄の橋のたもとから東京通いの連絡船が出ていた。馬車道《ばしゃみち》、弁天通り、太田町界隈《おおたまちかいわい》（のち横浜市中区）は派手に装飾された商店や飲食店が並び、乗合馬車が風を切って走っていた。路地からときどき大男が酒に酔って真っ赤な顔をして出てきた。彼らはいつも半分しか袖のないシャツを着て、太い腕をニューッと出し、その両の腕には龍や花、錨《いかり》、蛇、紋章のような模様の刺青《いれずみ》をしていた。帽子を被っていない者もあれば、赤い毛糸の玉をつけたお椀のような帽子や、ペチャンコになった鳥打帽を被った者もいた。彼らは間違いなく外国船員であることがわかった。

通り過ぎるとき、彼らの身体から酒の匂いと一緒に強い体臭を感じ、幸太郎はむかつく思いをした。しかし、幸太郎は強烈に感じていた。

〈これこそ、外国人の匂いだ……〉

この頃、少年や青年の憧れの言葉は〝海外雄飛〟であった。そしてこの言葉は海へのロマン、船員への憧れにつながっていた。

幸太郎は思い詰めた気持ちを父の岩五に打ち明けたとき、励ましの言葉をもらった。

「人間は七転び八起きだからな。おまえの思うとおりにやってみろ」

母のリエからは、当座の小遣いとして五円をもらっていた。

幸太郎は、母親の心をこめた着替えや日用品を入れて細引き（縄）で結《ゆ》った大きな柳行李《やなぎごうり》を担いで、横浜へと急いだ。

歩いたり、鉄道馬車に乗ったりして、ようやく月島《つきしま》の海岸へと出た。

東京都中央区月島は隅田川《すみだがわ》口につくられた人工島である。明治中期までは浅瀬にすぎなかったという。幸太郎が月島の海岸に立ったのは、ちょうど埋め立て工事が始まった頃で、周辺にはまだアシやカヤの野原が広漠と続いていた。

陸地続きに前方へ突き出すようにつくられた繋船《けいせん》場に帆をおろした石炭艀が二隻《せき》ほどつながれている。

沖合には、黒々と煙を吐く本船が一〇隻近く見える。

雲の多い春の空から、やわらかい陽ざしが静かにおちている。周囲は森閑《しんかん》としていた。

幸太郎は、眠りを誘うような静けさの中で、そこまで担いできた柳行李をおろした。石段に腰をおろし、ぼんやり沖を見やっていた。

「おい兄ちゃん、何してるんだい」

突然、だみ声でそう呼びかけられ、飛び跳ねるように立ち上がった。

その男は、蓬髪《ほうはつ》にねじり鉢巻きをし、油だらけの印半纏《しるしばんてん》を着ている。

幸太郎は打ち明けた。

「これから、横浜へ行くんだ」

幸太郎は、船員になりたくて家を出てきたことを打ち明けた。

すると、男が急に愛想笑いを浮かべた。

「そうかい、それじゃちょうどよかった。なにも、わざわざ横浜に行くことはねぇ。おれの船に乗らねえか。おまえなら身体も、力も強そうだから、すぐ立派な船員になれるぜ。おれがすぐに仕込んでやるから、心配はいらねえよ」

男は、幸太郎を繋船場に帆を休めている石炭船に案内した。幸太郎の眼に、船尾に「妙宝丸」と記された船名が飛び込んできた。

男の説明によると、乗組員が二〇人ほどの帆走《はんそう》が主の小さな機帆《きはん》船で、瀬戸内の港から東京へ塩や石炭を運ぶ船だという。

荷物を大量に積み、外洋を往復する蒸気船を夢みていた幸太郎は、妙宝丸のあまりのみすぼらしさにがっかりした。が、いまさらいやだとは言えない。

〈ええい、どうにでもなれ〉

幸太郎はその日からぼろぼろの船員服を着せられ、乗組員の一人に加えられた。

最初の仕事は、炊事係であった。幸太郎はそれまで竈《かまど》の火をおこすことはおろか、米をといだこともない。飯の炊き方も水加減も知らなかった。

「しょうがねえ野郎だ。ここは、お坊ちゃん学校じゃねぇぞ」

先輩の乗組員は、そうぼやきながら、めし炊きを教えてくれた。

ところが、幸太郎は教えられたとおりにつくったつもりだが、水が多すぎたのか、幸太郎のつくった食事はお粥《かゆ》のできそこないのようなしろものだった。

「この野郎、妙宝丸はな、病院船じゃねえんだぞ」

幸太郎は、今度は水を減らした。ところが、芯を残す「めっこ飯」となってしまった。

「てめぇ、おれたちみんなの腹を下させる気か。このとんちきめ。今度しくじったら、海ん中に叩き込むぞ」

気の荒い船員たちは、怒鳴るだけでなく、幸太郎を小突いた。

しかし、それ以上乱暴をするようなことはなかった。

幸太郎は、とにかく自分に与えられた仕事を早く覚え、みんなに満足してもらうことに努力した。乗組員たちの気性《きしょう》も呑《の》みこんでしまうと、妙宝丸の暮らしはそれほど苦にならなかった。

しかし瀬戸内通いのこの機帆船は、しょせんは名もない運搬船にすぎなかった。

〈いつまでもこんな船に乗っていては、うだつがあがらねぇ〉

幸太郎は、二回目の航海で船が月島へ入ったとき、誰にも伝えず、ひっそりとこの船を降り、逃げた。

〈あばよ〉

地獄船で嘗めた辛苦と修羅場

幸太郎は、それから芝浦の陸の口入《くちい》れ屋ともいうべきボーレンと呼ばれる私設船員職業紹介所の部屋に寝泊りした。ひと月目に運よく、近海航路の火夫《かふ》(ボイラーマン)見習いの口がかかった。

手当は月三円にすぎなかったが、これに飛びついた。

幸太郎が乗り込んだ汽船は、三重県の尾鷲《おわせ》に本社をおく三〇〇〇トンの尾鷲汽船の興南丸であった。

火夫見習いというからには火夫のそばについていて補助役をしながら仕事を覚えていくのかと思ったら、大違いであった。

船倉の一番底のボイラー室で、燃料炭貯蔵庫から猫車と呼ばれる鉄製の一輪車に石炭を山と積む。猫車は曳手を逆に両手で押すようになっており、積んだ石炭を焚き口にいるボイラーマンの足もとまで運ぶ。その合間に、上役の火夫や火夫長の食事から洗濯、雑役の世話まで何でもやらされるのが仕事であった。

しかもボイラーに投げ入れる石炭の量には加減があって、その按配《あんばい》をうまくみながら石炭の運搬を続けねばならない。二四時間火を消すわけにはいかないので、ボイラーマンの足もとの石炭は絶やせない。それをボイラーに投げ入れている間にも「おい小僧」と周囲から絶えず用事を言いつけられる。

すこしでも返事をしぶったり、動作が遅いと「何をしてやがるんだ、このガキ!」そう怒鳴るより早く、鉄拳が飛んできた。

ときには、スコップやヤカンや湯のみ茶碗、周りにあるものすべてが凶器となって飛んでくる。

一輪車の猫車は、空車のままでも曳くのには要領がいる。バランスをとらないと横転してしまう。しかも航行中の船体は縦揺れ、横揺れが激しい。通路は狭いうえに、大小のパイプが幾条も縦横にとりつけてある。油断をすれば、パイプにぶつかった猫車に自分の身体がはねとばされてしまう。

食事どき、幸太郎が火夫長や火夫の膳《ぜん》を用意している間に、おかずや飯をごっそり盗んでいく者がいた。

〈こんちくしょう〉

盗まれた分は自分の食事から補充せねばならない。そのため毎食、幸太郎はめし抜きやおかずだけで空腹を我慢しなければならなかった。

見習いは、火夫のほかに水夫やコックにもいた。

見習いも、乗船順にナンバー1、ナンバー2、ナンバー3の三段階に分かれていた。ナンバー3は、幸太郎のような新参者が必ず一度は嘗《な》めなければならない屈辱《くつじょく》多くつらい生活の呼び名であった。

「だっておめえは、ナンバー・スリーだろう。だからナンボー・ツレーか、っていうことなんだよ」

意地悪な兄貴連は、そういってニタニタと笑うのであった。

当時、下級の船員は柄が悪くて、極道をなまって「ゴンゾウ」と呼ばれるほど悪名高かった。

興南丸は門司《もじ》、若松、鹿児島などの産炭地から石炭を積んでこれを京浜へ運んだ。

幸太郎は「地獄船」と呼ばれていた興南丸の船員の実態がわかると、考えるようになった。

〈いつか、かならず下船して、脱走してやる……〉

しかし悪いやつばかりでなく、中には親切な船員もいた。

仕事も要領をつかんで慣れてくると、つまらない制裁を受けずに済ますことも覚えた。


幸太郎は、先輩らと付き合うため、博打を覚えた。博打は船内で唯一《ゆいいつ》の社交であった。幸太郎が先輩たちと付き合うには、博打の仲間になるしかなかった。郷に入りては郷に従えである。自分が博打をやらないといったら、誰もまともに口をきいてくれなくなる。

賽《さい》の目に一喜一憂しながら、日常の雑事から人生の深遠におよぶようなことまで、話し合って心を通わせる。賭け事そのものがひどく面白かった。仲間と付き合ううれしさで、幸太郎はすっかり博打の魅力の虜《とりこ》となった。

六月にこの船に乗りこんでからすでに三ヵ月が経っていた。八月の海は風をとめて、日一日深い藍《あい》色を濃くしていた。

夕食のあと、先刻から火夫の溜まり部屋ではサイコロ博打が始まっていた。そこへこの船でいちばん乱暴者といわれる男が酒に酔って入りこみ、誰彼見さかいもなく難くせをつけはじめた。

「おれは、人も恐れる足尾《あしお》銅山で暴れ者の鉱夫を、三人も叩き殺してきた前科者だ」

それがこの男の自慢だった。実際に人殺しをやったのかどうかは知らない。が、酔うとこの男は兄貴分の火夫でも、火夫長でも見さかいなく食ってかかる。頭突きをくらわせ、ナイフを振るって襲いかかった。今夜もひと暴れしたあと、サイコロ博打を見物していた一団に割って入り、火夫見習いの若い者たちに「酒を持ってこい！」と、わめいていた。

幸太郎は、それを避けて甲板《かんぱん》へ出た。

しばらくして、その暴れ者の怒声が船尾の鉄の階段のあたりから聞こえてきた。

突然、その男が階段を昇り、甲板に現れた。なんと、鉄の棒を持って幸太郎に襲いかかってきたではないか。

「この野郎！　こんなところへ逃げてきてやがる。おれをなめやがって、一度は痛い目を見せてやろうと思っていたんだ」

大声でそんなことをわめく男を追って、何人かの火夫たちが甲板に姿をみせた。彼らは、幸太郎に叫んだ。

「藤木、逃げろ！　そいつに構うな。逃げるんだ、逃げるんだぞォ」

幸太郎はそのとき、不思議に恐怖感はなかった。猛り狂って迫ってくる男を、睨《にら》み返した。

〈いい年をして、なんという情けねぇ野郎だ〉

その男の視線は、すでに深酒のためうつろになっている。足もともさだかではない。よろめきながら、鉄棒を振りあげて幸太郎目がけて襲いかかってきた。

男との間合いをはかっていた幸太郎は、次の瞬間、足もとにあった荷役《にやく》用の麻綱をつかむや男に投げつけた。

男は、麻綱にからまれて、仰向けに倒れた。

幸太郎は、すかさずその男に襲いかかり、男の手から鉄棒をもぎとった。その鉄棒で、男の腕と腹と足のあたりをメッタ打ちに打ちすえた。

男は口から泡を噴いて、気絶した。

事件は、たちまち船内に知れわたった。

火夫長がとんできて、幸太郎に言った。

「こいつが息を吹き返したら、おまえをただではおかないだろう」

それは、男に半殺しの目に遭うからいまのうちにこの船から逃げろ、という暗黙の指令であった。

うまい具合いに翌日、興南丸は鹿児島港へ入港した。

幸太郎はなんの未練もなく、船を下りた。舷側に並んだ火夫部屋の仲間たちから「元気でやれよ」という声援がとんできた。

幸太郎は、下船はしたものの、次の仕事のあてがあるわけではなかった。

しばらく鹿児島唐湊《とそ》の牧場で雑役などをして日を送った。

幸太郎が鹿児島港から東京・芝浦へ直航する木材船第一辰丸に便乗し、芝浦へ帰ってくることができたのは、明治四三（一九一〇）年の三月一〇日であった。明治二五（一八九二）年二月一八日生まれの幸太郎は一八歳になっていた。

横浜の沖仲仕となる

芝浦へ戻った幸太郎は、あのいまいましい地獄船を斡旋《あっせん》したボーレンのところへ顔を出し、申し込んだ。

「今度は、真っ当な汽船へ頼みますよ」

係の者はすっかり恐縮して、約束した。

「なんとかしよう」

しかし、幸太郎自身が資格や技術を身につけていないのだから、社内船にも社外船にもいい口はみつからなかった。

ボーレンの担当者は、ある日、幸太郎にすすめた。

「船員ではなく沖人足《おきにんそく》の仕事ならあるのだが」

沖人足とは、本船と艀《はしけ》との間の荷物の揚げおろしをする人夫のことだ。沖仲仕《おきなかし》ともいわれる。港湾が整備される以前は、船舶が接岸できる港はほとんどなかった。たいてい本船は沖に停泊し、貨物は自走できない特殊な港運船である艀に積み替えて陸との間を運送された。

紹介されたのは、芝浦港の荷役をしている鶴岡組であった。

鶴岡組に住み込むことになった幸太郎は、機帆船の底が浅く、そのまま横付けできないときはジャブジャブと浅瀬へ入ってゆき、順送りで貨物を荷揚げした。酒や砂糖類が多かった。

日当は一日二〇銭、そのうちから二銭を炭代として部屋頭にとられた。結局、一日の収入は一八銭だが、これで結構間食もとれ、安酒も飲めた。

しかし芝浦港はまだ造成中であったので、本格的な汽船の寄港はなかった。機帆船は沖取りを余儀《よぎ》なくされていたので、雨天や荒天時の荷役は一切中止となり、月にならすと二〇日間の稼働もあぶなかった。

新しい職場でバリバリ働こうと意気込んでいた幸太郎には、これがもの足りなかった。

仲間の一人が、幸太郎に教えてくれた。

「沖人足でやるなら、こんなところではダメだ。横浜の方が仕事も多いし、第一、収入が違うぜ」

本来目指していたのは横浜だ。

〈横浜に行ってみよう〉

横浜には、長者町《ちょうじゃ》二丁目の玩具問屋へ姉のナオが縁づいている。

〈会ってみたい〉


幸太郎は鶴岡組でひと月働いたあと、横浜の本間組へ移った。

当時、本間組は横浜駅近くの高島町《たかしま》に人足部屋をもっていた。初代の本間文蔵は石川屋朝田回漕店《かいそう》の下請業者であったが、明治八年に独立して本間組を創設。横浜港における三菱汽船会社の港湾荷役《こうわんにやく》を取り扱っていた。

本間組の部屋頭は、幸太郎の引き締まった身体をひと目見て惚《ほ》れこんだ。簡単な経歴を訊いた。当時、沖人夫の採用は水上警察署の認可が必要であったからだ。

幸太郎は、父親の岩五のことは引き合いに出したくなかった。わざと横浜出生のことは伏せて、本籍地は東京、実際は一八歳になったばかりだったが、年齢は二〇歳と偽《いつわ》った。身元保証人には、長者町の姉のナオの連れ合いの名前を出した。

藤木幸太郎

部屋頭は翌日、幸太郎を連れて中区北仲通二丁目の「横浜港人夫請負業組合」に出頭して、人足鑑札《かんさつ》（行政庁が交付する証票）の受け渡しをうけた。乙《おつ》種人夫の鑑札であった。
惨《みじ》めなドヤ暮しの幸太郎は本間組の人夫となったが、乙種の鑑札であったので夜は柳《やなぎ》町、高島町、花咲《はなさき》町周辺の木賃宿《きちんやど》へ泊まらなければならなかった。組の部屋に宿泊できるのは甲種の人夫だけであったのだ。

しかし、乙種でも鑑札を受けたからには、幸太郎はれっきとした港湾労働者である。

朝、木賃宿から部屋へ駆けつけ、溜まりで部屋頭に顔を見せると、だいたいその日の仕事の有無がわかった。

仕事があるときは、一日七〇銭ぐらいの日給にありつけた。芝浦時代に比べれば倍以上の稼ぎであった。だが、仕事がないときは溜まりで一日体をもてあました。

当時、横浜港の常用人夫は約七〇〇〇人、幸太郎のような補欠の人夫は約三〇〇〇人であったが、このほかに立《たち》ン棒といわれるまったくの日雇い待機組が一〇〇〇人近くもいた。

この立ン棒は、いわゆる最下級の労働者で、まったくその日暮らし。毎朝四時から五時頃波止場へやっていき、臨時の仕事を待ちうけるのである。

うまく仕事にありつけると、伝馬《てんま》船や艀船で本船へ連れていかれ、正午になると握りめしの弁当が出た。しかし、この飯代はちゃんとあとで手数料と一緒に差し引かれ、一日の手当は平均四〇〜五〇銭というところであった。

夕方、仕事が終わると、彼らは三吉《みよし》町の木賃宿へ帰ってゆく。付近にはめし屋、すし屋、おでん燗酒《かんざけ》、餅屋などいろいろな屋台店が並んでいた。飯は、一杯一銭五厘《りん》、汁が一杯一銭であった。

宿泊料は一夜六銭、それから上へ七銭、八銭と順次格があがり、上等は一五銭。毎晩きまって泊りにくる者には、五銭ずつで勘定する一間貸しというのがある。これは夫婦者か子供持ちで、宿屋から比較的に信用のある者に限られていた。

幸太郎はこの三吉町の立ン棒の生活ぶりや同じ仲間の乙種人夫の不安定な一日一日を見るにつけ、考えていた。

〈なんとか早く、甲種人夫の常用にならなければ〉

そのためには部屋頭の目にとまるような、目覚しい仕事ぶりを見せることだと思っていた。

あるとき意外なことから彼の存在が大きくクローズアップされることになった。それは丁半《ちょうはん》博打であった。

飲む・打つ・買うで男を上げる

横浜港の人足部屋である要蔵部屋は、当時埋立の仙太、綱島《つなしま》の小太郎賭場《とば》と同様に賭博の開帳で知られていた。

公認の人足請負《うけおい》業者となった鈴村要蔵は、のちに「元締」と呼ばれるようになってからは、子分たちの中から少数の者を選んで世話役や小頭をつくり、これに部屋をつくらせた。

要蔵部屋は石川《いしかわ》町に移り、その分家ともいうべき要蔵の息のかかった世話役たちの部屋が吉浜《よしはま》町、石川町、松影《まつかげ》町、中村《なかむら》町などにできた。のちに、中村町、石川町、寿《ことぶき》町、松影町などが横浜港の港湾労働の供給源となるのは、その名残《なごり》といってよい。

部屋頭には、たいていヤクザか賭博常習者を当てていた。横浜のヤクザである浅田大吉、浅田繁次郎らもこの要蔵から盃《さかずき》をもらって部屋頭をしていたもので、この部屋頭や部屋の兄貴株はたいてい刺青などをして貫禄《かんろく》をつけたつもりになっていた。

本間組の人足部屋もこの伝統はそっくり受け継がれていた。本船の荷役で忙しいはずなのに、仕事をサボって朝から丁半の壺《つぼ》を振る者がいた。天候の関係で荷役のない日は、それこそ部屋をあげて、オール賭博であった。

幸太郎は丁半の賭けを芝浦の鶴岡組の部屋で見知っていたが、それを本格的に覚え、それに入れ込んでいったのは、この本間部屋に来てからである。

ほかに娯楽の機関がなく、つねに臨戦態勢で構えていなくてはならぬ部屋暮らしで、賭博に手を出すな、というのはいう方が無理である。

そのうえ幸太郎の性格は、宵越《よい》しの金はもたない恬淡《てんたん》さがある。やるからには大きく張って、大きく稼ぐか、ごっそり取られるかで、うじうじと小さなやりとりは好かなかった。その張り方が部屋頭の注目を引き、見どころのあるやつだ、ということになった。

賭博の種類は数千にのぼるといわれるが、そのうち丁半はサイコロを使う賭博の一種である。偶数を丁、奇数を半とし、客が丁か半かを予想して賭ける。

幸太郎は度胸もすわっていたので、その水際立つ遊びぶりは本間の人足部屋でも異彩を放った。落ち目続きで賭金をなくした兄貴株や同僚から借金を申し込まれると、彼は愛想よくそれに応じた。

それでいながら、彼自身は博打に張る金がないときは、決して借金をしてまで手を出そうとはしなかった。麻薬的なこの遊びの中で、若い幸太郎は、そうした決意を一度も崩さなかった。

部屋頭は翌年、幸太郎をようやく甲種人夫に登録した。

藤木幸太郎は本間組の沖人夫となって三年目、本間組の部屋ばかりでなく、沖仲仕の間でもいい顔になっていた。

幸太郎は、この頃ようやく酒の味を知り、女遊びも覚えていた。

幸太郎が童貞を捨てたのは、じつは浅草の八百屋「八百清」で両親の手伝いをしていた時代である。東京吉原の梅ケ谷という妓《ぎ》で、女は幸太郎より一〇歳年上であった。

横浜では真金《まがね》町の千歳という娼家《しょうか》へよく遊びに行った。惚れ込んだ妓は、東北出身のあどけない顔つきの、口かずの少ない妓であった。

ところが、困ったのは、この娼家では、まるで南京虫を飼っているのではないかと思われるほど、南京虫がうじゃうじゃといたのだ。労働で鍛えぬいた幸太郎の体も、ひと眠りすると赤くふくれあがるほど食われた。

そこで幸太郎は、その娼家へ行くときは新聞紙とロウソクを必ず携帯した。南京虫がごそごそやり出すと、丸めた新聞紙に火をつけ、虫の行列を焼くためであった。

そんなとき若い妓は、南京虫の行列を焼く幸太郎の真剣な顔つきがおかしいといって、両手をパタパタさせて天真爛漫《らんまん》に笑うのであった。

「困ったときは互いに助け合うのが沖人夫の仁義だ」

神戸の荷役業者鶴井組の酒井信太郎が横浜に移ってきたのは、明治四五（一九一二）年の三月である。鶴井組は当時、神戸で最初に港湾運送の元請《もとうけ》を開業したといわれるドイツ人商社ニッケル・エンド・ライオンスの荷役を請負っていた。が、同社が京浜地帯の埋め立て計画に必要な機械器具や原料をドイツから導入するため横浜に出張所をおく必要が生じた。それに伴って、沖人夫の総監督として酒井が派遣されてきたのである。

酒井は、明治一三（一八八〇）年二月生まれで、このときは三二歳の働き盛りであった。

茨城県石岡の出身で、家は代々裕福な農家であった。彼が生まれた頃、父親の源之助は伝来の農業には精を出さず、繭《まゆ》相場に手を出したりして少しずつ田畑を手放していた。

「朝起きると極上のお茶を飲んで、碁を打って、絵画を鑑賞して一生を終わった」

そういう源之助のため、酒井家はやがて没落の一途をたどった。

このため酒井は、小学校を卒業すると間もなく親戚へ奉公に出され、そこを出奔《しゅっぽん》して横浜で沖人夫となる。

やがて彼は神戸へ移り、ひとかどの兄貴分となった。鶴井組の鶴井寿太郎との遭遇《そうぐう》によって彼の才能は磨きをかけられ、男を売り出してゆく。

ニッケル商会が横浜に進出をはかったのは、業務の拡張や、鶴井組の関東進出をねらったためではない。ただ京浜地帯の埋め立て計画に使用する貨物器材の輸送を同社が取り扱ったためで、それらの貨物は同社直系のドイツ国籍、国際汽船の船が横浜へ直航する際、その荷役を鶴井組の手で円滑に処理させるためであった。

国際汽船は煙突を青色に塗っていたので、業者間ではこれを青筒汽船とも呼んでいた。

酒井はニッケル商会の幹部と一緒に横浜へやってくると、さっそく山下町二七番館にニッケル商会出張所の看板を出した。そしてその足で横浜港人足請負組合に顔を出し、正式の加入申込みをおこなった。

ところが人足請負組合は、「青筒汽船と鶴井組が横浜に殴り込みをかけてくる」という前評判がそのまま実現した格好になって、すっかり驚いてしまった。その取り扱いをめぐって紛糾《ふんきゅう》した。容易に断が下せない。

酒井たちが正規の申し込みをおこなったのは、警察署が許可したものでなければ組合に入れないし、組合に加入しないと営業権は得られないという規制があったからそれに従ったのである。

青筒汽船の入港日は迫ってくる。酒井は請負業者の主だったところに顔を出し、懇願した。

「なんとか入会させてくれ」

組合の一部には容認する声もあった。

「今度の青筒の荷役は、神戸からの出張荷役として黙認《もくにん》してもよいのではないか」

しかし、ニッケル商会の盛業を知っているものは、強硬に反対した。

「このまま横浜に根を張って業界を席巻《せっけん》されるのは、許せねえ」

青筒汽船が入港してくると、万策つきた酒井は、各業者に頼みこんだ。

「沖人夫だけでも、貸して欲しい」

が、それも拒絶された。

業者たちは人夫の提供を拒《こば》んだばかりか、加盟の各組に回状を回し、その日は沖人夫を全員沖に碇泊している本船へ送りこんで、酒井の手に一人も集まらないよう画策《かくさく》した。

酒井は、進退きわまった。止むを得ず立ン棒や付近の農漁村の若い衆を集めて、とにかく作業を始めようとした。

が、人夫請負営業や人夫取締規則で、非組合員の営業と無鑑札の人夫の荷役は禁止されている。立ン棒を何千人集めても、作業はできないのだった。

この騒ぎが、本間組で働いていた幸太郎の耳にも入ってきた。彼は鶴井組の立場を比較的正確に把握していた。

（前列左から）酒井信太郎、原田辰蔵、（後列左から）松木健太郎、藤木幸太郎

幸太郎の目には、親方連中の酒井信太郎に対する仕打ちがヤクザ以下に見えた。幸太郎は、さっそく仲間に呼びかけた。

「博打打ち、ヤクザでもあるまいに、真っ当な稼業に縄張りもへったくれもあるもんか。港で働く者に、関東も関西もねえだろう。しかも、相手が正規の手続きを踏んでいるというのに、それを受理しないでおいて勝手に非難し、裏で手をまわして人夫集めを妨害しようなんざ、堅気《かたぎ》のすることじゃねえ。

困ったときは互いに助け合うのが沖人夫の仁義というもんだ。沖人夫が力を出し合って働いてこそ、港が栄えるんじゃねえのか。親方連中が邪魔するというなら、おれたちだけでも鶴井組の酒井さんを助けてやろうじゃねえか」

数々の修羅場《しゅらば》をくぐり抜け、生きる苦労を経験し、筋を通すことの大切さを実感していた幸太郎だからこそ、言えたことだろう。

幸太郎はこのとき、本間文蔵と親分、子分の盃のやりとりはしていないが、本間組所属の人夫であることは間違いなかった。それゆえ、本間組の正式の了解をとりつけずに酒井を助勢することは、道理からいえばできることではなかった。なんらかの制裁を受けてもやむを得なかった。しかし逆に、幸太郎は正式の身内でなかったからこそ、そんな思いきったこともやれたといえる。

幸太郎の第二のふるさとである浅草で、若者たちにとっての偶像は新門辰五郎《しんもんたつごろう》であった。辰五郎は、火消し十番組の頭であった。俠名《きょうめい》が高まると幕臣に取り立てられ、子分を率いて市中警備に当たった。ついには最後の将軍徳川慶喜《とくがわよしのぶ》の身辺警護にも当たった。

幸太郎は、血こそ通っていないが、俠の花形新門辰五郎の男気を受け継いで育っていた。

幸太郎は組合傘下《さんか》の本間組の一員だが、一年ちょっとの義理でしかない。組下の幸太郎の独断専行を不問にし、見て見ぬふりをした本間組も偉かった。

それが幸太郎に従う仲間を勇気づけ、呼び水となって沖人夫が大勢集まった。

幸太郎は、集めた彼らと一緒に酒井組の事務所を訪れた。

酒井は小柄でみるからに優男だが、肝っ玉の太い、才走った男であった。

幸太郎は、大見得を切った。

「酒井さん、任せてください。もう、大丈夫。人数は少ねえけれど、おれたちが持てる力を出し切って協力します」

三二歳にして神戸の鶴井組で総監督にのし上がった切れ者である酒井信太郎が、一三も年下で一九歳のたかだか一年の経験しかない幸太郎の両手をきつく握りしめた。繰り返し繰り返し、くどいくらいに深々と頭を下げた。

「藤木さんとやら、ありがてえ。地獄で仏とは、このことだよ。藤木さん、頼むよ……よろしく頼む」

かくして停滞していた青筒汽船の荷役は、わずか二日間で終わった。

この事件で、藤木幸太郎の存在は横浜港の沖人夫仲間で大きく浮かび上がった。船内ばかりでなく沿岸荷役業者の間でも彼の噂は広まった。

この騒ぎは、酒井が下請けをしているニッケル・エンド・ライオンス商会にちなんで「ニッケル騒動」と名付けられ、横浜港湾史に刻まれることになった。

運命は微妙なものである。酒井の横浜進出が一年早ければ、幸太郎は役に立たなかったろう。もっと遅ければ、幸太郎は本間組への義理にしばられて身動きが取れなかったろう。

酒井は間もなく組合に正式に加入して、沖人夫集めに困らなくなった。幸太郎はそれを見届けてから本間組に戻った。

幸太郎は、それでいて、酒井のところへは、それきり寄りつこうとしなかった。幸太郎としては当たり前のことを当然にしたという感覚でしかなかった。

いっぽう、酒井は、藤木幸太郎のことを忘れるわけにはいかなかった。

〈ふつうの男なら、自分のところへ恩着せがましく出入りし、その引きで浮かび上がろうとするものだ。それでもよいのだが、あいつは違う〉

酒井組は当時、日ノ出町に事務所を移し、引き続きニッケル商会の荷役を続けていた。ニッケル騒動の教訓から新規の荷役は受けない方針でやっていたが、荷主から名指しで仕事を持ち込んでくることが多くなり、太田町の事務所が手狭になっての移転であった。

荷主が酒井を名指しするのは、本人みずから陣頭に立って指揮をするから沖人夫も手抜きせずによく働き、他の組よりも荷捌《さば》きが丁寧で早かったからである。真面目に働く者は応分に待遇《たいぐう》をよくし、酒井の教育のせいで沖人夫の質も向上していた。

仕事が波に乗ってくると、酒井は思い出すのは恩人の藤木幸太郎のことであった。

〈藤木もおれも、船員を志《こころざ》した。やむにやまれぬ事情から断念したが、まだ若いといっても藤木にだって、それなりに志はあるはずだ。ふさわしい場を与えてやれば、必ずあいつは大化けする〉

酒井は幸太郎に対する一年弱の沈黙を破って、組下の者に尋ねた。

「藤木は、いま、どんな具合だ」

「近頃は本間組にも顔を出しません。川村さんの賭場に入り浸って、昼間は敷島座あたりで暇を潰しているそうです」

「えッ⁉」

それを聞いて、酒井は、居ても立ってもいられなくなった。

「藤木には、伊勢佐木《いせざき》町へ行けば、会えるんだな」

大正二(一九一三)年一月のある日、酒井は決めた。

〈今度は、おれが動く番だ〉

酒井組の事務所がある日ノ出町から幸太郎がいる伊勢佐木町の賭場までは、大岡《おおおか》川をひとまたぎするだけである。

当時の伊勢佐木町は、仕事を終えた職人相手の商売で繁昌《はんじょう》し、夜遅くまで明かりが絶えず、あたかも不夜城の趣《おもむき》があった。が、昼間は閑散《かんさん》としているため、幸太郎がいれば簡単に見つかるはずである。

酒井はさっそく伊勢佐木町へ赴き、行く人、来る人、さりげなく顔を確かめながら歩いた。すると、煙草屋のショーウィンドウを虚《うつ》ろな目でのぞき込んでいる幸太郎を発見した。

酒井は、幸太郎の縮んだ後ろ姿が、初めて横浜にやってきた頃の自分自身と重なって見えた。

いっぽう幸太郎は、この日も、賭場で勝った負けたを繰り返すうちに負けが込み、懐《ふところ》がさみしくて行く当てもなく、煙草屋のショーウィンドウをぼんやりと眺めていたのである。

そこへ、後ろからいきなり幸太郎の肩をぽんと叩く者がいた。

振り返ってみると、忘れもしない酒井信太郎親方の顔があった。

「藤木、いま、具合が悪いんだってなあ」

「ええ、まあ……」

幸太郎は、曖昧《あいまい》に笑ってごまかすしかなかった。

すると、酒井は幸太郎の手に一〇円札を握らせて、さりげなく言った。

「気が向いたら、おれんところへ来いや」

酒井が「この男は大化けする」と見込んでから、一年越しの誘いだった。

当時、一〇円札は、裏面にイノシシの絵が描かれていたことから、「イノシシ」と呼ばれていた。イノシシ一枚あれば、遊郭に一週間居続けて大名のようにもてはやされた。それほどの大金だったとしても、酒井が説教がましく意見をするような人だったら、幸太郎はその場で突き返していただろう。

幸太郎は決めた。

〈おれは、この人に一生ついていこう〉

一〇円札をつかまされたことが嬉しかったのではない。自分が低迷して悩んでいるときにさりげなく声をかけてもらったことで、酒井の人物の奥の深さを感じ取り、気持ちを揺さぶられたのだ。

幸太郎が本間組から酒井信太郎の部屋に入ったのは、その日から間もなくであった。酒井の組に定人夫を二〇人ほど置くことになり、その世話役のような格好で幸太郎が招かれたのである。

本船博打を一掃した酒井信太郎の手腕

大正初期から半ばにかけての横浜港には、岸壁がなかった。そのため、陸《おか》で集めた港湾労働者を艀《はしけ》に乗せて沖に碇泊する本船に運び、積み荷を下ろす作業がひたすら繰り返された。

積み荷の少ない買い手市場のときは沖人夫が干上がるが、いっぺんに船が港に集まる売り手市場のときは、荷役業者が人集めに四苦八苦した。

港湾に限らず、すべからく労働者といえる人間を集めるためには、「食べ物」と「博打」の二つが絶対に欠かせなかった。

「飯はがっちり食わせるぞ、博打もやらしてやるぞ。だから、うちへ来い」

これが労働者を集めるときの、決まり文句だった。

だから、どこの荷役会社へ行っても丁半博打をやっていた。賭場が閉まるのは、警察の手入れがあったときだけである。

博打は陸だけではなく、沖の本船でもおこなわれた。一〇〇人集めると半分は博打に興じて、残りの五〇人だけが汗水垂らして働く。

酒井は現場で陣頭指揮をしながら、博打をやった者、ちゃんと仕事をした者を自分で見届けた。

そして、荷役が終わる頃になると、先に帰って、沖仲仕たちがポンポン蒸気で戻るのを待ち受け、出面《でづら》と呼ばれる日当を渡す。

このとき酒井は、なんといつも背中に日本刀を背負っていた。

働きもしないで博打をやっていた者が手を出すと、酒井の親方の怒号が飛んだ。

「帰《けえ》れ！」

出面を渡さないで追い払った。

相手が文句をいうと、背中の日本刀に手をかけて睨みつけた。それだけで、相手は「親方、すみません」と肩をすぼめて立ち去った。

「酒井組で博打をやると、ゼニをもらえねえぞ」

口づてに噂が広まっていくうちに、集まった者はみんな真面目に働くようになった。

他の組も次第に酒井組にならって、博打をする者には払わなくなった。

一〇〇人集めて沖に遣《や》ったのだから、親方は人数分の賃金を持っている。一〇〇人のうち実際に働いたのは五〇人だから、半分が浮く。ほかの親方はそれを自分の懐にしまったまま帰ってしまうのだが、酒井は、残った分を真面目に働いた者に再配分した。

「一〇〇人の仕事を五〇人でこなしたんだから、二人分やって当たり前じゃねえか。残った金を懐に入れるのは、間違いだ」

酒井は、最後まで、それで通した。

博打をしていた者に金を払わないのは当然のことなのに、禁止すると人が集まらなくなると恐れて、ほかの親方は黙認してきた。

酒井が、そこにメスを入れたのである。

港の荷役の世界の近代化にとって、この意義はじつに大きかった。それまで博打に興じて働かなかった者が、真面目にちゃんと働くようになったから、荷役の効率はぐんと高まった。

加えて、ほかの親方連中が、酒井の親方に右へならえしたため、影響は港全体にまで及んで、常態化していた本船の博打は、あっという間に一掃された。

幸太郎は、そんな酒井の親方を尊敬した。

〈ほかの親方は浮いた出面を自分の懐に入れたのに、それを働いた者に再配分するのは、酒井の親方ぐらいなものだ〉

単なる金の問題だけではなく、自分の目で見て働いた者と博打をした者を峻別《しゅんべつ》し、待遇をきちんとした、ということに大きな意味があったのである。

現場に出て陣頭指揮するくらいだから、当然、酒井自身すぐれた技術を身につけていた。しかしながら、労働力に大きく依存していた当時、どんなに技術がすぐれていても自分一人だけではどうにもならないということを、酒井は「ニッケル騒動」を通して身に染みたはずである。それなのに逆の発想をした。

「みんながおれのようになれば、物凄い力になる」

これもまた、酒井の考え方の他との違いだった。

だからといって、酒井は口を酸っぱくして意見するタイプではなく、万事、経験を通してわからせるやり方を取った。

本人は極道寸前の配下を大勢従え、ヤクザと同一視された稼業《かぎょう》を長くつづけたにもかかわらず、酒も飲まない、博打はやらない、女にも手を出さない、一切、三拍子に無縁の堅物だった。

しかし、自分がやらないからといって、組下の者にまで押しつけて、禁じるようなことはなかった。

沖取りの現場は、額に汗して働く男の戦場である。だから、博打を禁じた。しかし、陸では違う。部屋に戻った沖人夫が「丁だ」「半だ」と目を血走らせて張り合うのを見ても、酒井は決して嫌な顔一つしなかった。さりげなく注意するだけだった。

「こんな仕事だから、博打をするのも、酒を飲むのも、女を買うのも、やむを得ない。だが、人には迷惑かけるなよ。おのれの楽しみのために他人様に迷惑かけるやつはいけないよ」

どんなときでも、このように軽く注意をするだけだったという。

酒井は博打は好きではなかったが、組の者にやるなとはいわなかった。そしてやるからには吝嗇《けち》な遊びはするな、不正や卑怯《ひきょう》な遊びはするな、と説教した。幸太郎は酒井から賭博を公然と許されたのをよいことに、仕事の合間には賭場通いを続けた。

幸太郎が背中に彫り物をしたのもこの頃であった。当時部屋住みに彫安という彫り師がいた。めっぽう博打好きで、そのくせいつも負けてばかりいた。しょんぼりして賭場から帰ってくると、彼は弁当一本で一寸の彫り物をした。その彫り賃の弁当を仲間に売りつけて、博打の元金にするのである。

幸太郎は彫安に頼んだ。

「おれの背中に、般若《はんにゃ》を躍らせてくれ」

背中いっぱいに見事な般若の面の彫り物を彫った一九歳の幸太郎に、東京の父の岩五から「チョウヘイケンサアリ　スグカヘレ」という電報が届いた。

父の出奔、兄の死

幸太郎の父親の桜木岩五は、兵庫県三原郡志知《しち》村奥河内《おくごうち》（のち南あわじ市）の農家の出身であった。

安政《あんせい》六（一八五九）年、開港直後の横浜に移り、当時横浜貿易商の指導者であった原善三郎《はらぜんざぶろう》家で差配のような仕事をしていた。

蚕糸《さんし》売込商を経営していた原は、「亀屋」という商号を使っていたので「亀善」の略称で市民から畏敬《いけい》され、「横浜は善きも悪しきも亀善のはら一つにて事きまるなり」とその勢威をうたわれていた。

彼は貿易業のほかに最初の横浜市会議員、議長、市参事会員や貴族院議員に選出された。のち横浜蚕糸外四品取引所の理事長、横浜商業会議所初代会頭にもあげられ、押しも押されもせぬ横浜の第一人者であった。

こうして公私ともに多忙な身であった原は、当時桜木岩五のような差配を数人使っていた。いわば秘書兼管理人のような役職を与えていたのである。

父岩五が原善三郎にどうして見いだされたのか、その経緯はさだかでない。

母親のリエは、福井県南条郡南杣山村奥野々《おくのの》（のち南条郡南越前町）の出身で、姓は藤木であった。

明治三五（一九〇二）年、幸太郎は戸部小学校の尋常科四年に進んだ。長男である兄の太郎は、高等科二年生、姉ナオは長者町の玩具問屋の長男橋本惣吉との縁談が決まりかけていた。

ところが、平穏であった桜木家には、突然思いもかけぬ不幸な出来事が持ち上がった。翌三六年の春、父岩五が家族に無断で突然家出をしたのである。

岩五は、妻のリエにもその事情は打ち明けていなかった。いまでいう〝蒸発〟である。強いてその動機を探れば、その四年前の明治三二年二月六日に彼が尊敬していた原善三郎が死去し、それを転機に彼は独立を図っていたのではないかと考えられる。

岩五は一見温和な態度を示していたが、気性は激しく、野心的なところがあった。それゆえ原家の差配の役職には必ずしも満足していなかった。それが原因で同僚との付き合いもうまくいっていなかったことが想像される。そして滔々《とうとう》とした好景気の到来の中で、一攫千金《いっかくせんきん》を夢見、事業を起こそうとしたのかもしれない。

一家が、岩五は北海道へ渡ったらしいという噂を耳にしたのは、明治三六年の夏も終わろうとする頃であった。母のリエはこれ以上あてのないあるじを待つことはできないため、福井の実家へ引き揚げることにした。

兄の太郎は高等科を中退して、東京・下谷《したや》稲荷町の五十嵐紙問屋へ丁稚《でっち》奉公に入った。

姉のナオは、すでに橋本玩具問屋に嫁入りしていたので、幸太郎と母だけが福井へ行くことになった。

福井県南条郡の実家に落ちついた幸太郎ら母子には、しばらくの間静穏な日が続いた。幸太郎は一日中、山野を走り回って遊びに夢中になった。

しかし、そのうちに次第に幸太郎母子に対する村人の視線が険しくなってきた。まず実家の家族たちが、彼らの存在を邪魔にしだした。知らないはずの「父の家出」が村のあちこちでひそひそと噂され、それに尾ひれがついてあらぬ陰口が伝えられた。

村の習慣で、農作物の収穫期には村の人が総出で協同作業をし、食事時には最寄りの農家で全員が食事食事をすることになっていた。母のリエはその作業に参加することを断られた。それでは食事方の手伝いだけでもと申し出たが、それすら追い返された。それでは
「おまえさんらは、いったんこの村から出ていった都会もんだから」

それまでは作業場の周辺で村の子どもらと一緒に遊び回り、勝手に他家の台所へ入って煮物などを口にほうばっていた幸太郎も、「泥棒の真似はやめろ、作業場には近づくな」と締め出された。そうした冷淡な態度をみせる村人の中には、叔父《かやや》も叔母も甥《おい》も姪《めい》もいた。

馬小屋のような荒れ果てた茅屋の竈《かまど》の前で、母のリエは前掛けを目に当てていつまでも泣いていた。そのうしろ姿を眺め、幸太郎も大粒の涙をためて立ちつくすのだった。

ところが、消息を絶ってから二年目の春、東京の浅草の消印で、岩五から母親のリエのところへ一通の手紙が届いた。

『金主をつかんで、浅草の北三筋町で「八百清」という八百屋を開業することにした』

幸太郎母子は、飛び上がって喜んだ。

親戚の中でただひとり幸太郎母子の味方となってそれとなく相談相手になってくれていた斎藤三右衛門が、若干の金を幸太郎に握らせ、幸太郎に旅立ちを迫った。

「若いもんが、こんなところにいつまでもいるもんじゃない。すぐ東京へ行け。そして落ち着いたら、母親を呼ぶのだ」

幸太郎は胸をはずませて浅草へ急いだ。

父親は元気で働いていた。浅草北三筋町に八百清の店舗があり、これと別に浅草阿部川《あべかわ》町に住居があった。驚いたことには、紙問屋へ奉公に行っていたはずの兄太郎が店を手伝っているではないか。

ふた月後には母リエを福井から呼び、ここにようやく桜木家は親子四人、水入らずの団欒《だんらん》を持つことができた。

尋常科を四年中途で休学していた幸太郎は、近くの三江小学校の高等科へ通学することになった。

幸太郎に比べると兄の太郎は温和な性質で、母親思いであった。いっぽう幸太郎は、すこし早熟で、学校も店の手伝いも怠け放題の〝こわいものなし〟であった。太郎は、その幸太郎を陰になり日向になってかばってくれた。一年足らずの丁稚奉公であったが、他人のめしを食ってきたことが、太郎に年齢以上の分別をつけさせていた。

ところが、その母親思いのやさしい太郎は、明治四〇年、急性の腹膜炎《ふくまくえん》で死んだ。一八歳の若さであった。

父親のよき相談相手、八百清の大黒柱を失って、一家はしばらく悲嘆《ひたん》にくれた。

幸太郎はいつまでも町内のガキ大将でいられなかった。店の手伝いの最初の仕事は、父に従って早朝、日本橋浜町河岸《はまちょうがし》の青果市場へ買い出しにいくことであった。

父の岩五が大八車の梶棒を握り、幸太郎が後からそれを押した。北三筋町から浜町までは鳥越神社から浅草橋、柳橋、吉川町、大川端、清正公《せいしょうこう》を通って、往復一〇キロの道のりがあった。

八百清の上得意に、浅草仲見世《なかみせ》の遠藤袋物店があった。ある日、幸太郎がご用聞きに顔を出すやいなや、女中が怒鳴りはじめた。

「八百屋だね、このあいだの、あのカボチャ、あれぁなんだい。ボコボコでとても食えたもんじゃない。あんなもの商品じゃないよ。あれでよく、八百屋で通るね」

この新参の女中は、鹿児島弁でペラペラとしゃべったあげく、捨て台詞を吐いた。

「これからもあんなものを持ち込まれちゃ料理ができないから、もうおまえさんとこはお断りだよ。まったく油断もできないんだから」

幸太郎は、このひと言が頭にきた。

〈油断もできないとは、ひとを泥棒扱いにしてやがる〉

幸太郎は、思わずカッとなった。が、その場は胸におさめた。

〈よし、二度とこの家へはご用聞きにこないぞ〉

そう心に決めて帰ってきた。

ところがある日、父の岩五は遠藤家から呼ばれ、苦情を言われた。

「息子が顔を見せない、暮れの漬物の手配ができないが、勝手に出入りをやめられちゃ困る」

赤恥をかいた岩五は、平身低頭して店へ帰ってくると、幸太郎から初めて事情を聞いた。そして、幸太郎を論《さと》した。

「おまえが腹を立てるのはもっともだ。おそらくおれだってそんな気持ちになったことだろうよ。しかし、商人はな、そんなことでいちいち腹を立てていちゃ商売にならねえ。わずかな口銭《こうせん》でもお得意があって、初めて商いになるってもんだ。長いものには巻かれろで、我慢をしてやっていくんだ」

母のリエは、「太郎ならそんなバカな真似はしないよ」と例によって、愚痴《ぐち》をこぼした。

幸太郎は両親の説教をだまって聞いていたが、やがて切り出した。

「お父っつあんたちのいうことはわかる。その通りだと思うよ。だがおれはあの女中が憎いとか、この八百屋仕事がきついからというわけじゃないが、どうも八百屋の仕事は向いていないと思うんだ。このまま梶棒を握って、お得意第一でご用聞きをやっていくのが性《しょう》に合わないんだ」

翌年、幸太郎は一七歳の春を迎え、家を出たのであった。

「船員になろう。そして世界中を走り回ってみよう」

それから二年後、幸太郎は、徴兵検査のため、浅草に顔を出したのであった。

「今度こそ、酒井の親方についていく」


幸太郎は、両親と顔をつきあわせ、久しぶりに肉親の情愛を味わった。

つもる話が一段落して、さてひと風呂浴びるかと肌ぬぎになった幸太郎の背中を見るや、母親のリエは、大声で叱りつけた。

「幸太郎！　なんだい、そのざまは」

母のリエにとって刺青をしている者は、ヤクザかならず者としか映らなかった。

「おまえは、そんな人でなしの格好をいつからするようになったのだい。そんな汚らしい体をしている者に、うちの風呂は使わせられないよ。町内の風呂屋にも行かないでおくれ。いい笑いものになるからね」

涙を流して、幸太郎を責めた。

父や妹がとりなしたが、彼女は聞き入れなかった。

リエは泣きながら、真新しい下帯と新品のシャツの上下を幸太郎に投げてよこした。

「よその町内へ行って、これと着換えておいで」

幸太郎は、母親が投げてよこした真新しい下帯と新品の肌着を拾うと、屈辱を堪《こら》えて日本橋の風呂屋に向かった。

幸太郎は、自分がけなされたというより、酒井の親方が侮辱《ぶじょく》された思いを苦々しく嚙みしめた。

徴兵検査の結果は、甲種合格だった。

甲種合格者は、役場などに集められ、さらに籤《くじ》を引くことになっていた。当たらなかった者は「籤のがれ」と呼ばれ、二年間の兵役を免除される。

幸太郎は、はずれ籤を引いた。

どこの親も、本心では、息子の「籤のがれ」を願う。が、母親のリエは、幸太郎の背中を見てしまってから、この「籤のがれ」をうらめしいと言った。

「おまえは、どこまで運が強いのかねえ」

丸坊主の頭に手をやって苦笑いしている幸太郎に、リエは低い声でそう呟《つぶや》くのだった。

幸太郎は悲しみを苦い笑みにまぎらわし、肩を落として横浜に戻った。

が、酒井組の事務所には向かわなかった。

〈おれには、もう、帰る家がないんだな〉

幸太郎は、仕事をやる気さえなくし、川村の賭場に直行した。またしても酒と女と博打に明け暮れた。

〈酒井の親方に、顔向けできねぇ〉

幸太郎がすまない思いで伊勢佐木町をぶらついていると、またいつかのように酒井の親方がそっと現れて、さりげなく手の切れるような一〇円札を握らせた。

「機嫌を直して、出てこいよ」

どうやら酒井は、勘違いをしているようだった。

〈藤木は、おれに不満があって顔を出さないのだ〉

幸太郎は、思わずこみ上げそうになる熱い涙を、ぐっと堪えた。

〈おれのような者に、一度ならず二度までも〉

幸太郎は、今度こそ決心した。

〈悪いことは考えないことにしよう。今度こそ、酒井の親方についていくんだ！〉

幸太郎は、ふたたび心機一転の決意を胸に秘めて、それから一年みっちり仕事に打ち込んだ。それによって、酒井の親方の強い信頼を勝ち取った。

ところが、大正三（一九一四）年五月、ニッケル商会横浜出張所が本社の方針で閉鎖されたのである。酒井は善後策を協議するため神戸に舞い戻った。

突発的な出来事だったから、酒井は「あとを頼む」と幸太郎に言っただけで、正式な手続きをする暇もなく、驚いて飛び立つ鳥のように神戸に駆けつけた。

しかし、ニッケル商会本社との折衝《せっしょう》は難航し、すぐに戻ることができなくなった。

さらにその二ヵ月後の七月、第一次世界大戦が勃発《ぼっぱつ》した。

またしても皮肉な運命の女神が、なおも幸太郎と酒井の親方を引き離そうとした。

第一次世界大戦の勃発で、世の中は不景気のどん底に沈んだ。幸太郎は酒井組の留守を預けられた格好になっていたが、まだ甲種人夫の身だったから、自分で荷役を請け負うことはできない。

ましてや、いつ終わるとも知れない戦争のために、荷役の仕事が激減しているときである。酒井組を預かるどころか、自分が食えるかどうかも怪しくなった。

さあ、やろうと意気込むたびに、こうして肩透かしを食う。

しかも、戦争勃発から一年経った大正四（一九一五）年八月、母親の藤木リエが、病に倒れ他界してしまった。

幸太郎はどことなく投げやりになって、大正五（一九一六）年七月初旬、一万トンの「鳥取丸」に乗り込んだ。鳥取丸は石炭を満載して横浜を出航し、メキシコのマサラトンを目指した。

帰途、鳥取丸は横浜へ向かう途中、ドイツ潜水艦シャルンホルスト号に襲われてハワイのホノルル港に逃げ込んだ。ようやく九死に一生を得て横浜に舞い戻った。

大正三年一〇月末、それに合わせるかのように、酒井信太郎が神戸から戻った。幸太郎にとって酒井親方の帰浜は、生活面ばかりではなく精神的にも二重の意味で救いになった。

離れても、離れても、藤木幸太郎と酒井信太郎は、皮肉な運命のめぐり合わせを乗り越えて、一心同体といってよいほど強固に結びついた。

生涯の友、鶴岡政次郎と笹田照一

酒井は、このとき笹田照一《ささだしょういち》を連れてきて藤木幸太郎に引き合わせた。

笹田は明治二八（一八九五）年一〇月、徳島県鳴門《なると》市撫養《むや》町に生まれた。父文左衛門は笹屋という老舗の佃煮屋を経営していた。笹田は小学生のときから学校は大嫌い、町内のガキ大将でしょっちゅう暴れる連中をこらしめ、両親を困らせた。

両親は、このまま照一を家へおいては世間体も悪いというので、彼が九歳のとき神戸の商店へ丁稚奉公に出した。

奉公先でも笹田は仕事を覚えようとせず、暇をみては遊び回った。堅苦しいことは一切ごめん、奉公先で一四歳の春を迎えたとき、彼はパン一切れとサイダー瓶に水を詰めて、神戸港から出帆した北米航路の外国船に乗りこんだ。もちろん正規の旅立ちではなく、密航である。外国へ渡って、ひと旗あげよう、単純な動機であった。

密航は成功したかに見えた。が、カナダのバンクーバーに船が着いたとき空腹でフラフラになり、甲板へ出てきたところを発見されてしまった。

夢にみた外国上陸は目前で消え、そのまま強制送還となった。が、往復一ヵ月近い外国船の船内生活で笹田は片言の英語を覚えた。ダブダブのシャツや作業服などをしこたまもらいこんで、彼は神戸港へ帰ってきた。

チンピラ仲間ではたちまちいい顔になった。野放図な生活を過ごすうち、酒

笹田照一

井組に顔を出すようになった。いつの間にか酒井組の組員のような格好になったが、彼の素行はおさまらず酒井からときどき手ひどい叱責《しっせき》をうけた。こわい者なしの笹田であったが、酒井の一喝《いっかつ》があると、どんなときでも彼はかしこまった。

博打が三度の飯より好きであったが、酒井から破門されるのがなによりもこわく、笹田は酒井の言うことだけは神妙に聞いた。

〈こいつは、おれが見捨てたらどんなやつになるかわからない〉

酒井はそう思うと、笹田を突き離すわけにはいかなかった。

酒井から見ると、笹田には笹田らしい、いいところがあった。それはなにごとによらず生《き》一本《いっぽん》に突き進む純真さであった。

酒井が最初に横浜へ出ようとしたとき、笹田は同行を願った。そのとき酒井は、笹田に言っておいた。

「おれの留守中に、おまえは荷役の仕事をみっちり覚えておけ」

横浜に骨をうずめるつもりの酒井は、結局笹田を神戸へ置いておくわけにはいかなかった。

〈藤木とつるませて、仕事を覚えさせよう〉

そのつもりで、二度目の来浜には笹田を連れてきたのである。

当時、藤木は酒井組の仕事がほとんど開店休業の状態であったので、須川組や谷沢組、桜井組などの部屋へ出入りしていた。須川組の組長須《す》川《がわ》多《た》助《すけ》は京都の銀行員からこの世界に飛び込み、のちに横浜市会議員になった異色の人物だが、当時は人夫請負業者として代表的な存在であった。

この須川組の部屋頭をしていたのが鶴岡政次《つるおかまさじ》郎《ろう》で、藤木とは最初からウマが合い、友情が芽生えた。

鶴岡は明治二六（一八九三）年、千葉県の大原の生まれで、二一歳のとき横浜に出てきて松影町の須川組に入り、当時部屋頭をしていた。

大正の初め頃に横浜に根を下ろし綱島一家を構えた。その決断力や実行力から「飛行機政」の異名《いみょう》をとった実力者である。

鶴岡の紹介で、藤木は原田辰蔵や楠原三之助とも知己になった。

原田は明治一〇（一八七七）年生まれだから、藤木よりは一五も年上だったが、当時桜井染五郎の部屋の世話役のかたわら海岸通り一帯の賭場をしきっており、その方面からの収入は相当なものであった。

五尺（一五〇センチ）そこそこの小さな体であったが、眼光が鋭く、頭の回転は早かった。

楠原三之助は、一ノ瀬回漕店の店子《たなこ》で、船差し（艀配船係《はしけはいせん》）をやっていたが、この頃は自分も艀を持ち、フリートを増強し、独立して八幡回漕店を開業、艀は全部委託、番船にして逆に一ノ瀬回漕店に入れていた。

藤木はこうした関係で、次第に知人や友人を増やしていった。が、特に親密な交際を続けたのは鶴岡と笹田であった。

鶴岡は藤木より一歳年下、笹田は三歳年下という親近感もあったが、三人に共通したいちばんの相似点は博打が好きということであった。三人一緒に同じ賭場へ行くことはなくても、「今日は、あいつならどこの賭場にいる」ということを三人は互いに言いあてることができた。

またこの三人は、そろって酒井信太郎を畏敬《いけい》し、絶対服従した。それだけに酒井も彼らに対しては深い信頼と期待を寄せていた。

鶴岡政次郎

鶴岡は終生、酒井から盃をもらっての親分子分の関係にはならなかったが、精神的なつながりの面ではこの三人とも酒井の屈指《くっし》の子分たちであったといってよい。

三人は三人とも血の気が多く喧嘩《けんか》早いのが特徴であったが、藤木はどちらかといえば口数は少なく、どんな場合でも条理を尽くすことを第一義とした。常識家で、努力型であった。そのうえ情け深く、金銭に恬淡としていた。

そこへいくと鶴岡は、言ってわからぬやつは力で屈伏させるタイプで、感情的な言動が激しかった。それでいて人情家で、遊び方はきれいであった。

笹田はこの二人とはまったく違った型の人間で、つねに天下はおのれ一人といった楽天家であった。それだけに酒井をはじめ藤木や鶴岡に彼はその後何度も迷惑をかけたが、三人のよき先輩たちはそのつど、彼を励まし、助勢をして、戦列からの脱落を防いでやった。それは笹田のもつ純粋さを見抜いていたからである。

藤木組の看板を掲げる

大正七（一九一八）年一一月、ドイツ軍の徹底的敗北をもって第一次世界大戦は終結した。このため神戸のドイツ系国際汽船は閉鎖が本決まりになり、酒井はニッケル商会との打ち合わせのため、また半年ほど横浜を留守にした。

留守中の酒井組の仕事は、世話役格の藤木がとりしきることになった。

当時、酒井組の月間の荷役取扱量は約五万トン程度であったが、このほかに新しい得意先からの仕事も増えていた。それだけ酒井の信望が高まっていた証拠でもあるが、もう一つは「藤木の早荷」が荷主間で好評で、わざわざ藤木を名指しで仕事が舞い込んできた。

彼は仕事に選り好みをしなかった。していられる場合でもなかったが、船内の荷役とは本来そうあるべきだ、というのが彼の主張であった。貨物の種類、作業の難易にかかわらず彼は仕事にとりかかるときは先頭に立ってダンブロ（船底）へ飛び込み、人夫たちを指揮した。

最も困難な作業は一番ハッチである。船倉部から貨物を出し入れする開口部をハッチといい、船首に最も近いのを一番ハッチという。その難しい一番ハッチを藤木は、自ら受け持った。世話役が先頭に立って働けば他の人夫たちもこれに従う。能率がぐんぐん上がり、予定の時間よりも早く作業がはかどる。当然それだけ賃金の割り当ても多く、他の組よりよけいに払ってくれる。それがまた高能率となってはね返ってくる。といった塩梅《あんばい》で、「藤木の早荷」は横浜港の名物とさえなっていた。

酒井の親方は、横浜港の次代を担う鶴岡政次郎、藤木幸太郎、笹田照一の三人を育てながら、酒井組を立て直し、荷役業界で求心力を強めていった。

大正七年に第一次世界大戦が終結すると、海運界はわずかながら活気を取り戻した。

大正一二（一九二三）年一月、酒井は幸太郎に伝えた。

「藤木よ、おまえに、ワン・ギャングの人夫をそっくり与える。独立しろ」

いわゆる暖簾《のれん》分けである。藤木組の看板を掲げさせた。

ギャングとは、作業員の一組をいう。荷役をするには、作業員の何人かを一組として共同作業をするが、その一組二〇人をワン・ギャングという。

最悪の条件から短期間で港のトップにのし上がることは、酒井以外、余人にできることではなかった。さらに加えて、仕事を奪うために命を狙いかねない当時の業界で、逆に親方を増やす離れ業《わざ》を現実にしてのけたのだ。

酒井の親方の暖簾分けで笹田組、鶴岡組も独立し、港の次代を担って活躍した。横浜港の今日があるのは酒井があったからこそといっても、少しも過言ではない。酒井は自分のことだけでなく、港の次代まで考えながら、しっかり先を見据えていた。

海岸通りの藤木組は、小頭役の矢野久太郎以下十数人の粋のいい若い者が働いていた。

仕事は酒井組から回された仕事のほか、大村組や谷沢組の仕事も請負った。しかし扱い量はそれほどなかったので、台所は苦しかった。

仕事関係のほかに、凶状持ち（前科者）などが藤木を頼って訪ねてくると、いくらかの金を与えなければならなかった。それが手もとにないときは、組の印半纏を妻のサトに持たせて質屋通いをさせた。印半纏は人夫たちの象徴であり、いわば魂《たましい》であったから、いい値で入質できた。

大正一二年三月、藤木は組の事務を妹のウメにやらせることにした。ウメは大正八年に父を失い、翌九年母の死にあい、横浜・長者町の姉の嫁ぎ先へ身を寄せていたが、本人の希望で兄・幸太郎に引き取られることになった。

一七歳になっていた瓜実顔《うりざね》のウメはおとなしい娘であった。算盤《そろばん》と記帳が得意で、事務をやらせるのには適任であった。

博打で刑務所送りに

幸太郎は、独立してしばらく経った頃、みずから賭場を開いた。海岸一帯に賭場を持つ原田辰蔵から受け継いだもので、戸部の職業安定所のすぐ横にあった。

幸太郎が賭場を開いたのには、理由があった。

自分が博打をするためでもなく、賭場の場所代「テラ銭」を稼ぎたかったからでもない。あくまで沖人夫をヤクザの賭場に出入りさせないための方便だった。

場所を提供して遊ばせるだけで、幸太郎は決して「テラ銭」を取らなかった。沖人夫から博打を取り上げるのが不可能な現状で、ヤクザの賭場に出入りをさせないようにするとしたら、自分が賭場を持って保護するほかなかったのである。

賭場を持った幸太郎の真意は誰も見抜けなかったが、それに真っ先に気づいたのが酒井だった。

酒井は博打打ちではなかった。博打そのものを嫌ったというより、賭場に出入りすることでヤクザと接触することを嫌ったのである。

酒井が幸太郎の人物を見込んでくれた最大の原因が、じつはそこにあった。沖人夫に博打をやめさせようとしても、とうてい不可能だということぐらい酒井にはよくわかっていた。それには幸太郎がやったように賭場を持って自分で目を光らせるのがいちばんよいわけだが、酒井はやると決めたことはやる反面、一度やらないと考えたことは絶対にやらなかった。そこに酒井の限界があった。

ところが、酒井にやれないことを、幸太郎がやった。二人は、お互いに欠くことのできない関係をますます深めていった。

賭場は「小屋」と呼ばれていた。当時はどこもボロ家ばかりで、賭場も掘っ立て小屋である。それぞれの親分の名前を頭につけて「シブサワさんの小屋」とか「カワシマさんの小屋」などと呼んでいた。

小屋の入り口には必ず若い衆が二人立っているので、「ああこれは賭場だ」と誰が見てもわかる。「藤木さんの小屋」のすぐ近くには交番があったが、当時の警察官のことだから、見て見ぬふりであった。

まもなく、藤木幸太郎、鶴岡政次郎、笹田照一の三人が、博打で一挙に逮捕された。

三人同時に判決も受けた。三人とも、同じ懲役《ちょうえき》年数の判決を受けた。三人は、まとめて千葉の刑務所に送られることになった。

当時は護送車もないため、徒歩で駅まで行き、電車に乗って移動せねばならない。三人は囚人服を着せられ、目立たぬよう上着をかけてもらったが、結ばれた腰縄まで隠しようがない。

横浜から乗り換え待ちのプラットフォームで、小さな子どもが幸太郎たちを見て言った。

「お母ちゃん、あのおじさんたち泥棒だよ、悪いことしてるんだよ」

子どもにそんなことを言われるのは、嫌なものである。幸太郎は思わず子どもに近寄って弁解した。

「坊や、おじさんたちは泥棒じゃないいんだよ」

すると、ビックリした子どもは泣き出してしまった。

鶴岡が、幸太郎に言った。

「おまえ、あんな小さい子どもにそんなこと言っても、しょうがないんだけどなあ」

三人は千葉の刑務所で静かに刑期が終わるのを待った。

いよいよその時がやってきた。典獄《てんごく》長と呼ばれていた看守長から呼び出しがかかったのである。

出所の二、三日前になると、受刑者はみんな典獄長に呼ばれるのが通例になっていた。藤木、笹田、鶴岡の三人は、同時に呼び出された。

典獄長は言った。

「いいか。おれは、てめえらを裏口から出してやろうかと思ってたんだ」

裏口から出るのは、獄死した者だけである。

「いいか、てめえら横浜の海岸に行けばいい顔らしいが、世の中は海岸ばかりじゃないんだ」

典獄長は、靴を履いたままの自分の足を、机の上に投げ出した。

「おい、靴を磨け」

鶴岡が最初に動いて、靴磨きを始めた。受刑者たちはみんな、明日、明後日には出所できると承知しているから、はらわたが煮えくりかえるのをグッと抑え、言われた通りにする。鶴岡は怒るのも馬鹿馬鹿しいと、さっさと言われた通りにしたのだ。

が、我慢のきかなかったのが笹田である。笹田は怒りにまかせて典獄長に殴りかかった。

「てめぇ！　おれたちを舐めるんじゃねぇ」

それで大騒ぎとなった。

笹田の刑期は、さすがにこれで少し延びてしまった。

いっぽう、幸太郎は、靴を磨かなかったのに、鶴岡と二人、出所することができた。

大正時代の懲役は、正真正銘の不名誉な前科となる。

幸太郎が賭場を持ったことで、沖人夫がヤクザからどれほど守られたことだろうか。不名誉ではなく、名誉の懲役といっても過言ではない。

それでも、法の網をかければ「懲役」に結びつく。法律と真実の矛盾《むじゅん》がここにあった。

裁判所と検事・警察は「いけない」といって問答無用に取り締まり、犯罪者をつくってしまう。それで博打打ちがいなくなればよいのだが、結果として、逆にヤクザに格好の資金源を与えてしまう。


幸太郎は「飲む」「打つ」「買う」のうち「打つ」と「買う」はともかく、「飲み」の方は酒も煙草も生来、不得手であった、というのが通説であるが、じつは酒は青年期には一升は平気で飲んだ。たまに外国製のウイスキーなどを入手すると、ラッパ飲みで半分をその場で空けた。

しかしいくら飲んでも、酒呑みがいうあの陶然とした「羽化登仙《うかとうせん》」の気分にはなれなかった。かえって気分が悪くなった。

煙草も同様で、吸おうと思えば吸えたが、なぜこんなものがうまいのだろうといぶかしく思っているうちに、刑をうけた時期に、そこではまったく手に入らなかったのを好機に、ぶっつりとやめてしまった。

しかし彼は酒を最上の楽しみとしている者には十分に饗応《きょうおう》し、煙草のみのためには応接室の卓上にショートピースの缶入りを切らしたことはない。

関東大震災で横浜壊滅

海岸通り三丁目一四番地に事務所を開いた藤木幸太郎は、戸部のくらやみ坂にある東光寺の境内にあった家から仕事に出るようになった。妻のサトとの間に長男政太郎が生まれ、数えで五歳になっていた。

東光寺には広い蓮池があって、夏にかけて見事に花を咲かせた。

仕事を終えて帰って少しでも早くわが子の顔を見たい幸太郎は、事務所に近い中区山田《やまだ》町に家を買って引っ越した。

が、張り切る幸太郎を悲しみが襲った。当時、庶民にとってバナナは高嶺《たかね》の花だった。わが子を目の中に入れても痛くないほど可愛がっていた幸太郎は、高価なバナナを惜《お》しげもなく食べさせた。

大正一二（一九二三）年八月一八日の朝、元気に跳びはねる政太郎を眺め、幸太郎は張り切って港に出た。そして、仕事を済ませてから、夕方、急いでわが家に戻ると、妻のサトが半狂乱になって迎えた。

幸太郎が部屋に入ると、長男の政太郎がぐったりしてふとんに横たわっているではないか。

「どうした……何があったっていうんだ！」

政太郎は昼まで元気に遊んでいたが、バナナを食べてから急に、「ぽんぽん痛い、ぽんぽん痛い」と言って熱を出し、倒れてしまったという。

バナナが原因で疫痢《えきり》にかかった政太郎は、医師の手当ての甲斐なく、幸太郎の見ている前で息を引き取った。

そして、初七日を控える前日、妻のサトが責任を感じて自殺した。

長男政太郎と妻サトを失った悲しみがまだ癒《い》えない藤木幸太郎を、大正一二年九月一日、さらに関東大震災が襲った。

この日、幸太郎の港の仲間が起訴され、横浜簡易裁判所で判決が下る日だった。

幸太郎と仲間たちは裁判所に集まり、地下にある法廷の前で待った。さいわい判決は重いものではなく、安心した幸太郎たちは、「よかったなあ、じゃあ飯でも食おう」と、地上に出たところで地震に遭った。午前一一時五八分であった。

震源地は相模湾北部で、最大震度7、規模はマグニチュード7・9の大地震であった。震源地に近かった横浜は甚大な被害を受けた。

裁判所は、見る影もなくぺしゃんこになってしまった。先ほど判決を下した裁判官は、瓦礫《がれき》の下敷きになってしまっただろう。幸太郎はゾッとした。

〈もし、一〇分、二〇分、外に出るのが遅かったら……〉

事務所へたどりつくと、幸か不幸か組員は不在で、妹のウメもふくめて全員がどこかへ避難したらしい。

幸太郎はすんでのところで命拾いをしたが、横浜港は地震と大火災による損壊・焼失で壊滅し、二八五〇隻あった船が残骸《ざんがい》となって海面を埋めた。

幸太郎は、妻子だけでなく、張り切ってスタートを切ったばかりの藤木組すら失いかねない危機に見舞われた。

が、苦境のときほど力を出す幸太郎である。

〈政太郎とサトばかりか、藤木組まで死なせてなるものか〉

幸太郎は雄々しく苦難に立ち向かった。

救援物資の荷役に命を懸ける

間もなく、救援物資の外米《がいまい》を満載した大阪商船の「ぱりい丸」が、横浜の港に到着した。ところが、荷役を担う人夫は地震で死ぬか疎開しておらず、積み荷を陸《おか》に揚げることができなかった。

沖仲仕が揃ったとしても、海面は障害物がいっぱいで、流失した油がいつ火を噴くかわからない。幸太郎の脳裏に、横浜港全体が火に包まれる姿が浮かんだ。危険極まりない作業になることが、事前に十分予想された。

〈が、このままでは、せっかく九死に一生を得た県民・市民が餓死《がし》してしまう〉

時の神奈川県知事安河内麻吉《やすこうちあさきち》は、港湾事情に通じた水上《すいじょう》警察署長大川重蔵警視に相談した。が、返ってきたのは悲観的な答えだった。

「酒井組の世話役だった藤木幸太郎ならやれるでしょうが、彼は甲種人夫の鑑札しか持っておりません。人夫請負業の認可を求めておりますが、まだ与えておりませんし、逆に監督を厳しくしてまいりましたから、引き受けるかどうか」

そのはずである。仕事にあぶれた沖人夫が路上で警察から不審尋問を受けたとき、「港で働いてます」と答えようものなら、「じゃ、一晩泊まれ」という扱いだった。

切羽詰まった安河内知事は、四日午前、桜木町駅前の本庁舎に当てていた産業会館で幸太郎に会い、荷役の難事業を懇請《こんせい》した。

「市民のため、『ぱりい丸』の外米荷役を引き受けてもらいたい。賃金はいくら高くてもよい。それはわたしが保証する」

幸太郎は、安河内知事の言葉を真に受けて、過去を一切水に流して快諾した。

「市民のお役に立つなら、引き受けましょう」

同席していた小宮産業部長が約束した。

「きみは人夫請負業の認可を願い出ているそうだが、成功したら、許可が下りるよう計らうつもりだ。しっかりやってくれたまえ」

幸太郎は念押しした。

「知事もご承知のことですね」

「もちろん、そのことも約束する」

安河内知事がその場で幸太郎に確約した。

幸太郎は「ぱりい丸」の荷役に文字通り命を懸けた。

余震はまだ続いていて、海面には浮遊物がいっぱいで、何が隠れているかわからない。沖取りしてきた重い外米の袋を無事に持ち帰ることができるかどうかは、一か八かの賭けだ。市民のためという使命感が幸太郎を突き動かしていた。港で働く者に対する世間の認識を改めさせるよい機会でもあった。

幸太郎の呼びかけで、艀《はしけ》船頭、曳船《ひきぶね》の船長、人夫など約五〇人がたちまち集まった。

藤木は、彼らを引きつれて「ぱりい丸」に乗りこんだ。

さっそく船上で南京米《なんきんまい》の炊き出しをおこない、まず人夫たちに腹いっぱい食わせた。

「何杯でも、食ってくれ。そのかわり、市民にもこの米を届けるんだ。能率をあげてくれよ」

藤木の掛け声に人夫たちは喚声をあげた。

しかし、この日の荷役は八〇〇〇包のうちわずか一〇〇包を荷揚げしたにすぎなかった。これは一生懸命働いても、港内には港を埋めるほどの浮遊物や、流出の油が火を噴いていたりして艀の運航が自由にならなかったせいである。艀から陸揚げする荷揚場が決壊していて作業が思うようにはかどらなかったこともある。

藤木は夕方、いったん荷役を中止した。が、本船から帰りぎわ、落ちこぼれた荷後米を集めて握りめしと一緒に人夫たちに渡すことを忘れなかった。

「荷役に行けば、腹一杯めしが食える」

そのことはたちまち陸の人夫たちに伝わった。翌日は手伝いの人夫がどっと波止場へ押しよせてきた。幸太郎は大胆のうえに細心の用心を払って、わずか三日間で荷役を済ませた。

単に意気込みだけで成し遂げたわけではない。幸太郎は、いつも困難な一番ハッチを受け持った。それでいながら誰よりも早く作業を終わらせた。「藤木の早荷」といわれてきた技術的な裏付けがあったからである。

こうして「ぱりい丸」が運んできた外米によって、市民の空腹は満たされた。

ところが、安河内知事と渡辺勝三郎《わたなべかつさぶろう》横浜市長が幸太郎の決死の働きに報《むく》いたのは、わずか二枚の感謝状と木杯一組だけだった。賃金も未払いなら、人夫請負業の認可はなしのつぶて、そのまま年が明けて大正一三（一九二四）年になった。

さすがにお人好しの幸太郎も考えた。

〈知事が約束を忘れているなら、それでもいい。人夫に払う賃金は、おれがかぶろう。だが、人夫請負業の認可ばかりは、そうはいかねぇ〉

横浜港は復興に向かいつつある。荷役の再開は近い。ここで人夫請負業の認可を得なければ、せっかく独立しても、いつなんどき、どんな難癖をつけられるかわかったものではない。

内務省の任命官であった県知事も県民部長もすでに移動したと聞いて、幸太郎はしびれを切らし、意を決して水上警察署に乗り込んだ。

そこでまた、幸太郎は驚いた。幸太郎を安河内知事に推薦した大川署長まで転任し、約束を知る者が一人もいなくなっているではないか。

が、来たからには、仕方ないでは済ませられなかった。また、引き下がる幸太郎でもなかった。

幸太郎は、代わって現れた渡辺福三郎警視に、約束の実行を迫った。

渡辺警視の答えは期待通りにはいかなかった。

「責任を負うべき人間が一人もいなくなった以上、自分にはどうすることもできない。不満はわかるが、事情を賢察して、黙って胸に収めてくれないか」

幸太郎はやり場のない憤《いきどお》りで、何も言えなくなってしまった。本当に怒ったときは黙って呑み込んでしまうのが、幸太郎の性格だった。

それを何と勘違いしたのか、同席した茂木という部長が、勝ち誇った感じでいった。

「藤木、おまえは、アレだろう。アレを持っているやつが、お上の免許を受けられると思っているのか」

茂木部長のいう「アレ」とは、賭博の前科である。懲役を済ませて償《つぐな》いは果たしたのだから、いまさら辱《はずかし》めを受ける筋合いはない。港で働いているといっただけで留置場にぶち込まれる扱いに対して抱いてきた幸太郎の憤懣《ふんまん》が爆発した。

〈てめぇ！〉

幸太郎は、茂木部長につかみかかろうとした。

そのとき、別件で来ていた須川組の須川多助親方が隣室から素早く現れた。腰を浮かせた幸太郎を押しとめた。

須川の親方はそれから、渡辺警視と茂木部長に「ぱりい丸」の荷役がいかに危険であり、それによって市民がどれだけ救われたか、くわしく説明した。

そして幸太郎をなじった。

「藤木、なんで、それを先に言わねぇんだ」

自分の功績を自分の口で言える幸太郎ではなかった。

須川の親方から打ち明けられて、渡辺警視と茂木部長は初めて真相を知った。

すぐさま幸太郎に非礼を詫《わ》びて、ようやく免許の手続きを取ると約束した。

それが藤木の手もとに届いたのは、藤木組が創立してから三年目の大正一五（一九二六）年一月のことであった。

第二章　焦土の横浜を生き抜く父と子

書生に囲まれて育った幸夫

藤木幸夫は、昭和五（一九三〇）年八月一八日、神奈川県横浜市西区天神町《てんじん》（のち西区中央）に生まれた。

昭和五年は、日本初の臨海公園として横浜の山下公園が開園した年である。また、のちに山下公園のシンボルとなる一万二〇〇〇トン級貨客船「氷川丸」を日本郵船が竣工《しゅんこう》させた年でもある。

幸太郎は、妻のサトと死別したのち、近藤ハルを娶《めと》り、ハルとの間に幸夫が生まれたのであった。

幸夫が物心ついたときには、戸部警察のすぐ隣にある石崎《いしざき》町の自宅の小さな庭の別棟に、書生を二〇人ほども養っていた。ただし書生部屋といってもプレハブ小屋で、そこで共同生活をさせているのである。

書生たちは幸太郎を尊敬しており、幼い幸夫の目にも、彼らが幸太郎の一挙手一投足に注目しているのがわかった。

幸夫は誇らしく思った。

〈うちのお父ちゃんは、えらい人なんだ〉

その思いは、成長してからも変わることはなかった。

母親のハルは細おもての美人のうえ、気っぷがよかった。男なら「偉丈夫《いじょうふ》」と表現するような堂々たる体つきであった。その体に藤木の半纏《はんてん》をまとい、書生たちから慕《した》われていた。

書生たちの多くは、藤木組の評判を聞きつけて、自宅のハルを訪ねてきた者だった。

「藤木の親分さんのところで、働かせてください！」

ハルは、見込みがあるとにらんだ若者に入門許可証を書いて手渡した。だから庭の書生部屋にいる若い衆は、幸太郎の書生だけでなく、ハルの書生でもあった。

幸夫のオムツを取り替えるのも、書生たちの仕事である。書生たちもハルと同様、藤木組の半纏を着て、港の仕事と、賭場の仕事の二股をかけて仕事をしていた。

が、やってきた若者全員を書生にしきれない。ハルは、幸夫に命じた。

「お母ちゃんが家にいるときでも、知らない人が来たら『いない』とお言いよ」

「うん、わかった」

案の定、幸夫が玄関で遊んでいると、見知らぬ若者たちが声をかけてきた。

「ぼうや。お母ちゃんはいるかい？」

幸夫は、母親に言われたとおり、首を横に振った。

「いないよ」

ところが、何度か足を運んで顔見知りになった若者の一人が、ポケットからキャラメルを出して幸夫に渡した。

「なあ、ユキ坊、おまえ、本当のこと言えよ。お母ちゃんはいるんだろう」

それで思わず、幸夫は家の中の母親に声をかけた。

「ねえ、お母ちゃん。いないって言っても、帰らないよ」

結局、ハルは、その若者を書生にした。

そんなふうにして、ハルの眼鏡にかなった若者たちが書生として雇われた。

昭和一〇（一九三五）年四月、藤木幸夫は、野毛山《のげやま》にある老松小学校付属幼稚園に入園した。この年の八月一八日、幸夫は五歳になった。

幸太郎にとって、この日は特別な意味を持っていた。長男を五歳のときに失っていたからである。幸太郎とハルは、ご馳走《ちそう》を並べて幸夫の誕生日を祝ってくれた。両親にとって、「ひとまず安心」という気持ちと、「今年は特に気をつけないといけない」という思いが入り交じっていた。

藤木家は、当時としては裕福であった。食べ物は何でも揃っていたが、無いものが一つだけあった。バナナである。幸太郎は、長男にバナナを食べさせて亡くしたことがあるため、決して食べさせようとはしなかった。

幼い幸夫はバナナを食べたくて、道端に落ちていた皮を拾って舐めた。それを慌てて若い衆が止めた。幸太郎は、まさか幸夫が道端に落ちているバナナの皮を拾って舐めていようとは、夢にも思わなかった。知らぬは親ばかりなりである。幸太郎は、幸夫が恐れに恐れた五歳を無事に生き抜いたにもかかわらず、一三歳になるまで、決してバナナを食べさせようとしなかった。

両親の心配をよそに、幸夫は遊び盛りの元気な子として育っていった。

ある日、幸太郎は、自分の買った車に乗せて、ハルと幸夫を連れて浅草に出かけた。幸夫の祖母の藤木リエは大正四年に、祖父の桜木岩五は翌大正五年に相次いで他界していたから、すでに家はなくなっていた。それでも幸太郎は、思い出深い土地を妻と子に見せたかったのだ。

幸太郎は、仲見世の人たちとみんな顔見知りだった。

「あそこの袋物屋、どうしたい？」

「いまもありますよ」

「まんじゅう屋は、どうしてる」

た。


「あれは、いまはありませんね」

幸太郎は、店主たちと地元の話を聞いては懐かしがった。

その浅草で、幸夫は迷子になった。しかし、幸夫は自分から交番へ行って、ハッキリした口調で名乗った。

「横浜市中区石崎町二の四二……お父さんは藤木幸太郎、おかあさんはハル……」

警官はしきりに感心して、幸夫を褒めてくれた。

「とってもいい子だ。ぼくは賢いね」

おかげですぐに見つかった。むしろ、うろたえたのは両親のほうだった。


賭場を持っていた幸太郎のもとには、博徒の修業をした連中もやってきた。書生たちは藤木組に愚連隊《ぐれんたい》あがりの荒くれ者が入ってくると、博徒の世界のしきたりをみっちり仕込んだ。

佐藤軍治もその一人である。

佐藤軍治は、明治四一年、岩手県二戸《にのへ》郡生まれであった。若いときから極道の世界に入り、白刃の下も幾度かくぐったが、「横浜に藤木あり」を人づてに聞き、彼のもとで働くようになった。

裏表のない、奥州人らしい愚直さを幸太郎は愛し、面倒をみた。

海岸佐藤組をつくり、半分ヤクザ、半分堅気《かたぎ》のような暮らしをしていた。

幸夫が物心ついた頃の佐藤軍治は、戸部の書生部屋にいた若い衆の一人で、若い衆の中でも「軍治、軍治」と呼び捨てにされる若手であった。

幸夫が学校から帰ってきて、「おかあちゃん、ただいま、ごはんちょうだい」と言うと、書生たちが新入りの軍治の名前を呼ぶ。

「おい軍治、早くユキ坊に何か食わしてやれ」

「はい」

やがて若い衆の中から独立する者が現れ、「おれは小門町に賭場を持った」「おれは山元町《やまもと》だ」となる。賭場の小屋が増えると、賭場もサービスの質がものを言う時代となった。幸太郎は、近所のおかみさんを手伝いに呼んで、客の世話をさせた。負けが込んで腐った客には、こっそり金を返してやったりもした。

小太郎、磯吉、実。朝になると、そのうちの書生の一人が、幸夫に声をかけてくる。

「ユキちゃん、今日の当番は実だよ」

日替わり交代となる当番が、幸夫の面倒を見てくれるのである。

幸夫は、友達と喧嘩をして負けたとき、「とうばーん（当番）！」と大声を出して書生を呼ぶ。すると、書生がすっ飛んでくる。友達は、怯《おび》えて逃げた。

幸太郎は、親子三人で夕食の食卓を囲むときは、必ず小瓶のビールを用意させた。

幸太郎は、コップに注いで半分飲んだだけで、女中に声をかけた。

「はい、もういいよ」

女中がビールを下げると、部屋の外で待ち受ける書生たちが、幸太郎の飲み残したビールを奪い合った。

「おれが飲む」

「いや、おれのもんだ」

書生の中に、市原という男がいた。ある日、市原が幸夫に言った。

「ユキ坊、おれは今日からいなくなっちゃうよ。おれもさみしいけど、元気でな」

幸夫は、泣いて市原にすがりついた。

「ダメだよ。行っちゃやダメだ」

幸夫のオムツを取り替えてくれた、肉親の一人のような存在だった。が、市原はそのまま出ていってしまった。

のちにわかったことだが、市原も、幕張の賭場の跡目を継いで親分になったのである。堅気にはなれなかったが、独立して「いい親分さん」と評判の人物になった。

このような環境の中で、幸夫はみんなから大事にされて育った。

その後、幸夫のオムツを替えてくれた書生たちは、大東亜戦争でほとんど戦死してしまった。が、生き残った者たちは、みんなひとかどの親分となった。

ドスを隠し持つ母、「神奈川四天王」の父

幸太郎の命の恩人だという酒井信太郎に幸夫が初めて会ったのは、まだ四、五歳のときだった。

幸夫は、若い衆の一人である佐藤軍治に連れられて、酒井宅に行った。

佐藤が、幸夫を酒井信太郎に紹介した。

「おい、ユキ坊。ちゃんと挨拶して……親方、これが長男の幸夫です。ひとつ、よろしくお願いします」

酒井信太郎は日本刀を背中にしょって仕事をするような男であったが、幸夫が見た酒井からは、その峻《しゅん》烈《れつ》さはとっくに失われていた。

「お、来たか、坊や。あ……お年玉だよ」

「ありがとう」

こんな感じだった。

酒井はハイカラな男だった。大正一四（一九二五）年前後の、関東大震災の復興急な横浜にあっても、酒井はハーレーダビッドソンに乗っていて、のちには日本でアメリカ製電気洗濯機を購入した第一号となった。酒井が買ったあとに、高松宮様がご購入されたという。

それが幸太郎のとてつもない「酒井のオヤジ自慢」だった。

「いやあ、うちのオヤジはね……」

わがことのように誇らしげに言って相好《そうごう》を崩した。

幸太郎の若い衆たちには、堅気になれる者と、なれない者の二通りがあった。が、博徒の道を選んだ者たちの中には、自分の子どもが小学生にあがる頃にヤクザ稼業から足を洗う者が何人もいた。入学時に必要な書類に「お父さんの職業」欄があり、そこに「博徒」とも「無職」とも書けずに、あらためて考え直すせいだろう。

幸太郎もその一人である。「幸夫が小学校にあがるから」と賭場は佐藤軍治に譲った。

その後、佐藤軍治は、いつの間にか幸太郎の妹のウメと付き合い始め、子どもができた。幸太郎は二人を結婚させた。

軍治はなかなかの美丈夫で背が高く、気性はサッパリとしていた。懲役にも行っていたが、ウメのほうが惚れてしまったのである。ただ、少々短気で喧嘩早いのが玉に瑕《きず》だった。


昭和一二（一九三七）年四月、幸夫は、老松小学校に入学した。

入学式当日は、書生の木山実が付き添ってくれた。幸太郎の飲み残しのビールをいつも奪い合っている書生の一人である。木山は、一般の父兄のようによそ行きに着替えることもなく、いつものように藤木組の半纏を着たまま幸夫の手を引いた。

入学式が終わると、木山が教室の中まで入って来て、新入生たちに声をかけた。

「おい、おまえたち、みんな来い」

木山は、椅子に片足を乗せて言った。

「やい、おまえたち。いいか、藤木幸夫を粗末にしたら、ただじゃおかねえぞ。この人はな、おまえたちの親分なんだぞ」

木山は、幸夫を思う一心で口にしたのだろう。が、やはり迷惑な話で、幸夫は内心思った。

〈参ったなあ〉

実際、生徒の中には、在学中を通して幸夫を「親分」と呼ぶ者もいた。小学一年生の子どもには「親分」の意味がわからず、名前だと勘違いしたのである。

先生たちは藤木組の評判を聞いてか、幸夫が同級生たちから「親分」と呼ばれるのを聞いても、何も言わなかった。

毎年の祭りでは、藤木組の若い衆が神輿《みこし》を競うようにして担いで、街中を練り歩いた。町内だけでなく、近隣の各町内会の神輿は、必ず藤木家の前まで来て挨拶してくれる。若い衆はあらかじめスイカを山のように買ってきては、切って担ぎ手に振る舞った。

幸夫は、みんながスイカを食べながらワイワイと騒いでいる様子を見ながら思った。

〈ヤクザの親分は、こういうことをするのが仕事なんだな〉


幸夫が小学生になった昭和一二年は、日本と中華民国の間で日華事変（日中戦争）が始まった年である。この年から日本は戦争ムードとなった。ニュース映画では「戦争万歳！」と繰り返し流れ、保科貞次陸軍大佐の『国防軍備の常識』といった本がよく売れるようになった。

以来、父親の幸太郎は、仕事が忙しくなって家にほとんど帰ってこなくなった。

主人が留守にする家を守るのは、母親ハルの役目である。が、一般家庭の主婦が家を守ることとは訳がちがった。

激しい仕事の奪い合いが繰り広げられている横浜港では、親方を〝消す〟強硬手段が、競争相手をつぶす最高の営業であった。そうした手段を選ばぬ連中が、いつ幸太郎を襲ってくるかもしれない。

ハルは、幸太郎に言われたわけでもないのに、つねに身辺に匕首《あいくち》を隠し持っていた。いつなんどき夫が暴漢に襲われるかもしれない。そのときはこれで立ち向かおう、というつもりだった。

ハルがドスを隠し持つのは、幸太郎と藤木組を守ろうとする健気《けなげ》なまでの侠気《きょうき》、愛情の発露であった。

ハルは、幸太郎に何かあったと聞くと、血相を変えて飛び出していった。心配でたまらないのだろう。

ある日、藤木家に警察の手入れがあった。近所の戸部警察から来た刑事たちだから、幸夫は全員の顔を知っている。

幸夫は、顔見知りの刑事に声をかけた。

「おじさん、なんだよ。どうしたの？」

「おお、ユキ坊、ちょっとな。すぐ帰るから心配するな」

いっぽう、ハルは真夏だというのに丹前《たんぜん》を羽織り、刑事がいる間中ずっと、長火鉢の前に座り込んでいた。

刑事が幸夫に言った通り、彼らはすぐに引き揚げていった。手入れといっても、顔見知りのなれ合いのようなものである。刑事たちも、幸太郎が足を洗ったことを承知しているのである。

ところが、刑事の引き揚げた後、ハルが丹前を脱ぐと、なんと、その中に刀やピストルが入っていた。万が一のための用心なのだろう。気の強いハルは、そうして家を守っていたのである。

藤木幸太郎は、鶴岡政次郎、笹田照一、加藤伝太郎とともに「神奈川四天王」と言われていた。鶴岡政次郎は、しょっちゅう藤木家に遊びに来た。

「ユキ、ちょっと来い」

幸夫が近くに行くと、鶴岡が言う。

「おまえはなあ、幸せだぞ。おまえのお父ちゃんは頭がいいから、金は山ほど持っている。金をたんまり庭に埋めてあるからな。おまえは心配ないぞ」

〝鶴岡のおじさん〟は、よくそんな冗談を言って幸夫を喜ばせてくれた。

鶴岡政次郎は、湯河原へ行くときも幸夫を誘ってくれた。

「おいユキ、湯河原へ一緒に行くか」

鶴岡は、汽車の切符も買わずに改札口を自由に出入りした。幸夫はその後をついていく。

あるとき、改札係の若い駅員が、鶴岡を呼び止めた。

「おじさん、おじさん、切符！」

鶴岡は、眼光鋭く駅員のほうを振り返ると、手にあるステッキを振りかざした。

「この野郎！」

すぐに駅長がすっ飛んできて、鶴岡に頭を下げた。

「親分、すいません！」

そんな一幕もあった。

少年時代の情景――活動写真、双葉山、憲兵

いたずらの盛りの幸夫は、いつも友達五、六人でつるんで泥だらけになって遊んだ。そして、遊びに飽きると、決まって「さあ、活動写真を観にいこう」となる。

幸夫が育った石崎町に「天神座」という活動写真館があった。館主は、浅田大吉という侠客《きょうかく》の親分だった。浅田は子どもにも近所の大人たちにも尊敬されていた。幸夫も例外ではなかった。

〈大きくなったら、ああいう人になりたいなあ〉

浅田の家は天神座のすぐ裏にある大きな屋敷だった。そこへ裏から入っていくと、丹前姿の浅田が出てきて、幸夫に声をかけてきた。

「なんだ、坊や」

幸夫は無邪気におねだりした。

「おじさーん、活動のキップちょうだい」

「おお、やるよ、やるよ」

大人が一枚の切符を買うのも大変なときに、浅田は束にして幸夫にタダでくれた。一緒にいた友達は、切符の束を見て目を丸くして驚いた。

浅田大吉は、横浜の大親分・松本辰三郎の系譜であり、横浜港の荷役人夫の手配の元締めをしていた浅田福太郎の兄だった。当然、幸太郎とも同町内のよしみで親しかったから、息子の幸夫に奮発してくれたのだろう。が、まだ小さい幸夫にそんな事情はわからないから、ひたすら単純に喜んだ。

「こんなにいっぱいくれたよ。いいおじさんだなあ」

世間の評判とは関係なしに、幸夫にとってもいいおじさんだった。こうして、切符が手に入ったときは、朝から晩まで天神座の中で遊んだ。幸夫は夢中になって、友達とつい活動写真の映写中に舞台に駆け上がった。

「うるさいぞ、子どもたち！」

大人に激しく叱られたことも一度や二度ではない。

叱られるといっても、一声かけられるだけで、外につまみ出されるようなことはなかった。子どもとはそうしたものだ、というのが大人たちの感覚だったのだろう。

やがて遊びは二の次になって、活動写真の虜《とりこ》になった。幸夫は天神座、大斗館、日活倶楽部など、当時、戸部にあった活動写真館を渡り歩き、むさぼるように映画を観た。

片岡千恵蔵《かたおかちえぞう》主演の『瞼の母』、大斗映画のスター、大河内伝次郎《おおこうちでんじろう》主演の活動写真『忠次旅日記』など、活動弁士が語る口調も時代がかって面白かった。

幸夫の人生は、幼いうちからまさに「劇場人生」だった。

幸夫は、母親のハルに活動写真のあらすじを語って聞かせた。

「おかあちゃん、今日は、こういう活動観たよ。主人公がお母さんに会うために、どこかの山へ登って、お寺へ行って、階段を登って……」

幸夫は、主人公に感情移入するあまり、泣いて、むせびながら語って聞かせた。

ハルが「いいから、もうやめなさい」と言っても、話すのをやめなかった。

ハルは、幸夫を自慢して歩いた。

「幸夫はねえ、活動写真を見るたびに、わたしに筋を話してくれるんですよ。それがまた上手なんだ」

ハルは、幸夫のことを目の中に入れても痛くないほどの〝親馬鹿チャンリン〟だった。

ある日、幸太郎が最寄り駅の戸部駅の近くを通りかかると、サーベルを下げた警察官が騒いでいた。

「演説中止！」

見ると、警察官が、大八車の上に乗って演説する男の邪魔をしている。そこに近寄ろうとする人がいると、警察官は「おまえ、ここに来ちゃいけない！」とまた怒鳴った。

幸太郎は、近くにいた人に声をかけた。

「何だ、あれは？」

「ああ、共産党の候補者ではないかと疑われるほど権力に立ち向かっている男が演説しているんだ。それを、お巡りが止めてるんだ」

共産党は当時は非合法で警察官に徹底的にマークされていた。演説しようとすると、即座に「演説中止！」となる。どうやら、その候補も負けじと、わざと警察官の前で演説を試みているようだった。

幸太郎の目には、その候補者が、公権力に立ち向かう勇敢な男に映った。

〈気に入った！〉

この日以来、幸太郎は彼が演説をおこなうと知ると、そこへ米や野菜を届けさせた。

その候補者の妻は、のちに神奈川県会議長となる橋中千代蔵の娘であった。橋中の実家は、保土ケ谷《ほどがや》にある有名な橋中布団店である。

後日談であるが、数十年後にその候補者が高齢となり、十全病院（のち横浜市立大学附属市民総合医療センター）へ入院した際に、幸太郎は幸夫に「幸夫、金持って行ってこい」と何度も見舞いに行かせた。

その候補者は、病床で幸太郎のことを思い出したという。

「ああ、そうだ。わたしが若い頃、米を届けてくれたのは、戸部の藤木さんだった……」

昭和一四（一九三九）年初夏、幸夫が小学校四年生のとき、戸部から磯子《いそご》根岸の芝生《しぼう》町（のち磯子区）に引っ越しをした。

当時の磯子は美しい浜辺が有名で、アサリやハマグリがよく獲れた。

磯子でも、祭りになるとあちこちから神輿が出た。漁師たちや、海水浴場を仕切る荒っぽい連中が、方々からワッショイワッショイとにぎやかにやってくる。

引っ越して最初の年の祭りの日、藤木組の担ぐ神輿と他の神輿が、掘割の大岡川の近くでぶつかった。

相手は、藤木組のことなど何も知らない。

「なんだ、根岸の新しく来た神輿がでかい顔しやがって。どけどけ！」

向こうからぶつかって来るのだから、藤木の若い衆たちも黙ってはいない。

「なんだ、来るなら来い、この野郎！」

佐藤軍治は、藤木の半纏を脱いで総刺青の背中をさらしながら暴れまくった。その結果、相手の神輿を十数基も川に落としてしまった。無敵である。

以来、藤木組の神輿を見ると、「えらいやつらが来たぞ……」とみんな静かになり、藤木組に逆らう者は出てこなくなった。

磯子に引っ越してからの幸夫は、滝頭《たきがしら》駅から市電に乗って野毛の小学校へ通った。

学校からの帰り、友達と一緒に市電を降りて橋を渡り、いつものように十分ほど歩いて家に戻った。

「お母ちゃん、ただいま」

幸夫は、背負いカバンを玄関にポーンと放り投げ、遊びに出かけようとした。

「幸夫、ちょっと待っておくれ」

母親のハルは、幸夫の首根っこをつかまえて言った。

「幸夫、お父ちゃんに電話しな」

「でも、友達が外で待ってるんだ」

「いいから、電話しな」

ハルがダイヤルを回して、受話器を幸夫に押しつける。幸夫が耳に受話器を持っていくと、番頭の声が聞こえた。

「もしもし、幸夫です。お父ちゃんお願いします」

「はいわかった、ユキ坊元気かい？」

「元気ですよ」

「そうかそうか。社長、ユキ坊から電話です」

すると、幸太郎の「おお、なんだなんだ」という声が聞こえてきた。

「幸夫か、どうした」

「あ、お父ちゃん……」

すると、ハルが受話器を幸夫の手からパッと奪った。

「もしもし、わたしだけど」

「なんだ、おまえか。おハル」

そう言う声が漏れ聞こえてくる。

ハルは、幸夫に言った。

「もう、おまえは行っていいよ」

幸夫はもうお役ご免である。その足で、友達が待つ外へ駆けていった。

後ろからハルの父親への大声が聞こえてくる。

「たまには、家に帰ってきたらどうだい？」

幸太郎が留守がちなのは、仕事ばかりではなかった。博打を打つときもあれば、〝小指の彼女〟と一緒にいるときもある。ハルは愛情深い女だけに、幸太郎が家へ帰らない日が続くと嫉妬心《しっと》を深くし、苛立《いらだ》つことが多かった。

幸夫は、小指の彼女の家に電話させられたこともあった。いつものように、息子と話すつもりで幸太郎が電話に出ると、ハルがサッと受話器を取り上げて、亭主に毒づいた。

「帰ってくる家を、忘れちゃったんだろう、交番に聞いて、帰ってきな！」

嫉妬心は深い情愛の裏返しだという。どちらもあってのハルである。

幸太郎と、小指の彼女の一人である君江の関係について、周囲の大人たちはみんな承知していた。二人の間には子どももいたから、幸太郎の実姉や佐藤軍治と結婚した妹のウメなどに「ひとつ、君江の面倒を見てやってくれ」と頼んでいたらしい。

ただし幸夫は、母親違いの兄弟との交流はまったくなかった。

幸夫は、両親が喧嘩をしていてもあまり気にならなかった。両親の仲はよいのだ、とちゃんと理解していた。

小学校時代の幸夫が最も憧れたのは、騎馬隊の憲兵だった。それというのも憲兵隊の司令本部が野毛にあったからである。

憲兵隊の将校が馬の蹄《ひずめ》の音を鳴らしながらサーベルを腰にぶら下げていく姿を、幸夫はカバンを背負いながら見るのが大きな喜びだった。

幸夫が学校に通って勉強するのは、〈早く憲兵さんのように腰にサーベルを下げて、騎馬に乗りたい〉という一心からだった。だから、憲兵さんに声をかけられようものなら大変な名誉だった。

〈おれも、一日も早くああいうふうになりたい〉

翼賛体制に組み込まれた横浜港

昭和一六（一九四一）年のある日、幸夫は友達の家へ遊びに行った。

そこで、友達の両親の結婚式の写真を見た。

〈うわあ、いいなあ〉

家に帰った幸夫は、さっそく母親のハルに訊いた。

「ねえ、お父ちゃんとお母ちゃんの結婚式の写真、ないの？」

ハルが答えた。

「うん、あるよ」

「見せてよ」

「探しておくから」

何日かして、ハルは結婚式の写真を見せてくれた。が、どう見ても若い頃の写真とはちがう。紋付袴《もんつきはかま》を身につけてはいたものの、結婚式など挙げていない両親は、幸夫に言われてあわてて写真を撮ってきたのである。

のちに幸夫は、その写真を藤木企業の事務所に飾った。いま現在もなお、飾られている。

幸太郎は、相変わらず仕事が忙しく、帰宅する日のほうが珍しかった。

仕事もそうだが、別に君江との家庭があったから、そちらへ行ってしまう。幸夫はそのことになんとなく気づいていたが、食料の配給手帳を見て何もかもハッキリした。

幸太郎が一家のあるじであるから、別宅への配給もみんな本宅の方へ来てしまう。通帳には、藤木幸太郎、藤木ハル、長男幸夫、長女博恵、二男富雄と記されている。幸夫は三人きょうだいなのだから、ここまではいい。

ところが、通帳には三男弘幸と続いている。

幸夫はまだ中学生であったが、ショックを受けるというより、さもありなん、という気持ちだった。

当時はどこの世界でも〝小指の彼女〟をつくるのが珍しくはなく、幸太郎が特別に浮気性とは思わなかった。

別宅通いばかりでなく、仕事が忙しいのは事実で、特に、軍の仕事で福島県の小名浜《おなはま》港へ出張るときは、一ヵ月は戻ってこなかった。

小名浜港は、遠浅の砂浜に小さな漁船を引き揚げておく程度の漁村にすぎなかったが、昭和一三（一九三八）年五月、約一〇年をかけて三〇〇〇トン岸壁（三〇〇〇トン級船舶に対応した岸壁）が完成していた。

日本の主な軍港は、すでにアメリカの監視の目が光っている。小名浜港は、アメリカのスパイを寄せ付けず、敵の監視の目をくぐるためにひそかに選ばれた隠れ軍港だった。

昭和一六（一九四一）年、航空母艦と駆逐艦が碇泊《ていはく》し、大勢の海軍兵が集まってきた。小名浜港のことは極秘扱いされていたが、連合艦隊の大所帯が行き来して「大砲を積め、食糧を積め」とやっている。とても軍関係の者だけでは作業しきれない。

そこで酒井信太郎、藤木幸太郎、鶴岡政次郎、笹田照一ら横浜港の波止場人足のお頭《かしら》が集結して、荷役を一手に引き受けることになった。

波止場人足には、沖仲仕と浜仲仕の二種類ある。沖仲仕は港に接岸できない大型貨物船と、小型船である艀《はしけ》との間で荷物の積み下ろしをする作業員、浜仲仕は艀と港の間での積み下ろしをする人たちである。政府の職種分けとしてそれぞれ職名がつけられていたが、横浜港の波止場人足たちは、どちらの作業も手慣れたものである。

昭和一六年一二月八日、大東亜戦争が勃発した。幸夫が小学校五年生のときである。

やがて幸夫は、あることに気づいて驚いた。

〈教室には、社会の階級制度がそっくりそのまま収まっているんだな〉

担任の先生は、陸軍大佐や海軍中佐など職業軍人の子どもに対して、ひどく遠慮しているのが、幼い幸夫でもよくわかった。

クラスには、軍人や代議士の息子、商店街の大店の息子だけでなく、場末の小さな商店の息子、日ノ出町の大岡川の岸辺のバラック小屋から通う朝鮮人の子ども、親が職にあぶれて月謝も払えないその日暮らしの子どもなどが、ごった煮のように集まっていた。そこには平等の観念など、かけらもなかった。

昼休みになると、親の職業や収入の違いが如実《にょじつ》に現れた。まず、弁当を持ってくる子と持ってこない子に分かれた。持参する弁当にしてからが、二段、三段の重箱もあれば、日の丸弁当やおむすび、家を出るとき一〇銭貰ってパンの申し込みをする子もいて、実にさまざまだった。

クラスの半数ほどは近所の家へお昼ご飯を食べに帰ったが、家が遠いだけでなく弁当を持参できない子は校庭に行って、飛んだり跳ねたりして元気に遊んでいた。

子どもたちは天真爛漫《らんまん》に、自分が生まれ育った家庭をあるがまましっかり受けとめていた。だから親の職業や弁当の優劣を意識し威張って誰かを蔑《さげす》むような子も、暮らしが貧しいからといって卑屈《ひくつ》になるような子も、まったくといってよいほど見かけなかった。

平等が当たり前とされる今日の方が、進学がらみで奇妙な優越感、差別意識があるというのは実に皮肉なことである。当時は大人と子どもの世界が厳格に区別されたから、生徒の個性があるがままいきいきと輝いていた。

幸夫は思った。

〈うちのクラスは、ほんとうに素晴らしい〉

横浜の港は、沖に碇泊した船と、荷物を運び出す艀《はしけ》であふれていた。

艀の多くは五〇〇トンクラスで、水上生活者も多数いた。労働者の家族も艀に住み着き、子どもたちは艀から学校へ行って、艀に帰ってきた。犬まで飼う人もいて、艀の上を犬がチョコチョコ行き来する光景も珍しくなかった。

艀上生活者の子どもたちのため、昭和一七（一九四二）年七月、山下町に全寮制の日本水上学校ができた。多いときには、三歳から高校生までの子ども約六〇人が、水上学校で生活するようになった。

一般の小学校、中学校へ通う子どもたちのための宿泊施設もあり、親から「お父ちゃんとお母ちゃんはな、千葉へ行っちゃうよ。だから今日は学校へ泊まってこい」などと言われると、学校に泊まる。

園長と親たちも連絡を密にしていて、「園長さん、三時半には横浜の新山下の倉庫におりますから」と言われれば、園長が「おまえのお父ちゃんは新山下の倉庫にいるよ」と伝え、子どもはそこへ帰っていく。

のち昭和二九（一九五四）年には、日本水上学園として養護施設事業を運営するようになった。

年月が経つうちに、艀で生活する子どもたちはいなくなった。代わりに家庭崩壊して保護された子どもたちが暮らすようになった。お父さんは酒を飲んで暴力をふるう、お母さんは朝から晩までパチンコに入り浸る。そんな夫婦の子どもたちの避難場所になっている。

勝つために青酸カリを口に含んだ

藤木幸夫は、名門・神奈川県立工業学校への進学を希望した。目指すは機械科である。

神奈川工業の合格率は非常に低く、横浜市全体の国民学校高等科の各組から、級長一人だけが受験資格を与えられた。優秀な者でなければ、受験しても必ず不合格になるからだ。

幸夫は勉強に励み、その甲斐あって合格し、昭和一八（一九四三）年四月、神奈川県立工業学校の機械科に入学した。

幸太郎は、あちこちの知り合いから声をかけられた。

「ユキ坊が、神奈川工業に入ったんだね」

幸太郎が嬉しそうに答える。

「そうだよ」

父親の様子を見て、幸夫は思った。

〈オヤジに、初めて親孝行ができたな〉

日本一の工業高校と言われるだけあり、校内にある巨大な工場は軍需工場と同等の設備が整っていた。実際に、飛行機の部品もつくられていた。

幸夫ら生徒たちは、教室で机に向かう授業はおこなわず、工場でひたすら技術を教え込まれた。学校の授業料を生徒が払うのではなく、学びながら働いていたので学校側が毎月生徒たちに給料を支払ってくれる。

やがて学校工場に入って、飛行機部品をつくることになった。教官からは、厳しい注文をつけられた。

「〇・〇〇三ミリまでの誤差なら許される」

幸夫たちはわずか一三歳にして寸分の狂いもない部品づくりをやってのけた。が、いまでは考えられないような危険きわまりない作業もある。もっとも怖かったのは旋盤《せんばん》にバイトと呼ばれる工作物を削《けず》る刃をつける作業だった。ハイスピード・スチールの略であるハイスという代物で、いまはそれだけでバイトができているが、当時は日本にハイスがわずかしかなかった。だから、普通の鉄の棒の先端にハイスをつけて使った。

それをどうやってくっつけるかが問題だった。変なつけ方をすると飛んでしまうから、ハイスをニクロム線で巻いて、焼きを入れて、削って、それに青酸カリの液を吹きつける。そうすると、ぴたっとくっついて飛ぶようなことはない。

青酸カリをどうやって吹きつけるかというと、人間が口でやった。幸夫は一三のときからそれをやった。だから、幸夫の口の中には物凄い量の青酸カリが入った。

旋盤の脇にリンゴ箱大の青酸カリの塊《かたまり》が無造作に置いてあって、知らない人間はただの石と間違えてしまう。それをカンカンと割っては水に溶いて口に含み、鉄の棒の先端にニクロム線で固定したハイスに吹きつける。そのとき、少しでも飲み込んだら大変なことになる。

「おい、駄目だぞ、いいか、おまえたち」

そう言って教官が注意する。

飲み下してはいけないという教官の注意だが肩を叩かれた拍子にゴクンとやったら、そのときは一巻の終わりだった。

飲み込まなくても、吹きつけた後はいくら口をゆすいでも駄目。ひとたび青酸カリを含んだ口の中はいつまでもヒリヒリして、それが当たり前になってしまう。

青酸カリは辛い味がして、刺すような痛みを伴う。だから、青酸カリを口に入れた晩は、「飲み込んだら死ぬ」という思いもあって、ご飯を飲み下せない。

いま「やれ」と言われても、とうていできることではない。自分がやったと思うだけで、ゾッとしてしまう。

勝つため——それしか頭になかったから、平気でやれたのだ。戦闘帽をかぶり、戦闘服を着て、足にはゲートルを巻いて、怖いなどという気持ちは少しもなかった。ただ、ゴクンとやったら終わりだから、ピンと張り詰めた気持ちで用心だけはした。

「藤木にやってもらうと、不思議とよくくっつく。すごくいい」

バイトが工作物にちょっとでも余計に噛むと、ハイスが吹っ飛んでしまう。幸夫が吹きつけたバイトは、どういうわけかハイスが飛ばなかった。


昭和二〇（一九四五）年二月に入ると、米軍の飛行機が、爆弾を落とす回数と同じくらい「伝単《でんたん》」と呼ばれる宣伝ビラを落としていった。

《おまえたちは負けている。戦争が終わればご飯をいっぱい食べられるぞ》

小沢という生徒が、伝単を拾ってきた。そのとき、みんなで小沢に殴りかかった。

「馬鹿野郎。そんなの読んじゃ、いけねえぞ」

「利敵行為だ！」

来る日も、来る日も、宣伝ビラと焼夷弾《しょうい》の連続だった。

昭和二〇年三月一〇日、幸夫が家の窓から東京方面の空を眺めると、時ならぬ夕焼けでも見るように真っ赤に染まっていた。東京が大空襲に見舞われた日である。横浜でも毎晩のように空襲があって、旧制武相中学に焼夷弾が落ちた。

旧制武相中学が創立されたのは昭和一八年、できたばかりだったためプレハブの二階建て校舎一棟しかなかった。それがばんばん燃えていた。

「こりゃ大変だ」

幸夫はスコップを持って家を飛び出し、武相中学に走った。

行ってみると、校舎ばかりでなくグラウンドまで焼夷弾で火の海になっているではないか。先生らしき男がたった一人で、一生懸命火を消そうとしている。

幸夫も一緒になって消しにかかった。男が幸夫に気づいて大声で呼びかけた。

「おまえは、誰だ！」

「誰でもない、消しに来たんだ！」

「そうか。頼む！」

二人がかりでどんどん消していった。

無我夢中でスコップで火を叩いていくうちに、ようやく火事が収まった。火が消えたからホッとして、幸夫は何も言わずに立ち去った。

それから翌々日の朝、幸夫に来客があった。母親のハルに呼ばれて出てみると、見知らぬ老夫婦が立っている。

「いやあ、きみが来てくれて、助かった。きみのおかげで、学校が残った」

老夫婦は感謝状と金一封、旧制武相中学の石野瑛《いしのあきら》校長の著書を幸夫に渡すと、帰っていった。封を切ってみると、なんと二〇円も入っていた。現代の二〇万円くらいに相当する。

石野校長夫妻だと後でわかったが、そのときはわからなかった。

翌日、幸夫が学校へ行くと、朝礼で名前を呼ばれた。

「機械科三年、藤木」

「はい」

「段に上がれ」

幸夫は野球部の主将だったから、朝礼台に上がるのは初めてではない。甲子園大会の神奈川県予選が始まるときには、主将が朝礼台に上がって宣誓することになっていた。が、野球は関係ないときである。

〈何だろう……？〉

すると、山賀辰治校長が言った。

「藤木、おまえは偉かったぞ。武相中学の校長から連絡が入って、きみがしたことがわかった。だから、みんなの前で褒める。ご苦労さん、いいことしてくれた」

幸夫は生まれて初めて学校で褒められた。家に帰って、学校で褒められたことを報告すると、幸太郎がことのほか喜んでくれた。

「おまえはいいことしたなあ、偉かったなあ」

幸太郎は幸夫に二〇円くれた。合計して四〇円――いまだからこんな冗談も許されるのだろうが、空襲で儲けたのは幸夫ぐらいなものであった。

軍国の父と「早く死にたい」軍国少年

藤木幸夫は、一刻も早く戦争に行きたかった。が、願書を予科連《よかれん》（海軍飛行予科練習生）と江田島《えたじま》（海軍兵学校）に出したものの、戻ってきた葉書には「年齢未達」と書いてある。満一五歳にならないと行けないのである。

昭和二〇年に入ると、幸夫と同じ昭和五年生まれの生徒たちが次々と満一五歳を迎え、出征していった。八月生まれの幸夫は、年齢未達というのが悔しくて、早生まれの生徒たちが羨《うらや》ましくて仕方なかった。

幸夫が飛行機部品をつくってから家へ帰ると、幸太郎が言った。

「おまえなあ、いい若いもんがなあ、この戦争中に馬鹿やろう……こんなところでグズグズしてないで、早く戦争へ行って死んでこい」

言葉は乱暴だったが、わが子への愛情の裏返しなのは明らかだった。こういう言い方でしか、子への愛情を表現できない人だった。

「だけどさあ、オヤジ。いくら行きたくたって、おれは年齢未達だよ」

「馬鹿やろ。とにかく早く行ってこい」

ほかに誰が聞いているわけでもない。幸夫は思った。

〈たった二人きりの、これが親子の会話なんだな〉

出征した先輩が遺骨と化し、英霊となって帰ってくる。戦争にいけば死ぬというのが、当時の常識だった。

バナナで息子を失い、その責任で先妻が自殺してからというものバナナは決して幸夫に食べさせなかった幸太郎だから、本心では戦争に反対したい気持ちだったはずである。

が、向こう三軒両隣の親の気持ちを思うと、反対などできない。さりとて、自分の息子を同じ目に遭わせる覚悟がなければ、戦争を肯定し、支持する気持ちにはなれない。

幸太郎は、そういう〝軍国の父〟だった。

だから、幸太郎自身も、老いた身でありながら、帝国陸軍の運輸船舶部隊「暁《あかつき》部隊」の物資輸送の親方になって、アラスカ州アリューシャン列島のアッツ島へ行って帰ってきた。戦争に負けたら、日本人は皆殺しになるのだから、どうせなら、戦って死ねということだったのだろう。

年齢未達の幸夫は、やむを得ず戦時徴用を受ける身となって、井土ヶ谷《いどがや》の大島鉄工という軍需工場へ集団で派遣されて、職工として働くことになった。

そこはAクラスの軍需工場で、フライス盤、カッターと、幸夫は一通りすべて扱った。

大島鉄工の工場長は退役した海軍中将で、見るからに威厳を感じさせる人だった。

毎日空襲の連続で、空襲警報が鳴って、機銃掃射の音が迫ってきていても、その人は幸夫たちを防空壕に入れさせてくれなかった。

「戦地の兵隊は、みんな戦っているんだ。おまえたちがこんなことでいちいち工場から離れてはならん。戦地の兵隊のためにも仕事を続けろ！」

幸夫たちはそれを当然と受けとめた。戦争を論じられるのは平和な時代だけだろう。戦争のさなかに平和を論じる者は、少なくとも幸夫のまわりには一人もいなかった。

だから、工場長が酷《ひど》いことを言っていると思う気持ちは、まったくといってよいほどなかった。むしろ、逃げ隠れしなかったことで、空襲に対する幸夫たちの恐怖心は消え去った。

そういう意味で、工場長の態度は立派だった。

「この人のためだったら、おれは死んだっていいや」

本気でそう思った。そうすることで、張り合いが出た。

そのように感じていたのは、幸夫だけではなかった。工場長に叱咤《しった》されてから、誰もが腰を据え、与えられた目標に一丸となって取り組んだ。子どもといえども、目標を持つと強い。幸夫は、そのことをつくづく思い知らされた。

戦争では勇敢に前進する兵隊ほど戦死者が少ないという。戦国時代でも戦に怯《ひる》んで浮き足立ったほうが惨憺《さんたん》たる犠牲《ぎせい》を被ったと聞く。

鹿児島県南九州市の特攻最前線基地である予科練の知覧《ちらん》に行ったのは、幸夫より二歳くらい年上の先輩が多かった。

年齢未達で戦争に参加できない幸夫たちは、知覧にいる先輩たちが羨ましくて仕方なかった。

〈おれも、早く死にたい……〉

が、この頃になると、なかなか特攻で英霊になったという話が入ってこない。なぜ突っ込まないんだろうと思っていると、知覧で待機、待機の日々なのだという。飛行機が足りないのである。地上から航空機を攻撃するためにつくられた高射砲も、弾がなくて使うことができないと知った。

千葉県九十九里浜の沖には、アメリカの航空母艦がすでに何艦かやってきていた。その証拠に、艦載機であるロッキードP38双胴機が、空襲警報も何もないまま突然現れては攻撃してくるようになった。

昼過ぎ、幸夫が何人かの友達と一緒に働いていると、急にダダダダッと音がする。

「なんだ⁉」

見ると、カーチス社のP36がまっすぐこちらに向かって襲ってくる。

幸夫のすぐ隣で旋盤をしていた生徒が、撃たれて死んだ。

このとき幸夫は、もう人が死ぬことに対してなんとも思わなくなっていた。一緒に工場で働いていた生徒たちの死体を焼くことも、日常の作業になっていた。

アメリカの兵隊も、日本人を撃ち殺すことがもはや日常になっているのだろう。航空母艦の中で昼飯を食い、満腹の腹をさすりながらそのときの気分で「一発行ってみるか」と飛行機に乗り込み、ネズミを殺すかのように何のためらいもなく日本人を撃ち殺していく。今回の奇襲は、そんな雰囲気であった。

アメリカは、沖縄の陥落は一ヵ月あれば十分だと判断していた。

が、実際の沖縄戦は三月に始まり、六月までかかっている。九十九里浜の沖にいる航空母艦は、沖縄が落ちるのを待っていた。沖縄が陥落してから、いよいよ日本本土上陸作戦であるダウンフォール作戦に移ろうと待ち構えていたのである。

六月二三日まで沖縄が頑張ってくれたおかげで、幸夫は生き残ることができた。もしそうでなかったら、銃を持ったアメリカ兵と戦車が踏み荒らし、関東平野は火の海になっていただろう。
殺戮の合間に、アメリカの飛行機からビラが舞い降りてくる。いわゆる伝単である。
《日本国民に告ぐ》
《あなたたちは、何のために戦争をしているのですか》
《アメリカの敵はあなた方ではありません。あなた方を戦争に引っ張り込んでいる軍部こそ敵です》
《戦争は終わらせて、おいしいものを食べよう》
ビラの文言からは、軍部に対して蜂起《ほうき》するよう、日本国民に促す狙いが読み取れた。アメリカでは、一二都市に七二万枚のビラをまいたと発表されていた。
もっとも、日本では「見てはいけないと言われ、婦人会が回収していたようだ」という証言もある。必ずしもアメリカ軍の思惑通りにはならなかった。
それでも伝単に書いてあるように、実際にお腹はペコペコだし、寝る場所は防空壕の中だけである。
当時、旧制中学生の幸夫でさえ、「この戦争は負ける」と思っていた。戦争が始まる前だったら、幸夫が取った態度は違ったかもしれない。が、始まってしまったのだから、こうなったら戦うしかないと心に決め、是非を超えて判断し、態度を決めたのである。
〈みずから命を祖国に捧げなければ、一刻たりとも今を生きてはいられない〉
神奈川工業の生徒である幸夫たちは、よく他校生と喧嘩した。喧嘩が絶えなかったのは、毎日のようにつづく空襲下で、誰もが殺気立っていたからである。
喧嘩が強かった幸夫は、同級生たちを柔道場に連れていき、壁際に並んで座らせた。自分は剣道で使う籠手《こて》を両手にはめ、道場の真ん中に仁王立ちになって、順番にかからせてみずから喧嘩の指導をした。
幸夫は、くどいほど念押しした。

「喧嘩をするからには、何が何でも勝たなければいけない。けれど、ここまではやってもよいが、それ以上はいけないという限度をわきまえろ。真面目な人、弱い人には手を出すな」

幸夫は腕力が強く、当時としては背も高いほうだった。いっぽうで、たいへんな読書家でもあり、自他ともに認める文学青年だった。

文武両道に秀でる幸夫の言動は、誰よりも説得力があった。なかでも校則を守れない仲間たちが、幸夫の言うことを聞いた。

「あいつのいうことだから間違いないだろう」

「なんだかわからんが、あいつが言うんだからやってみよう」

そんな具合で、唯々諾々《いいだくだく》として行動していた。

八月一六日朝、初めての「平和」

昭和二〇年八月の誕生月になると、幸夫は自分の誕生日の一八日を指折り数えて待つようになった。

〈あと少しで、おれも戦争に行ける。早く誕生日が来ないかなあ〉

神奈川工業の生徒は、無試験で予科練と江田島に行くことができた。

八月一四日、井土ヶ谷の大島鉄工で働く幸夫たちに、退役海軍中将の工場長が伝えた。

「あしたの昼、天皇陛下の放送がある」

八月一五日、正午、全国民に対しＮＨＫのラジオを通じて「ポツダム宣言」受諾の天皇のいわゆる「玉音」放送があった。藤木幸太郎、酒井信太郎、松本健太郎らは全従業員とともに山下町のバラックの港湾荷役会社でこの放送を耳にした。

いっぽう、幸夫たちは工場の外へ集められた。

ラジオといっても、鉱石ラジオばかりで、ガーガーいって、ろくなのがなかった。

昭和天皇が「終戦の詔勅《しょうちょく》」を読んだ。が、生徒たちの大半は言葉が聞き取れなかったから、生徒たちの列が乱れて、ガヤガヤと大騒ぎになった。

「なんだ、なんだ」

「戦争が終わったんだよ」

「終わるわけねえじゃねえか」

「冗談じゃねえ」

誰もが、敗戦をなかなか受け容れることができなかった。

先生から声がかかった。

「説明するから、みんな集まれ」

神奈川工業の校長が来て、説明した。

「今日で、戦争は終わった。天皇陛下のご命令だ。みんな、いまはお互いにしっかりしよう。天皇陛下にこれ以上ご心配をかけてはならんぞ」

校長に大声でたしなめられて、ようやくみんな静かになった。

が、生徒たちは今の今まで「これから戦争に行って、アメリカ兵を殺すんだ」という気持ちに燃えていたのである。戦争が終わったからといって、簡単にその心の火を消すことはできない。

その後、光明寺の神奈川県立学校に移動した。五月二九日の横浜大空襲で、県立工業学校の校舎は焼失していた。

担任の先生が言った。

「おまえたち、学校が燃えちゃったと泣いているけど、馬鹿野郎、学校は燃えてない。校舎が燃えたんだ。学校は生きてるんだ。おまえたちが燃えたと言って、どうする」

そして、残っていた黒板に「明朗闊達《かったつ》」と書いた。

「おまえたちは、明日からこの明朗闊達という言葉を忘れんようにしろ。おまえたちの財産は、これしかないんだ。忘れるな！」

ふだんはおとなしい先生だったが、この日ばかりは人が違っていた。

担任の先生の説明で、ようやく日本が負けたと理解し、ほとんどの生徒が泣き出した。が、幸夫は泣くことができなかった。

〈生き残ってしまった……〉

日本が戦争に負けることは読んでいた。わかっていても、ただもう悔《くや》しくて、悔しくて、泣く気にもならなかった。あまりにも悔しくて、ガッカリして、もぬけの殻の状態だった。

幸夫は思った。

〈ヒトラーの「第三帝国」を真似た理想を闇雲に唱えるばかりで、正しく先を見通せなかった政治家が悪いんだ〉

幸夫たち生徒にとって、勝つこと、そして天皇陛下のために死ぬことが目標だった。教育勅語そのものが拠りどころであった。日本という国が気の毒でならなかった。愛する者が喧嘩して、やっつけられたような思いだ。それを見ているだけの自分が、情けなかった。

〈あと三日すれば、満一五歳だったのに……〉

幸夫の誕生日は、昭和五年八月一八日であるから、終戦のとき、幸夫は満一四歳と一一ヵ月と二七日だった。

手出しできない分、勝ったアメリカへの敵愾《てきがい》心みたいな感情が、負けて初めて幸夫の胸に芽生えた。それでいながら、心のどこかで、ホッとしてもいた。

幸夫の脳裏を、これまでの毎日がよぎった。

米軍の空襲は、夜が多かった。

昼間、工場で働いて、夜、汚れた布団の中で死んだように眠ったところを、警戒警報のサイレンに無理やり起こされた。空襲警報に追い立てられ、朦朧《もうろう》とした頭で夢遊病者のようにふらふらと歩いて、近所の防空壕へ入った。そのとたん、ばったり倒れるようにして寝た。

狭いところへ、大勢で入って、折り重なるようにして眠った。

工場で徹夜で働くときは、そうしたわずかな眠りさえなかった。

〈日本が戦争に勝つために汗と油にまみれ、機銃掃射に堪《た》え一生懸命働いてきたのに、何でだよ〉

その思いに至って初めて、幸夫の目から涙があふれ、止まらなくなった。

幸夫は、解散して港北区菊名にある妙蓮寺《みょうれんじ》のわが家に帰ると、いきなり睡魔に襲われた。

気づいたときはもう朝になっていた。一五、六時間もぶっ通しで眠ったことになる。

呆気《あっけ》に取られながら、幸夫はあたりをゆっくり見まわした。焼けつくような陽の光が異様にまぶしかった。

なにより静かだった。新婚の先生が焼夷弾の直撃を受けて消滅するという惨劇《さんげき》もなく、毎晩繰り返された空襲の修羅《しゅら》場《ば》もなく、本当に朝を迎えたのか。本当の朝なのか。

体の節々の痛み、背中に凝《こ》り固まった疲れ――これまで感じたことのない、重い鉛《なまり》を背負ったような極度の疲労が、現実だと教えていた。

幸太郎も、ハルも、幸夫が不眠不休で働いてきたのを知っていて、気を利かして放ったらかしにしてくれたのである。

幸夫は、ようやく意識を取り戻した。

〈そうか……。戦争が終わるということは、空襲がないということなんだ。同じところで、朝までずうっと、こうして寝ていられることなんだな。平和とはいいもんだなあ〉

幸夫が物心ついたときは、もう戦争が始まっていた。終戦翌日の八月一六日朝の印象は、幸夫が初めて経験した「平和」だった。

終戦時は、悔しさでいっぱいだった。が、やがてその悔しさは、複雑な気持ちながら、天皇陛下や日本のために戦ってくれた先人たちへの感謝の気持ちへと変わっていった。

〈天皇陛下がおれの誕生日より早く戦争を終わらせてくださったおかげで、おれはこうして生きていられる……〉

ダグラス・マッカーサー連合国軍最高司令官は、降伏文書の調印に先立つ昭和二〇年八月三〇日、専用機「バターン号」で神奈川県の厚木海軍飛行場に到着した。

マッカーサー元帥《げんすい》は、記者団に対して第一声を発した。

「メルボルンから東京までは、長い道のりだった。長い長い、そして困難な道だった。しかし、これで万事終わったようだ……」

マッカーサー元帥は、この日から占領した横浜のホテルニューグランドを執務室として使用し始めた。ホテルニューグランドは、無傷のまま残っていた。アメリカ側が、日本占領後のことを考えて、爆撃せず残した可能性もあった。

横浜にも進駐軍がどんどんやってきた。アメリカの兵隊がチューインガムを嚙みながら、日本の女を連れて歩くようになった。

日本人は何もかも失い、価値観は破壊され、夢や目標もすべて霧散した。

幸太郎もひどく落ち込んで、幸夫に言った。

「おれはもう、会社を閉じる」

戦争が終わった昭和二〇年、国土は焼け野原と化して、仕事も会社も工場も金も食べ物もない。生きていくのが精一杯の時代だった。

進駐軍であふれたハマの青春

五月二九日の横浜大空襲で焼失した神奈川県立工業学校で、野球部員の生き残りは幸夫を含めて石崎、小沢のわずか三人だけだった。

戦時中、野球は敵性スポーツとされ、きわめて評判が悪かった。それでも、幸夫たちは肩身の狭い思いをしながら続けてきた。

が、一年上の先輩、二年上の先輩は予科練へ行き、戦死した人もいれば、生き残ってもまだ帰る様子はなかった。しかも三人のうち石崎が途中で脱落したから、実際には小沢と幸夫の二人だけだった。

「さあ、やろう」

新入生を募ると、全員が野球部を志願した。機械科が四五人、建築科が五〇人、電気通信科が五〇人、精密機械科が五〇人、合計二〇〇人弱にもなった。

望外の成果である。幸夫は小沢とお互いの肩を叩き合って喜んだ。

「おい、おい、おい。弱っちゃったなあ。どうするよ」

二人しかいない野球部のキャプテンから、いきなり二〇〇人も抱え込んだ野球部のキャプテンになって、幸夫は嬉しい悲鳴をあげた。

〈野球ができる！〉

このときの喜びは、たとえようがなかった。が、いくらなんでも二〇〇人は多すぎる。テストをして篩《ふるい》にかけることにした。

旧制中学三年の身で生意気と思いつつ、幸夫は試験官を務めて二〇〇人弱の新入生全員に、まずキャッチボールをやらせた。

「おまえ、うまそうだから、サードをやれ」

自分の判断一つで九人のレギュラーを決めて、あとの者は補欠にまわした。

しかし、部員が揃っても、まだ野球はできなかった。

校舎は焼け落ち、校庭には瓦礫が一尺（約三〇センチ）も積もっていた。苦労して掘りつくさないと土が見えなかった。

みんなで瓦礫を取り除きにかかった。二坪、三坪、四坪と広げていって、ようやく野球ができるようになったのだが、対外試合には使えない。

野球部に新しいボールが届くと、幸夫はそのボールをわざわざ剝《む》いた。戦時中は、古いボールをたこ糸で縫っては使い、縫っては使いしていたため、ピッチャーが新品のツルツルのボールを投げられないのである。

幸夫は、キャッチボールをしているアメリカの黒人兵たちを見かけると、声をかけた。

「おれたちは野球部なんだけど、試合しないか」

すると、黒人たちが嬉しそうな顔になる。対戦相手がいなくていつも困っているのだ。

幸夫は彼らに頼んだ。

「その代わり、試合終わったら、このグローブとバット、全部おれにくんないか」

「オーケー、オーケー」

そうやって道具を集めていった。

幸夫が、母親のハルに報告した。

「今度、Y校（横浜商業学校、のち横浜市立横浜商業高等学校）のグラウンドで試合をするんだ」

すると試合当日、ハルが観戦に来た。もちろんハルは野球について何も知らなかった。

試合が終わって家に帰ると、先に戻っていたハルが深刻な表情をしていた。

「幸夫、頼むから野球はやめておくれ」

「どうして？」

「あのね、棒を振る人のすぐ後ろにいるからね。もう、お母ちゃん、見てらんなかったよ」

幸夫は、キャッチャーをつとめていたのだ。

「おまえ、後生だから、やめとくれ。どうしてもやめられないというなら、あんな危ないところでなく、もっと後ろの原っぱのほうで守っておくれでないかい」

野球をやめるか、さもなければ、キャッチャーをやめて、バットの届かない外野にまわってくれというのである。

幸夫はさすがに困ってしまった。翌日、学校へ行って、諸星監督に、家で母親に言われたことを、笑いながらそっくりそのまま話した。

すると、次の試合の時、諸星監督が幸夫に訊いてきた。

「藤木、今日、おふくろは来るのか」

「そのようです」

幸夫が答えると、諸星監督はあらかじめ考えていたように、部員に指示した。

「おい、福島、おまえ、今日はキャッチャー。村上はセンターにまわって、藤木は空いたショートに入れ」

〈へえ、何でだろう？〉

幸夫は呆気にとられた。

諸星監督は明大野球部の出身で、中日ドラゴンズや阪神タイガースの監督で鳴らした星野《ほしの》仙一《せんいち》でさえ側にも寄れず、空気にもさわれなかったという人物である。当然、練習は血反吐《へど》が出るほどきつく、部員から鬼のように恐れられていた。

それほどの人が、ハルに気を遣ったのには、それなりの理由があった。

諸星監督の家は、東海道線の二宮《にのみや》駅から離れた場所にあった。そのため、八時開始の試合に間に合わないため、前日にキャプテンである幸夫の家に泊まった。食糧難のときだというのに、ハルは苦心していろいろ買い込んで、豪華な手料理で諸星監督を歓待した。

「監督さん、不束者《ふつつかもの》ですが、どうぞ、こいつをよろしくお願いします」

諸星監督が、幸夫に小声でささやいた。

「いいおふくろだな」

ハルはせっせと世話をして、諸星監督が食べ終わるのを見届けてから、両手を合わせて三拝九拝した。

「監督、後生だから、幸夫をバッターの真後ろで守らせるのだけはやめさせてほしい」

世話になったうえ直接母親から頼まれては、イヤとは言いにくい。そうでなければ、諸星監督が幸夫をショートにまわすわけがなかった。

星野仙一に鬼と恐れられた諸星監督も、ハルにはかなわなかったわけである。

が、ハルの親馬鹿のために、慣れないポジションにまわった幸夫は、エラーばかりしてブーイングを浴びせられてしまった。

ハルにしてみれば、まだ言葉も知らない頃の幸夫に文字を習わせ、将来に何か期待していたようだから、キャッチャーのポジションのためバットでぶん殴られてはたまらないという思いだったのだろう。

幸夫は、どんなにブーイングを浴びても、底の見えない母親の深い愛情に感謝こそすれ、文句がましい気持ちは少しも起きなかった。ふんだんに愛情を注がれたからこそ、いまの自分がある。

幸太郎もまた、幸夫がのち藤木企業に入社するまでは、子に対してじつに甘い父親だった。

両親の馬鹿がつくくらいの愛情にめぐまれて、幸夫の野球浸けの戦後が始まった。

そして、高校卒業後の幸夫の進路を決めたのも、野球だった。

昭和二一（一九四六）年当時、ガソリン車はジープのみ、あとは木炭をエネルギー源とした木炭車しかなかった。

幸夫が、幸太郎にねだった。

「お父ちゃん、おれ自動車に乗りてえな。買ってくんないかな」

幸太郎が大声で答えた。

「馬鹿野郎！　自動車なんか。おまえなんかな、買ったって運転なんかできやしねえや。免許証なんか取れやしないよ」

「じゃあお父ちゃん、免許証取ったら買ってくれる？」

「馬鹿野郎、てめえなんか取れるわけないよ。だけどそりゃあおまえ、免許があれば買ってやるよ」

当時、小型自動車免許の取得可能年齢は、満一六歳以上だった。一六歳になっていた幸夫は、さっそく佐藤軍治の運転手の浜口に声をかけた。

「浜口さんちょっと、運転教えてくれないかな」

「ああいいよ」

浜口から運転を教わり、試験問題集で勉強した幸夫は、六角橋《ろっかくばし》の教習所へ向かった。当時、教習所は警察が運営しており、運転免許の試験は教習所の練習コースでおこなわれた。

ペーパーテストは余裕で合格だった。当時はマルバツ式でなく、記述式だった。

たとえば「市電で乗客乗降中の停留所の横を通るときの心がけを述べよ」という問いに、「時速八キロ以内に落とし、左右両方をしっかり見て徐行する」と答えを書き込む。たいていの人は「停車して通り過ぎるの待つ」と書いてしまうのだが、問題集でしっかり勉強した幸夫は正解を書くことができた。実地試験も難なくクリアし、運転免許証を手に入れた。

「オヤジ、免許証もらったよ」

幸太郎は、さすがに驚いた表情を見せた。

「え？　おまえな、馬鹿野郎、こんなときにな、みんな一日一八〇円、二〇〇円で働いてんだ。自動車なんか買えるか。なにを考え違いしてるんだ、おまえは」

すると、ハルが助け船を出してくれた。

「あんた、男らしくないよね。このあいだ幸夫に何て言ったの。免許証持ってくりゃ買ってやらあ、って、あんた言ったのよ」

幸太郎は、忘れたのかトボけているのか、「そうかなあ」と言った。

幸太郎が買ってくれたのは、中古の日産ダットサンだった。ただし、当時は医者が乗るような高級車で、価格は一八万五〇〇〇円。一般労働者の三年分の給料に相当した。

幸夫は、ハルを乗せてあちこちドライブへ出かけた。また、神奈川工業の先生を車で送ったりもした。

「先生、乗りますか」

先生は、うれしそうに言う。

「乗っかってみようか、悪いな」

自動車のおかげで、幸夫はかなり点数を稼ぐことができた。

当時、日本にガソリンなど一滴もなかった。本来なら、日本人がガソリン車に乗ること自体がありえないことだった。

だから進駐軍のガソリンが闇に流れた。闇でなら何でも買えた時代である。闇ガソリンのおかげで幸夫はハルとドライブへ行けたのだが、アメリカ陸軍の憲兵で主に交通整理を担当するＭＰがあちこちで目を光らせていた。

弘明寺《ぐみょうじ》駅、間門《まかど》駅、六角橋駅など、市電の終点には必ず日本の警官と、白いヘルメットをかぶったアメリカのMPが立っていて、ガソリンの検査をする。検査は簡単だ。ガラスの棒を自動車のガソリンタンクの中に入れる。アメリカのガソリンは区別できるようピンク色に染められているので、ガラス棒がピンクになったら即逮捕、というわけである。

フィクサー田中清玄と藤木幸太郎

田中清玄《たなかきよはる》は、山口組三代目の田岡一雄《たおかかずお》の自伝では、藤木幸太郎との出会いを次のように語っている。

《私は旧制弘前高校から東京帝大へ進み、共産党へ入党、昭和四年、中央委員長となったが翌五年逮捕され、政治犯として小菅《こすげ》刑務所へ投獄され、昭和九年、獄中で転向、昭和十六年に仮出獄し、右翼の理論家として、また実業家として活躍した。私は若いときから空手をやっていて、ケンカが強かったせいか、獄中で藤木のイキのかかった者の世話をしてやったことがある。出所後、自害した母の墓へ参り、静岡県三島の寺にそのまま三年こもり、昭和十九年に知人の近衛《このえ》内閣の富田書記官長から佐藤軍治にあってくれといわれ、佐藤にあうと藤木幸太郎を紹介してくれた》

田中清玄は、『田中清玄自伝』で藤木幸太郎について次のように述べている。

《私が昭和十六年に刑務所から出たときの身元引き受け人が、富田《とみた》健治《けんじ》さんでした。富田さんのところへ、「いよいよ龍沢寺《りゅうたくじ》で修行に入ります」と挨拶に行ったときに、「ところであなたに用があるときはどこへ連絡をしたらいいんですか」とお尋ねしたら、「そのときは、君に佐藤軍治君を紹介するから、この人を通じて連絡を取ってくれ」と、富田さんはそう言われた。もう東条《とうじょう》内閣になっていて、日米開戦も間近な頃だし、世相も何かとうるさくなっていたときでしたから、直接連絡を取ったりすることは控えようと思ったのです。

田中清玄

この佐藤さんという人は、横浜で義兄の藤木幸太郎さんと一緒に海運業をやっている人でした。

佐藤さんの奥さんは藤木さんの妹さんなのです。あの頃の言い回しで言えば「荷揚げ人足の大親分」といったところだが、スマートないい男でした。

佐藤さんは「わかりました。何かご用があればご連絡しましょう。ときに、田中さん、修行した後はどうするのか」と言われたので、僕は「そのときは何か仕事をしようと思うが、まずは修行です」そう言って、ともかく龍沢寺へ行った。龍沢寺では（山本《やまもと》）玄峰《げんぽう》老師から、坊さんにならんかと言われましたよ。

しかしその時、私はもう結婚しておりましたからね。臨済《りんざい》禅では結婚していては、僧侶にはなれません。それに田中家では、跡取りが私一人しかおりませんので、坊さんになるわけにはいかなかった。それで在家のまま修行を続け、目を開けということになり、家内と二人、龍沢寺で修行をしたわけです。

やがて三年がたちひとしきり修行も終わって、三島に家を買いまして、何か仕事をということになって、横浜の佐藤軍治さんに連絡し、訪ねて行ったんです。そうしたら、佐藤さんは自分の兄貴の藤木幸太郎さんを紹介してくれた。京浜一帯の沖仲仕の総元締めで、大親分でした。もともとこの藤木さんのことは、僕が警視庁に逮捕される前に、京浜工業地帯のオルグをしていたときに知っていましたが、親しくしていただいたのはこのときが初めてです。

この藤木さんという人は、富田さんが昔、神奈川県の警察部長だったときに、横浜一帯の荷揚げ人夫らが、喧嘩はする、博打は打つと、ヤクザそのものの生活だったのを、なんとか生業につかせようというので、ヤクザから足を洗わせるため、富田さんの依頼を受けて、いろいろやっていたんです。佐藤さんは富田さんと藤木さんの間の連絡役だった》

田中は、戦後は横浜で神中組を興した。三幸建設に組み替え、戦災地復興、福島県矢吹ケ原開拓、岩手県釜石ロックフィルダム建設、沖縄では米軍土木建設の下請けなどを手がけた。神中造船、沼津酸素工業、三島木材、丸和産業、光祥建設、田中技術開発総合研究所などいくつかの会社を経営。当時は、産業の重点が砂糖・セメント・化学肥料のいわゆる〝三白産業《さんぱく》〟に集中していた時期であった。日本興業銀行の中《なか》山素平《やまそへい》のアドバイスでそれらに関する事業を手がけ、収益をあげる。

「藤木さん、小此木を男にしてやって欲しい」

藤木幸太郎は、河野《こうの》一郎《いちろう》と親しかった。昭和二一年六月二〇日、河野一郎が公職追放となった。

幸太郎は、神奈川県議会議長を務めた父親の河野治平の代からの付き合いである。

第二次世界大戦前の政界には院外団《いんがいだん》という、議員でない党員たちが議会外で組織した政治団体が存在した。選挙戦では示威《じい》行為や扇動《せんどう》的演説によって自党の勝利をはかるとともに、ときには院外の大衆を動員して倒閣運動もおこなった。

（左から）小此木歌治、藤木幸太郎、（一人おいて）小此木彦三郎（当時小学４年生。昭和 14 頃、横浜高島桟橋にて）

この院外団のメンバーと、幸太郎が属していた組織に関係があった。幸太郎は、先輩に言われるまま院外団の集会などに顔を出しているうちに、河野治平や、右翼の児玉誉士夫《こだまよしお》らと親しくなった。

藤木と河野一郎の仲立をしたのは小此木歌治であった。

小此木は代々材木商で、横浜の末吉《すえよし》町に小此木木材商店を経営していた。

のち新山下《しんやました》に金港倉庫を設立、倉庫業にも進出した。戦時中、港運業界が統合団体に集約され、藤木組は沿岸でおこぼれ程度の仕事にしかありつけなかった頃、その彼に米穀や木材の沿岸荷役を請け負わせてくれたのは木材統制会社と金港倉庫の両社長をやっていた小此木であった。

また幸太郎は、仕事がなく、常傭《じょうよう》の人夫に支払う賃金三〇〇〇円の工面がどうにもつかないとき、金港倉庫に小此木を訪ねたことがある。このとき、黙って調達してくれたのもこの小此木であった。

藤木はこの徳を終生忘れず、「おれの最大の恩人は、酒井親分と小此木の大将だ」と言ってきた。

小此木は戦前、横浜市会議員を長く務め、代議士にも当選して、戦時中は商工参与官の職にあり、将来を嘱望《しょくぼう》されていた。

戦後、第一回の総選挙は昭和二一年四月、神奈川県下では全県を一区として連記制でおこなわれ、一二人の定員に対し七七人が立候補した。自由党からは河野一郎、小此木歌治、山本正一《やまもとしょういち》、岩本信行《いわもとのぶゆき》、三浦寅之助《みうらとらのすけ》、磯崎貞序《いそざきていじょ》の六人が当選したが、この年一一月、河野は公職追放を受けた。

しかし、河野は追放後も県下の政界には隠然たる指導力を発揮し、昭和二二年四月の第一回県知事選には「官僚ぎらいで、内山岩太郎《うちやまいわたろう》の顔は見るのもイヤ」だという反内山感情から、同僚の小此木歌治を対立候補にたてることにし、小此木擁立の中心者に中助松《なかすけまつ》を起用した。中は若くして県会副議長から中央政界に躍り出て〝ハマのホープ〟と目《もく》されていたが、彼もまた小此木には公私ともに多大の恩顧を受けていた。

立候補を決めた小此木はある日、河野と中と三人連れだって藤木を訪ねてきた。

当時、河野の政敵は県北、相模原の出身ながら長く県会議員の職にあり、吉田茂《よしだしげる》に近かった岩本信行であった。岩本は河野憎しのあまり内山絶対支持の態度をとり、河野陣営の切り崩しにかかっていた。

中からそのあたりの事情説明があったところで、河野は突然、「藤木さん、小此木を男にしてやって欲しい。そしておれと中も男にしてくれ」と頭を下げた。

藤木は、くどくどと口舌《こうぜつ》をふるわず、男にしてくれ、というこの短い万感をこめた言葉が気に入った。

知事選は内山岩太郎三六万三五〇票、橋中一郎一七万八二二一票、小此木歌治一二万二五二二票で、小此木は敗退した。が、これを機会に彼らの交遊は以前にまして倍加した。

横浜に所用があるとき、河野はかならず藤木の事務室を訪れ、歓談するのを愉しみにしていた。幸太郎は、河野治平との関係から息子の河野一郎ともずっと親しくしていたのである。

河野一郎のことを心配した幸太郎は、何か情報を仕入れるたびに息子の幸夫に命じた。

「あ、おまえ、そのことを河野一郎さんに伝えてやれ」

しかし、小此木はこの頃から体を害し、政界復帰を断念し、やがて昭和二八年一一月二〇日に他界した。

小此木は晩年は不遇《ふぐう》であったが、息子の彦三郎《ひこさぶろう》は昭和三八年と四二年、横浜市会議員となる。昭和四四年一二月の総選挙で初陣《ういじん》ながら神奈川一区から最高点で当選、以後連続当選して、自民党議員の中核となって政務に精進する。

彼の妻節子は、のちに藤木の親友となる伊藤清蔵の長女であるのも、一つの奇縁といえようか。


河野一郎には、大日本人造肥料（のちの日産化学工業）に勤務する弟の謙三《けんぞう》がいた。謙三は、昭和二二年四月、公職追放された兄の代わりに衆議院総選挙に、当時の神奈川三区から出馬するが、次点で落選。昭和二四年の総選挙に再度立候補し、当選した。

河野一郎、謙三兄弟は、ともに早稲田大学陸上競技部の出身で、兄弟ともに箱根駅伝の選手として活躍していた。

ある日、河野一郎が幸夫に言った。

「県議会が始まると、オヤジの治平は小田原の家に帰れなくなる。だから、久しぶりに帰ってくると、おれと謙三が駅まで迎えに行くんだ。オヤジが駅に着いたら人力車に乗っけて、その後ろをおれたち兄弟で駆けて追っかけたんだ。年がら年中だよ。だから、おれたちはマラソン始めたんだよ」

ある日、謙三が、幸夫に箱根駅伝で着たユニフォームをくれた。幸夫も野球をやっていたから、謙三とはスポーツの話でいつも盛り上がっていた。

「幸夫さん、おれは新記録を持ってるんだ。おれの記録は破れねえんだから」

「そう。すごいな」

「おれの通ったところが崖《がけ》崩れでなくなっちゃって、だから新しい記録が出ようがないんだ」

河野謙三には園子という妻がいた。幸夫は自然と、園子とも親しくなった。

園子は地元の医者の娘で、「最強の運勢を持つ」と言われる五黄《ごおう》の寅生まれだった。

気の強い園子は、幸夫にとって「面白いおばさん」であった。

ある日、園子が幸夫に言った。

「わたしには最初、兄の一郎への嫁入りの話があったんだけど、『わたしは政治家は嫌い』と断ったのよ」

どうやら、兄弟そろって園子に惚れてしまったらしい。が、当時の政治家は、芸者を連れてお国入りするなど、金と権力にものを言わせる不潔なイメージがあった。

「兄貴のほうは政治が好きで、もう何かっていうと政治についてしゃべって歩いてる。でも謙三は、死んでも政治はやらないって言うから、謙三と結婚したのよ」

ところが、兄の一郎が公職追放となり、選挙区の人たちが「誰か出さなきゃ」と大騒ぎした。結局、弟の謙三以外に勝てそうな候補者はいないということになり、謙三は泣く泣く政治の世界へ足を踏み入れたのであった。


佐藤軍治が幸太郎の妹ウメの夫になってからは、幸太郎は、佐藤を藤木組の副社長にした。

藤木は戦後、横浜港における定期交通船運航業務の免許を受けると横浜通船株式会社を起こし、これを佐藤にやらせた。

それからというもの、軍治は呼び捨てから「軍治さん」と呼ばれるようになった。軍治は、アゴで使われていたことは胸の中にしまい、今度は幸太郎の義弟として采配《さいはい》をふるった。

幸太郎は、若い衆の適性を見抜いて仕事を振り分けた。

「おまえは働き者だから、こっちへ来い。おまえは新しい実業の世界には向かないから、そっちへ行け。おまえは、こっちへ来い」

その中で、あぶれた者を集めてつくったのが海岸佐藤組であった。

ヤクザ、愚連隊が闊歩する戦後

鎌倉郡片瀬《かたせ》町（のち藤沢市片瀬）を本拠とする堀井一家三代目総長の加藤伝太郎は、幸夫のことをとても可愛がってくれた。

加藤は小柄だったが、ヤクザ映画に出てくるような、本当に親分らしい親分だった。

加藤の妻は背の高い人で、幸夫は「加藤のおばさん」と呼んで慕《した》った。

加藤の妻には妹がおり、その妹の息子が神奈川工業に通う福田だった。加藤伝太郎夫妻にとっては、甥に当たる。

幸夫より一学年下の福田は、野球部に入ってサードを守っていたが、一五歳にしてすでにヤクザの風格があった。

福田に限らず、終戦直後に野球をやる少年は、チンピラや愚連隊まがいなど勢いのある者が多かったが、福田は別格だった。

野球の応援団長も本物の愚連隊だったが、福田が出場するときはおとなしくなった。たとえ相手チームの応援団でも「フレーフレー、神奈川工業」と叫ぶ。なにしろ福田の伯父は加藤伝太郎であるし、本人もヤクザそのものの男である。

戦後の何もかも失った時代には、むしろグレないやつのほうがおかしいくらいだった。幸夫は、伊勢佐木町でアメリカの兵隊に殴りかかって、何度捕まったかわからない。まるで野良犬のようである。チンピラに脅《おど》かされたり喧嘩を売られたりも、しょっちゅうだった。

幸夫は、福田に命を助けられたと思うときが何度もあった。

なお、のち稲川会を起こし、会長となる稲川角二《いながわかくじ》（のち聖城《せいじょう》）は、この加藤伝太郎の若い衆となるところからヤクザ修業を始めた。

佐藤軍治率いる海岸佐藤組も、表向きは土木一般業務であった。もちろん、若い衆で「おれはヤクザだ」と吹聴して回る者はいない。みんな、隠せるところは隠してうまくやっているのである。ただ、幸夫の幼い目から見ても、すでに若い衆のうちから、人間の器量というものができ上がっているように感じていた。

大船の横山新次郎《よこやましんじろう》は、稲川角二の兄貴分になってから、一気に上り調子となった。

筆者の原作で東映のオールスターキャストで描く稲川聖城をモデルにした『修羅《しゅら》の群れ』では、稲川役を松方弘樹《まつかたひろき》、横山新次郎役を鶴田浩二《つるたこうじ》が演じている。丸坊主で体の小さかった実際の横山を知る幸夫は、それが不思議で仕方なかった。後年の横山は、それだけ貫禄がついたということだろう。

戦前から戦後にかけて、少年だった幸夫は、数多くのヤクザに可愛がってもらった。その中には、伸びてはいけない人が出世したり、「この男だけは、しかるべき地位につけるべきだ」という人が没落したり、思わぬ結果になることがままあった。

不良少年自警団「レディアンツ青年会」を組織

昭和二二（一九四七）年一月の好天の日、藤木家は掃除が済んだばかりで窓が開けっ放しになっていた。

そんななか、女中が部屋にいる幸夫を呼びに来た。

「小林準《こばやしじゅん》さんという方が、見えましたよ」

幸夫は、その名前に記憶がなかった。何だろうと思いながら、下駄を突っ掛けて玄関に向かった。

すると、小林準と名乗る男が頼んできた。

「うちのチームの、監督になってほしい」

聞くと、小林準はゴロベースのチームを組織しているという。ゴロベースというのは、一塁と三塁、ホームの三つしかないので三角ベースでおこなう。ピッチャーがゴムボールを地面に転がし、バッターは低い姿勢になって素手でそれを打つ。バットやグローブがいらないし、狭い場所でもできるので人気があるのだ。


小林の背後には、志村裕庸という男もいた。志村が説明した。

「おれは、神奈川工業の詰襟《つめえり》を着て歩く藤木さんをよく見かけた。肩からさげたカバンにはさんだバットにあこがれて、ゴロベースのチームに入ったんだ。だから、神奈川工業キャプテンの藤木さんを、おれたちのチームの監督に迎えたいと思った」

二人の説明を聞いて、幸夫の脳裏にひらめくものがあった。

「引き受けてもよいが、まあ、監督なんていわないで、みんなで相談してやろうじゃないか。民主主義の世の中なんだからな」

幸夫は心を弾ませた。

〈民主主義を集団で試す機会が、向こうからやってきたぞ〉

当時はまだ、全体主義が民主主義の反対概念とは受け取られていなかった。だから幸夫は、集団で試す絶好の機会と受けとめて歓迎した。

当時は、民主主義、自由主義という言葉がちまたに氾濫《はんらん》し、キラキラと輝いていた。

幸夫が監督を引き受けたチームは、「光り輝く」という意味の「レディアンツ」と名付けられた。レディアンツに集まったのは一二、三歳にしかならない不良少年たちである。

幸夫は、神奈川工業野球部のキャプテンにレディアンツ・チームの監督という野球浸けの毎日になったが、それだけに甘んじるつもりはなかった。

「レディアンツは、野球ばっかりじゃないよ。土曜日の晩は、必ずうちへ来い。ミーティングをやって、いろんな勉強会をしようじゃないか。どうせなら、駅にたむろして暇を持て余している連中を、みんな入れてしまおう」

幸夫は、野球チームのほかにいろいろな分科会を設けて、それぞれに受け持たせ、「レディアンツ青年会」を発足させた。

レディアンツは、自警団の役割も果たした。

当時の東横線の駅という駅は、不良少年の巣であった。泥棒、空き巣、恐喝《きょうかつ》、タカリ、何でもありだった。中でも東白楽《ひがしはくらく》駅、菊名《きくな》駅、元住吉《もとすみよし》駅あたりは尋常ではない。学校でも弁当の置き引きがしょっちゅう起きていたから、駅周辺の様子は推して知るべしである。

改札には必ず不良がいて、降りてくる学生・生徒に、「おい、一〇円貸せ」と、公然とカツアゲをやった。

決まって一〇円で、それが通り相場になっていた。戦前に表面の縁にイノシシが描かれていることから「イノシシ」と呼ばれた一〇円札と比較して、新円の一〇円は一回飲みにいける程度の金額だったが、被害に遭う学生・生徒にとっては大金だったから、たまったものではなかった。

ところが、唯一、不良のいない駅があった。幸夫の家のある妙蓮寺駅である。不良連中が不良のまま夜警をやったら、猫に鰹節《かつぶし》になるわけだが、警察官の子どもも、泥棒の子どもも、片端から「レディアンツ青年会」に入れてしまったから、心配なかった。

かくして、不良仲間が妙蓮寺駅から姿を消し、代わりに富士塚《ふじづか》の幸夫の家は、彼らの溜まり場になった。

富士塚の土地柄は、両親が揃って教育パパ・教育ママばかりで、子どもが旧制一高・東大を目指す秀才組と、落ちこぼれ組に峻別《しゅんべつ》された。落ちこぼれ組は不良になるか、来日したアメリカのレフティ・オドール監督にあこがれて野球に熱中するほかなかった。

不良化した連中は学校も嫌い、勉強も嫌いだから、暇に任せて駅にたむろするか、ゴロベースをするしかない。

一八歳の幸夫は、一二、三歳のチームのメンバーに、矢継ぎ早に注文を出した。

「武者小路実篤《むしゃのこうじさねあつ》の本を、読んでこい」

「有島武郎《ありしまたけお》の本を、読んでこい」

「感想文を書け」

「恋愛・結婚について語れ」

三食がまともに食えない時代、当時、藤木家には冷蔵庫があって、肉もあればハムもある、バナナ、リンゴがぎっしり詰まっていた。

土曜日の晩、不良連中が藤木家に集まるのは食い物が目当てだった。そのせいで、真っ先に冷蔵庫の中が空っぽになった。

が、真面目に本を読むような者はいない。感想文など書けるわけがなく、それでも食い気につられてやってくる、その繰り返しで、いつまで経っても笛吹けど踊らずだった。

〈このままではダメだ……〉

レディアンツの求心力は自分ではなくわが家の冷蔵庫だと自覚していたから、幸夫は彼らに最後通牒《つうちょう》を突きつけた。

「男は人前でしゃべれなければいけない。三分間スピーチをしろ。三分しゃべれねえやつは、次から出てこないでいい」

少年たちは慌てた。

志村裕庸が、仕方なく、ようやくやる気を見せて幸夫に質問した。

「何についてしゃべるの」

幸夫は、うんと大きくうなずいて答えた。

「そうだな、この茶碗だ。これについてしゃべれ」

志村をはじめ会員たちは、首をひねり額に汗を浮かべて、あることないこと、無我夢中で話し出した。

内容は問題ではなかった。とにかく三分しゃべれといって、ありとあらゆるテーマを突きつけて、どうやら話せるようになったところで、幸夫は言った。

「いま、しゃべった通りに書け。話ができれば書くこともできる。話ができるようになれば、何でもできる」

いっぽう、彼らの親たちは、毛色の違う藤木家、特にあるじの幸太郎を、ひどく警戒していた。

幸夫に憧れてゴロベースを始めた志村は、親に釘を刺されたという。

「あの家の父親は、博打打ちの親分だ。おまえのようなやつは、決して近寄るんじゃないよ。行けば必ず博打打ちになるだろうから」

が、志村の親は同時に、興味も抱いていていたらしい。

「どんな家だか、見てみたいねえ」

それがとりも直さず、界隈の親たちの藤木家を見る目だった。

会社の名前がヤクザ映画などでよく耳にする藤木〝組〟であり、富士塚の家の玄関には高張提灯《たかはりちょうちん》がずらりと掛け連ねてある。父親の幸太郎はとっくに博打から足を洗っていたのだが、どうやら噂だけが勝手にひとり歩きしていたらしい。

ちなみに、最初に幸夫のもとを訪れた小林準は、のちに幸夫の妹の博恵と結婚する男である。

志村裕庸は、志村ビルサービスというビルの警備・管理会社を経営しながら、現在まで存続するレディアンツ青年会の会長代行を務めることになる。

早大野球部入り

昭和二二（一九四七）年、高校卒業を来年に控えた幸夫は、慶應義塾大学の野球部から誘われた。幸夫はすっかり慶應へ入るつもりで、準備をしていた。

ところが、昭和二二年秋の六大学リーグ戦で最下位に沈んだ早稲田大学が、万年最下位の東大に後塵《こうじん》を拝した汚名を返上しようと考えて、昭和二三（一九四八）年の入学者で野球部の強化に取りかかった。その影響が、まだ大学生にもなっていない幸夫にもおよぶことになる。

幸夫たちは慶應野球部の上野監督に連れられて、東急東横線都立高校駅（のち都立大学駅）近郊にある外岡茂十郎《とのおかもじゅうろう》の家を訪れた。

外岡茂十郎は〝学生野球の泰斗《たいと》〟といわれた重鎮である。外岡は、幸夫たちを眺めてから、幸夫と、田中に言った。

「おまえたちは、早稲田を受けろ」

当時は先輩には従うというのが日本のあり方だった。外岡の鶴の一声で、幸夫は慶應にさよならし、急《きゅう》遽《きょ》、早稲田大学政治経済学部を受験することになった。

慶応ボーイになりたかった幸夫だったが、こうなってはどうしようもなかった。

幸夫が自宅で受験勉強をしていると、幸太郎が心配したらしく言った。

「ここに居たんでは、ダメだ」

幸太郎は、受験生の幸夫のために湯河原温泉の養浩荘に部屋を借り切ってくれた。幸夫は、最後の一ヵ月間はそこに缶詰めになって勉強した。

養浩荘の奥さんは伊勢佐木町の松屋の店員だった人で、会議で横浜に来た若主人が幸太郎の口利きで一緒になった。だから、「藤木さんの息子だから」と言って、食べるものもない時代なのに何不自由なく過ごさせてもらえた。おかげで、幸夫は受験勉強に存分に打ち込むことができた。

昭和二三年、幸夫は早稲田大学の入学試験面接を受けた。面接担当の時子山《とこやま》常三郎《つねさぶろう》教授は、幸夫に質問した。

「きみの尊敬する人物は、誰かね」

幸夫は、迷うことなく答えた。

「ぼくの父親の藤木幸太郎です！」

その答えもよかったのか、幸夫は無事、早稲田大学に合格した。

幸夫は感謝した。

〈おれが早稲田に合格できたのは、オヤジと、養浩荘の奥さんのおかげだ〉

昭和二三年四月、藤木幸夫は早稲田大学政治経済学部に入学した。

幸夫が選んだゼミを担当したのは、入学試験面接を担当した時子山教授だった。

時子山教授は言った。

「入試の面接のときの尊敬する人物に『藤木幸太郎です』と、親の名を答えたのは、きみ一人だけだったよ」

答えの中でいちばん多かったのがシュバイツァー博士で、福沢諭吉《ふくざわゆきち》、聖徳太子《しょうとくたいし》、西郷隆盛《さいごうたかもり》などが多かったという。

慶應の受験生は首都圏が七割で地方が三割といわれたが、早稲田の受験生は七割が地方出身で、政治家や素封家《そほうか》の息子が多かった。だから、尊敬する人物というと、地方の偉人の名も出るのだろう。

幸夫は意外だった。

〈父親を尊敬する学生が、自分を除いても七、八人はいるだろうと思っていたのに〉

早稲田大学近くに通称グランド坂と呼ばれる坂がある。文字通り、早稲田大学野球部のグランドである戸塚球場があるからである。

幸夫が早稲田大学野球部に入部して間もなく、「新人は、みんな集まれ」と声がかかった。

一〇〇人近い新人が直立不動で輪になっているところへ、初老の紳士がバットを持って静かに現れた。飛田穂洲《とびたすいしゅう》だった。茨城県の水戸市出身だったことと、老いてからは水戸黄門のような雰囲気であることから、「水戸のトビさん」と言われていた。

〈これがあの有名な飛田さんか〉

飛田穂洲は、早稲田大学野球部ＯＢで、読売新聞社記者を経て、大正八（一九一九）年に母校の野球部監督となった。

飛田は、早稲田大学野球部創設者である安部磯雄《あべいそお》の「知識は学問から、人格はスポーツから」という方針にのっとった独特の指導と猛訓練によって、早稲田大学野球部の黄金時代を築き上げた。大正一四年に辞して翌年朝日新聞社に入り、以後中等学校（高校）野球、東京六大学野球の戦評、評論を書き続け、「学生野球の父」と呼ばれた人物である。

幸夫たちにとっては、まさに雲の上の人である。その人をいきなり目の前に見て、幸夫たちはしびれるような興奮に包まれた。

「新人、敬礼」

「おはようございます！」

飛田がにこやかな表情になった。

「入学おめでとう。きみたちは、選ばれて早稲田の選手になった。そこで、きみたちにしっかり言っておくことがある」

飛田穂洲は、そう幸夫たちに言ってから、バットで地面に線を引いた。

「柵をつくって、塀をもうけて、ヘナヘナな当たりで、上を越したら本塁打……わしゃ、認めん！」

幸夫はビックリした。

〈何を言ってるんだ〉

「三振もよし、投手ゴロもよし、しっかり魂をこめて打て。それが野球だ。商売野球は許さんよ、わしは。以上」

「敬礼！」

飛田の話はそれだけだった。

幸夫は、飛田の話にひどく感心した。

〈すごい訓話だ。商売野球か、なるほどなあ。さすが水戸っぽの飛田穂洲さんだなあ〉

商売野球よりも、魂をこめて打つことが肝心《かんじん》である。飛田の話は、野球以外の何にでも当てはまることだと感じた。

一八歳の幸夫の胸に、熱い息吹きが沸き起こった。

飛田のこの思想が浸透しているため、早稲田出身のプロ野球選手は少なかった。大学があまりプロ入りを勧めないのである。幸夫の後輩で、早稲田大学を卒業後にプロ野球選手になった広岡達朗《ひろおかたつろう》や小森光生《こもりこうせい》も、飛田の考えをしっかり受け継いでいた。

飛田は、野球にも英語を用いることを禁止した。「ホームラン」という言葉もダメなので「本塁打」と言う。「ゴロ」は諸説あるが英語ではないので、戦時中もそのままゴロと呼んでいた。終戦から三年弱、まだ戦争の記憶が生々しく残っていた時代である。

早稲田の野球部には、のちに南海の監督になった蔭山和夫《かげやまかずお》がいて、幸夫を可愛がってくれた。

また、早稲田大学の同窓会組織「早稲田大学校友会」の会長が武相高校の石野瑛校長だったから、じつに居心地がよかった。学生仲間にもめぐまれて、言うことなしの毎日だった。

戸塚野球場には、早稲田野球部創設者の安部磯雄の肖像が建てられていた。バッターボックスから安部の肖像までの距離は一二五メートル。バットを振ってその肖像まで飛ばす選手はめったにいないが、幸夫はみごと肖像にボールを当てた。

のちにその話を聞いた長嶋茂雄《ながしましげお》が、幸夫を「凄い、凄い」と褒めてくれた。

浮浪者や港湾労働者への眼差し

藤木組は、焼け跡にテントを張って事務所代わりにし、隅に弁当を積み上げて仕事を始めた。

ある日、藤木組の事務所に床屋がやってきた。

「オヤジさん、どうですか」

幸太郎が答えた。

「お、じゃあ頼むわ」

事務所の中は、これから船へ働きにいく若い男たちがうどんや弁当をかきこんだり、出たり入ったりを繰り返していた。

幸夫が事務所に立ち寄ったとき、幸太郎は事務所の中の一角に座り、床屋に白い上っ張りをかけて髪を切ってもらっていた。

「オヤジ」

「おう幸夫、なんだ、いま帰りか」

「ええ、帰りです」

幸夫は、幸太郎に少し小遣いをねだるつもりだった。

「じつはオヤジ、今度……」

幸夫がしゃべっていると、日雇いの人足らしき薄汚れた男がやってきて、幸夫に声をかけてきた。

「学生さん、マッチ貸してください。火貸してよ」

父親に小遣いの無心をしている最中に声をかけられ、幸夫はつい苛立った声をあげた。

「うるせえな、あっち行っててろ、てめえ」

すると幸太郎の顔色が変わった。立ち上がったかと思うと、幸夫を殴りつけた。

「てめえ許さねえ、なんだ、いまの台詞は！　この野郎！」

幸夫は、痛む頬に手を当てながら、不満たらたらだった。

〈なんだよ、あんなプー太郎のために、なんでおれに怒ることがあるんだ〉

しばらくして幸夫は、冷静になった頭で考え、反省した。

〈オヤジは、自分がかつてひどい目に遭ってきたから、あのプー太郎が粗末に扱われるのを、わがことのように感じたんだな〉

幸太郎はまだ子どものような年齢のうちに家を飛び出して、たった一人で生きてきたのだ。ずいぶん寂しい思いをしただろう。幸太郎は、自らの過酷な経験があったからこそ、周囲の人たちを大事にしていた。


桜木町の川っぷちに公共職業安定所がある。その隣の掘っ立て小屋が賭場になっていた。幸夫が近くを通ると、賭場の入り口に立っている若い衆が、幸夫に「あ、お兄さん」と声をかけ、賭場の中へ入っていった。

すると、小林福十郎親分が顔を出した。小林は稲川会の稲川角二の兄貴分で、野毛で「フクちゃん」といえば小林福十郎のことだった。

小林は、幸夫を連れて、普通の人ではとても入れない高級寿司店「都寿司」に連れていってくれた。しかも帰り際には小遣いまでくれる。藤木幸太郎の息子だというだけで、この扱いである。

幸夫は食べ盛り、金の欲しい盛りの青年である。幸太郎にバレたらぶん殴られることを承知しながら、わざと賭場の前を通って声をかけられるのを待ったときもあった。

藤木幸太郎の息子でもっとも助かったのは、どこへ行っても喧嘩ができたことである。

横浜の街には、大学の帽子をかぶった半分ヤクザのような連中があちこちにいた。彼らは何人かのグループで行動し、肩で風を切って歩いてくる。

大学生くずれが、幸夫に目をつけて因縁《いんねん》をつけようとすると、グループの中に喧嘩を止める男がよく現れた。

「あいつは、藤木のせがれだから」

すると、グループは幸夫の前からサッといなくなってしまう。

桜木町駅前の大江橋には、いつもアメリカの歩哨《ほしょう》が立っていた。肩に銃を引っかけ、チューインガムをクチャクチャと噛みながら、若い女に向かってピーピーと口笛を吹く。日本の兵隊では考えられない体たらくだった。

早稲田大学の仲間が遊びに来て、伊勢佐木町を流していると、向こうからアメリカ兵が日本の女をぶら下げてやってくる。

幸夫は、我慢がならずアメリカ兵に駆け寄り、いきなりぶん殴った。

「この野郎！　ふざけやがって」

ふざけた様子のアメリカ兵を見るたびに喧嘩をふっかけるから、仲間内で「藤木にアメリカ兵を見せるな」が合い言葉になっていた。

それでも発作的に喧嘩になる。幸夫は頭に血が上っているから、喧嘩の最中は恐怖も痛みも感じない。

ある晩には、ボコボコにやられて血だらけになり、起き上がることもできずに桜木町駅のプラットフォームの外で倒れていたこともある。

知り合いから言われた。

「一昨日の晩、桜木町の駅のプラットフォームに行ったら、端っこのほうで早稲田の学生が一〇人くらい取り巻いて、朝まで喧嘩をやってたよ」

幸夫はニヤリとした。

「その中にいたのが、おれだよ」


昭和二一年四月頃から藤木組でも労務者の集まりがだんだん少なくなってきた。不思議に思って調べてみると、共産党の勧誘者であるオルグが労務者の中に入って、帰してしまうことがわかった。ある日、そうした現場をつかまえた世話役がその若い共産党員を殴りつけた。「二度と来るな」と放り出した。

すると、それから数日後、五月一日の労働者の祭典であるメーデーの当日早朝に、海岸通り一帯に「ゴロつき藤木」「港湾労働者を食いものにする藤木」と書いたビラを貼りつけている数人の男を組の者が発見して、小競り合いが起きた。

騒ぎが大きくなって、藤木幸太郎は県警へ呼ばれた。若い巡査が事情を聴取した。

藤木は、主張した。

「相手が勝手なことを書いて貼り出したのを若いもんがとがめたのが、なぜ悪い。警察はいったいどっちの味方か。最初騒いだのが組の若いもんだったからよかったので、あれが笹田照一か佐藤軍治だったら、生命はなかったろう。現に笹田はおれなら殺す、と言っていたぐらいだ」

そう言って、そのまま帰ってきた。

幸太郎は卑劣《ひれつ》な共産党のやり方を憎んだが、彼らに乗せられている浮浪者や、港湾労働者には同情していた。

彼らに安心して、しかも条件のよい働き場所を与えることが、なによりもいま差し迫って必要なことだ。

港湾荷役業界がそれに相応しい体制にあるかどうか、それがこれからの問題だと考えるのであった。

終戦後、港運会社の解体に際し、船内荷役会社の労働者たちが結束してつくられた団体は「横浜港湾荷役労務連合会」で略称を「横浜労連」と呼んだ。これが今日の浜港労連（横浜港湾労働組合連合会）の前身であるが、当時の組織は、名称にも連合会とあるように、労働組合というよりはむしろ会社の労務部の連絡協議会という性格が強かった。

山口組・田岡一雄とのつながり

酒井信太郎と藤木幸太郎に、最大の試練がやってきた。

戦後間もない昭和二三（一九四八）年の秋、山口組三代目の田岡一雄が幸太郎を訪ねてきて頼んだ。

「船内荷役業について、指導を受けたい」

田岡一雄は、大正二年三月二八日、徳島県三好郡三庄村大字西庄字高木の貧農に生まれた。田岡の母親ナカは五人の子どもを身一つで養うため、作女《さくおんな》などの激労に日を送らねばならなかった。が、田岡が六歳のとき、過労がたたって死亡した。

数日後、田岡は神戸に住む叔父に引き取られ、新聞配達などをしながら高等小学校を卒業。

新開地をブラブラしているとき、同級生だった山口組二代目山口登《のぼる》の弟秀雄と再会、それを機にゴンゾウ部屋に入り、博打修業に励んだ。田岡は、喧嘩相手の目を指で突く先手必勝の必殺技を会得《えとく》。喧嘩に強い暴れ者というところから「クマ」の異名を持った。

昭和五年、山口組が用心棒を務める芝居小屋湊座で小屋主の態度に腹を立て、芝居を上演中の舞台の花道に土足で乱入した。その湊座事件で二代目山口登に認められ、田岡は舎弟《しゃてい》頭・古川松太郎に預けられた。

昭和七年、山口登の舎弟の大関玉錦を侮辱したとして幕内力士の宝川を短刀で襲撃。右手の指二本を切断。額も割る事件を起こす。

昭和九年、田岡は深山文子と結婚、昭和一一年二四歳で二代目直属の若衆となる。

昭和一二年二月、大長八郎を日本刀で刺殺。この大長事件で殺人罪に問われ、八年の刑に服役した。

昭和一七年一〇月四日、二代目山口組の山口登組長が死ぬ。本土空襲が熾烈《しれつ》をきわめるなかを、田岡はひとり、神戸に踏みとどまる。

昭和二〇年五月二六日、長男満《みつる》が生まれた。

昭和二一年一〇月、田岡は、組の長老たちの推薦により、山口組三代目組長を襲名。

本来の後継となるはずの山口登の息子の山口幸博が幼少のため、田岡が後見を兼ねて、三代目に起用されたのだった。なお、そのときの組員は、三十数人にすぎなかった。


田岡が港運事業に関係を持つにいたった動機は、戦前の鶴岡政次郎、酒井信太郎、藤木幸太郎の頭文字を取った全国主要港の業者の親睦団体「鶴酒藤兄弟会」時代にさかのぼる。

当時山口組の二代目山口登は「鶴酒藤兄弟会」の中心人物の酒井信太郎らと兄弟分の関係があった。

「鶴酒藤兄弟会」の支部が横浜港に移ったあと、山口は神戸の支部長をまかされていた。

しかしながら、山口登の時代の山口組と田岡一雄率いる山口組では、規模も性格もまるで違う。横浜は神戸と離れているが、対岸の火事といってはいられない。

これを受け入れては、酒井信太郎と藤木幸太郎の二人のこれまでの苦労が水の泡になってしまう。田岡社長が横浜に現れたのは、二人が善後策を話し合っていた矢先のことだった。

神戸のことに横浜から口を出すわけにはいかないが、向こうからやってきたのなら話は別だ。

幸太郎は、酒井と相談して、強い姿勢で臨むことを申し合わせた。

「場合によっては、三代目と対決も辞さず」

ところが、幸太郎が会った人間・田岡一雄は、自分で勝手に想像していた男とは、まるで別人だった。

（右から）松木健太郎、田岡一雄、酒井信太郎、藤木幸太郎、笹田照一

田岡は、幸太郎に頭を下げて言った。

「わたしは山口組三代目として来たのではありません。会長に荷役の仕事を教わりに来ました。港には、山口組の組員は一切近づけない方針です。どうか仕込んでください」

目の前に現れた田岡副会長は、むしろ生真面目で、荷役の仕事に真摯《しんし》に取り組もうと情熱をみなぎらせていた。

かえって、幸太郎は困ってしまった。

世間が噂するような男なら、「帰れ」といえば済む。が、腰を低くして、頭を下げて教えを請う相手に、そんなことは言えない。

幸太郎の人を見る眼は、じつに素直だった。予断が災いして悪い印象を抱くことはあっても、自分の眼で見て人物が確かだと信じたら、ためらわずに認識を改めた。

幸太郎は、幸夫に口癖のように言っていた。

「善悪は、裁判所が決める。好きか嫌いかは、おれが決める」

幸太郎はかつて、水上警察署の部長に「アレ（前科）があるだろう」と、侮蔑の言葉を浴びせられた経験があった。だから、どこまでも山口組三代目がついてまわる田岡に、前科者と言われたかつての自分の姿が、ほとんど重なって見えた。

その生真面目な性質と、年長者に対する真摯な態度、内に秘めた強烈な闘争心に強く印象づけられた。これはただの極道ではない、という感銘であった。

そして彼の生い立ちを聞くと、さらに彼の克己《こっき》心と男らしい責任感に圧倒された。

世間では、この二人はヤクザ世界の盟友関係によって連係されたのではないかと誤解している者が少なくない。

しかし幸太郎は、青年時代のある時期、無頼の世界を彷徨《ほうこう》したことはあったが、ヤクザの集団に身を転じたこともなければ、いわゆるその世界の盃をもらって親分子分の血盟をかわしたこともない。藤木組という社名も、昭和二二年一一月に藤木企業に変更していた。

酒井信太郎という不世出の指導者のもとに薫陶《くんとう》をうけた当時、周辺には鶴岡、原田、笹田といった個性的に強烈な友人たちが多数蝟集《いしゅう》し、互いに兄貴とか舎弟呼ばわりをした。が、それはあくまで酒井を中心としての酒井一家の親密感からくる称呼であった。それとても酒井が親分となり、その下に彼らが盃をもらって一派をなしたものではなかった。

のちに鶴岡や笹田は田岡と深い盟友関係を結ぶが、幸太郎の場合は終始、港運業界の先輩後輩として親密な交際を持ったにすぎなかった。

幸太郎は魂を打ち込んで田岡を指導した。田岡も熱心に学んだ。

それを契機に、二人は本当の兄弟のように交わった。

幸太郎は「山口組の組員は一切近づけない」と約束した田岡の言葉を信じたわけだが、大局的にいえばおそらく苦渋の決断だったろう。

幸太郎は「もう一人の田岡一雄」を受け容れたつもりでも、世間は田岡一雄を「山口組三代目」としてしか見ない。それを承知で賭けに出た。

田岡は、幸太郎の信頼を裏切らなかった。むしろそれ以上に、港のために貢献した。幸太郎から学んだ仕事に自分のアイデアを加え、やがて誰もおよばないような港の将来像を思い描いていった。

のちに田岡が幸太郎に相談に来て帰っていくと、外で待ち構えていた神奈川県警の刑事がすぐに幸太郎のところへ来て、訊いてきた。

「いま、田岡が来て、何を話したんだ」

幸太郎は答えた。

「ミナトの話ですよ」

これは本当の話で、田岡は本当にミナトの話しかしなかった。


「おふくろを救うためなら、自分の血をすべて捧げたい」


昭和二三年秋、幸夫の母・ハルが若い頃から病んでいた胃を悪化させた。ハルを知る人たちは、みんな心配してくれた。なかでも、幸太郎の兄弟分である高木康太が、ハルの身体のことを本気で考えてくれた。

高木康太は大正末から昭和にかけて、東京湾の埋め立て護岸工事に関わり、昭和一二年に和泉海運の下請業者となって、港湾荷役の事業を展開した。博徒ではないものの、東京に本拠を置く博徒組織・住吉一家の客分という地位にいた。終戦後は足を洗い、芝浦海陸作業を設立し実業家に転身していた。

高木は、幸太郎に言った。

「ハルちゃんのために、日本一の医者を紹介するよ」

幸太郎が、うれしそうに幸夫に言った。

「高木が心配してくれているんだよ」

高木は、日比谷のNHK東京放送会館の真向かいにある新橋田村町の川島胃腸病院へ入院できるよう、骨を折ってくれた。

当時の東京は、まだ焼け跡に残ったビルを修理して事務所に使うような状況だった。

その中で活気があったのは、闇市《やみいち》を取り仕切っていたヤクザである。新橋から愛宕《あたご》界隈がシマ（縄張り）だった関東松田組は、松田芳子《まつだよしこ》という女組長が活躍し、新宿は関東尾津組の尾津喜之助《おづきのすけ》組長、銀座は在日を中心とした東声会《とうせい》の町井久之《まちいひさゆき》が幅を利かせていた。

そうした状況の中で、川島胃腸病院の設備は際立っていた。

三階建ての最上階の特別室は一室しかなかった。高木は、先に入院していた人をほかに移してまで入れてくれた。

「先に入院していた人」とは誰あろう、昭和電工の日野原節三《ひのはらせつぞう》社長だった。日野原社長が病院を出たあと、昭電疑獄《ぎごく》事件が発覚して芦田均《あしだひとし》内閣が潰れた。いわばハルの病気が政変を引き起こしたとも言えなくはなかった。

ハルは、川島胃腸病院に入院し、胃がんの宣告を受けた。

幸夫は目の前が真っ暗になった。それは死の宣告に等しかった。

大学生ともなれば、いっぱしの大人だが、幸夫は小さいときからファーザー・コンプレックスであると同時に、極度のマザー・コンプレックスの持ち主でもあった。特にハルにはぞっこん惚れ込んで、参っていた。子ども心に、「こんなきれいな女はいない」と本気で思っていた。

この世で最も愛する人は誰かと問われたら、幸夫は迷わず「母」と答えたろう。

〈おハルさんが若い頃から胃を病んでいたのは知っていたが、まさか、がんだなんて〉

幸夫はまだ一八歳。

むしろ、これからが幸夫の人生の本番だった。あまりに早い、母の死の影である。

〈これから先もずっと、おハルさんには、おれとともに生き、わが人生を見届けて欲しい〉

妻を片肺と頼む幸太郎の思いも、同じはずである。

ハルは気丈に耐えて手術を受けた。「家族と一緒にまだまだ生きたい」という思いが勝ったのだろう。

手術は成功し、ハルは生還して湯河原《ゆがわら》で療養することになった。

藤木幸太郎は、藤木組を藤木企業にしたばかりで、多忙を極めたときだが、毎日のようにハルを見舞った。幸太郎がハルへの愛を口に出して語ることはなかったものの、その姿はまさしく愛情の発露だった。

幸夫にとって、それまでの父親は仕事に生きる男の手本でしかなかった。が、連日のように横浜から湯河原へ足を運ぶひたむきなその姿に、心からの尊敬を覚えた。

ハルが懸命に胃がんと闘っていたとき、幸太郎も不惜身命《ふしゃくしんみょう》の日を送っていた。

幸太郎は藤木企業の創業者である。昭和二二年六月にＧＨＱ（連合国軍最高司令官総司令部）による高島桟橋《さんばし》の接収が解除されたのを弾みとして、山ノ内桟橋、大桟橋、港内海面の接収解除へと、ＧＨＱへの働きかけは山を迎えていた。

横浜の港湾施設が戦後の夜明けを迎えたときだけに、六〇歳に手が届こうかという年齢で、その先頭に立つ幸太郎の体力は限界に近かったはずである。それなのに幸太郎は危険な現場にも、毎日のように朝早くから出た。

学生の身の幸夫には、それ以上具体的な内容はわからなかった。が、幸太郎がハルを見舞うかたわら朝早くから港の現場に出かけていく姿を眺めながら、その苦労と苦心が並大抵でないと感じていた。

〈それに比べたら、学生生活は天国だ〉

だからこそ、幸夫は悩んだ。

〈おふくろが病に倒れ、オヤジが大変なときに、このまま安閑《あんかん》と学生生活を続けてよいのか〉

そう自分の心に問わずにはいられなくなった。

昭和二四（一九四九）年春、幸夫は大学二年生になった。すでに社会に出るための基礎は学んだという実感があった。あとは実学である。

〈父親という生きた手本があるのだから、中退でもよいのではないか〉

幸夫は退学を決意して、幸太郎に申し出た。

「おれ、大学辞めて、オヤジの仕事を手伝うよ」

しかし、幸太郎は受けつけなかった。

「考え直せ」

が、幸夫とて思いつきで言ったわけではない。考え直す余地はなかった。幸太郎には逆らえないから一度は引き下がったが、それから二、三日の間をおいて、幸夫は藤木企業の事務所に出た。

すると、幸太郎が幸夫に言った。

「ついて来い」

幸太郎は近くのラーメン屋に幸夫を連れ出し、カウンターに両ひじを突き、あごに手を当てて、滔々《とうとう》と説きだした。

「おまえなあ、どうしても大学を辞めるというなら、それも仕方ない。しかしだな、できれば出たほうが今後のためだぞ。べつに大学出が偉くて、無学の人間が役に立たんという考えで言うんじゃない。おれの場合を例に取ればだな。会合があったりしてお開きになったとき、他の連中は早稲田集まれ、慶應集まれという具合に、大学出の仲間同士肩を組んでまた飲みに行くんだ。そんとき、お父ちゃんは行くところがねえんだよ。そりゃあな、寂しいもんだぜ。仕事の面にしてもだな。早稲田や慶應にはちゃんとしたOB組織があって、何かというと助け合う。お父ちゃんには、そういう仲間もない。何をするにも孤軍奮闘になっちまうんだよ。

だから、大学は出といたほうがいいというんだ。出たら、現場の人間はもちろんだが、大学の仲間も大事にしろ。あと一、二年の辛抱だ。気持ちはわかるが、大学をやれ」

腕一本でなりふり構わず生き抜いてきた幸太郎の、思わぬ孤影だった。

幸夫は、熱いラーメンのつゆをすすりながら、涙が出そうになった。

幸夫は、母親のハルが病気になってから、楽しいはずの野球の練習が、たまらなく苦痛になった。幸夫は、そのときの思いを日記にしたためた。

《早稲田野球部のこと。よく考えてみたが、自分のような所謂《いわゆる》技術的天分というものを持たぬ人間に、果たして大学野球の神髄が摑み得るかどうかは疑問だと思った。もっともっと考えねばならない》

《東京から帰る途中、次の本を買って貰《もら》った。森鷗外《もりおうがい》『ギョエテ傳《でん》』『独逸日記』、太宰治《だざいおさむ》『斜陽』……。かりそめにも大学生であるからには、これからもっともっと勉強しようと思う。所謂、秀才のように勉学的に成功せずとも、怠惰《たいだ》な学生だと笑われぬような者になりたい。真面目な生活を送ることだ。そして、皆の期待に背かぬことだ。その日その日の日課をきちんと送ることが第一である。この場合、僕にとってベースボールは一体何なのか》

母親のハルのことはほとんど記していないが、書きようがなかったからだ。

「かっこう・ワルツ」「ドナウ河の漣《さざなみ》」「カルメン幻想曲」などのレコード鑑賞やラジオから流れる「森の水車」といった音楽に安らぎを求めた。

志村喬《しむらたかし》主演、三船敏郎《みふねとしろう》のデビュー作といえる『酔いどれ天使』などの黒沢明《くろさわあきら》の映画に入れ込んだ。新国劇《しんこくげき》を観て時間を費やした。

羽仁五郎《はにごろう》の講演会に赴いて感銘を受けた。内外の小説や雑誌をむさぼり読んだ。日課をきちんと守るのは、とうてい不可能だった。

昭和二四年一二月、母親のハルの容態が悪化した。幸夫は大学や野球どころでなくなり、ハルの看護に専念した。

川島院長は、病室で幸太郎と幸夫、ハル本人に、毎日四〇〇ccの輸血が必要だと説明した。すると、ハルが言った。

「わたしは幸夫の血でなければ、嫌ですよ」

そう言って聞かない。困った院長が言った。

「もし、息子さんがいいと言えば、いいです」

幸夫は、一も二もなく承知した。

「最後の一滴まで、どうぞ」

ハルは、毎日輸血を受けるたびに必ず確認した。

「これ、幸夫の血でしょうね」

幸夫は、動物的ともいえる母親の愛情の深さ、そして強さを感じた。

〈おふくろを救うためなら、自分の血をすべて捧げたい〉

むろん、医師が許さなかった。幸夫の血も使われたが、すべてというわけにはいかなかった。

一日二〇〇〜四〇〇ccの血を抜かれると、さすがの幸夫もフラフラして倒れてしまう。しまいには、ボーッとして生きているのか死んでいるのかもわからない状態になってしまった。

さすがに野球部は休部した。すると心配したハルが、お金をくれた。

「プロ野球の観戦にでも、行ってきなさい」

幸夫は言われるがまま、電車に乗って後楽園まで行った。当時はナイターはなく、すべての試合が昼間におこなわれていた。

入場料一〇円を払い、藁《わら》でできた座布団を借りて、ベンチに腰掛けた。当時はポツンポツンと観戦者がいるだけで、ベンチはガラガラだった。

試合は、読売ジャイアンツ対大阪タイガース（のちの阪神タイガース）だった。当時、タイガースのシートノックを見ていると、どの選手もサーカスの軽業《かるわざ》師のごとく、まるでマジックでも見ているような身体能力だった。だから試合前のシートノックを見るだけで、満足して帰ってしまう人がいたほどである。

「これで入場料の元が取れた」というわけである。

少し時代が後になるが、幸夫が特に印象に残った大阪タイガースの選手が、ショートの吉田義男《よしだよしお》、セカンドの白坂長栄《しらさかちょうえい》、サードの三宅秀史《みやけひでし》、ファーストの御園生崇男《みそのおたかお》、ピッチャーの土井豊《どいゆたか》らである。

せっかくハルに小遣いをもらって試合を観に来たというのに、幸夫はまるでもぬけの殻のようだった。

試合は二対三の満塁を迎えていた。会場は沸《わ》いているのに、幸夫は血が足りなくて、まったく興奮することができなかった。

幸夫がそうまでして自分の血を分けているのに、日に日にハルの食は細り、やがて病院の食事を受けつけなくなるなど、病状は悪化していく一方だった。

母の死と父の涙

年の瀬も押し詰まった昭和二四年一二月一九日の夕刻。気温がぐっと下がり、本当に寒々とした日のことである。藤木ハルは胃がんのため、五三年の苦労の多い人生を閉じた。

ハルが亡くなったとき、幸太郎は言葉にならない声をあげて人前も構わず涙を流し始めた。吠えるような嘆きが、言葉として聞こえるようになるまで、しばらく時間がかかった。

「おハル、これからよくなる、これからよくなんのに……早いよ、おまえは。馬鹿やろ、早すぎるよ、死んじゃあ……」

男はどんなときでも人前で涙を見せるものではないと胸に言い聞かせ、歯を喰いしばるようにして涙を堪えていた幸夫は、一瞬、呆気に取られ、訳がわからなくなって、気づいたときには自分も大声をあげていた。

あとはもう、どうしようもなく涙があふれ、その場に突っ伏してしまった。

強い父、逞《たくま》しい父、それでいてやさしく、笑い顔しか見せなかった父。冗談がうまくて人を笑わせてばかりいたオヤジ、本当に怒ったときにはただ黙ってしまうだけのオヤジ——その人が泣いた。オヤジが人前で初めて見せた涙……。

ハルの死の悲しみに、幸太郎の涙を初めて見た驚きが重なって、幸夫はいつまでも涙が乾かなかった。が、しばらくすると、幸夫は、最愛の母を失った幸夫の心にぽっかりあいた空洞が、幸太郎と自分の熱い涙で満たされ、癒《いや》され、奮起《ふんき》をうながされていることを感じ始めた。

もし、幸太郎が妻の死に涙を堪えて泰然《たいぜん》としていられるようだったら、幸夫は藤木幸太郎を成功者としてしか見なかったかもしれない。たしかに藤木幸太郎は横浜の港湾荷役のフロンティアの一人であり、藤木企業という会社の創業者である。その功績を認めない人はない。が、その前に一個の人間として、男とはかくあるべしという姿を、幸夫に見せてくれたのである。

〈かけがえのない母のために、父はみっともないほどあられもなく悲しんで、とどまることを知らぬげに、惜しげもなく涙を流してくれた〉

幸太郎の流す涙は、じつに美しかった。幸夫はその人に育てられたのである。

幸太郎はその後、恩人や親友を失うたびに、「できればおれが代わってやりたかった……」と喉の奥から振り絞るようにして声を放ち、沈痛に慟哭《どうこく》した。

幸夫は、そうした父親の姿を見ても、不思議と違和感を覚えなかった。それが人間・藤木幸太郎なのだ、と自然に受けとめられるようになった。

〈藤木幸太郎のようになろう。そして、この父のように生きよう〉

母の死と父の涙——失うものがあった一方で得るものがあり、幸夫の前半生は何倍にも貴重なものとなって、後半生につながっていった。

昭和二四年一二月二四日が、藤木ハルの通夜だった。この日は雨だった。

妙蓮寺駅から藤木家まで五〇〇メートル近く歩かねばならない。その道の両脇が、ずっと花で埋め尽くされた。

稲川一家の稲川角二が中心となり、ヤクザたちが用意してくれたのである。花には札もつけるから、「札が曲がっちゃいけねえ」と、雨合羽を着たヤクザ三〇人ほどが、夜明かしで花の番をしてくれた。警察も、何も文句など言わなかった。

幸夫は、稲川組長の好意が、涙が出るほど嬉しかった。

稲川角二（のち聖城）は、大正三（一九一四）年一一月一三日、横浜市西区浅間町《せんげんちょう》に生まれた。昭和八年頃、浅間町で柔道教室を主催する吉岡日露史の門弟だった。

神奈川県鎌倉郡片瀬町を本拠とする堀井一家三代目総長加藤伝太郎の下で修業に入る。ここで生涯の兄貴分となる横山新次郎と出会った。

昭和一六年、綱島一家五代目総長の鶴岡政次郎の代貸《だいがし》になる。

昭和二四年に静岡県熱海市の山崎屋一家五代目を継承すると同時に「稲川組」を結成した。

ハルの遺骸は、神奈川区斎藤分町の善龍寺に葬られた。ここは幸太郎の父・桜木岩五の菩提寺でもあったが、のちに幸太郎が両親や兄や姉妹の遺骨をあつめて、藤木家先祖代々之墓を建立したところである。

幸太郎はその墓地の左脇に「藤木家墓誌」という石碑を建て、これにハルの戒名《かいみょう》「慈恩院釈尼妙遙大姉」と並んで「光徳院釈善幸大居士」の九字を刻ませた。これは彼が用意した自分の戒名である。

鼻つまみ者を変えた働く喜び

幸夫の指導で、レディアンツのメンバーたちは、読書感想文が書けるまでになっていた。そこで幸夫は、機関紙『どんぐり』を発行することにした。

が、母の病気、早大野球部の退部と大学退学までを考え、気持ちが揺れ動いた時期だったので、結局、三号までしか出せなかった。

昭和二四年一二月、母親の死を迎える中で、幸夫は気力を振り絞った。

〈会長の自分が、こんな怠惰なことではダメじゃないか〉

幸夫は、あらためて機関誌を『レディアンツ』に変更して創刊し直した。タブロイド版で、論説欄もあれば、コラムもある。第二号の昭和二五（一九五〇）年一月号には野球部のメンバーが揃った写真も入って、見開き四ページにした。幸夫は「藤尾愁三」のペンネームで『富士塚閑話』という掌編《しょうへん》小説を寄せた。

野球が敵性スポーツといわれた時代の経験をもとにしたもので、校庭で練習しているところへ乗り込んできた夜間部の軍事教練の教官に、「遊びはやめろ！」と激しく罵《ののし》られ、解散させられ、悔し涙にくれるという筋立てである。

太陽の下で応援を受けながら公然と野球を楽しむ幸せを際立たせるのが第一の目的だったが、日本を敗戦に導いた軍部に対する心の底の反感が書かせたのだと思う。だからといって、軍部が乱用した「愛国心」と自分たちが抱く「愛国心」を混同して、それを悪しき全体主義の元凶とする考えもなかった。

「愛国心こそ、高き人類愛を求めるわれわれ青年が、まず思うべき愛の一段階である」

これが創刊号の論説で謳《うた》った「レディアンツ青年会」の大本だった。

全体主義そのものを悪いと思う気持ちもなかった。それを否定したら人類という概念が消し飛び、平和が達成されなくなってしまう。だから、当時の幸夫たちにとって、人類と全体主義は同義語だった。

理想に燃えていた幸夫が、ひそかに「レディアンツ青年会」に託した夢が、人類に奉仕する集団の実現だった。

〈世の中の役に立つことをやろう〉

幸夫が目をつけたのは、妙蓮寺駅から藤木家まで続く、土が剝き出しになった道だった。雨が降るたびにぬかるんで泥んこになって、近所の人たちが困っていた。

　幸夫は幸太郎に頼んで、コークスの燃えカスをトラックで四〇〇台、五〇〇台と運んでもらう手はずを調《ととの》えてから、レディアンツの会員に言った。

「駅までちゃんと歩けるようにする。みんな頼むぞ」

　藤木家から妙蓮寺駅まで、五〇〇メートルはあった。次から次へとトラックがガスガラを満載して運んでくる。それをスコップで道路にぶちまけて、ならしていった。彼らに目標を与えたわけだ。

　怠けているやつを見かけると、片っ端からぶん殴った。

「遊んで食っていると、豚になるぞ！」

　ぶん殴るといっても、憎くてするわけではなかったから、誰も暴力とは受け取らなかった。鉄拳制裁は目的遂行のための「喝」で、憎しみや仕返しのために殴るのは「暴力」だと、あの時代の人間にはきっちり区別がついていた。

　こうして汗を流させ、体からいじめて、働く味を覚えさせた。

　近所の人が、幸夫だけでなく、彼らにも感謝やねぎらいの言葉をかけてきた。誰からも相手にされないで、むしろ鼻つまみ者だった連中が、真面目に暮らす人たちから初めて褒められ、心底から働く喜びに目覚めた。

　夜警も続けた。溜まり場になった藤木家では、幸夫が目を光らせていて、これはよいだろうと考えつくことは即座にやらせた。だから、不良連中は悪いことをしようがない。

　よいことをやっているうちに、みんなの目の輝きが違ってきた。

　レディアンツ青年会の求心力は、かくして藤木家の冷蔵庫から幸夫に移った。ハナタレ小僧にわずかに毛が生えただけの連中のすることだから、とうてい、世の中を変えるほどの力もなければ、たいした働きもできなかった。が、真面目に世の中に働きかけようとして実践した経験は、幸夫の半生できらきらと輝いていた。

　レディアンツ青年会の草創期は、母の病気と死、父の老いに始まって、本来の夢を諦めて大学中退を決意し、藤木企業を継ぐことを考えるなど、心の激動期と重なった。が、本来の夢を捨てても「レディアンツ青年会」という、もう一つの夢があった。

第三章　ヤクザと港湾労働者

父の再婚

母親のハルが亡くなって一年経ったとき、幸夫が「ハシモトのおばあちゃん」と呼ぶ幸太郎の腹違いの姉がやってきた。

「幸夫、おまえに話があるんだ」

「なんですか」

「幸夫、おまえ知ってるかい？　三船君江さんて人のことは」

君江は、幸太郎が長らく面倒を見てきた女性である。戦時中に幸夫は、配給の通帳に君江との間にできた子ども、弘幸の名前を見たことがあった。

また、誰から聞いたのか、君江がカフェの女給や中居などをして暮らしていたことも知っていた。

「会ったことないけど、知ってますよ」

「じつはお父ちゃん、君江さんを迎え入れようと考えてるんだ」

幸夫に異論はなかった。

「子どもがいるんだし、おれの弟だし、いいですよ」

「君江はね、おハルさんも知ってたんだよ」

「ああ、そうですか」

「行ったり来たりしてたんだよ」

さすがの幸夫も、これには驚いた。

「え、本当なの？」

「本当だ」

幸夫は、まったく知らなかった。

〈やっぱり女同士は、ぼくらの知らないつながりを持つんだなあ〉

ハルには申し訳ないが、周りの人がそれだけ心配して、子どもも二人いるのだから、一緒に暮らしてもいい。幸夫はあらためて言った。

「わたしは構いません。妹にも弟にも、わたしから言います」

きわめて円満に、君江との再婚話はまとまった。

藤木家に、君江と、幸夫の弟にあたる弘幸がやってきた。長男の康幸は、戦時中に亡くなったそうである。

君江は、母親のハルを泣かせた女であるが、苦労人でもあった。幸夫たちにもよくしてくれた。

幸太郎は、君江の兄を藤木企業に入れて面倒を見てやった。

まだ幸夫が幼い頃、鶴岡政次郎や、笹田照一などがよく言っていた。

「なあ、おまえ、ユキ坊、おまえんところのおとっちゃんは、女にモテたんだぞ」

「ああ、そうですか。おじさん」

「いや、おまえのお父ちゃんはな、話がおもしれえんだよ。女がみんな寄ってくるんだ」

「金離れもいいいし、いちばんモテたんだ」

鶴岡が言った。

「それと比べ、笹田はな、乱暴だから、あいつが来ると女が逃げちゃうんだよ」

またあるとき、鶴岡が幸夫に言った。

「幸夫、おまえだけだよ、子どもで心配ないのは。おまえのお父っちゃんはな、働き者だから金は壺に入れてうんと埋まってるわ。だからオヤジが死んでも、心配ないぞ」

幸太郎には、じつはハルと結婚する前に付き合った女性もいた。横浜の一本松に住んでいて、子どもも一人いた。その女性は、幸夫に会えば「幸夫さん、幸夫さん」と大事にしてくれた。

幸夫は、その女性の家に行ったこともないし、幸太郎も何も言わないから、幸夫はそれ以上のことは何も知ることはなかった。

ただ、そうして漏れ聞こえてくる話を聞くだけで、幸太郎の女好き、モテぶりは大変なものだったことがわかる。

佐藤軍治

幸太郎は、土建業海岸佐藤組の独立を援助し、藤木企業の本社社屋建設を佐藤軍治に請け負わせた。

「類は友を呼ぶ」というが、佐藤も博打は飯より好きな方で、幸太郎が横浜海岸通り一帯の賭場を専有していたとき、彼はその代貸格の存在にあった。

その賭場はもともと川島安五郎が開拓したものだ。その後、原田辰蔵が継承し、それを藤木が受け継いだが、幸太郎がこの世界から手を引いたあと佐藤に代わった。後年は、佐藤の子分の外嶺勇一が賭場を取りしきっていた。しかしこれは太平洋戦争突入をさかいに、完全に消滅した。

やがて金回りのよくなった佐藤軍治は、当時花街であった磯子《いそご》に目をつけ、海軍御用達《ごようたし》の料亭・偕楽園の近くの海岸近くに、大きな家を建てた。

磯子は昭和以前から花街が形成され、昭和三〇年代半ばに最も隆盛を誇った。

佐藤の家の庭は広く、その庭からじかにボートに乗ったり、釣り船に乗って釣りにいくことができる、パラダイスのような場所であった。当時の日本の状況から考えると、まるで王侯貴族のような暮らしである。

佐藤は、「幸夫、遊びに来い」とよく誘ってくれた。

「ああ行きますよ」と幸夫が友達を何人か連れていくと、アメリカの兵隊も遊びに来ていたりした。幸夫が初めてコカ・コーラを飲んだのも、軍治の家だった。

いっぽう、幸太郎は軍治のような派手なタイプが苦手であった。嫌いというよりも、華やかな世界を知らないのである。

佐藤軍治は、自動車がない時代に、誰よりも早く車を持っていた。

幸太郎は、何かというとぼやいた。

「軍治の野郎は出しゃばりやがって」

藤木の若い衆たちは、金が貯まると背中に彫り物を入れに通った。よい彫り師に頼むと高いので、途中で金が切れてしまう者もいる。佐藤軍治は、ある程度出世して金が貯まってから、総刺青を入れた。

昭和二四（一九四九）年六月、藤木幸太郎は名古屋営業所を開設していた。

当時、横浜港はまだ主要部分を進駐軍に接収されており、機能を十分に発揮できなかった。いっぽう、名古屋港は県市合同で名古屋港管理組合をつくり、同港の整備に懸命の努力を続けていた。重工業への発展を港湾の拡張に結びつけ、第一期埋め立て計画を急ピッチで進めていた。

それまで三重県の四日市《よっかいち》港が木材集散地として選ばれていたが、この荷動きは名古屋港に移った。合板用材や、建材としてのラワン、チークの輸入港として活発な動きをみせていた。

藤木企業の名古屋出張所は当初、この木材荷役に力を入れた。関東大震災後、藤木は横浜港で木材荷役に従事したことがある。木材荷役は作業が簡単なわりに利益が大きかった。しかも戦後の復興資材として需要は高まる一方であった。

名古屋港の港湾設備を待ちかねるようにして、アメリカやカナダからの米材や東南アジア地方からの木材が直接名古屋港へ輸入されるようになっていた。

ちょうどこの頃、戦時中横浜で筏回漕《いかだかいそう》をやっていた伊藤清蔵は出身地の名古屋へ帰り、港湾荷役業を始めた。が、彼の積極果敢なやり方は地元業者から露骨な反発をうけた。

このままいけば同業者の中で混乱が起きることは必至とみた業者の一人が、伊藤をつれて藤木のところへやってきた。

業者はそのいきさつを簡単に話したあと、頼み込んだ。

「ま、そういうわけで、結局、名古屋では伊藤さんを使いきれないということになったので、藤木さんにぜひ面倒をみていただこうということでお願いにあがりました」

まるで厄介《やっかい》者を押しつけるようにして帰っていった。

伊藤は明治三八年、名古屋の生まれだが、戦前、横浜にきて栄屋という筏回漕店を経営、木材の取扱いをする関係で以前から藤木と面識があった。もちろん藤木よりはずっと年若であったが、竹を割ったような、激しいなかに清廉《せいれん》な気性を藤木は気に入って、彼には特別に目をかけてやっていた。

伊藤が故郷の名古屋に帰り、古風な業界の思惑などを一切振り切って、新しい感覚と方針で取り組んだことが、先輩の業者たちには許容できなかったのである。伊藤は直情径行で、道理の通らないことには一歩も退かないといったところがある。これが長所でもあり短所でもあった。

伊藤清蔵

伊藤の身柄を預かった格好の藤木は、彼を藤木企業の取締役に迎え、現場の経験を積ませることにした。港湾作業の知識を十分吸収したところで、翌年伊藤を藤木の名古屋出張所へ戻した。

出張所はその頃、木材と船内荷役の下請業者として業績をあげていたが、伊藤は藤木直伝の人使いの巧みさと、確実で迅速《じんそく》な作業でさらに得意先を拡げ、社名をあげていった。

港に生きる決意

昭和二七（一九五二）年四月、早稲田大学を卒業した小此木彦三郎が、藤木企業に入社した。

ところが、すぐに幸太郎が言った。

「彦三郎は、どうも横浜にいたんじゃダメになっちゃうな」

そこで、伊藤清蔵が責任者を務めていた名古屋営業所へ小此木を送ることにした。

幸太郎は、伊藤に連絡をとった。

「小此木という男をそっちにやるから、預かってくれ」

「わかりました」

小此木は、伊藤の弟の伊藤清の家へ下宿することになり、そこで暮らし始めた。

が、故郷から離れての下積み生活が苦しかったらしい。小此木彦三郎から幸夫のもとへ、たびたび電話がかかってきた。

「幸夫さん、名古屋に来てくんない」

「行くよ」

伊藤は、幸夫が藤木企業の跡目だと思っていたから、大事にしてくれていた。だから幸夫はしょっちゅう名古屋へ遊びに行って自由を満喫《まんきつ》していた。

幸夫が名古屋に行って遊んで帰ろうとすると、小此木は「幸夫さん、まだ帰らないで、帰らないで」と言ってすがりついてきた。

幸夫は仕方なく小此木の部屋へ寝泊まりして、三日も四日も付き合ってやった。

さすがにそれ以上付き合いきれずに、幸夫が言う。

「彦さん、もうイヤだよ、帰るよ。おれだって向こうでいろいろ用があるし、人に言えないようなこともあるから」

「じゃあ、帰ったら、オヤジに金を送るように言ってくれる」

「ああ言っとくよ」

幸夫が東海道線に乗って横浜駅を降り、そこから京浜急行に乗り換えて日ノ出町で降りる。少し歩けば小此木家がある。

「おじさーん、いま、名古屋から帰ってきました」

すると、彦三郎の父親の小此木歌治が顔を出した。

「おお、どうした、彦三郎は元気だったかい」

「ああもう元気で、金を送ってくれと言ってましたよ」

「だってこの間送ったばっかりだ、何してやがるんだ、あの野郎は」

横浜市議会議員から衆議院議員となった小此木歌治は、少し考えてから言った。

「そうか、幸夫な。彦三郎が元気なら、おれは彦三郎を県会議員にする。幸夫、おまえは市会議員になれ。彦三郎とおまえと二人でだな、横浜をちゃんと占領しろ」

昭和二七年四月、サンフランシスコ平和条約が発効して日本は独立を回復するが、歌治は、「占領」という言葉を年中使っていた。

「そんなこと言ったっておじさん。まあ、おじさんの考えはわかりました」

「おれの夢はな、彦三郎と幸夫を、政治家にすることだ」

藤木幸太郎は昭和二七年九月、名古屋営業所を分離独立させて、藤木海運株式会社を創立、藤木自らは取締役会長となり、一切の経営権を伊藤清蔵社長に委ねた。

藤木と伊藤の関係は、かつての酒井と藤木のように尊敬と信頼の上に深く結びついたのであった。

しばらくすると、田中清玄をはじめ、何人かの港湾関係者が幸太郎に言った。

「オヤジさん、名古屋で藤木海運にお世話になってます」

幸太郎は、伊藤が独立して成果を上げていることを知り、喜んだ。

昭和四三年一〇月清蔵が死んだあと、後任社長は弟の清が継ぎ、さらにそのあとを息子の清太が受けついで今日にいたる。


藤木幸夫は、大学三年生の後半にもなると、卒業後の職業について真剣に考え始めるようになった。

小学生のときは、憲兵騎馬隊員になりたかった。

少年時代は、一日も早く予科練や江田島に行って、お国のために役立ちたかった。その夢が昭和二〇年に失われて、次の目標は何かというと、当時、県立の学校に通っていた幸夫にとっては神奈川県知事だった。

戦時中、神奈川工業には、ときどき〝偉い人〟がやってきた。

「来週、教育部長がわが校にいらっしゃる」

先生からそう言われると、生徒たちは二日前から迎えの準備として掃除をさせられた。

幸夫は思った。

〈教育部長というのは、校長先生より偉いんだな。そんなにも偉い人がいるのか〉

ところが、その教育部長よりさらに偉いのが神奈川県知事だった。

「よしっ、おれは神奈川県知事を目指すぞ」

幸夫は、大学生になってからも、大勢の同級生を前にして「おれは政界を志す。将来は神奈川県知事になる」と熱い思いを語った。

ところが、いろいろな政治家が幸太郎のところへ顔を出すので直接政治家と会う機会も多かったが、その中にどうも尊敬できる人がいない。結局、幸夫が「こういう人になりたい」と思うほど尊敬できたのは藤木幸太郎、酒井の親方、田岡のおじさんら、港の人たちだけだった。

結局、幸夫は神奈川県知事への興味も、政界への興味もまったくなくなり、気がつくと忘れていた。

プロ野球選手への道も手を伸ばせば届くところにあったが、ハルの病気の発覚で野球どころではなくなり、縁がなかったものと諦めた。

文学青年だったので、小説家に憧れて自分でも小説を書いていた。

文武両道でエネルギーのあり余った若い幸夫は、自分の可能性をさまざまな職業に託して夢を見た。

昭和二七年秋、どうやら大学を卒業できる見込みになった幸夫は、毎日新聞横浜支局の知り合いの記者から聞かれた。

「藤木、どこか就職決まったか？」

「いや、決まってません」

「だったら、うちを受けろ」

「受けます」

新聞記者になりたかった幸夫は、渡りに船と毎日新聞の就職試験を受けて、一次試験に合格した。

ところが、藤木企業の役員たちが反対した。

「新聞記者なんかでなくて、やっぱりこの会社でオヤジのあとを継いだらどうだ」

この頃、ちょっとした事件があった。幸太郎が手を血だらけにして帰ってきたのである。

新山下の藤木組の事務所から妙蓮寺の家まで八キロあった。朝に晩に幸太郎は自転車で通っていた。帰る途中、妙蓮寺駅の近所にある電球をつくる店が、でき上がったばかりの電球を板の上に並べて乾かしていた。そこへ幸太郎が倒れて手をついてしまった。

なぜそれが幸夫にわかったかというと、家に帰った幸太郎が手当をして、すぐに弁償しに行ったからである。

「いやあ、悪いことをしてしまった」

電球屋さんは「同じ土地の人間だからいい」と言ってくれたらしいが、その話を聞いて、幸夫は別のことを考えていた。

〈オヤジの歳で、自転車で通うのは、こんなにも大変なことだったんだ〉

小さな出来事だが、幸太郎の血だらけの手を見たとき、幸夫はあらためて心に強く言い聞かせた。

〈早く学校を出て、オヤジの会社で働きたい〉

大学を中退する決意を告げ、幸太郎に考え直すように言われて、やむなく通学をつづけるに至ったが、幸夫の思いは募るいっぽうだった。

若き日の夢を古い衣《ころも》を脱ぎ捨てるようにして、港に生きようと決意する——その劇的な運命の転換は、ごくありきたりのことだった。

幸夫は、新聞社の二次試験を断念することに、何のためらいもなかった。文学への思いは、機関紙『レディアンツ』で満たすことができる。そこで幸夫は、作家「藤尾愁三」でいられるから……。

幸夫と一緒に試験を受けた学生の中に、のちに毎日新聞記者から政治評論家になる三宅久之《みやけひさゆき》がいた。もし幸夫が毎日新聞社に入社していたら、三宅と机を並べることになったはずである。なお、幸夫は、三宅とのちに知り合いになる。

孫娘と「おじいちゃんの刺青」

昭和二八（一九五三）年四月、藤木幸夫は早稲田大学政治経済学部を卒業後、藤木企業の得意先でもあるオール・アンド・コンパニイというノルウェー系の外国の船会社に就職した。

当時、幸太郎には右腕とも左腕とも頼む役員たちがいた。幸太郎と役員たちは話し合い、「とりあえず、せがれを外国の船会社へ入れよう。いずれ、帰ってくるから」ということになった。

この頃の幸太郎は毎日会社に出てきていたが、経営に直接携わることはなく、肝心なことだけを指示する程度で、枝葉の細かいことは役員たちに任せていた。だから、幸太郎の知らない現場がずいぶんとあった。

したがって、幸夫が藤木企業に入ることによって、現場のよい面、悪い面、すべてがオヤジの耳に入ることを恐れ、彼らはそれとなく防衛線を張ったのである。

昭和二八年はＮＨＫがテレビ放送を開始した年で、若者たちはみんな就職難だった。なかでも「三白一黒」が難しかった。三白は化学肥料、セメント、砂糖、一黒は石炭会社である。砂糖なら大日本製糖などが有名で、こうした企業に就職すると羨望《せんぼう》の眼差《まなざ》しを向けられた。

戦後の復興を夢見て、日本人は働いて、働いて、働き抜いた。そんな時代に、幸夫は就職した。

オール・アンド・コンパニイは、現在の海岸通り沿いの横浜ビル六階にあった。オフィスにいる全員がノルウェー人だった。支配人のミスター・トレーナーや、マネージャーのスヴェンセンなどが、幸夫を非常に可愛がってくれた。

このノルウェーの会社は、ハイリー号、ハイメン号、ハイヒン号、ハーモッド号など二〇〇〇〜三〇〇〇トンクラスの、客船もかねた大きな荷役の船を多数所有していた。

船は横浜港から名古屋、大阪、神戸、下関、門司と通過し、上海《シャンハイ》、香港《ホンコン》、台北《タイペイ》、バンコク、シンガポール、マレーシアのポートクラン、ペナン、ラングーンまでを、年中行ったり来たりしていた。

みんな小さな船であったが、中国人船員は五〇人ほどもいて、半分は犯罪逃亡者だった。

「このままだと捕まるから、タダ働きでもいいから船に乗せてほしい」

そんな連中が現場で働いていた。

オール・アンド・コンパニイに入社した幸夫は、書類も電話も会話もすべて英語なのでさすがに困ってしまった。昭和一桁《けた》生まれは、英語を使ったら殺される世代である。幸夫も英語は苦手だった。幸夫が電話に出て、相手が英語だとわかると、横にいる仲間に受話器を渡した。

「あ、英語だ、おい」

が、最初は幸夫が英語を話せないことに誰も気づいていなかった。

支配人が話しかけてきたら、幸夫は「イエス、イエス」とだけ言ってごまかした。このとき支配人は「誰々と食事をしたいから、東京オフィスに電話して都合を聞いてくれ」と指示を出していた。

オフィスでその様子を見ていたスタッフたちは、「さすが。支配人のお気に入りだけあって、藤木さんは大物だ」と感心していた。ところが幸夫は何もしないし、相手から返事もない。どうなっているんだ、と騒ぎになった。とうとう、数週間で「これはダメだ、藤木は英語のえの字もわからない」とバレてしまった。

そこで幸夫は、近所に住むアメリカ兵のもとへ英語を習いに行った。しばらくすると、英会話も上達し、英語の書類も書けるようになった。

いっぽう、藤木企業の役員たちは、あと取り息子である幸夫に用心をして、さらに予防線を張った。幸太郎には内緒で、ひそかに社員たちに釘を刺していた。

「おい、いずれせがれが帰ってくるけれども、ヤツの言うことなんか、聞いちゃいけないぞ」

そのため、当時の藤木企業の空気は、幸夫にとってあまりよいものではなくなっていた。

幸夫が横浜文化体育館にボクシングなどを観に行くと、最前列には稲川一家の稲川角二や、石井《いしい》隆匡《たかまさ》などが座っていた。

幸夫は声をかけた。

「稲川さん、こんばんは」

「おお、ここに座れ」

稲川は最前列の席に幸夫を座らせ、しみじみと言った。

「おれはよう、おまえのおふくろが亡くなったとき、もう泣いたよ」

ハルが亡くなって、もう何年も経っている。それなのに、稲川はいまもなおハルの死を悼《いた》んでくれている。幸夫は笑って言った。

「わかってるって。本当にありがとう」

幸夫が社会人になると、幸夫が元町のおばさんと呼んでいる義母の君江が見合い写真を持ってくるようになった。

「いいお嬢さんだから」

が、幸夫は見合い結婚する気にはなれなかった。周囲の大人たちに薦められるまま結婚などしたくはない。幸夫はすっかり家に帰るのが嫌になってしまった。

幸夫も本当は、所帯を持ちたかった。幸太郎に、早く孫を抱かせてやりたかったからである。

幸太郎には、幸夫の上に一人の子どもがいた。が、五歳で亡くなってしまい、幸夫は幸太郎が四〇を過ぎてからできた子どもだった。だから幸太郎と同世代の仲間たちには、みんな孫がいた。「いや、うちの孫がな」という話になると、幸太郎は一人で寂しそうにしている。

昭和二八年一〇月、神奈川県鎌倉郡片瀬町を本拠とする堀井一家三代目総長・加藤伝太郎が亡くなった。

幸夫はそれを聞いて、すっ飛んでいった。

伝太郎の妻は、背の高い、幸夫にとってもいいおばさんだった。ちなみに伝太郎の孫は藤木企業の元社員で、のちにエフエム横浜に勤務している。

さらに不幸が続いた。

加藤伝太郎が亡くなった翌日に、幸夫を可愛がってくれた小此木歌治が亡くなった。幸夫は、喪服を脱ぐ間もなく、歌治の葬式へ出かけた。


幸夫は、やがて博子と結婚した。

昭和二九（一九五四）年八月九日、長男の幸太《こうた》が誕生した。

幸太の名は、幸太郎の兄弟分である高木康太の「太」と「幸太郎」の「幸」の字をあてて「幸太」とした。高木康太は、かつて母親のハルの体調が悪くなったとき、奔走して東京・日比谷の川島胃腸病院への入院手続きを取ってくれた。幸夫はあのとき、高木にどれほど感謝したかわからない。

昭和三三年、二男の幸二が生まれた。長女の千代も誕生した。幸太郎は、千代のことも溺愛《できあい》した。

ある日、幸太郎が、幼稚園に通い始めた千代に声をかけた。

「千代、風呂に入るぞ」

すると千代は喜んだ。

「おじいちゃんと、お風呂入る」

千代は、自分で服を脱いで、風呂場に走っていく。

千代は、幸太郎の刺青を見て言った。

「おじいちゃん、きれいね」

幸太郎の刺青は、胸のあたりに般若が彫ってある。般若は美しい色が施されていたが、背中の刺青は肩甲骨のところで途切れていて、絵の輪郭を描く筋彫りで終わっている。途中で資金切れになってしまったからである。

それでも孫の千代は、きれいだと褒めてくれた。

「そうか、見ちゃダメだよ」

「これは、なあに？」

そんなやりとりをしていたらしい。

幸夫がそのことを知ったのは、千代が通う幼稚園の園長からだった。

幼稚園は、藤木家の前の坂道を下った先にある。

ある日、園長がその坂道を息せき切って上がってきた。園長はとても上品な高齢の女性だったので、たまたま自宅にいた幸夫はその姿を見て少し驚いた。

「あれ、園長先生、今日は何ですか？」

園長は、ハアハアと息を切らすなか、声を絞り出した。

「いや、お父さん……。お宅へ来たんです」

「ああそうですか。何か？」

「ええ、ちょっと……」

幸夫はとりあえず園長を自宅のリビングに招いた。

「何ですか？」

「あのね、千代さんがね、ちょっと困っちゃうの。これはお父さまから注意してください」

園長の話によると、千代がお友達五、六人に「うちのおじいちゃん、とってもきれいなのよ」と刺青の話を事細かに話していたという。

「ここに花があってね、きれいなの」

話を聞いていた園児たちが、みんなうらやましがった。

「いいなあ」

「いいわねえ、千代ちゃんの家のおじいちゃんて」

あどけないやりとりに、話を聞いていた先生は、どう対応していいのか迷ったという。

ところが、話を聞いた園児たちがみんな、家に帰って幸太郎の刺青の話をしてしまった。

「千代ちゃんのおじいちゃんは、身体に描いた絵がきれいなんだって。絵はね、花がここに描いてあって、こうなのよ。どうして、うちのおじいちゃんは描かないの？」

父兄からその話を聞いた園長が、慌てて藤木家を訪ねてきたというわけである。

幸夫は、やむを得ず千代に話をした。

「千代ね、おまえ、お友達に、おじいちゃんの絵の話をするんだってね」

「うん、するよ」

「ダメだよ話しちゃ。あれはね、人に言っちゃいけないことなんだよ」

「え、なんで？」

千代は理解できず、不思議そうな表情をしていた。が、それ以上は説明のしようがない。

幸夫は、幸太郎にもこの話を伝えた。すると、幸太郎がビックリしてオロオロしだした。

「いや弱ったな。どうしよう。困ったな、困ったな」

幸夫はおかしかった。

〈いつもはあんなおっかないオヤジが、一人で困っちゃってるよ〉

ヤクザの世界、港湾荷役の世界

昭和二八年一月一七日、全国港湾荷役振興協議会（全港振）が設立された。会長は横浜の藤木幸太郎、副会長は神戸の田岡一雄がそれぞれ就任した。

田岡一雄は、この全港振の設立と時を同じく設立され、自ら社長となった甲陽運輸を大事にした。

全国港湾荷役振興協議会の発会式（前列右から３人目が田岡一雄、鶴岡政次郎、３人おいて酒井信太郎、藤木幸太郎、２人おいて伊藤清蔵）

かつて田岡は、幸太郎にしみじみと言った。

「息子の満が小学校に入学する際、学校に出す身上書のお父さんの職業欄に書きようがなくて、無職と書かせたことがあった」

が、甲陽運輸をつくったいまは、堂々と職業や会社名を世間に公表できる。甲陽運輸のおかげで、田岡やその家族は肩身の狭い思いをしなくて済んでいるのである。

甲陽運輸には、絶対に組の人は入れなかったし、山口組の連絡係も寄せつけなかった。それぐらい徹底していた。

それを知っているから港も諸手《もろて》を挙げて受け入れたし、全港振の副会長に迎えたわけだ。そうでなければ、港は三代目と真っ向から対決していただろう。

幸太郎と田岡が実の兄弟以上に仲がよかったのは、どちらもそういう点でしっかりしていたからだった。

幸太郎は、幸夫がヤクザと口をきいただけで怒った。だから、田岡のことを山口組の組長とは認めなかった。

田岡一雄は、全港振の会議で最初に提案した。

「人足が陸にあがると、顔が汚れていて家まで帰るのに苦労する。だから作業場に風呂をつくろう」

こうした決めごとは、各港の代表を集めた会議で話し合われた。

会議では、藤木幸太郎、田岡一雄、酒井信太郎の三人以外、発言する者はいなかった。ほかの連中はみんな何も言わず「はい、ごもっとも」と賛同するだけである。特に、田岡が発言することにもの申す者は一人もいなかった。

その様子をそばで見ていた幸夫は心配になった。

〈これでは、良いことも悪いことも「言い出したのは田岡だ」と責任を押しつけられてしまう〉


山口組三代目の田岡一雄の自伝によると、田岡と田中清玄との出会いは次のようになっている。

《横浜の全港振（全国港湾荷役振興協議会）の事務所で全港振会長の藤木幸太郎と私が歓談中、たまたま田中清玄が藤木を訪ねてきた。私は藤木の紹介で田中清玄と知り合った。お互いに名前は知っていたが、言葉を交わすのはそのときが初めてであった。年齢は五十前後、肥ってはいたが、空手で鍛えた体躯に無駄な贅肉はなく、顔はむしろ細く見えた。恬淡《てんたん》として小事にこだわらず、喜怒哀楽をハッキリと表面にだすところが好ましく思えた。肚《はら》の大きな人物、それがわたしの第一印象であった》

昭和三〇（一九五五）年、田岡一雄は横浜に来て幸太郎の仕事を手伝っていた。

仕事が終わると、田岡と幸太郎が話をしながら横浜通りの藤木ビルから出る。そこへ山口組若頭《わかがしら》の山本《やまもと》健一《けんいち》や、若頭補佐の加茂田《かもだ》重政《しげまさ》が合流した。

すると、藤木企業の監督を務める、藤木のジャンパーを着た幹部の牟田が田岡に声をかけた。

「おお、なんだ、牟田さん」

「おお、田岡」

そんなふうに、田岡を慕う藤木の者たちは数多くいた。

幸太郎は、ヤクザの世界とは一切縁を切り、港湾荷役の世界で生きると決心したときに、「おまえは、藤木に来い」「おまえはダメだ」と選別した。その結果、「横浜では藤木幸太郎がいるから、規律が保て、仕事がはかどる」と信頼を得ていた。

ヤクザとは付き合わない——というのが、幸太郎の堅い信念だったことは確かだ。しかし、人まで敬遠したわけではない。むしろ、誰よりも彼らを理解し、気にかけていた。

堀井一家の加藤伝太郎総長も、幸太郎や、監督の牟田とよく話をしていた。また、幸太郎は、稲川組組長稲川角二のことも評価していた。

「鶴岡の言う通りだ、稲川って男は、しっかりしているなあ」

稲川は、綱島一家五代目総長の鶴岡政次郎の代貸から、昭和二四年に静岡県熱海市の山崎屋一家五代目を継承すると同時に「稲川組」を結成。横浜の愚連隊だった「モロッコの辰」と呼ばれていた出口《でぐち》辰夫《たつお》、井上喜人《いのうえよしと》を若衆とし、さらに、吉水金吾《よしみずきんご》、林喜一郎《はやしきいちろう》まで若衆とし、一気に勢力を拡大した。

その後、稲川組を主体として、東海道地方の鶴岡系の一家を集め、昭和三八（一九六三）年に「鶴政会」を結成した。

鶴岡政次郎も、そんな幸太郎を見て言っていた。

「藤さんは、稲川が好きなんだねえ」

稲川聖城に惚れ込んだ愚連隊——井上喜人

ここでのちに稲川会を去り、堅気《かたぎ》になったとき、藤木幸夫がなにかと世話をしてやる井上喜人についてふれておこう。

筆者は、稲川聖城の半生を描いた『修羅の群れ』で、井上喜人について次のようにふれている。井上喜人は、小田原の出身で、鳶《とび》職の息子であった。子どもの頃から手のつけられない暴れ者で、一五歳の頃から、たびたび警察沙汰《ざた》を起こしていた。その後、少年院を出たり入ったりの生活であった。

少年院で出口辰夫と知り合った。

戦前の昭和六年、『モロッコ』というアメリカ映画が、日本で大ヒットした。

出口は、男のゴミ捨て場のような外人部隊の崩れた雰囲気に、強く惹《ひ》かれた。少年ながら、外人部隊に所属する主人公トム役のゲーリー・クーパーとモロッコの酒場の歌手役のマレーネ・ディートリッヒの恋に胸をときめかせた。

〈いつ死んだっていいが、死ぬ前に一度だけ、おれもモロッコに行ってみてえ……〉

そう思い続け、まわりの者にその夢を語りつづけていた。いつの間にか、彼は〝モロッコの辰〟と呼ばれるようになっていたのである。

生まれは神奈川県の鶴見であったが、浅草を中心に、横浜、東海道を愚連隊として暴れ回っていた。愚連隊仲間では、小田原生まれの井上喜人と二人でコンビを組み、京浜地区から東海道にかけて名がとどろいていた。

昭和二一年に、二人はそれぞれ傷害、恐喝《きょうかつ》などで横浜刑務所に収監された。モロッコが一年で、井上が三年の刑であった。

すぐに二人で横浜刑務所を支配した。

刑務所の中には一二〇〇〜一三〇〇人の囚人《しゅうじん》がいた。戦後まもない頃で、手のつけられない愚連隊どもが揃っていた。喧嘩が絶えず、食糧事情なども悪く、いつ暴動が起きるかもわからない状態であった。それなのに、囚人の数の多さに比べて、看守の数は少なかった。囚人を押さえこめる力はなかった。

その中で、囚人どもを支配していたのが、「キー坊」と呼ばれていた井上とモロッコであった。二人に逆らう者があれば、半殺しの目に遭わせた。

モロッコは、井上より先に娑婆《しゃば》に戻るや、前以上に暴れはじめた。子分どもに「モロッコの辰」とだけ書いた名刺を持たせて賭場を回らせ、いわゆるハジキに行かせていた。

「モロッコの使いです」

そう言って子分どもがその名刺を差し出せば、ほとんどの賭場の博打打ちたちは顔を立てて、当時の金で二、三〇〇〇円は差し出してくれた。

モロッコは、湯河原の旅館「静山荘」二階の賭場でS＆W・U・S・アーミーM１９１７を盆の上にごろりと転がした。

「こいつで五〇〇〇円だ！」

そこに、一人の男が入ってきた。着流し姿であった。

男は、背筋をぴんとのばし静かに座った。

男は、ジロリとモロッコを見た。威圧感のある視線だった。稲川角二である。

賭場は一瞬、静まり返った。稲川は、じっとモロッコと拳銃を睨《にら》んでいたが、おもむろに懐に手を入れた。胴巻きから一〇〇円札の束を取り出し、モロッコの前にぽんと放り投げた。

「おい、ここは、喧嘩場じゃねえ」

モロッコの前に放った札は、相当な額であった。

モロッコは、大きな眼をひん剝いて稲川を見た。貫禄の差は隠せない。なにか得体の知れない威圧感に、モロッコの方が度肝を抜かれた。

モロッコは、いつのまにか拳銃を懐にしまった。

モロッコほどの愚連隊でも、この場は逆らわずに、そうするしかなかった。

モロッコは、そのまま入り口に向かった。

障子に手をかけようとしたとき、振り返り、稲川に声をかけた。

「どちらの親分ですか」

稲川は、ぴんと背筋をのばして座ったまま、モロッコをジロリと見た。

虎の眼を思わせる、らんらんと燃える眼であった。心の奥の奥まで見透かしてしまうような、独特の恐ろしさを持つ眼であった。

稲川は、静かな低い声で言った。

「いたずらの場所で名乗るほどのこともねえ。客人に迷惑だ。文句があるなら、いつでも来い！　稲川だ」

モロッコは、あらためて稲川にジッと見入った。


昭和二三年八月一三日、横浜刑務所から移送されていた井上喜人が、群馬県前橋刑務所から出所した。それから数日後の夜、浅草の料亭で、井上の放免祝いが開かれた。

モロッコが、井上に言った。

「兄弟よ……いま、横浜は『京浜兄弟会』と呼ばれるグループがのしてきている。強力な博徒の親分七人が、お互いに手を結んでしまったのさ。おれと、ムショから出てきた兄弟の命を取ろうって、おれたちを狙ってるぜ」

当時の横浜は、博徒の鶴岡政次郎、藤木幸太郎、笹田照一という戦前からの有名な親分に連なる鶴岡町の雨宮光安、伊勢佐木町の秋山繁次郎、神奈川の滝沢栄一、高島町の高橋鶴松、鶴見の山瀬惣十郎、海岸の外峯勇、鶴屋町の漆原金吾の新興親分七人が兄弟分の縁を結んで、「京浜兄弟会」をつくり、勢力を誇示していた。

モロッコは、ぐいとビールをひと飲みすると、井上の肩に手を置いた。

「じつは、兄弟に会わせたい男がいるんだよ。湯河原に、稲川って、いま売り出している親分がいるんだ。なんとも腹の据わった男で、その稲川が、近々熱海の縄張をもらって跡目に座るという噂がある。おれもあることが縁で、何度も会っている。じつにいい男だ。兄弟、この際どうだ、おれたちはこの男の舎弟になろうじゃないか」

モロッコの脳裏には、湯河原の賭場で初めて会ったときの稲川の姿が鮮烈に焼きついて離れなかった。

この世に恐い者なしで突っ張ってきたモロッコが、生まれて初めて恐ろしい男に出会った気がしていた。

井上はムッとした。

「兄弟、冗談じゃねえ。おれと兄弟は、いままで兄貴も親分も持たねえで、愚連隊一筋でやってきたじゃねえか」

モロッコは、口でうまく説明できないことがもどかしくてたまらなそうに言った。

「兄弟、とにかく、稲川って男に会ってくれ。会えばわかる。ものがちがうぜ」

二人は、稲川が本拠としている湯河原の「下田旅館」を訪ね、稲川に会った。

モロッコが急にかしこまって言った。

「親分、わたしたちを舎弟にしてください」

稲川は、舎弟分と聞き、きっぱりと言った。

「おれは、この渡世《とせい》では兄弟分も舎弟分も、持たない」

稲川の本心であった。

兄貴分の横山新次郎に、じっくりと言われたことがある。

「稲川よ、おまえが兄弟分を持てば、おまえの若い衆がのびられなくなる。兄弟分を持つのはやめろ」

兄貴の言ったことが、稲川の心に沁《し》みていた。

モロッコが返事をする前に、井上が坊主頭を下げていた。

「いや、舎弟分ではなく、若い衆で結構です！　親分に命を預けます」

井上は、すっかり初対面の稲川に惚れ込んでいた。

今度は、モロッコの方が驚いた。

〈あんなに、強がりを言っていた兄弟が〉

稲川は、黙ってうなずいた。が、ようやく重い口を開いた。

「わかった。いずれ、うちの者たちにも会わせよう」

こうして二人は、稲川の若い衆になった。モロッコ、井上についていた子分たち百数十名も一緒に、稲川の傘下《さんか》に入ったわけである。

これによって、稲川の勢力は、関東でも揺るぎないものとなっていった。

熱海、横浜、小田原、横須賀、川崎……急拡大する稲川組

熱海の海岸通りにある「鶴屋旅館」二階の大広間は、緊張した雰囲気に包まれていた。

関東から東海道にかけてのほとんどの親分衆が、詰めかけていた。三〇〇人は超えていた。

床の間左手には、大きな紙が張られていた。

引退　石井秀次郎
継承　横山新次郎
　　　稲川角二

「鶴屋旅館」を借り切って、横山新次郎、稲川角二の二人名前による跡目披露《あとめひろう》がおこなわれていた。昭和二四年春のことであった。


ホテルの一室には、横山新次郎、モロッコ、井上がいた。

そこに林喜一郎と吉水金吾が入ってきた。

モロッコが、林喜一郎に言った。

「林、いつまでも愚連隊を続けていてもしょうがねえだろう。もう、愚連隊の時代は終わったぜ」

林は、ぎょろりと眼を剝くようにしてモロッコを見て言った。

「世の中がどう変わろうと、おれの知ったことじゃねえ。おれは、愚連隊が性に合ってるんだ」

井上喜人も、そばで言った。

「林、これからは、組織の時代だ。いつまでも愚連隊では、やがて滅びていくだけだ。ヤクザになれば、この道でひとかどの男になれる者ばかりだろう」

林は、昭和二二年に中国から引き揚げてきてすぐに稲川と会った。林は旅をかける方で、横浜から出、湯河原、熱海と足をのばし、あらゆる賭場を荒し回っていた。

横山新次郎が、しんみりした口調で言った。

「なあ林、吉水、おまえたちと同じ愚連隊だったモロッコや井上がこれほど言うんだ。どうだ。そろそろ愚連隊としての年貢の納めどきじゃねえか。おまえたちにその気があるなら、稲川には、おれが話をしてやる」

林は、頭を下げていた。

「お願いします」

吉水も、すかさず頭を下げた。

「お願いします」

横山新次郎は、林と吉水の手をふたたび取り、しっかりと握らせた。

「これで、おまえたちは兄弟分だ。力を合わせてやるんだぞ」

こうして、横浜の愚連隊四天王、出口辰夫、井上喜人につづいて林喜一郎、吉水金吾と、すべてが稲川のもとに集結したわけである。

林喜一郎、吉水金吾の配下合わせて一〇〇名余が、新たに稲川組に加わった。

稲川組は、いっそう巨大な軍団へとふくれあがっていった。

井上喜人は、生まれ故郷の小田原周辺に地盤を着々と築いていた。モロッコは、井上には負けたくなかった。

〈兄弟が小田原で男になるなら、おれは横須賀だ〉

そういう気概に燃えていた。すでに二八年の暮れには、横須賀のほとんどの親分たちを押さえていた。

彼らは、カスリごとの金の一部を小遣いとして、モロッコに届けていた。

もちろん、モロッコの背後に、京浜地区、東海道の愚連隊のほとんどを制した稲川があってこそ、地元の親分たちが、モロッコに屈服《くっぷく》しはじめていたのであった。

のちに稲川組に入り、稲川会三代目会長にまで昇りつめる石井隆匡は、昭和二九年当時、横須賀の石塚儀八郎の代貸であった。石塚儀八郎は、博徒というより、港湾荷役の親方であった。石塚儀八郎は、横須賀四親分の一人、笹田照一の若い衆であった。

昭和二九年一二月初旬、湯河原の「若葉旅館」二階の広間には、稲川と横山新次郎、稲川組の幹部である小田原の井上喜人の三人が残っていた。

稲川が、ぽつりと言った。

「石井ってやつは、いまどき珍しい、しっかりした男だな」

井上喜人が、深くうなずいて言った。

「親分、石井とは、わたしもモロッコも古くからの知り合いですが、しっかりしたいい男です」

井上は、石井が、腕っぷしの強さだけでなく、頭の切れることも気に入っていた。いつか機会があれば、石井と兄弟分の盃を交わし、ともに稲川組のためになりたい、と心の中で思っていた。

〈親分も惚れているとなると、近いうち、石井とじっくり話す機会をつくろう〉

稲川と井上のやりとりを聞いていた横山新次郎は、鋭い眼つきで、黙って井上を見つめていた……。

ヒロポン中毒で憔悴《しょうすい》しきっていたモロッコは、昭和三〇（一九五五）年一月一〇日、ついに血を吐いて果てた。三三歳であった。

稲川を施主としたモロッコの盛大な葬儀が終わった一週間後、井上喜人は、さっそく石井隆匡に会っていた。

せっかくモロッコが開拓し楔《くさび》を打ち込みかけていた横須賀への縁を切りたくなかった。

そうした意味もあって、なんとしてでも石井と兄弟分の盃を交わしておきたかった。横須賀市内の料亭の一室であった。

井上は、石井にしんみりした口調で言った。

「モロッコの生前は、いろいろと迷惑をかけてすまない」

「いや……モロッコという人は、亡くなってみると、いっそう懐かしさの増す人ですよ」

しばらくモロッコの話をしたのち、井上が石井の眼をのぞきこむようにして言った。

「石井さん、どうです。わたしと兄弟分の縁を組みませんか」

石井は、井上の眼をまっすぐに見返して言った。

「井上さん、あなたに兄弟分の縁を、と言われて身にあまる光栄です」

石井は、井上に感謝していた。これまでモロッコの軍団が暴れるたびに、井上が陰で、

「おい、石井のところだけは、暴れるのをやめておけよ」

と注意していることを耳にしていた。

それに、井上喜人に親近感を感じていた。かつて井上がモロッコと横浜、東海道を愚連隊のリーダーとして暴れ回っている頃から、一種の憧れの眼で井上を見ていた。

モロッコの単細胞的純情さも好きであったが、井上喜人の頭の切れには、敬服していた。

「井上さん、個人的には、いますぐでも兄弟分の盃を交わしたい気持です。しかし、ご存じのように、わたしには石塚という親分がいます。石塚は、笹田照一の系統です。それらのつながりから、いまは、盃を交わすことはできません。いずれ盃の交わせる時期になりましたときには、こちらからお願いにまいります」

井上は、深くうなずいた。

「わかった。兄弟になれる機会の早く来ることを、待っているよ」

ところが、それから四ヵ月後、石井は、石塚親分の家の奥座敷に呼ばれた。春に入り、やわらかい陽が部屋に差しこんでいた。庭には、つつじが咲き誇っていた。

石塚親分は、白髪の混じった眉を寄せ、しんみりした口調で言った。

「石井、これまでよく辛抱してくれたな。じつは、おれも年だから引退することにした」

「親分……」

「そこで、おまえに言っておきたいことがある。おれは笹田の系列に入ってはいるが、子飼いからの若い衆ではない。ましておまえたちは、笹田の若い衆ではないんだ。石井、おまえはおまえで、好きな道を歩め」

石井は、その言葉の意味はよくわかった。

「親分、わかりました。わたしの好きな道を歩ませていただきます」

石井は、心の中で井上喜人に呼びかけていた。

〈井上さん、明日からでも、兄弟と呼ばせていただきます〉

石井は、井上と兄弟分になることによって、博打打ちとして尊敬している稲川の若い衆になれる、という熱い期待に胸をふくらませていた。

井上は、稲川組のいっそうの拡大を願い、横須賀で五〇〇～六〇〇人を超える子分を引き連れていた石井隆匡とついに兄弟分の盃を交わした。

石井は、やがて稲川組の正式なメンバーとして加わってきた。

山川修身は、川崎の愚連隊のボスであった。八〇人近い子分を連れて幅をきかせていた。川崎には、古くからの博徒、石井初太郎や山瀬惣十郎がいたが、山川は愚連隊として暴れまくっていた。

体こそそれほど大きくはなかったが、向こうっ気の強さと突っ張りぶりは、京浜間に知れ渡っていた。

井上は、山川に惚れ込んでいた。いつか山川を自分の舎弟にしたいと思っていた。

井上が小田原、横須賀と睨みをきかせた後に狙いをつけたのが、川崎であった。川崎へも稲川組が根を張るためには、山川修身を取り込む必要があった。

山川は、昭和三三（一九五八）年頃には、八〇人近くのグループに膨らんでいた。

山川は、井上に自分の方から切り出した。

「おれのような半端者でもよければ、井上さん、あんたの舎弟にしてくれ」

井上喜人なら兄弟分として仰ぐのに不足はなかった。稲川の正式な若い衆にもなれる。

井上は、自分から言い出す前にそう言われ、感激した。

「あんたの方からそう言ってくれるとは、うれしいぜ」

「田岡のおじさん」の姿、父の姿

藤木幸夫は、田岡一雄のことを「田岡のおじさん」と親しみを込めて呼んだ。田岡もまた、幸太郎への恩返しといわんばかりに、第三世代といってもよい幸夫たちの指導にも情熱を注いだ。

田岡は、幸夫たちに会うときは必ず背広ネクタイ姿できちんと応対し、港の仕事に関係することしか口にしなかった。

田岡は、甲陽運輸のみならず、全国港湾荷役振興協会神戸支部傘下の者に通達を出した。

「組関係者は全員、組を脱会し、港湾荷役事業に専念せよ」

そして一人余さず脱会を実行させた。

田岡一雄が何か頼みごとをするときは、たとえ相手が後輩であっても自分から出向いて、低く頭を下げてお願いをした。また、将来ある人間に対してはそれとなく励まし、場を与えた。義理人情は日本人の得がたい美風なのだから、真面目に生きる人から何かを頼まれたときは、自分にやれるなら全力で実現に努める。

幸夫が〝田岡のおじさん〟の実践《じっせん》を通して学び、心の糧《かて》としたことには限りがなかった。


兵庫県警は、田岡一雄のところに年中来ては、水面下の交渉をしていた。

「田岡さん、どうか組の名前を田岡組にしてくれませんか」

兵庫県警の看板は「山口組撲滅《ぼくめつ》対策本部」であった。つまり、山口組さえなくなればよい、という考えである。

田岡が、幸夫に言った。

「幸夫君、そんなもんなんやね。兵庫県警は、『田岡組に名前変えたら、明日から何もかも一切オッケーだ。だけど山口組は困るんや』と言うんだ」

「そうですか」

「だからおれは、『あんた冗談言ったらあかん。わたしは山口組を預かったんや。田岡組なんてとんでもない』と言うてやったよ」

幸夫は、外国人と外国語に囲まれた一年間のオール・アンド・コンパニイでの会社員生活のあと、昭和三〇年六月に同社を退社し、いよいよ藤木企業に入社。船内部次長として現場に立った。

入社二ヵ月後の八月、幸太郎が幸夫に言った。

「ちょうど終戦日から一〇年目だ。幸夫、北海道に行くぞ」

幸太郎は、北海道静内《しずない》郡静内町（のち日高郡新ひだか町）の伏木田牧場に、自分の馬を持っていた。

今回の旅は、馬の様子を見にいく目的もあったが、終戦一〇年の節目に父子二人、水入らずでゆっくり過ごしたい、という幸太郎の意向があった。

藤木親子は、羽田空港からプロペラ機に乗り、千歳《ちとせ》空港までの三時間のフライトを楽しんだ。

千歳空港で下りた二人は、千歳駅前のタクシー会社にアメ車のように大きな車が停まっているのを見た。

「オヤジ、これ乗りましょう」

「いいな、これで行こう」

幸太郎は、幸夫に財布を渡して言った。

「しっかり払ってやれよ」

千歳から南下して苫小牧《とまこまい》へ出た。まだ八月だというのにススキが群生している。

苫小牧には、明治四三年操業の王子製紙苫小牧工場があり、田中文雄《たなかふみお》社長と幸太郎は親しい間柄である。

そのことを思い出して幸夫が訊いた。

「オヤジ、王子製紙に寄っていきますか？」

幸太郎は首を横に振った。

「いやいや、今日は何の関係もないから、寄らないで行こう」

苫小牧の海岸には、小さい漁船がいくつか見えた。幸太郎が海を眺めながら言った。

「これは、いい港になるぞ」

苫小牧から海岸沿いを走る道路を南東に行き、静内に到着した。静内は日高山脈の西の海側にあり、裾野にはたくさんの牧場が点在している。

幸太郎が言った。

「明日、どっか登るか。幸夫、泊まるところあったら探せ」

幸夫は運転手に声をかけた。

「運転手さん、どこか泊まるところあったら、案内して。普通の宿屋でいいですから」

「はい、わかりました」

運転手は、木造二階建ての宿屋を案内してくれた。寂れているが、宿屋から道を上がっていけば牧場があるという。

翌朝、藤木親子は伏木田牧場へ向かった。

幸太郎が競馬の趣味を持ったのは、〝競馬狂い〟で有名な河野一郎にそそのかされたことによる。

牧場内には若駒がたくさんいて、その勇姿に幸夫は目を見張った。すると、中から一頭の競走馬が、幸太郎たちのもとへ走ってきた。

「オヤジ、かっこいい馬ですね」

「ああ、あれがうちの馬のリエルデングだ」

幸太郎の馬はアラブ種だった。サラブレッドよりは小柄で華奢《きやしや》な体軀で、速力もサラブレッドには劣《おと》るが、耐候性、耐久性に優れているという。

幸太郎はリエルデングのほかに、フジミナト、ミナトヒカリ、フジコウなど五、六頭の馬主だった。血統がよければ勝てる、というわけではないから、複数頭を所有するのが一般的であった。

厩舎《きゆうしや》は佐藤正で、特にフジコウは抜群の脚力を持っていて何度か入賞していた。

馬を見に行った後は、自由行動である。幸太郎が言った。

「せっかく来たんだから幸夫、おれは阿《あ》寒《かん》湖に行ってみたい」

「おれは襟裳岬《えりもみさき》に行ってみたいなあ」

「じゃあ、車呼べるかな」

そんなふうに父子ではしゃぎながら、まずは帯広に向かった。

帯広も、木造の古い建物がずらっと並んでいるだけで、宿屋も昨晩泊まったような古い旅館しかなかった。

「オヤジ、今晩ここに泊まって明日、阿寒に行きましょう」

「そうか。わかった」

部屋に落ち着くと、幸太郎が言った。

「幸夫な、おれ風呂に入りたいよ」

当時は部屋に風呂などなく、旅館の大風呂といっても三、四人も入ればいっぱいになってしまう。

「幸夫、おれは体チョコチョコっと洗うだけだから、頼むよ」

「わかりました」

幸夫は、幸太郎が風呂に入るのを見届けて、脱衣所の椅子に腰かけた。

すると、浴衣を着た数人の男たちがやってきた。幸夫が言った。

「すいません、いま、女が一人入ってます。五分したら出ますから」

そう言って追い出した。

幸太郎は、身体の刺青を誰にも見られたくないのである。人に見せるのがイヤでイヤでたまらない。幸夫はそれを承知していて、脱衣所で番をしたのである。

幸太郎は烏《からす》の行水で、一〇分もかからずに出てきて「幸夫、ご苦労」と言った。

「学問したら子孫半馬鹿」

幸太郎は、幸夫が藤木企業に入社するとき、じつは念押ししていた。

「いいか、うちはな、おまえを役員なんかにはしないぞ」

幸夫は答えた。

「もちろんですよ」

それでも社員たちは警戒心を解いてくれない。幸夫は、会社の空気をなんとなく肌で感じていたが、あまり気にせず、とにかく自分から進んで現場に出て、朝から晩まで汗と泥で真っ黒になって働いた。あまりにも真っ黒だったので、帰宅する電車の中では誰も寄ってこない。幸夫の周りだけが空いているということが、たびたびあったほどだった。

幸夫はそうしてみずから第一線の現場に出て、仕事の手配から人間関係づくり、ショート・ギャングといって作業員が足りないときは謝りに行くなど、お得意先の間を東奔西走《とうほんせいそう》して、着々と地盤を固めていった。

その働きぶりに、藤木企業の社員たちは驚いた。幸夫自身も、恥ずかしくないといえるだけの仕事をしているつもりだった。

幸夫の念頭には、父親の看板など少しもなかった。が、それでも幸夫は周囲から「ワカ」と呼ばれた。若殿、若様という意味である。幸夫はそれに反発した。

当時、大学を出た人間は、役員の中に一人もいなかった。

腕一本の職人の世界に「学問したら子孫半馬鹿」という言葉がある。そのように、やはり腕一本の荷役の現場にも「大学出のアンチャンに何ができる」と反発する空気が強かった。当然、「ワカ」という幸夫に対する呼び名には、微妙な意味が込められていた。

年老いてから愛する妻を失い、孤独な姿で仕事に通う幸太郎を差し置いて、大学に通わねばならなかったつらさ――それを思うと、幸夫自身が彼ら以上に大学を「敵」と思う気持ちが強かった。学歴がオヤジにさびしい思いをさせたという潜在意識があって、幸夫にとっても学歴はタブーだったから、早稲田を母校と思うより、むしろ、うとましく感じるほどであった。その気持ちは、いまも続いている。

それが原因で、早稲田大学の校友会会長への誘いを、幸夫は一〇年来断わり続けた。やむなく役員を引き受け、横浜の校友会会長を引き受けたのは、幸太郎が亡くなってからずっと後のことである。

時あたかも六大学野球華やかなりし頃のことだった。幸夫が本船へ行くと、仕事の最中に、作業員が声をかけてくる。

「よおワカ、昨日、早稲田が勝ったじゃねえか」

幸夫が「おお、そうか」などと応じようものなら大変な騒ぎになる。胸のうちにもろもろの思いを交錯させながら、幸夫は怒鳴り返した。

「うるせえ、そんなこと、おれには関係ないよ」

それが幸夫の会社人生の船出だった。

「藤木の早荷」が支える港湾

幸夫が一生を捧げると決意した当時の港の世界は、大変な階級社会だった。水平の付き合いなど欠片《かけら》もない。藤木企業においては、藤木幸太郎の言うことは絶対である。

業界自体が階級社会だった。船会社という「親方」がいて、その下に港湾業者、元請《もとうけ》業者がいる。さらにその下に大手の港湾荷役会社、そして最後に藤木のような新興の荷役会社という位置付けだった。この上下関係は絶対に崩すことはできない。

幸夫が朝、元請業者のところへ行って「おはようございます。藤木です。よろしくお願いします」と大きな声で挨拶しても、相手から挨拶が返ってきたことはなかった。背中を向けて椅子の背もたれに寄りかかったまま、「おう」と言うだけ。

幸夫は首を傾げながら、不思議に思った。

〈この会社では、お辞儀を後ろにするもんなのか？〉

横浜港には世界から五〇ヵ国以上の船が出入りする。そのなかでも最も信頼されていたのが日本の船会社、わけても日本郵船だった。藤木企業では、社員総出で打ち揃い、日本郵船へ挨拶に行くのが年中行事の始まりだった。

当時、日本郵船の横浜支店長というのは横浜港における神様、大統領のような存在だった。正月に日本郵船の建物の前で藤木の社員みんなが、自社の新しい半被《はっぴ》を着て両脇に並び、支店長が乗った車を待つ。支店長が到着、車から降りて「みなさんおはよう。ご苦労さんですね、寒いところ」という言葉を待って、

「おめでとうございます！」

そう言って一斉にお辞儀をする。その際、支店長と目が合おうものなら、「おれ、今年はツイているぞ」と手を打った。

ある日、幸夫は幸太郎に呼ばれたので、客の対応を終えてから幸太郎の部屋へ行った。

「すいません、お客様が来てたので」

幸太郎が訊いた。

「お客様って、誰だ？」

「日本郵船の横浜支店長です」

そう幸夫が答えたとたん、幸太郎はものも言わずに幸夫を殴りつけた。

「おまえは、いつから郵船の支店長さんを呼びつける身分になったんだ！」

幸太郎からすれば、「横浜の港の神様、大統領を粗末に扱った」ということになる。それで殴られるのである。

藤木企業の現場には、二人の大将がいた。商社に出入りして船の仕事を取ってくる高橋正太郎と、船内部長の長田次七郎である。この二人の大将のやりとりで、会社全体が動いていた。

「はい、長田さん、今度は小麦の一万トン……来月、入りますよ」

「高橋、ありがとう」

小麦の一万トンというと、一日に一二〇～一三〇人が運んでも、たっぷり一週間はかかる。

商社は貨物船をチャーターして小麦を運んでくる。貨物船には次の用船契約が入っているから、期限を超えてしまうと、商社は次の荷主や船主に莫大《ばくだい》な損害賠償金を払うことになってしまう。困るのは商社だが、当然、こちらもトバッチリを食う。だから、「ランを切る」といって、幾日で仕事を済ませるという約束をする。

「これは一〇日でランを切ってあるから、頼むよ」

「わかった。頑張る」

仕事を始めたとたん、雨が降って荷役が止まり、作業の予定が狂った。悪いことに船混みが重なった。

高橋が現場の長田に商社の言い分を持っていく。

「長田さん、あさってまでに取り切ってもらわないと、困りますよ。いいですね」

「困りますったって、高橋、見ろよ。こんなに忙しくって、この間、雨二日も食らっちゃって、上がるわけねえじゃねえか。冗談言うなよ」

「冗談は、どっちだ。一〇日でランを切ったじゃないか」

「そうはいかないよ、高橋。見てくれよ。人間がいないよ、足らないよ」

長田のオヤジのいうことを受けて、高橋のオヤジが嫌味たっぷりにやり返した。

「あ、そうですか。じゃ、結構です。ゆっくり、やってください。もう、三日でも、四日でも。長田さん、手があいたらやってよ」

長田のオヤジが面食らうと、高橋のオヤジが止めを刺すように吐き捨てた。

「その代わり言っときますよ。もう、仕事ありませんから」

「わかった、わかった、高橋……やる。ちゃんとやるから、きっと仕事持ってこいよ」

長田のオヤジはすっかり慌てて、その場で現場の責任者に言った。

「おい、みんな、三口かけるところ、四口かけろ。明日は、晩の荷役に五口かけろ」

一口は一五〜一八人である。

長田は、期限にちゃんと間に合わせた。

「見ろ、高橋。ちゃんとやったろう。今度、仕事あるだろう」

「ああ、ちゃんと、次が待ってます」

人情家の長田だけでは、こうはいかない。高橋というけしかけ役がいるから、「藤木の早荷」の伝統が守られる。

港湾荷役というものは、名無しのゴンベエを何人揃えてもうまくいかない。かといって、腕こきの長田次七郎だけでもダメだ。各分野それぞれに名のある手練《てだ》れが揃って、初めて仕事になる。

幸夫は、そのことをこの二人から身に染みて教わった。

ちなみに、高橋正太郎の息子・高橋幹雄ものちに藤木企業に入り、副社長に就任している。

住吉一家・阿部重作の流儀

のちに住吉一家三代目総長となる阿部重作が、藤木の事務所へやってきて、幸太郎に面会を申し込んだ。

幸夫は、待たせていた阿部に声をかけた。

「おいさん、いいよ。入って」

阿部は部屋に入ると、幸太郎に言った。

「おじさん、今日は使いで参りました」

「ん、何のお使いだ」

「萩原吉太郎《はぎわらきちたろう》の使いで来ました」

萩原吉太郎は、北海道炭礦汽船の社長であった。「政商」と呼ばれ、右翼の大立て者・児玉誉士夫、大映の永田《ながた》雅一《まさいち》と古くから親交を結んでいた。三木武吉《みきぶきち》、大野伴睦《おおのばんぼく》、河野一郎ら党人派政治家と交流を持っていた。

「おお、そうか、萩原さん元気かい？」

「はい、元気です。おじさん、じつは、この間おじさんから声をかけてもらった件、おかげさまでうまくいったんです。本当は萩原が来ないといけないんですけど、いま違う用事があるので、わたしが使いで来たんです」

「なんだい？」

すると、阿部は、幸太郎の前に来て包みを差し出した。

「萩原からの土産です。おじさん、お願いします」

幸太郎へのお礼として、現金を包んで持ってきたのである。

幸太郎が言った。

「阿部なあ、おれは電話一本しただけで、萩原さんにそんなことをしてもらう立場じゃない。これは悪いけど、返してくれ」

「そうですか。わかりました。だけど、おじさんに返されると、わたしは困るんです」

「何でだ？」

「じつはわたしも、もらっているんです。おじさんが返すと、わたしも返さなきゃならない。すいませんけど、ひとつ、取ってくれませんか」

幸夫は、真剣な表情の阿部を見ながら思った。

〈へえ。おもしろい会話だな〉

すると、幸太郎が言った。

「そうか。ありがたくもらう。それで阿部、おまえゼニがいるんだろう、持って帰れ」

幸太郎は、たったいま受け取った包みをそのまま阿部に渡した。すると、阿部はパッと包みを受け取って懐にしまった。

「そうですか、おじさんありがとう」

阿部は遠慮など一切なく、差し戻された金を受け取った。幸夫は、その姿を〈阿部さんも偉いもんだ〉と思いながら眺めていた。


幸太郎は短気であった。が、彼の人生は、我慢、我慢の連続だった。

ある日、幸太郎が幸夫に言った。

「幸夫、義理と人情は別もんだぞ。義理の反対に人情がある。人情に欠けると、義理が欠ける。義理を守れば、人情を捨てなきゃならない。だけどもな、これが基本だ」

封建時代の武士の苦衷《くちゅう》を描いた『樅《もみ》の木は残った』や、庶民の哀歓を描いた『赤ひげ診療譚《たん》』など独自の境地を開いた山本周五郎《やまもとしゅうごろう》の世界である。幸太郎の言葉に、幸夫は納得した。

それからというもの、幸夫は何かあると「男は、義理と人情と女」と口にした。幸太郎がそれを実践していたからである。

いまはグローバル化と称して、他人を蹴落としてでも何をしてもいいから金を儲けたやつが偉い、という風潮が蔓延《まんえん》した。企業にしても儲けることがいちばん、現場の従業員がどうなろうと知ったこっちゃない、という世界の風が吹いた。

幸夫は思った。

〈おれのいる港だけは、絶対にそんなことはさせない〉

港には、先輩たちが一所懸命築き上げてくれた港の文化、港湾荷役の文化が連綿と受け継がれている。義理（G）と人情（N）と恩返し（O）、G・N・Oの精神が港には詰まっている。

〈これこそが、日本の宝だ。絶対に守っていかなくてはならない〉

土建業界のドン・松尾嘉右衛門と河野一郎

昭和三〇年八月、幸太郎は、幸太の一歳の誕生日に、当時日本でいちばん大きい四九インチのテレビを買った。

幸太郎が、興奮した様子で言った。

「おれは、これまででいちばん大きな買い物したよ」

国鉄最低運賃一〇円、あんパン一個一〇円の時代で、テレビはようやく裕福な家庭にポツポツ置かれ始めた頃である。幸太郎は、孫の幸太のために、「一インチ一万円」と言われる巨大テレビをポンと買ってきてくれたのである。

幸太がヨチヨチ歩き、浴衣に着替えた幸太郎が読んでいる新聞を引っ張ってクシャクシャにしてしまう。それを見ていた幸夫は、幸太郎が怒るのではないかと一瞬ヒヤリとした。

が、幸太郎は怒るどころか、相好《そうごう》を崩して幸太に近寄った。

「幸太、ごめん、ごめん。おじいちゃんと遊ぼう」

それだけ孫が可愛いのだろう。

幸夫は苦笑した。

〈息子のおれがちょっと変なことを言うと「幸夫、貴様、いつそんなに生意気になったんだ」なんて言うくせに〉

幸太郎は、それほどに孫を溺愛していた。

幸夫は、まだ幼い息子の幸太に言って聞かせた。

「父ちゃんがいま、こうやっていられるのは、おじいちゃんのおかげだし、こうやって生きているのも、天皇陛下のおかげだ。天皇陛下が、もし、あのとき、外国の王様のように逃げ隠れて、あっちへ逃げ、こっちへ逃げて『おまえたちだけ戦え』とやっていたら、おれはとっくに死んでいる。当然、おまえはいない」

こういうふうに言い聞かせてきたので、その後、昭和天皇がテレビに映ると、幸太はまだ幼稚園児だというのに、姿勢を正した。

戦争を知らない子どもたちが増えるにつれ、「いまどきの若い者はだらしがない」と言われるようになった。が、幸夫はそうは思わなかった。

〈いまの子は、教えれば理解するし、やれる。教えないから、大人の愚痴《ぐち》になってしまう。大人の方がだらしがない。ほっぽらかしに放し飼いしておいて、子どもが礼儀など覚えるわけがない〉

幸夫は、幸太郎から何度殴られたかわからない。そのときは頭にくるが、やがて幸太郎の教えが身に染みていることに気づく。

「ひっぱたくぐらい、痛くないんだけどなあ」

幸太郎は、よくそう言ってこぼした。

昭和三二（一九五七）年、自民党の井野碩哉《いのひろや》参議院議員が、藤木幸太郎のもとを訪ねてきて言った。
「神奈川の政治は、いつも二つの問題が付きまとってきた。県知事も市長も、ロクなのがいない。ただ、河野と松尾と二人がバックにつけば、状況は変わる。だから、なんとか二人を仲良くできないもんだろうか、オヤジさん」

幸太郎は言った。
「そんな政治の世界の話は、おれには関係ない。お断りです」

大正一四（一九二五）年暮れ、のちに鶴見騒擾《そうじょう》事件と呼ばれる乱闘事件が横浜市鶴見区で起きた。その二年前に発生した関東大震災後、鶴見の埋め立て地に火力発電所を建設することになった。が、中田峯四郎率いる三谷秀組と、青山美代吉の青山組・松尾嘉右衛門の松尾連合が、発電所建設の利権をめぐって対立した。

土木業者、鳶、博徒、港湾事業者、羽織ゴロ、談合屋、院外団などが巻き込まれ、五〇〇人以上の検挙者を出した日本最大の喧嘩となった。

松尾連合から協力要請を受けた笹田照一が、藤木幸太郎に声をかけたことから、幸太郎もこの事件に関わることになった。笹田が行くと言えば、問答無用で藤木幸太郎と鶴岡政次郎も行く仲である。が、幸太郎は争いごとを好まないため、ほとんど事件と関わることなく、事件は終結した。

松尾嘉右衛門はこの事件を契機として、親分の中野喜三郎の引き立てもあり神奈川県の土木建築業界に君臨していく。終戦直後の一年間は、高額納税者として貴族院議員にも就任し、政治の世界でも官僚派の実力者となる。また松尾工務店、花月園観光社長として花月園競輪場の創始にも関わった。

官僚派で土木建築を営《いとな》む松尾と、党人派で神奈川県の公共事業に王制を敷いていた河野一郎が喧嘩するのは、最初から目に見えていることだった。

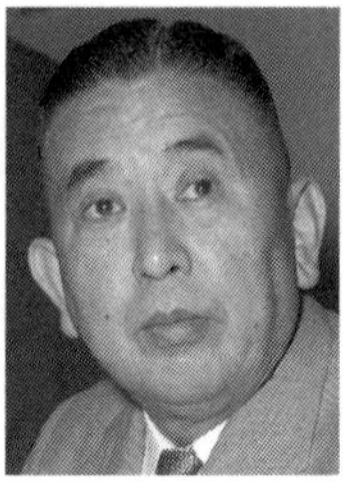

河野一郎

松尾と河野の反目の影響は、藤木幸太郎にも及んだ。

選挙になると、「あの候補者は松尾の息がかかってる」「あっちは、河野の系列だ」となってまとまらず、支援者はやりにくくて仕方がなかった。

幸太郎は井野を帰らせてから、幸夫に言った。

「幸夫、おれはな、松尾さんの戸塚の家にいっぺん行ったことがあるんだ」

幸夫は何の話だと、黙って耳を傾けた。

「松尾さんの家は戸塚街道にあって、松並木を過ぎたちょっと先にあるんだ。いい家だよ」

当時は高速道路などない。政治家たちが車で熱海や湯河原、平塚に行くときには国道一号線をずっと下り、横浜駅を通過した後は、京急線平沼駅近くの蕎麦《そば》屋「角平」で昼食をとることが通例になっていた。

昼食後、さらに東海道を下って保土ヶ谷、戸塚を通過する。戸塚には、松尾の自宅がある。

幸太郎は幸夫に言った。

「一計を案じたんだけどね。今度、河野一郎さんにな、松尾の自宅で小便させろ。みんなあのへんで小便したくなるんだ。だからおまえ、河野一郎が松尾嘉右衛門の家に『便所貸してくれ』って行かせるよう手配しろ」

幸夫は、井野碩哉に、幸太郎のアイデアを伝えた。

後日、井野は、藤山愛一郎を連れて、ふたたび幸太郎を訪ねてきた。

「オヤジさん、今度、藤山を横浜から出したいから、よろしくお願いします」

松尾と河野が不仲で困るのは、選挙を控えた藤山愛一郎である。そのため、藤山の支援者の奥田が、幸太郎のアイデアを実行に移すべく、細部にまで気を配って手はずを整えた。

河野一郎を乗せた車は、いつもどおり蕎麦屋の「角平」に停車した。河野は、昼食をとってふたたび車に乗り込み、さらに西へ下っていく。

松尾の自宅が近づいたところで、同乗していた秘書が「どうですか大臣、オシッコはいかがですか」と尋ねる。

「そうだな、できたらしたいな」

「じゃあ、ここで」

車が松尾嘉右衛門の家の前に停車した。さすがの河野も、いぶかしんで聞いた。

「こんなところで、いいのか？」

「大丈夫ですよ。行ってきてください」

松尾には、あらかじめ河野一郎がトイレを借りにやってくると伝えてある。

ビックリしたのは河野である。松尾が驚く様子もなく、「いやあ、これは河野さん」と出迎えたからだ。

それから、松尾嘉右衛門と河野一郎は、腹を割って話ができるようになった。

河野一郎は、そのバイタリティと、政治の本能的直観主義、派閥力にものをいわせて将来の総理大臣を目されながら昭和四〇年七月八日、東京・上目黒の自宅で大動脈瘤《りゅう》出血のため急逝した。六七歳であった。

「ヤクザの藤木組」のイメージ

中助松代議士が昭和二八（一九五三）年七月三一日に急死したあと、その地盤をついで政界進出をはかったのは元神奈川県警本部長の小林正基であったが、岸信介《きしのぶすけ》首相の懇望で当時、日本商工会議所会頭から外務大臣に入閣した藤山愛一郎が横浜市から立候補をすることになり、小林は外されてしまった。

昭和三三（一九五八）年の選挙戦に出馬を決めた藤山が、まず訪問したのは藤木幸太郎だ。事務所の社長室には、ちょうど名古屋の伊藤清蔵も同席していた。

選挙の応援を頼まれた藤木幸太郎は、藤山に訊いた。

「藤山さん、あなたが選挙に出る目的は何ですか」

藤木幸太郎は、地元民や市連、県連が小林正基の出馬をほぼ決めていたのを一方的に追い出して、藤山を横浜へ乗り込ませてきた自民党本部や岸系派閥のやり方が気に入らなかった。それに対するハッキリした態度の表明を藤山自身から聞きたいと思ったのだ。

ところが藤山は「これはわたしの希望ですから」というだけで、あとは何も語らない。心もち口許をゆるめて、ニコニコと笑っている顔つきが、藤木にはバカにされているような気になって、どうにも不愉快でならない。藤木は、それを聞くと彼とはもう話をする気にもなれず、選挙の応援はするもしないも返事せず、帰ってもらった。

あとでわかったのだが、藤山はこのあと鶴見の松尾嘉右衛門を訪ねて、同様に選挙の応援を頼んだ。

松尾は三重県の貧農の生まれで、尋常小学校三年生のとき大阪に出奔。新聞配達や旭硝子の職工で少年時代を過ごし、土工、ヤクザの群れにまじってドン底の生活も体験した。のちにヤクザの足を洗い、横浜の土建業界で一代の財を築き上げた。戦前、多額納税者として貴族院議員にも選ばれたことがある。

三〇年の衆議院選挙に落ちてからは、つねに県政界の背後にあって、隠然たる勢力を持っており、当時自民党の県連幹事長でもあった。松尾は、その自分をさしおいて藤木に先に挨拶に行くとは何事だ、と怒っているというのである。

それを聞くと、藤木はもとはといえば藤山の非常識さから出たことだが、自分にとって松尾はいわば業界関係では先輩であり、兄貴株である。おれの方から詫びを入れておこうと、若干の品をもって翌日、謝罪に行った。

「藤山という人間は金もあり、腹もできているというが、やることはこんなことか」

藤木は、そう思ってがっかりした。しかしこのことは誰にも言わず、自分一人の胸におさめておいた。

幸夫は、藤木企業に入社した翌年、初めて取締役に加えられ、昭和三三年七月に常務取締役に就任した。

そんな幸夫を、横浜政界の重鎮・嶋村力《しまむらつとむ》が、横浜市の前助役で市会議員の三谷重忠と一緒に、自宅に訪ねてきた。来年の県会議員選挙で、幸夫に港北区から立候補してもらいたいという。

しかし、幸夫は断った。老いた父の姿に胸を痛めて港の仕事に一生を捧げようと決意したのだ。幸夫は自分に言い聞かせてきた。

〈もう、後ろは振り向くまい〉

その後、気づいてみると、幸夫は見えない敵に立ち向かっていた。

みんな陰で、「藤木は暴力団とのつながりで、オヤジは……、こうであぁで」と何かと噂が絶えなかった。取るに足らないことだと柳に風と聞き流していたが、幸夫が厚木へ行って演説会でしゃべって帰ろうとすると、どこかのおじさんが声をかけてきた。

「藤木さん。あんた、あれかい、藤木組の藤木さんかい」

「そうですよ」

「ああ、そう」

向こうはヤクザの藤木組と言いたいのだろう。それなのにイメージが全然違ってしまった。感心しきりという感じで、幸夫をしげしげと眺めた。

幸夫が正道な話をするから、噂だけででき上がった彼らの「藤木組」のイメージとちょっと違うアンチャンが出てきたな、という印象だったのだろう。

そんなことがあってから、幸夫は、見えない敵が何であるか、嫌でも意識するようになった。

第四章　はぐれ者を受け容れる港

利尻島まで出稼ぎを募集

昭和三四（一九五九）年、東京オリンピックの開催が決定した。東京オリンピックを控えて、横浜港も埋め立て、埋め立て、また埋め立てだった。本牧《ほんもく》埠頭も大黒《だいこく》埠頭も山下埠頭も、いまある埠頭の大半がその当時につくられたものである。

それこそ日本中が労働者不足で、猫の手も借りたいときだった。横浜港もまた人手不足が招く船混みで、沖の水平線が見えないくらいであった。

当時の幸夫は藤木企業の取締役から常務となって人集めを任されており、テレビ局に勤めていた友人に頼んで、テレビコマーシャルを流した。

友人で俳優の伴淳三郎《ばんじゅんざぶろう》が「藤木ならおれが出てやるよ」と、ヘルメットをかぶって撮影に臨んでくれた。ところが、プロの撮影スタッフから「役者じゃなくて、現場の生《なま》の作業員の人たちの方がリアリティがあっていいんですよ」と言われてしまった。伴には悪いことをしたが、断るしかなかった。が、それほど港湾労働者を集めることは至難の業《わざ》だった。

藤木に対する誤ったイメージに幸夫がいちばん悩まされたのは、昭和三七〜三八年頃のことだ。だから、複雑な手続きを踏んで、刑務所の服役者《ふくえき》を呼んで昼間だけ働いてもらったり、両国の相撲部屋に行き相撲取りを呼んできたりした。

そして、朝になると桜木町駅前の石炭ビルへトラックを乗りつけ、「藤木はいくらだ」「本間はいくら」とか、「笹田はこれだけ出すぞ」といって、日雇い労働者を競って募集する。

ところが、藤木は賃金がいちばん高いのに、「藤木には行かねえ」とみんなが言う。

わけを聞いたら、「いったん船に乗ったら、仕事が終わるまで、なかなか帰してくれない」という答えが返ってきた。

当時の港湾荷役会社は末端の底辺にある存在で、船会社が親方だとすれば、いわば「召し使い」といっても過言ではなかった。

労働環境も非常に厳しかった。世の中が近代化してＧＨＱが労働基準法をつくっても、そんな法律を守っている会社などなく、ほとんど形だけのものである。

労働基準法を守っていたら、次から次へ沖待ちの船が溜まるばかりで、いつまでも港の整理がつかない。そういう非常事態だったから、幸夫たちは超法規行動に出ざるを得なかった。

港湾労働者は二部交替が原則で、昼間働いたら夕方には帰るのが決まりだった。しかし、藤木の現場は晩飯を食べてひと眠りしてから夜の仕事に入った。これを「通し」といっていた。晩から入って朝上がるところを、そのまま昼間の作業をつづけるのを「逆通し《ぎゃくどお》」といった。

藤木は「通し」と「逆通し」を一つにして、「朝乗ると、明日の晩まで帰してくれない」という評判が知れ渡っていた。

仕事が終わらないのだから、どうしても長時間労働になってしまう。が、その分きちんと給料は払う。労働の対価をきちんと払うことで、イメージを払拭《ふっしょく》していくしかなかった。

幸夫は、人手を求めて北海道にまで足を伸ばした。富岡という社員と二人で羽田から札幌の千歳空港へ飛び、丘珠《おかだま》空港から稚内《わっかない》空港へ行った。

真っ先に訪れたのが、稚内職業安定所だった。そして、所長に面会して挨拶した。

「横浜の藤木です。作業員の募集に来ました」

稚内、利尻《りしり》、礼文《れぶん》には、当時、団体の求人が殺到していた。東京オリンピックを前にして新幹線、高速道路、ダムなど、日本国中が建設ラッシュで、当然、この地方にも集団出稼ぎの求人の波が押し寄せていた。

が、なかには甘言《かんげん》で誘って約束と違う苛《か》酷《こく》な労働時間を強いて、わずかな賃金しか払わないというような、かなり怪しい求人もあった。

たとえばダム工事の現場では、下請け、孫請けは当たり前で、末端へ行くにつれてやり方が巧妙になってくる。「三ヵ月でこれだけやるぞ」と聞くと、みんな喜んで行く。すると、飯場《はんば》のおばちゃんが仕事に出る作業員に声をかける。

「あんたたち、帰ったら何を食べたい」

「食わしてくれりゃ、おれたちは何でもいい」

「何でもいいじゃあ、作りようがないから、何を食べたいか言ってよ」

「それじゃあ、おばさん、おれはお刺身食べたい」

「おれはトンカツだ」

仕事を終えて疲れて帰ると、ちゃんと刺身やトンカツが用意してある。これが罠《わな》だと知らずに、みんなうれしくなって毎日食べたいものを注文して仕事に出ていく。

やがて、三ヵ月経ち帰る段になって、賃金を受け取った出稼ぎの人たちは額の少なさに啞然《あぜん》とする。明細書には約束されただけの賃金が記されているのだが、馬鹿高い食費を差し引かれて、手取りはごくわずかになっているという仕組みである。

「約束は、三食付きだったじゃないか」

「だけど、あんたら、刺身だ、トンカツだと、特別に注文したんだから、食費を引かれるのは当たり前だろう」

こんなことが、公然とおこなわれていた。

稚内職安の所長は、そのようなことも含めて求人先の実態を全部調べ、あらかじめ厳しくチェックした。だから、藤木企業は単独で本牧に独身者寮を持っていて、所帯持ち用の住宅もある、賃金トラブルを過去に一度として起こしたことがない、というような事実をすべて把握していた。

藤木企業が住宅などの厚生設備を充実させたのは、昭和三六（一九六一）年、炭坑離職者のために雇用促進事業団が発足したのに合わせてのことだった。九州から、北海道から、炭坑の廃止で職を失った人たちが、われもわれもと横浜に来た。だから、荷役会社は助かった。

彼らも港で働くことに無類の喜びを感じていた。

それまで地底一〇〇〇メートルという真っ暗な世界で、カンテラの明かりだけで仕事をしてきた炭鉱労働者にしてみれば、太陽の光を浴び、潮風を肌に感じて働ける――こんないい職場があるのかという気持ちだった。

雇用促進事業団も、それならばというので、急遽、補助金を用意して港湾福利厚生協会の設立を促し、住宅の建設にも力を入れてくれた。そんなことも追い風になっていたのだろう。

所長が幸夫に言った。

「横浜の藤木は、言うこととやることの間に寸分の隙間《すきま》もない。絶対間違いないという証明書を出しましょう」

幸夫は、うれしくて、その場で踊り出したい気持ちになった。稚内職安が「ここなら絶対大丈夫」というお墨付きを出すのは、いまでも北海道釧路市の三ッ輪運輸と横浜の藤木企業だけである。幸夫は稚内職安の所長の証明書を大事に持って、目的地・利尻島の鴛泊《おしどまり》に渡るべくセスナ機の待つ空港へ向かった。

稚内から鴛泊へフェリーが運行されているが、名にしおう北海の荒波で欠航が多く、冬場などは船が三〇度近く傾くことがざらにあるという。季節はすでに一〇月の末、荒波に揺られて一時間、ほとんどの人が船酔いに苦しむ。しかし、セスナ機ならわずか二〇分で渡ることができる。幸夫は迷わず後者を取った。

ところが、富岡と二人で稚内のセスナ機専用空港へ行って見て驚いた。セスナ機があるにはあるが、こんなんで飛び立てるのかと首を傾げたくなるほど滑走路が短い。まわりに街が開けていて、パチンコ屋や食堂が店を開いている。

「おい、大丈夫かよ」

しかしながら、飛び立てるかどうかという以前に、「客が四人揃うまで出ない」という。仕方がないから、幸夫は暇つぶしに富岡とパチンコ屋に入った。不思議なもので、こんなときほど玉が出る。飛行場から迎えが来たときには、幸夫の足もとにはパチンコの出玉の箱が積み重なっていた。

「今度はこっちが待ってもらいたいくらいだよ」

そんな冗談を飛ばしながら、幸夫はセスナ機に乗り込んだ。

セスナ機は動き出したと思ったら、呆気《あっけ》なく空に舞い上がっていた。滑走路が短くて済むわけである。

利尻島は「利尻富士」と呼ばれる利尻山が大部分を占める火山島で、海際にへばりつくようにして鴛泊、鬼脇《おにわき》、仙法志《せんほうし》、本泊《ほんとまり》という四つの街がある。幸夫は四つの街をタクシーでぐるりと一回りして、出稼ぎの人を募集して歩いた。

「テレビのコマーシャルもやっています。本牧埠頭には単身者の寮もつくりました。港で働きませんか」

幸夫は選挙の応援なども手伝っていたことがあったから、演説には自信があった。朝から晩まで集会を開き、人集めに奔走《ほんそう》した。

最初の晩、幸夫は民宿に泊まって、くつろいだ気持ちで、富岡に言った。

「お富さん、なあ、あと一軒だけやったら帰ろう」

季節は一〇月の末、利尻ではすでにダルマストーブに、赤々と火が入っていた。

明日は、稚内発丘珠行きの最終便が出る。それを逃すと一一月一日から春まで運航は再開されない。稚内から名寄《なよろ》経由で二日がかりの汽車の旅になってしまう。

幸夫が富岡と稚内職安に提出する応募状況報告書をまとめているところへ、利尻町長が訪ねてきた。

利尻の町長が、幸夫に言った。

「あなたは、東京か大阪の人かわからないけれども、選挙のときは必ず帰してください。そうでないと、わたしは落っこっちゃうから」

町長は「利尻」という酒を幸夫の前に差し出した。

「町長さん、そんな……われわれのために」

「いやいや」

恐縮する幸夫に、町長は手を振って、また頭を下げた。

幸夫は「選挙のときは帰す」ということを条件と受けとめて、約束を守ると誓《ちか》った。

町長がここまで心配するのも無理はなかった。この後、藤木の社員の半分、五〇〇人は利尻島出身者で占められるほど、人手を確保できたからである。それでもまだ全然足りない。それほど、人手不足だった。

利尻町長を送り出して、富岡と「ダルマストーブが暑い、暑い」と言いながら寝床に入った。

「港は刺青がないと都合が悪い」

夜の一一時過ぎ、幸夫たちがウトウトしていたところへ、仲居から声がかかった。

「お客さんですよ」

誰だろうと思いながら出てみると、五〇前後の上品な婦人が一人、立っている。

「こんな時間に、どうされたんですか」

「横浜の藤木さんと聞いてお尋ねします」

「はい、何でしょう」

「うちの息子が今度、藤木さんの横浜でお世話になることになったのです」

「ああ、そうですか。ちゃんとお預かりしますから、心配ありませんよ」

「でも、たった一つだけ、心配なことがあるので、来てしまいました」

「何ですか」

「じつは……うちの息子は刺青を入れていません。それでも、本当に大丈夫なのでしょうか」

幸夫はどう答えたものか、返事に詰まって富岡を見た。富岡も、面食らって何も言えない様子だった。

幸夫は、視線を婦人に戻した。

婦人は真剣そのものの表情で幸夫の返事を待っている。だから、笑い飛ばすわけにもいかず、さりとて訳がわからず、真面目に問い返すほかなかった。

「お母さん、どういうことですか」

「連れ合いから、港は刺青がないと都合が悪いと聞いたものですから」

「そりゃあ、お母さん、とんでもない誤解です。大正時代あたりはそうかもしれないけれども、いまは立派な作業衣を着て、安全靴を履いて、お風呂だって大きなものから個人用のものまで揃っています。作業する姿は、テレビのコマーシャルでやっているように、刺青なんか、まったく関係ありません」

当時、藤木企業のコマーシャルに、制作会社のディレクターが本物の作業員でなければ駄目だといって、長谷川という社員が生で出演した。だから、本当の現場作業と本物の作業員が紹介されていた。が、北海道のさらに最北の利尻島では見る機会がなかったらしい。

その婦人は、追い打ちをかけるように言った。

「映画で観たらみなさん、刺青を入れています。入れていないと、なにか羽振りが悪いと聞きました」

その言葉を聞いて、幸夫はガックリした。

〈ああ、やはりそうなのか〉

誤解の原因は日活映画にあった。大都会の映画館と違って、地方の場末の映画館にかかるのは、日活のヤクザ映画ばかりで、それがまた大変に人気を呼んでいた。婦人は、映画を真実だと思い込んでしまっていた。

なんとか婦人を説得し、安心して帰ってもらったものの、幸夫は、世間の風評の怖さをあらためて感じた。

翌日、利尻で最後の説明会を開き、「希望者は電話をください」と言って帰った。

すると、幸夫が利用したタクシーの運転手まで来てしまった。

幸夫は人を集めに行った利尻島で、あらためて横浜の港がどのような目で一般の人から見られているかを実感させられた。

幸夫は決心した。

〈自分の仕事は誤解を解くこと、誤解の種を蒔《ま》かないことだ〉

以来、幸夫は仕事の合間に、港の話をして全国を回るようになった。

「横浜港が舞台のヤクザ映画」人気

利尻で会った婦人の言葉が、いつまでも幸夫の耳から離れなかった。

誤解の原因となった日活のヤクザ映画は、じつは、藤木企業が現場を貸して撮影したものばかりだ。

映画では、ヤクザの親分役の金子《かねこ》信雄《のぶお》がキャデラックで颯爽《さっそう》とやってきて、玄関に並ぶ若い社員に迎えられる。そして二階の席に片足を組んでふんぞり返り、引き出しを開けてピストルを磨き始める。こんな内容ばかりだった。

映画の中の会社の看板は「○○荷役」……。

日活ばかりではなかった。東宝砧《きぬた》撮影所に行った藤木企業の社員が、藤木の現場そっくりのセットにビックリし、「おれはいま、会社に戻ったんだっけ」と錯覚するほどだった。

利尻から横浜に戻ってきた幸夫は、考えを改めた。

〈撮影の協力なんか、喜んでやっちゃいられない〉

三船敏郎《みふねとしろう》と加山雄三《かやまゆうぞう》の昭和三五（一九六〇）年八月一四日公開の東宝映画『男対男』の撮影の協力が申し込まれたときのことだ。

加山雄三の舞台だというので、幸夫は仕方なく応じた。監督は谷口千吉《たにぐちせんきち》で、加山雄三が藤木企業本社前の通りを歩くシーンを撮影した。

加山雄三が歩くと、

「えいっ、やり直し」

谷口監督が、何度もやり直させた。

「カット、カット、駄目。歩き方が悪い、もう一回」

幸夫は、谷口監督の新人いじめは話に聞いたが、それにしてもひどすぎると思った。だから、撮影のあと元町の寿司屋で谷口監督と食事をしたとき、幸夫は言ってやった。

「あの若いの、本当に歩き方悪かったんですか？」

谷口監督が答えた。

「べつにどこも悪くない。だけれども、あれは二枚目スターで有名な上原謙《うえはらけん》のせがれだから、あのくらいやっとかないと、あいつは駄目になる。ああしないと、将来、あいつは大きくなれない」

加山雄三は上原謙と小桜葉子《こざくらようこ》の息子だから、みんなが大事にしてしまって天狗になっているから、まず彼の鼻をへし折ってやった、という。

「そんだけですよ、へへへへ」

翌日は三船敏郎が藤木のジャンパーを着て本船で働いているとき、火事が起きて大声で叫ぶシーンを撮影した。その段取りがまた大変だった。

船で火事を起こすシーンなど船会社が嫌がるに決まっていた。幸夫はその話を日本郵船に持ち込んだ。ところが、快く引き受けてくれた。

「おう、いいよ、いいよ、幸夫さん。わかった、わかった」

撮影許可の下りた船は処女航海に出たばかりだった。これにはさすがに幸夫も驚いた。はたして船長が渋い顔をした。

「だけどね、いくら撮影といったって、処女航海ですよ」

「これは映画だから、活動写真なんだから」

嫌がる船長を無理に拝み倒して、ようやく撮影に漕ぎ着けた。

加山雄三の映画初出演の『男対男』は、こうして無事にクランクアップして、全国の映画館で封切られた。

東宝の場合はまだ程度がよかったが、問題はピストルを磨いたり、半纏《はんてん》が背広になっただけで、ヤクザ映画と何も変わらない金子信雄が主演する日活映画だった。

協力を求められて脚本を読むと、大桟橋の先端で「○○荷役」と「××荷役」が縄張りの取り合いをする場面があった。

月の光に匕首《あいくち》が輝いて、そこで仕事の取り合いをする……。

さすがの幸夫も、我慢ならなかった。

「こういうのを見せるから、北海道の人が誤解するんだ。協力しない。今回はなし」

プロデューサーにその場で断りを入れると、泣きついてきた。

「そのワンカットで封切りが決まっている。いまさら変更はできないし、撮影できなければ大損害でえらい目に遭う」

幸夫は条件をつけた。

「これまでは気がつかなかったから、喜んで協力してきたが、これからはそうはいかない。書いたやつを、呼んでこい」

プロデューサーが連れてきたのは、山崎巌《やまざきがん》という痩せて青白い顔をした、小林旭《こばやしあきら》の『渡り鳥シリーズ』を手がけている若い脚本家だった。作家の山崎洋子《ようこ》の夫だという。

「なんだ、おまえ、これは。荷役のこと、わかって書いてるのか」

幸夫も若かったから、いきなり怒鳴りつけた。山崎が弁解した。

「これはあくまで、フィクションですから」

「フィクションだからって、こんなデタラメ書かれちゃ、世間の人は本当だと思っちゃうんだよ。みんな横浜が怖くていやだというのは、こういうのが原因なんだ」

プロデューサーが横から割って入って提案した。

「荷役という看板をはずし、全部のシーンから荷役という言葉を削除します。それでどうでしょうか」

半纏の名前も「○○土建」に変えるという。

幸夫は、呆《あき》れていった。

「今度は、土建屋が怒るよ。なにも土建屋が大桟橋まで来て喧嘩することないだろう」

映画会社に損害を与えては気の毒なので、幸夫はほどほどにして折り合った。が、「荷役」という言葉は約束通りすべてカットさせた。

今後のこともあるから、幸夫は日活と東宝のプロデューサーに確かめた。

「なんでこんなヤクザまがいの映画ばっかりつくるんだよ」

「横浜港を舞台にした半分ヤクザみたいなフィルムは、六大都市では嘘だとわかるから受けない。が、どういうわけか地方の二流館、三流館へ行くと、妙に人気があっていつも大入り満員なんです」

「港なら、ほかにいくらでもあるだろう」

「よそじゃダメなんです。横浜港というと、それだけで客が入るんです。石原裕次郎《いしはらゆうじろう》が歌をうたって、金子信雄がこうやるから、みんな喜ぶ。それも舞台が横浜港だから人気が出るんです」

最果ての利尻島で、息子を横浜に送りだす婦人のいったことが、はからずも裏づけられた。しかしながら、気づいたときは手遅れだった。ひとたび、地方の人たちにイメージとして焼きついた横浜港の荷役の認識は、容易なことでは訂正がきかなかった。

ロンドン、ロッテルダム、コペンハーゲン……世界の港を視察

昭和三五（一九六〇）年、藤木幸夫の海外港湾視察はこのようないきさつで始まった。

ある日のこと、幸夫を可愛がってくれていた日本郵船本社の有吉義弥《ありよしよしや》社長と話をしていたところに、児玉忠康副社長が入ってきた。児玉は、陸軍大将・児玉源太郎《げんたろう》の孫の貞子と結婚し、養子となった人物である。

しばらくして、児玉が幸夫に訊いてきた。

「幸夫くん、きみは海外の港を見て歩いたことはあるか？」

「何を言っているんですか児玉さん、いま日本から海外には行けないじゃないですか」

商用以外で個人の外国旅行が許可されたのは昭和三九（一九六四）年からで、ＪＡＬパックができたのがその翌年。まだ外国など夢のまた夢の時代だった。

すると、児玉が言った。

「それはダメだ。若いうちに行っておきなさい。おれが全部やってやるから安心しろ」

児玉は、日本郵船の商用でパスポートを取得し、幸夫を海外に行かせてくれたのである。

昭和三五年、藤山愛一郎外務大臣の刻印が押されたパスポートには「市場調査のため」と書かれていた。この年に外務省が発行したパスポートは日本全体でわずか五万枚。現在、ゴールデンウィークなどで成田空港の利用者が何十万人あったなどと聞くと、幸夫はいまでも不思議な感じがする。

出発前、幸夫は幸太郎からもらった二万円を何かのときのために背広の裏に縫いつけて出発した。幸太郎も、幸夫の海外視察をとても喜んでくれた。

緊張と不安と期待、さまざまな思いを胸に向かった海外で、幸夫はまず感じた。

〈さすが日本郵船のブランドは凄い〉

ハンブルク、ロッテルダム、ブレーメン、アントワープなど、世界のどの港に行っても「二引き」と呼ばれる白地に二本の赤いラインが引かれた日本郵船のシンボルマークの入った船が、煌々《こうこう》と光り輝いていた。

碇泊中の日本郵船のタラップを上がり、船長の部屋を訪ねた幸夫は、大きな声で挨拶した。

「船長、藤木です。おはようございます」

すると、船長が笑いながら言った。

「ん？　藤木？　おい、ここは横浜じゃねえぞ」

船長と船員たちは幸夫のためにビールで乾杯してくれ、海外でもじつによく面倒を見てくれた。

貴重な出会いも多く、なかでも勉強になったのが、ロンドンにある荷役会社のスクラットン社長との出会いだった。まるで水戸黄門の助さん格さんのように、両側に屈強《くっきょう》な若者を引き連れ、白髪の老人が車椅子に座っていた。張り切って大学ノートに膨大な質問項目を書いて準備してきた幸夫は、挨拶を済ませたあと、スクラットン社長に願い出た。

「船会社との料金交渉や労働組合との折衝《せっしょう》など、質問したいことがいっぱいあります。恐れ入りますが、それぞれご担当の方をお願いできないでしょうか」

するとスクラットン社長は、憤慨《ふんがい》した。

「ミスター藤木、きみはずいぶんと失礼なことを言うな。担当を呼んでほしいとは何だ！　わたしはこの会社の社長だよ。すべてわかっている。わたしに訊きなさい」

幸夫は感激して、カミナリに打たれたような思いだった。

〈これが、トップのあるべき姿か〉

船会社との料金交渉のやり方、作業員の賃金体系から労働管理全般、安全衛生、営業関係にいたるまで、スクラットン社長は幸夫の質問に淀みなく、次々と懇切丁寧に答えてくれた。

安全靴やヘルメットの素材を尋ねると、すかさず鋭い返答が戻ってくる。

「ミスター藤木、きみの言うことはおかしい。われわれは一般市民だ。一般市民が現場で働くのだから、普段着やスーツでいいだろう。安全靴が必要なのは物を落とすからではないか。ヘルメットも、落下物があるから必要になる。われわれは物を落とさない。日本の港では危険なことをしているから怪我《けが》をするんだ。われわれは危険なことを作業員にさせない」

その言葉通り、ロンドンの港を視察すると、背広姿で作業員が黙々と働いている。もちろん、ヘルメットもかぶっていなかった。

賃金体系にも驚いた。コンテナ時代以前は、船内荷役は一五～二〇人単位のチーム（ワン・ギャング）

で荷物の積み下ろしを行っていて、チームには二〇歳の新人から五〇歳以上のベテランまでさまざまいる。当然、日本では新人とベテランでは賃金や手当に差がある。

ところが、ロンドンの港では賃金体系に差がないのである。年功序列になっていない。幸夫が日本の賃金体系を説明したうえでスクラットン社長に訊くと、彼はこう答えた。

「ミスター藤木、きみは本当に不思議なことを訊くやつだな。それはおかしいだろう。チームとして仕事をしているのだから、ベテランも新人も同じではないか。何が問題なのだ？」

幸夫もここは負けじと、「スクラットンさん、いくらなんでもそれはおかしいですよ。二〇歳は社会に出たばかりです。かたや五〇歳以上のベテランには経験もあるし、奥さんもいれば子どももいる。差があって当然ではないですか」

スクラットン社長は、すかさず言った。

「一つのチームは、二〇歳の新人だけでも五〇歳超のベテランだけでも成り立たない。ベテランの知恵と経験と新人のパワーが噛み合って、初めて仕事になるんだ。だから賃金が同じなんだよ。これのどこがおかしいんだ」

「なるほど……」

〈これは本当の意味で、日本の中産階級社会に必要な論理かもしれない〉

競争原理でわずかな「勝ち組」だけが肥え太って中産階級が落ちぶれたら、日本社会そのものが成り立たなくなってしまう。

この出会いから半世紀以上が経った現在でも、幸夫が「リーダーとはどうあるべきか」や、格差社会が広がった日本の現状を考えたときに、スクラットン社長から言われた教えが蘇《よみがえ》ってくる。

ロンドンでスクラットン社長に会った後、幸夫はオランダのロッテルダム港へ行き、そこでも得がたい体験をした。

当時のロッテルダム港はまだ今日のようには大きくなっていなかったが、埠頭に横浜港の氷川丸みたいに大きな船が繋留されていて、英語で「ハーバー・トレーニング・スクール」と書いてあった。

「何ですか、これは」

幸夫がけげんな顔で質問すると、案内する人が答えた。

「船そのものが学校なんです」

幸夫はびっくりして、ロッテルダム市のトーマセン市長に会った際に「船の中をぜひ見たい」とお願いした。

「でしたら、わたしが案内しましょう」

多忙なトーマセン市長が、自分で案内してくれるという。

「校長先生にも、会わせてくださいますか」

「よろしい、校長にも面会できるよう計らいましょう」

トーマセン市長はいとも簡単に引き受けてくれたが、なんと校長はオランダ政府の文部大臣だった。

喜んで本船のタラップを上がって乗り込むと、床に絨毯《じゅうたん》を敷いた大きな部屋があった。そこで学んでいるのは、驚いたことに小学生だった。

〈あれれ、小学校からあるのか〉

小学生たちは歓声をあげながらゴム製の大きなサイコロを転がして、跳びまわって遊んでいた。サイコロの面には船会社のファネルマークが描かれていた。汽船の煙突のマークである。

たとえば、「二引き」といって煙突の白地に赤い線が二本入っていると日本郵船所有の船、「青筒」は英国の船会社ブルーパネル、「赤筒」はキュナード汽船。煙突に描かれたマークで、ルッケンバッハの船会社だとか、マッケンジーだとか、どこの船会社のものか見分けがつく。

いまでこそ、世界の船会社は、合併に次ぐ合併で数が減ったが、当時は無数にあった。しかし、サイコロで遊んでいれば、子どものことだから自然に覚えてしまう。日本ではどうかというと、港湾学校という発想はおろか、通常の学校でも港湾関連のことはほとんど教えない。

〈将来、この差が大きく跳ね返ってくるぞ〉

幸夫はカミナリに打たれたような衝撃を受けた。

校長である文部大臣に会ったとき、幸夫は真っ先に質問した。

「何のために港湾学校をつくったんですか」

「じつは、オランダ語には、酔っぱらいを形容する言葉として、港湾労働者のような……というのがある。港湾労働者のような酔っぱらいとみんなが使っている。酔っぱらいは、ただ酔っぱらいでいい。わたしは余計な形容詞をなくしたいんです」

ユーモアのある返事だが、本当は違う。

ロッテルダム港はオランダ、ハンブルグ港はドイツ、アントワープ港はベルギー、マルセイユ港はフランス、その対岸がロンドン、ヨーロッパの主要貿易港はすべて国が異なっていて、共通しているのが貿易相手で最大なのがアフリカ諸国である。だから、始末に負えない。先進国相手の貿易は微々たるもので、結局、ヨーロッパ各国がたった一つのパイを激しく争うことになってしまう。

「貿易するなら、おれんとこの港を使え」

これが、ヨーロッパ諸国の、それこそ切実な合い言葉なのである。

日本は横浜でも、神戸でも、大阪でも、東京でも、名古屋でも、「うちの港を使ってくれ」と言っても、国は違わない。ところが、国境を接したヨーロッパでは、港が違うと国まで変わってしまう。国と国の競争になってしまう。

激しい競争に勝つために、オランダは利口だから学校をつくった。それが、日本の港との大きな違いだ。

「港湾労働者のような酔っぱらい」

　――港湾の置かれた環境の違い、共通する偏見。まだ若造だったが、それだけに幸夫は強く、激しく心を揺さぶられたし、感じるものがあった。

〈偏見や差別というものは、どこの国にもあるんだな〉

　そう思うと同時に、酒井信太郎親方や幸太郎がヤクザと手を切ろうとして苦労した、これまでの歳月が念頭に浮かび上がってきた。

〈日本も同じだ。グレーゾーンのいまのままでは、いけないんだ〉

　幸夫は痛感した。


　幸夫は、ロッテルダムの次にデンマークのコペンハーゲンに行き、世界最大級の船会社マースクラインを視察した。そこでも船会社と荷役業者は縦社会ではなく、水平の付き合いをしていた。

　コペンハーゲンに行ったときは、すでに日本を離れて一ヵ月が経っていた。ニューヨーク行きの時間待ちをしていたコペンハーゲン空港で、東京行きの搭乗案内のアナウンスを聞いたとき、幸夫はよほど乗ってしまおうかと思うほど、ホームシックにかかっていた。

　それでも気を奮《ふる》い立たせてニューヨーク、ニューオーリンズ、サンフランシスコとスケジュールどおり、各地の港を見て回ったことは、いまでも幸夫の貴重な財産となっている。


　プロペラ機ＤＣ７に乗って日本へ帰国の際、到着間近となったとき、乗客の一人が「あ、日本だ！」と叫び、陸地が見えてくるにつれて、機内では「やっと日本に帰ってこられた！」と言ってみんな泣いた。いまでは考えられない光景だった。

　約二ヵ月の視察を終えて帰国した幸夫は、真っ先に日本郵船の児玉副社長に帰国の挨拶をした。

児玉副社長は顔をほころばせた。

「幸夫君、きみは偉かったな。ロンドンでは朝から晩まで港の現場を見て回っていた。たいていがゴルフ用品を買ったりしてサボるんだが、きみはゴルフもやらなかったな」

「どうしてわかるんですか？」

「テレックスだよ。おれはきみが毎日何をしていたか、ちゃんと見ていたんだ」

〈油断も隙もないな〉

そう思ったが、幸夫は児玉に褒められて非常に嬉しく思った。

思えば海外の港を視察する僥倖《ぎょうこう》に恵まれ、得がたい経験をさせてもらったおかげで、帰国後は船会社の人たちの幸夫を見る目が変わっていったような気がした。日本で仕事をしている海外の港湾関係者の人たちからも、「今晩一杯どうだい？」と声をかけてもらえるようになった。

あのとき、まだ若輩者の幸夫を海外に送り出してくれた児玉をはじめ、世界の港で面倒を見てくれた港湾人の先輩方には感謝してもしきれなかった。

同時に、帰国後の幸夫は一つのことで頭がいっぱいだった。

「横浜にも港湾学校が欲しい！　絶対につくるべきだ！」

まるで何かに取り憑《つ》かれたようになっていた。

田岡に育てられた「ミナトのせがれ」たち

佐藤軍治の長男・一夫は、藤木幸夫より年長で、幸夫が小学校に入学したとき、一夫は五年生だった。残念なことに、一夫は早死にしてしまった。

二男の幸彦は、父親似で顔立ちが整っていた。幸彦と同い年の美空ひばりが、幸彦に惚れてしまった。じつは、ひばりが、最初に好きになった男である。

昭和二八（一九五三）年、ひばりが一六歳のときに磯子区間坂の台地に建てたいわゆる「ひばり御殿」に、家が近所だった幸彦は年中遊びに行っていた。

ところが、その頃のひばりは、巡業、巡業で家にいない。

ひばり御殿で留守番をし、裏舞台を支えていたのが、ひばりの妹の勢津子《せつこ》である。ひばりが留守の間に訪ねた幸彦と勢津子が一緒にコタツに入っているうちに、二人は男女の関係になってしまった。

ある日、佐藤軍治が、藤木企業に来て、幸太郎に打ち合けた。

「兄貴、じつはえらいことになってね」

「なんだい」

「じつは、うちの幸彦の野郎が加藤の娘と一緒になるというんで。お腹が膨れちゃったんですよ」

「そうか。加藤の娘って、誰なんだい」

「ひばりの妹の勢津子」

「どんな女だい」

「いや、これがまた世にも珍しい、いい女なんです。たいへんないい女で、弱っちゃうんだ、わたしは」

かたわらで聞いていた幸夫は思った。

〈なんてまあ、この人たちらしい会話だろう〉

昭和三五年、佐藤幸彦と、加藤勢津子は結婚した。

勢津子は、ひばりに負けず歌がうまかった。そこで、勢津子をデビューさせる話が持ち上がった。が、勢津子がプロになることに乗り気でなかったので、ひばりの生前はとりやめていた。

が、ひばりが死去してから四年後の平成五（一九九三）年、「わたしがお姉ちゃんの歌を歌い継がなければ」という想いで、五四歳で歌手デビューを果たす。

昭和三四年秋、山口組三代目の田岡一雄から幸夫のもとに連絡があった。

「幸夫君、今度若いもん連れて松茸狩りに来なさい」

「おじさん、何人くらい」

「一〇人までだ」

「わかりました、じゃあ連れていきます」

さっそく幸夫が会社の若い者を連れて神戸へ行くと、田岡は松茸の林へ連れていってくれた。そこにはすでにゴザが敷いてあり、芸者が二〇人も来て、テーブルには鍋がいくつも並んでいた。

幸夫が、日本港運協会の用事などで関西に用事ができたときは、必ずといっていいほど田岡一雄に声をかけた。

「田岡のおじさん、これから大阪で会があるから、そっちにもちょっと寄らせてもらいます」

幸夫が田岡の神戸市灘《なだ》区篠原本町の自宅まで行って挨拶すると、田岡は「わしも空いているから一緒に行こうや」と一緒に出かけることがときどきあった。

車で阪神の国道を走り、出たところに警備で兵庫県警が待っていた。田岡は車のウインドウを開けて、警官に挨拶した。

「お巡りさん、若い者がついているから。ありがとう」

田岡が出かけるときは、山本健一など若い衆が後続の車に乗ってついてくる。

すると白バイの警官が、田岡に敬礼した。

「親分、ありがとうなんて、とんでもないです。こちらは仕事ですから！」

ふたたび車を走らせると、今度は神戸と大阪の境にある橋のところで、また白バイが二台待っている。

そこで、田岡はまた窓を開けて挨拶する。田岡は、そんなふうに現場の警官たちとうまくやっているようだった。幸夫は、その様子を興味深く見守った。

田岡一雄は、形だけの荷役業者ではなかった。神戸はもとより大阪、名古屋、横浜、東京で全国船内荷役協会の会合があるときは、ほとんど出てきて発言した。じつにしっかりした内容で、幸夫たちは一言ひとことに感銘して聞き入った。

世間話のかたちで、教訓的なこともずいぶんと教わった。

幸夫たちが第三者の言うことを真に受けて、「へえ、そんなに悪いやつなのか」と言うと、すかさずたしなめた。

「幸夫君は、その人に会ったのか」

「いえ、おれは、会ってません」

「会ってもいない人のことをいいとか悪いとかいうことは許されない。会ったうえで、いいとか悪いとかいうのは、幸夫君の自由だけれども、会う前に他人の噂だけで批判してはいけないよ」

頼みごとをするときは、たとえ相手が後輩であっても、自ら出向いて頭を下げてお願いする。

将来のある者には、さりげなく励まし、場を与える。

義理人情は日本人の美風なのだから、真面目に生きる人から何か頼まれたときは、自分にできることなら、全力で実現に努める。

事実、田岡は、幸夫の頼みはすべて聞いてくれた。もちろん、港の仕事に関係することばかりである。

こうして田岡の実践を通して学び、幸夫が心の糧《かて》としたことははかりしれない。

以上のことは一例にすぎないが、いずれを取っても、人としてあるべき姿である。幸夫を含めた「ミナトのせがれ族」は、田岡に育てられたといっても、少しも過言ではなかった。

「あいつが死ぬ気で来たら間違いなく殺されていた」

のちに、藤木幸夫の長男の幸太が田岡一雄のもとを訪ねたとき、田岡が「幸太、これ見てみい」と言って、首に残った傷跡を見せた。

田岡は、「ベラミ事件」と呼ばれる拳銃狙撃事件について語ってくれた。

昭和五三（一九七八）年七月一一日午後九時半頃、田岡一雄は、京都市東山区のナイトクラブ「ベラミ」で、部下四人とショーを楽しんでいた。

そこへ、山口組と対立する松田組系村田組内「大日本正義団」・鳴海清がしのんできて、田岡は突然38口径の銃によって狙撃された。

放たれた二発のうち一発は、田岡の首を貫通し、全治二ヵ月の重傷を負った。ほかにも、近くの席にいた医師二人も流れ弾にあたり重傷を負った。

そもそものきっかけは、昭和五〇（一九七五）年七月二六日、大阪府豊中市で、山口組系佐々木組内「徳元組」の組員が、松田組系「溝口組」の賭場で嫌がらせを続けたため、溝口組員が徳元組員三人を射殺、一人に重傷を負わせたことだった。

これに対し、佐々木組は松田組の背後にいた大日本正義団・吉田芳弘会長を射殺。鳴海はこの吉田会長を尊敬していたという。鳴海は山口組に報復を決意し、組長である田岡を狙った。

田岡の娘の由伎《ゆき》のエッセイ『お父さんの石けん箱』によると、田岡一雄は、ベラミ事件について語っている。

《鳴海がおれを撃ちに来たのは、えらいことや。若い衆がおれの周りをかためているんやからな。「自分はこれで死ぬ」と覚悟して、若い衆をくぐり抜けて、わしに拳銃を向けたんだから、偉いやつや。

せやけど人間悲しいな。拳銃を向けて、わしを殺せると思った瞬間に、「逃げられる」とでも思ったんやろうな。逃げられると思った瞬間に、外したんだ。もし、あいつが最後まで死ぬ気で来たら、わしは間違いなく殺されていた。結局、逃げられると思った瞬間に撃ち外して、そのまま逃げて、六日目に死体になって出たんや》

鳴海は、事件六日後の九月一七日、六甲山の瑞宝寺谷で腐乱死体で発見された。

田岡家と山口家の後見人に

昭和三六（一九六一）年、神戸の田岡一雄から藤木幸夫に電話が入った。

「幸夫君、頼みがあるんだけど」

「わかりました。わたしが神戸に行きますよ」

幸夫が田岡の家を訪ねると、田岡の妻の文子が台所に立っていた。文子は、幸夫が来るときはいつも神戸のいちばんいい肉を使ったすき焼きを振る舞ってくれた。

文子が言った。

「幸夫さん、お父ちゃんが何か頼みがあるって言うからさ。いまお父ちゃん呼んでくるからね」

田岡が二階から降りてきた。

「わざわざ、悪いねえ」

「おじさん、何か」

「きみに二つ頼みがあるんだけど、一つは山口運送の山口幸博のことだ」

山口幸博とは、山口組二代目の山口登組長の息子である。

山口組は春吉が初代で、登が二代目。登は横綱玉錦と付き合いのあった人で、落語・浪曲の世界に首を突っ込み、ヤクザというより今日の吉本興業のような会社組織山口組興行部を持っていた。それがのち昭和三三年四月に「神戸芸能社」に発展していく。二代目の登が戦争中の昭和一七（一九四二）年に亡くなったとき、三代目となるべき長男の幸博は、まだ小学校五年生だった。

そのために、田岡一雄が後見を兼ねて三代目になったわけだが、幸博は亡くなるまで堅気で通し、山口運送というトラック会社を神戸で経営した。

「幸博はきみと同い年なんだが、今は、神戸で山口運送というでかいトラック屋をやっている。幸夫君、この幸博と、兄弟分になってくれ」

田岡はさらに言った。

「もう一つは、うちの満とも、兄弟分になってくれ」

田岡は、自分の息子の名前も口にした。

「おじさん。満さんとはゴルフやったり一緒に遊んだりして、もう兄弟分以上に普段から行ったり来たりしてますよ」

「いやいや、それはそれ。だけどおれの目の前で『よしわかった』と言ってくれ」

幸夫はうなずいた。

「わかりました。幸博さんとも、満さんとも、兄弟分になります」

田岡は破顔した。

「よし、そしたら幸博を呼ぶから、会ってくれ」

田岡は幸夫に、田岡家と山口家の後見人になってほしかったのである。田岡はもともと幸太郎のことを尊敬し信頼しており、その息子である幸夫になら両家のことを任せられる、と考えてくれたようだった。

すき焼きを食べ終わった幸夫は、文子に声をかけた。

「おばさん、メロン」

「オッケー」

文子は客人にメロンを振る舞っていたので、冷蔵庫の中はいつもメロンでいっぱいだった。

幸夫は、さっそく山口幸博と会った。同い年ということもあり、幸夫はすぐに幸博と親しくなった。

幸博は、ヤクザの世界とは最初から一切関わりを持っていなかった。おそらく、田岡がしっかり言い聞かせたのだろう。

「ただでさえトラック屋はイメージが悪くて世間の風当たりが強い。堅気だとはっきりさせなきゃ、仕事はうまくいかねえ」

田岡が山口組三代目となり、幸博がヤクザの世界に足を踏み入れなかったことで、山口家は山口組とキッパリ縁が切れていた。

幸夫と幸博は、特に兄弟の盃などは交わさなかったが、すぐに親しくなって幸博はしょっちゅう横浜に遊びにくるようになった。

ある日、田岡一雄が幸夫に訊いてきた。

「幸夫君はあれかい、東大阪の幸博の家に行ったことある？」

「いや、ないですよ」

「行った方がいいよ。幸博のカカアは、大阪一の金貸しの娘だ。あそこへ行くといろんなものがポコポコ置いてあるけど、みんな値段が億だよ億。ただの飾り物が。きみが『いやぁ、これいいですね』と言うと必ずくれるから、試してみろよ」

「いやだよ、おじさん、冗談ばっかり」

結局、幸博が「遊びに来い」と言うので、誘いに乗ることにした。

幸博の家は、兵庫県西宮市の甲陽園《こうようえん》という高級住宅街にあり、「城」か「御殿」と呼んだほうがふさわしい佇《たたず》まいだった。城の横にコンクリート二階建ての家があり、幸博の運転手の家だという。その運転手の家が、ちょうど幸夫の家と同じくらいの大きさである。

玄関に入るとエレベーターがあり、奥には大理石の部屋が広がっていた。

田岡が言った通り、桁外れの金持ちである。幸夫はあちこちにある置物を眺めながら思った。

〈これがみんな億か。世の中には、こんな家もあるんだな〉

幸夫には、まったく目の毒だった。

ある日、幸博が幸夫に言った。

「おれは、うちの墓掃除をしたことがないんだよ」

神戸市灘区の長峰霊園には、山口組の歴代組長の供養塔、山口家、田岡家の墓が同じ敷地内に並んでいる。そのため、幸博が祥月命日にお参りに行くと、山口組の人たちと会うことになるが、それ以上の付き合いはない。山口組の若い衆は幸博に墓掃除をさせず、山口組の墓の手入れのついでにいつも掃除をしてくれるという。

ちなみに、弘法大師空海《くうかい》が建立した和歌山県・高野山にある準別格本山北室院《きたむろ》に行くと、立派で大きな過去帳が山口組、田岡家、藤木家の三冊ある。藤木家の分は、幸太郎や幸夫が頼みもしないのに奇特な誰かがつくってくれたらしい。

じつは、幸博は酒癖が悪かった。酔うと日本刀を持ち出して振り回すこともあった。

そんな幸博も、幸夫の言うことなら素直に聞いた。ほかの連中の言うことには、耳を貸さなかった。


幸夫が自宅でくつろいでいたある日、田岡一雄の妻の文子から電話が入った。

「ああ、おばさん」

「幸夫さん、うちのおとうちゃんがね、『幸博とはうまくいってるらしいけど、うちの満とのことでまだ兄弟分の盃をしてないのはどうなってるのか、早くやってくれ』って言ってるんだけど」

「ヤクザじゃないんだから、おばさん。盃なんかやらないの」

「わかった、そう言っとく」

しばらくして、また文子から電話が入った。

「おとうちゃんが『そうはいかない』って。『どの世界でも盃をやらなきゃ兄弟にならない』って言ってるから、幸夫さんやってよ」

田岡は、幸夫と満に兄弟の盃を交わさせて、安心したかったのだろう。が、幸夫はとうとう盃を交わすことはなかった。お互いの信頼関係だけで十分だった。

鶴岡政次郎の死、酒井信太郎の褒章

藤木幸太郎は、昭和三五年に〝刎頸《ふんけい》の友〟鶴岡政次郎の最期を看とっている。

鶴岡は「天性実に俊敏、実行が早く、別名〝飛行機政〟とあだ名されたくらいに決断力、実行力はスピードがあり、角もあったが、頭も勘もよく、直情的な面もあるなかなかの戦略家」といわれたほどであった。

が、一面なかなかの敬神家《けいしんか》で、在世中、相模大山《おおやま》の阿夫利《あふり》神社を信仰して清心講をつくり、講元となって毎年八月には大勢の講員を引き連れて登山していた。

彼は病のため東京慈恵医大付属病院に入院、三五年一〇月一四日に死去した。六八歳であった。

幸太郎は、鶴岡危篤《きとく》の報《しら》せを聞いて全国港湾荷役振興協議会顧問の井上洋之助とともに病院へ駆けつけた。

酸素吸入器でかろうじて呼吸をしている鶴岡の最期の姿を呆然と見ていたが、やがて絶命を知らされると骨と皮ばかりに痩せ細ってしまった親友の遺体を両手で抱きしめ、号泣した。それは、心の底から噴き出す血の滲《にじ》むような男の泣き声であった。

昭和三五年一一月、酒井信太郎が、初めて民間功労者表彰の栄典に浴し、藍綬褒章《らんじゅほうしょう》を授与された。

その日の朝、酒井のまわりで、港の親方連中がコーヒーを飲んでいた。幸夫もその末席に連なっていた。

そこへ、紀野実専務理事が来て報告した。

「ただいま、決定があって、酒井会長に褒章が決まりました」

「えーっ」

誰かが大声を発してから、ほとんど間をおかず、次にきた異様な雰囲気……。

さらに、しばらくしてから、

「ほんとかーっ」

叫びともつかない声が一斉に上がった。その直後、幸太郎をはじめ、居合わせた井上洋之助、伊藤清蔵、長谷川清といった泣く子も黙るような猛者《もさ》たちが、目を赤くして泣き出した。

世間から、長い間、おかしな目で見られつづけてきた港の人間が、いま、ようやくにして認められた……。それもまた、親方連中の思いの一つだったのだろう。

酒井は、大好物のタバコにおもむろに火をつけて、ぶかぶかふかしながら、

「そうかあ……そうかあ……ありがたいなあ……」

しみじみと感じ入っていた。

褒章がありがたかったのか、みんなの気持ちが嬉しかったのか、それとも……。だが、しかし、これだけは、はっきりしている。

酒井が喜んだのは、自分が受ける褒章ではなかった。港が受ける褒章だ——というのが、酒井の思いだったはずである。

昭和三五年頃の話である。藤木幸太郎が、横浜市長の飛鳥田《あすかた》一雄《いちお》に言った。

「飛鳥田さんね、港には病院が必要だ。小さい怪我も大きな怪我も、あちこちの病院へ散らばって手当を受けるのはよくない。うちのせがれに聞いたら、オランダのロッテルダムという港じゃ、港の中に病院持っているというんだ。これはすごく大事なことだから」

幸夫はオランダに行った際に、港専門の病院の中を見学していた。敷地内には、病院と門の間に酒場があって、病院で手当した後にビールを一杯飲んで帰れるイキな造りになっていた。

飛鳥田は、ふだん頼みごとをしてこない幸太郎の注文だからと、すぐさま動いてくれた。

昭和三七（一九六二）年、本牧埠頭の入り口に「横浜市立港湾病院」が開院した。港で働く人たちのための労災病院だったが、一般市民も来院するようになり、たちまち地域になくてはならない病院となった。

二一世紀に入って間もなく民営化が決まり、平成一七（二〇〇五）年四月、港湾病院は規模も一〇倍に拡大し、幸夫が名付け親となって「横浜市立みなと赤十字病院」として生まれ変わった。

地方自治体が港を管理するのは日本だけである。だから、港の労災病院も横浜市でつくらねばならなかった。世界はちがう。港のガントリークレーンを代表とする施設も、病院も、国がしっかり管理している。

「鳴らねえ太鼓は、叩きに来ねえ」

幸夫は、官庁のお偉いさん方が四〇人、五〇人も集まる会場であれこれ注文をつけた。

ところが、当時、幸夫はまだ三〇歳そこそこ。会議の出席者は年配の人ばかりだったので、幸夫の話は聞いてくれてはいるものの「若造が何を言っているんだ」という感じで幸夫の話が通ることはなかった。

幸夫は、会議に出るたびに思った。

〈早く四〇歳になりたい……〉

日本の港は、港を使う業者からすれば「天国」だった。料金は安い、荷役たちの腕は非常によく、働き者揃い、それでいて物を言わない。だが、そのしわ寄せが家庭にいっている。荷役の奥さんや子どもたちに貧しい暮らしをさせてしまっていた。

労使交渉の場でも、労働組合側からは「親方、そのあたりもう少しなんとかしてくださいよ」という声がたびたび上がる。その際、「子どもに下駄一つくらい買ってやってくださいよ」というのが決まり文句で、「わかった。下駄代いくらだ。それだけ（賃金に）乗せようじゃないか」といった具合に交渉がおこなわれた。

幸夫は横浜港運協会の労務委員長も務め、労使交渉の現場にも携わってきた。コンテナ船の導入期には労使双方の板挟みになって三ヵ月間、不眠不休で交渉に明け暮れたこともあるなど、港湾労働の近代化にも努めてきた。

そのため、「少しばかり理屈の言えるやつが出てきた」と思ってもらえたのかもしれない。徐々に業界そのものが、水平の付き合いをできるようになっていった。

幸夫は折にふれて、「オヤジは偉い人だな」と感心することしきりだった。すべてが自らの体験から出た教えだったので、言われる言葉にも重みがあるのだ。

とあるパーティーで、ある人が会場の人をかき分けるようにして、幸夫に丁寧に挨拶した。

「幸夫さん、父さんはお元気ですか？」

翌朝、幸夫は幸太郎にその人物のことを話した。

「オヤジのことをあんなにも心配してくれて、あの人はすごくいい人ですね」

すると、意外な反応が返ってきた。

「おまえは、あの人がいい人だと本当に思うのか？」

「はい、思います」

「馬鹿野郎！　おまえは、人を見る眼がない！　あの野郎の腹の中は、石炭よりも黒いよ」

言われた幸夫はただただ驚くばかり。ところが、あとで聞くとそれだけの理由がしっかりとあった。

幸太郎が言った。

「おまえはやたらと人の善悪を言うけどな、善悪は裁判所が決めるものなんだ。おまえに言う資格はない。おまえが言えるのはな、好きか嫌いかだけなんだ。これを一緒にしちゃダメだ」

こうした言葉には、いくら本を読んでもなかなか出合えない。大学に何十年と通っても、教えてもらえるものでもない。

幸太郎はとにかく「忙しい」という言葉が大嫌いで、「忙しい、忙しい」なんて言っている人がいるとよく怒られた。

幸太郎が幸夫に繰り返し言った言葉に、「鳴るときの太鼓」があった。

「打てば響く。太鼓は鳴るから、世間が叩きに来る。鳴らねえ太鼓は、叩きに来ねえ。叩いてくれったって、おまえが鳴らなきゃ誰が叩きに来るか。おまえだって、いつかはそういうときが来るよ。叩かれたくたって世間様が相手にしてくれないんだから。太鼓はね、おまえ、鳴るうちが華だよ。忙しい、忙しいなんて言ったら、罰が当たるよ」

幸太郎の生き方は、幸夫にとって古典の書と言えるものだった。苦労した幸太郎の歴史が、いまの幸夫の日常に投影して、つらい場面に遭遇《そうぐう》しても、幸太郎の古典に比べれば贅沢《ぜいたく》な悩みにしか思えなくなる。

しかも、この古典は活字を使ったものではない。幸夫の五感のすべてで熟読した古典であった。半年や一年で消えてゆく、いわゆるベストセラーの書のように安っぽい人生論に浸ることなく、幸太郎の古典がつねに目の前にある幸夫は、つくづく幸せ者だった。

青春時代は世間に合わせて鳴らなかったし、叩きに来てくれる人もいなかった。鳴ろう、鳴ろうと努力だけが空回りするだけだった。努力しても失敗して、後悔に苛《さいな》まれることが多かった。それでも鳴ろうとして努力し、失敗し、反省に反省を重ねた。「もっと早く鳴っておけばよかった」と思うことも多い。

至らないから、ひたむきに手本を探して努力する。でも、なかなか結果が伴わない。だからまたがむしゃらに努力する。そうしたときに、幸夫は、必ずといっていいほど幸太郎の言葉に背中を押されてきたような気がするのである。

「酒井のオヤジさんがあって、今日のおれになれた」

酒井信太郎は、昭和三七（一九六二）年一月一日、肺がんのため死去した。八二歳であった。

生前、彼がよく口にした言葉は「一身より味方なし」であった。自分を助けるものは自分以外にはない、という意味であるが、だからといって彼は完全な独善主義者でもなければ、他人を押しのけてつねに利害打算でことをはかるようなことはなかった。

人間は、一人一人はそれほど力のあるものではない、哀れな存在にすぎない。それゆえ、各個人は相互に協力しあって、共通の利益を正しく配分し、その恩沢《おんたく》を感謝しなければならないというのが、彼の信念であった。

酒井は、組長や親分となり、部下を抱えるととたんに威張り出すような人間を極度に軽蔑《けいべつ》した。彼は会議の席などでも、つねに議論は控えめであった。まず他人の意見を聞き、その理由をただし、それが正当であると諒解すると、全力をもって協力し応援した。

沖仲仕共済会をはじめ彼が業界のいくつかの会長やとりまとめ役を押しつけられたときも、この方式は変えなかった。全港振の初代会長時代も、彼のこうしたさばき方が功を奏した。各港の代表の寄せ集まりで、しかも複雑な利害を内蔵している機関であるにもかかわらず、それを統率できたのは、彼の人徳とその采配《さいはい》の巧みさによったのである。

幸太郎は、こうした酒井のすべてを見習い、それを師表《しひょう》とした。酒井が、はるかに身分の低い者や貧しい者に対しても見下げた態度をとらず、君付けで呼ぶのを、幸太郎は終生範として真似た。幸太郎が酒井を見本にできなかったのは、せいぜい異性問題くらいであったろう。

また、酒井は父親の好事家《こうず》の血を引いたのか、多趣味で、狩猟とコーヒー好きは病床につくまで続いた。青壮年時代は自動車の運転が大の自慢であった。ベルギー製自動車ミネルバを愛用し、車が故障すると車体の下にもぐりこんで、自分で部品のつけかえや修理をして上機嫌だった。

彼は戦中、国家総動員法に基づく港湾統制令時代、東京船舶荷役株式会社と横浜船舶荷役株式会社の両社長を兼任し、終戦でこれが解散すると「横浜港湾作業株式会社」を興し社長になったが、しばらくしてこれを長男の大助に譲った。

多難な全港振の会長に推されたのは昭和二八年一月であったが、一期を勤めたあと藤木幸太郎に後任を託して「隠居生活」に入った。周囲の者は彼を「太田の隠居」と呼んだ。彼が隠居と自称するのは「きみたちの仕事の邪魔になりたくないからな」というほどの意味で、中区根岸の高台にある自宅からてくてく地蔵坂を下り、市内電車に乗って元浜町《もとはまちょう》の全港振会館へやってくるのが日課であった。

広い応接間で藤木や伊藤や笹田をはじめ若い業界の幹部たちと談笑するのがなによりの楽しみであった。小柄で、血色のよい顔をほころばせニコニコと相槌《あいづち》をうって話に聞き入っている酒井の横顔を見ながら、幸太郎は「いつまでもオヤジさんには元気でいてもらわなくては……」と思うのだった。

ところが、この頃から酒井は会館の二階へ上るのが大儀そうになってきた。いつもハァハァと荒々しく息を吐き、ときには途中で休むこともあった。

藤木は、なんでもない、なんでもないと珍しく強情を張る酒井を西区御所山町の亀田病院へ連れていき、診察を受けさせた。

医師は、ここでは責任が持てないからと東京の慶應病院に連絡をとった。

酒井は、慶應病院へ入院してから三ヵ月目に死んだ。

葬儀は藤木幸太郎が委員長となり、全港振葬で横浜・元久保町の川合寺《せんごうじ》に撞葬した。酒井の死後、政府より彼の多年の功績に対して正六位勲五等の叙勲《じょくん》の報せがあった。

彼の五人の子どものうち、長男大助は横浜港湾作業株式会社社長となり、次女治子は全港振時代、事務局長として田岡一雄のよき協力者兼助言者であった紀野実に嫁した。

昭和三七年一一月、幸太郎は、港運事業に多年尽くし、かつ全港振会長として公共に奉仕した功績により藍綬褒章授与の栄典に浴した。一一月七日、宮中で天皇陛下に拝謁《はいえつ》の栄に浴した。その日の午後、幸太郎は受賞者一同と宮中に参内《さんだい》、天皇陛下から親しく慰労の言葉をたまわり、その栄誉に感泣した。

宮中の式場からまっすぐ会社へ帰ってきた幸太郎は、北仲通りの社屋の二階で社員に訓辞した。

「おれのようなものが、こんな名誉を受けることができたのは、みんながこのおれをもりたてて仕事をやってきてくれたからだ。この褒章はおれがもらったんじゃない。藤木企業のみんなでいただいたものだ。どうか、この名誉をいつまでも忘れないで、そして栄誉を汚すことのないよう、ますます頑張ってもらいたい」

そして壇上のうしろに飾りつけられた藤木企業の社旗を背に、社運の繁栄を誓って万歳を三唱した。

このとき幸太郎の脳裡《のうり》に、母親のリエに手をひかれ福井県南条郡の母の実家へ帰った日の思い出が浮かんだ。

あの浅草北三筋町の八百清時代の貧しいおのれの姿も浮かんだ。

幸太郎は、思い返した。

〈なぜ、おれはいま、あの地獄船興南丸や芝浦鶴岡組の部屋時代を思い出さないのだろう〉

そのつぶやきを胸の中で繰り返しているうちに、温顔の酒井信太郎の面影が次第に、ゆっくりと心の中に広がってきた。喜びとも感激とも悲しさともつかない大きな情感となって、幸太郎の五体を揺すぶってきた。

〈そうだ、酒井のオヤジさんがあって、今日のおれになれたのだ〉

幸太郎は、心の底でひとり叫び続けた。

〈オヤジさん、オヤジさん……〉

壇上の幸太郎の目元に涙が流れていた。

安保闘争で急接近する稲川と児玉誉士夫

稲川聖城の半生を描いた筆者の『修羅の群れ』によると、右翼の小沼正《おぬましょう》が、稲川角二（のち聖城）にあらたまった口調で言った。

「稲川親分、今日は、ひとつ頼みたいことがあって来たんですが……」

昭和三五（一九六〇）年六月初旬のことであった。

前年二月に銀座七丁目の南欧ビル四階に新しく出した稲川組の興業事務所であった。

六月一九日の日米安全保障条約の締結を前に、左右両陣営の激烈な対決がつづいていた。いわゆる六〇年安保闘争である。

「ご存じのように、六月一九日には、アイゼンハワー大統領が、国賓《こくひん》として日本にやってくる。ところが、いまの警官の警備では、間に合わない。そこで、自民党筋から頼まれたんだが、任侠《にんきょう》団体のみなさんに、警備の協力をしてもらいたい」

小沼の話によると、一九日当日、天皇陛下は皇后陛下を伴って、羽田空港までアイゼンハワー大統領を出迎える。

羽田から皇居まで、アイゼンハワー大統領と天皇、皇后両陛下を乗せたオープンカーが、一八・七キロをパレードする。

稲川聖城

その沿道を二メートル間隔で警備するには、一万八七〇〇人の警官が必要となる。ところが、警視庁の全警官数は、二万四〇〇〇人。警備動員数は、一万五〇〇〇人が限度であるという。

稲川の兄貴分である大船の横山新次郎も、国を守ることに情熱を見せた。

「稲川、銭がいくらかかっても構わねえ。できるかぎりの協力をしよう」

稲川と横山は、可能なかぎりの金を集め、準備に入った。

デモ隊と対決する戦闘服も、デパート髙島屋から一万着買った。夏と冬用として、薄いベージュ色と紺色のものを五〇〇〇着ずつ買い揃えたのであった。

左翼勢力との対決は、六月だけで終わるとは思っていなかった。冬を越すことにもなりかねない。長期戦に入る用意もしていた。

ヘルメットも、五〇〇〇個買い揃えた。

横山が、稲川に言った。

「機動隊の立場もある。武器は持ち込めない。三尺（約一メートル）の樫《かし》の棒に、紙の日の丸でいい、つけさせろ。アイゼンハワー大統領を出迎えるための日の丸の旗に見せかける。いざというときには、その樫の棒が、武器に変わる」

さすがに〝天一坊〟とまで言われた頭の切れである。

稲川は、井上喜人に命じた。

「動員数は、一万人だ。静岡、神奈川のバスを、当日すべてチャーターしておけ。バスのまわりには、稲川組の幕を張る準備をしておけ」

その準備が進められている間、左右両陣営の対決は、血なまぐさいものにエスカレートしていた。

六月一〇日には、アイゼンハワー大統領秘書のハガチーが、日本にやってきた。しかし、羽田で学生、労働者のデモに包囲され、アメリカ軍のヘリコプターで脱出。在日アメリカ大使館へ入った。

いよいよアイゼンハワー大統領訪日が五日後に迫った六月一四日、熱海の稲川邸の広間に、稲川組の幹部が集められた。

横山が、具体的な作戦指令をはじめた。

「アイク訪日の当日は、早朝、川崎市の競輪場に全員集合し、バスを連ねて、明治神宮に参拝する。それから、五〇〇〇人は、羽田空港に近い消防署付近に配置する。あとの五〇〇〇人は、見物人にまじって、左翼のデモ隊と対決する」

稲川が、幹部一同に念を押した。

「バスを含めてすべての用意は、できているな」

一同が、深くうなずいた。

アイゼンハワー大統領訪日を四日後に控えた六月一五日、「安保阻止！」を叫ぶ全学連（全日本学生自治会総連合）七〇〇〇人が、国会になだれこんだ。

夕刻、右翼の維新行動隊一三〇人が、トラックで国会裏側をデモ行進中の全学連や新劇人会議に突っ込み、双方で三〇人近い負傷者を出した。

この事件により、警官隊とデモ隊の間にいっそう激しい揉み合いが起こった。

乱闘のすえ、東京大学文学部国史学科の樺美智子《かんばみちこ》が死亡した。

彼女の死は、政府にも深刻な衝撃をもたらした。

六月一六日、岸信介《きしのぶすけ》首相は、記者会見で、

「アイゼンハワー大統領訪日は、延期いたします」

と発表。事実上の中止であった。

それから一週間後、林一家総長の林喜一郎が、稲川に訴えた。

「親分、児玉が……」

林はまずそう言って荒い息を吐き、続けた。

「アイゼンハワー大統領が日本にやってくるのに備え、自民党の安保委員会とやらが、財界からこの日のために、六億円近い金を集めていたらしいんです」

稲川にも、それは初耳であった。

「ところが、その六億もの金が、アイゼンハワー大統領が来なかったのに、どこへやら消えちまったというんです。どうやら、その金を児玉誉士夫が自分の懐《ふところ》に入れてしまったというんです」

稲川は、カッとなった。

〈いくら児玉でも、許せねえ〉

児玉誉士夫は、右翼の大立て者であった。

稲川は、こみ上げてくる怒りを抑えかねたようにして言った。

「児玉のところに、乗り込む！　話をつけてくる」

喧嘩相手として、不足はなかった。稲川の全身の血が、若い頃のように熱く滾《たぎ》っていた。

稲川は、世田谷区等々力《とどろき》の児玉邸に乗り込んだ。

児玉は、応接間で向かい合った稲川を見た。児玉の細い二つの眼の奥が、一瞬ぎらりと光った。射すくめるような眼の光であった。

稲川も、まっすぐに児玉の眼を見た。

このときが二人にとっては、初対面であった。稲川、四六歳。児玉、四九歳であった。

稲川が言った。

「自民党から、アイゼンハワー大統領訪日に備えて、任俠団体のためにおりた六億近い金が、児玉先生のところで消えた、という噂がある。真実をはっきりうかがいたいと思って来ました」

児玉は、厚い唇を開き、一言だけ発した。

「稲川君、わたしは、自民党に貸しはあっても、借りはない！」

稲川の胸に、ズシリとこたえる一言であった。

児玉が、日本一の右翼のメンツにかけて言っている言葉である。

児玉は、いまひとこと言った。

「その金の動きについては、わたしも、うすうす噂は聞いている。そのへんの事情は、川島《かわしま》君に会わせるから、よく訊いてくれ」

川島正次郎《しょうじろう》は、安保のとき、自民党の幹事長をしていた。

児玉の態度は微塵《みじん》も揺るぎのない、まるで岩のようであった。

稲川は、きっぱりと言った。

「その必要は、まったくありません！」

稲川は、児玉の眼をまっすぐ見て言った。

「よくわかりました」

それから、深々と頭を下げた。


それから一週間後の夜、赤坂の料亭「中川」の座敷で、児玉と稲川は向かい合っていた。

しばらく話しているうち、児玉誉士夫が突然言った。

「稲川君、どうだろう。これからは、兄弟分として付き合ってもらえないだろうか」

稲川は、熱い興奮をおぼえながらも、とまどった。

〈児玉とおれとは、格も、稼業も、生き方もちがう。児玉は、政治の世界の黒幕だ。おれは、一博打打ちにすぎない。兄弟分になど、なれるわけがない〉

稲川は、児玉を熱い眼差しで見返して頭を下げた。

児玉誉士夫

「兄弟分とはありがたいことですが、わたしには、渡世上の親があります。先生には、心の親になっていただきたい。これからは、先生をオヤジと呼ばせてもらいます」

児玉は、何も言わないで、静かに笑い、首を縦に何度もふった。

児玉は、心の中では、稲川の申し出を喜んでいた。

全国の任侠団体を糾合する「東亜同友会」構想

昭和三七（一九六二）年の初秋、児玉誉士夫は、世田谷区等々力の自宅応接間で、稲川に、険しい表情で語っていた。

「稲川さん、若い者たちが、やれ肩が触れたの触れないの、顔を潰したの潰されたのと、屁みたいなことで貴重な生命を取り合うような愚《ぐ》をやめて、もっと天下国家のためになることを考えるべきだ。体を張るのは、人のためとか国のためだけだ。全国の任侠団体がお互いの融和をはかり、いままでとちがった前進した生き方をしてもらいたい」

児玉は、六〇年安保での左右両陣営の対決の経験から、一党一派にとらわれず、日本が共産主義革命の危機にさらされたとき、一斉に決起できる強固な大組織をつくろうとしていた。そのため、全国の任侠団体を結集し、「東亜同友会」をつくろうという遠大な構想を抱いていた。

東亜同友会を、単なる政治的団体にするのではない。高度成長を迎え各地で多発しているヤクザ同士の抗争を未然に防ぐために、事件が起こってしまった場合、その解決にあたる全国的な権威ある連絡機関としても活かそうと考えていた。

関東は稲川組長がまとめたが、中国、四国は、山口組の田岡一雄組長が動き、九州は、児玉自身が意思統一にあたった。

が、東亜同友会構想は、ついに幻《まぼろし》に終わってしまった。

山口組と対立する本多仁介率いる本多会とがまとまらず、ついに関西がまとまらなかったのである。

児玉は、挫折《ざせつ》直後、稲川に、肚《はら》の底からしぼり出すような声でいった。

「稲川さん、全国規模での任侠団体の団結はうまく運ばなかったが、なんとか関東だけでも、と考えている。協力して欲しい」

稲川は、引き受けた。

「わかりました」

児玉は、せめて関東だけでもの想いから、関東会を結成した。

加盟団体は、稲川会長の錦政会、磧上義光会長の住吉会、藤田卯一郎会長の松葉会、森田政治会長の日本国粋会、高橋義人党首の義人党、町井久之会長の東声会、岡村吾一会長の北星会の七団体であった。

ヤクザを捨て、藤木を頼った井上喜人

港には、堅気になって働く元ヤクザがたくさんいた。長谷川清もその一人だった。

長谷川清は、鶴岡政次郎の配下にあったため、世が世なら稲川会のトップクラスにもなれた人物であるが、懲役から帰ってきて、そのまま堅気になった。

当時は、警察とヤクザの仲がよかった。しょっちゅう稲川会の人たちと会っている刑事もいた。その様子は、ヤクザ者同士がつるんでいるようにしか見えなかった。

昭和三八（一九六三）年、稲川組ナンバー2の井上喜人が、ある日突然、藤木企業の藤木幸太郎の前に現れた。

部屋には幸夫と、第一船舶社長の長谷川清がいた。

「わたしは、ヤクザの世界を捨てる」

井上は、翻然《ほんぜん》と悟るものがあったらしく、神妙で、殊勝《しゅしょう》で、ひどく生真面目な態度で続けた。

「今日から実業の世界に入りたい。堅気になるについて、伊藤忠の役員がわたしの将来をいろいろと心配してくれて、『横浜に藤木さんというよい人がいるから、港の仕事を教わってやってみたらどうか』そう言われて来たんです。藤木のオヤジさん、申し訳ないが、一つ、よろしくお願いします。仕事を教えてください」

井上の話を黙って聞いていた幸太郎は、一言「わかった」と言い、ふたたび口を開いた。

「おまえは、一切、ヤクザとは口を利いてはならん。付き合いなんか、もちろんしてはいけない。しかし、いったん堅気になろうとする者、あるいはなった者、これについてはできるかぎりのことをしないといけないよ。これについては、おまえ、おれからもよく頼んでおくよ」

幸夫は驚いていた。

〈どうして、井上喜人さんほどの大物幹部が〉

わたしの描いた『修羅の群れ』では、事情はこうである。さかのぼること熱海市水口町に稲川邸が新築された二ヵ月後の昭和三八年六月の末であった。

横山新次郎は、大船の自宅の奥座敷で長い間考えたすえ、心の中でつぶやいた。

〈井上を、切らねばならぬ〉

井上喜人は、稲川の右腕ともいえる男であった。しかし、最近、井上の驕《おご》りが目にあまってきている。井上が、箱根あたりに関東各地の親分たちを集めてしょっちゅう博打をしていることは、横山の耳に入っていた。

親分たちも、稲川の顔を立てるために、快く応じてくれている。

ところが、井上は、博打が終わったあと、親分である稲川に何の挨拶もしていないらしい。

稲川の耳に入らぬ井上の行動も、横山の耳には、誰からとなく入っていた。

井上は、全国の親分衆と会うたびに、おのれの力を誇示している、という。

「稲川組の大半は、おれの配下だ」

そう豪語し、井上の命令一下、稲川組は思い通りに動く、と慢心《まんしん》している。

横山は、さらに険しい表情になった。

〈このまま井上を増長させておくと、組の鉄則を乱すもとになる。取り返しのつかぬことになる〉

翌日の夜、横山は大船の自宅に稲川を呼んだ。

この夜も、雨が降りつづいていた。

横山は、稲川に言った。

「稲川、井上を破門にしろ」

破門、という言葉が、稲川には雷鳴のような衝撃を与えた。

相手は、稲川の右腕として組を支えてきた井上喜人だ。

長い間、沈黙がつづいた。

稲川は、これまで兄貴分の横山の言うことに逆らったことはなかった。しかし、今回だけは……。

稲川は、横山に訴えるように言った。

「兄貴の言うことは、よくわかります。兄貴に逆らうわけではありませんが、このことは、しばらく考えさせてください」

井上喜人やモロッコの辰と一緒に、彼らの連れていた子分百数十人が、いちどきに稲川の若い衆になったのであった。

あれから、一五年が経つ……。

井上喜人はいまでこそ慢心して目にあまる動きが増えているが、頭のよさを活かし、知将としてよく尽くしてくれた。

稲川には、井上への熱い情があった。

稲川は、井上とじっくり話し合ってみるつもりであった。

稲川は、横山に訴えた。

「井上のことは、いま一度、わたしに考え直させてください」


稲川は、世田谷等々力の児玉誉士夫邸に食事の招待を受けた。横山新次郎から、井上の破門の話を持ち出されて二日後のことであった。

応接間でくつろぎながら、世間話をした。

その話の中で、児玉はふと言った。

「井上喜人という男は、将来、きみにとって明智光秀《あけちみつひで》的な存在になるかもしれんぞ……」

「先生、どういうことでしょうか」

稲川には、あまりに突然なことで、何のことかわからなかった。思わず訊き返した。

児玉は、一瞬間を置いて言った。

「具体的には、言えない。しかし、きみが、わたしのことを心の親と呼んでくれるので、きみの将来を心配してあえて言ったのだ」

稲川は、湯河原の道場のまわりの一〇〇〇坪の土地を、最近売却した。そのとき、児玉の口利きで、児玉と親しい商社に買ってもらった。その折衝《せっしょう》に、稲川は井上喜人をあたらせた。

おそらく、その土地にからんでなんらかの問題があり、児玉は井上をそう判断したのであろう。

稲川は、児玉に頭を下げた。

「井上にどのようなことがあっても、わたしの不徳の致すところです。もしご迷惑のかかったことがあるなら、このたびは、わたしに免じて許していただきたい」

稲川は、児玉邸を辞した。等々力から熱海に向かう車の中で、腕を組み、眼を閉じ、井上喜人とともに修羅の場をくぐってきた一五年を振り返った。

一五年間が、まるで昨日、今日のごとく蘇っては、消えた。

ヤクザ者は、親や兄弟の言うことはきかない連中の集まりだ。過《あやま》ちを導いてこそ、親のつとめだ……。

児玉邸から帰った稲川は、翌日、熱海の自宅に横須賀の石井隆匡を呼んだ。

稲川は、厳しい表情で言った。

「石井、井上はおまえの兄弟分だが、大船の兄貴が井上を破門にしろ、と言って怒っているぞ」

「………」

石井は、その夜いったん布団に入り眠ろうとしたが、また体を起こした。あぐらをかいて、考え続けた。

真夜中の三時過ぎであった。

石井の頭の中は、井上の兄弟のことでいっぱいであった。

このままでは、横山の烈《はげ》しい気性からして、稲川がかばおうとも、いずれは断を下させるにちがいない。

石井も、兄弟分である井上の最近の行動に、納得できないことが多くなっていた。

たしかに、井上はひときわ秀でたものを持っていた。石井は、井上から、判断力、統率力について教わった。

石井隆匡

〈兄弟ほどに頭のいい、冷静な判断力を持った男が、どうして自分のこととなると目がくらむのか〉

石井はこの頃、そのことでしばしば淋《さび》しい思いをしていた。

しかし、井上はあくまで兄弟分である。兄弟分が破門になるのを、黙って見過ごしているわけにはいかない。

石井は、一睡もしないで考え続けた。

石井は、夜の白みはじめた頃、固い決心をし、布団からそっと脱け出した。

翌日の昼、石井は、熱海水口町の小高い丘に新築された稲川邸を訪ねていた。左手を包帯で巻いていた。

窓からは、まばゆい陽が射し込んでいた。

しばらくして稲川があらわれた。

石井は、稲川がソファーに座るや、背広の内ポケットから半紙に包んだ小指をテーブルの上に差し出した。

石井は、思い詰めた表情で言った。

「親分、もし許していただけるなら、これで井上の兄弟の破門を」

稲川の顔が、一瞬強張《こわば》った。

「おまえ……」

稲川は、石井にしんみりした口調で言った。

「兄弟分のために、親からもらった満足な五体を……」

稲川は、指を詰めればすべておさまるというヤクザの古くからのしきたりを好まなかった。

しかし、稲川は、うれしかった。義に厚い子分を持ったことが。

稲川は、石井の心を思いながら言った。

「おまえの指は、決して無駄にはしない」

翌日の朝、稲川は、大船の横山邸を訪ねていた。

横山に、石井が井上の破門を許してもらうため、指を詰めたことを話した。

稲川は、訴えるように言った。

「兄貴、なんとか、石井の指を生かしてやってください」

横山は、険しい表情のまま黙り続けた。

しばらくして、口を開いた。

「わかった。今回は、石井の心を汲んでやろう」

東声会・町井久之との因縁

井上喜人の破門は、いったんおさまったかに見えたが、それから二ヵ月後の夏の終わりに、井上が事件を起こした。

井上は、その夜、赤坂の「ホテル・ニュージャパン」地下にある高級ナイトクラブ「ニュー・ラテンクォーター」で数人の舎弟を連れて飲んでいた。

井上たちが飲んでいると、目鼻立ちの鋭い、背の高い六尺（約一・八メートル）近い偉丈夫が、若い衆を数人連れ、ホールに入ってきた。

東声会会長の町井久之であった。本名は鄭建永《チョン・ゴニョン》。

町井は、戦後、銀座を中心に暴れ回っていた頃から〝銀座の虎〟とも呼ばれていた。

町井は、終戦直後、銀座に進出、急激に台頭した外国人の勢力を集め、のし上がっていった。銀座に進出したときは三〇人そこそこであったが、胆力と知力にものを言わせて、わずか数年で一五〇〇人もの構成員を擁する大組織に急成長した。

町井久之

町井は、昭和三八年当時は児玉誉士夫と深いつながりを持ち、児玉とともに日韓国交正常化の舞台裏で暗躍していた。
町井は、韓国の朴正熙《パクチョンヒ》大統領と親しく、児玉と朴大統領の橋渡しをしたともいわれる。
児玉、町井は、岸信介をはじめ、大野伴睦、河野一郎、川島正次郎ら、いわゆる韓国ロビーといわれた政界の実力者たちの韓国との橋渡しもしていた。

昭和三八年の一月には、児玉の仲介で山口組三代目田岡一雄と舎弟分の盃を交わしていた。

町井は、井上たちのテーブルの隣のテーブルに座った。

しばらくして、井上が町井に声をかけた。

「町井君」

町井は、酒が入って赤黒くなった顔を井上に向けた。

ジロリ、と井上を睨み据えた。

町井は、静かだが力のこもった声で言った。

「おまえさんに、君呼ばわりされるおぼえはねえ」

井上も、若い頃は京浜、東海道の愚連隊では最も暴れ者で通っていた男である。いまは、稲川組の最高幹部であり、全国的に顔も売れている。

町井の言葉を聞いて、井上のそばについていた若い衆たちが、いきり立った。

若い衆の一人が立ち上がり、町井に飛びかかっていこうとした。

井上が、とっさに制した。

「静かにしろ！」

そばでは、堅気の者たちが楽しく飲んでいる。

井上も、静かに町井を睨み返した。

「話は、いずれつけてやる」

井上の腸《はらわた》は、煮えくりかえっていた。かならず、決着はつけてやる。そう心に誓った。

井上は、声を張り上げた。

「これから、東声会と、全面戦争に入る！」

湯河原の「のぞみ旅館」大広間であった。

夜の一二時を過ぎていたが、広間には、一五〇人を超える稲川組の主だった者が集まっていた。井上が緊急召集をかけて集めたのであった。

広間には、異様に緊張した空気が張りつめていた。昭和三八年夏の終わりであった。

井上は、いまさらながらこみ上げてくる怒りにあおられるように言った。

「町井は、おれたちの組に喧嘩を売ってきた。近頃、のぼせ上がりすぎている」

井上は、東声会と全面戦争に入る肚であった。稲川組の代貸として全国的に顔が売れてきていた自分の誇りを傷つけられたことが許せなかった。

前列に座っていた井上より早く稲川組に入っていた幹部の長谷川春治は、あらためて井上の顔を見た。

その眼は、冷ややかであった。怒りをふくんだ視線であった。

〈なにが、組をあげての戦争だ。この争いは、おれたち稲川組とは、関係ねえじゃねえか〉

井上は、あくまで、てめえの誇りが傷つけられたことでわめいているだけではないのか。

べつに、親分の稲川が傷つけられたわけではない。組の代紋が傷つけられたわけでもない。

親分や、代紋が傷つけられたのなら、真っ先におれが体を賭けて飛び込んでいく。

しかし、今回の喧嘩は、あくまで井上個人のメンツが傷つけられた、というケチなことに端を発している。それも、相手の町井久之に問題があるわけではない。町井を君呼ばわりした井上こそ、思い上がっている。

長谷川は、隣に座っているやはり井上より早く稲川組に入っていた森田祥生の横顔を見た。森田の眼も、井上に冷ややかであった。

長谷川は、さらに横須賀の石井隆匡の表情も見た。

石井は、井上とは兄弟分であった。つい二ヵ月前も、大船の横山新次郎が、井上の最近の思い上がった行動を見かね、破門にしようとした。そのとき、石井は指を詰めて、兄弟分の破門を許してもらっていた。左手に巻かれた包帯は、まだほどかれていない。

その石井の表情も、強張っていた。

長谷川は、さらに川崎の山川修身の表情も見た。

山川は、井上の舎弟であった。山川の表情も、石井同様厳しかった。

町井久之は、稲川が心の親と決めている児玉誉士夫と特別親しい親分である。稲川親分の立場を考えれば、ケチな個人的な感情で争いごとを起こす問題ではない。親分の立場をどうして考えないのか。

長谷川は、井上に言った。

「このことは、親分は知っているんですか」

井上は、表情を硬くして言った。

「親分には、これから話す」

稲川は、兄貴分の横山新次郎と一緒に湯河原の錬成道場の大広間に座っていた。

そこに、井上が入ってきた。

井上は、稲川と横山に、東声会の町井久之との喧嘩のいきさつを告げた。

「のぞみ旅館」に、喧嘩のためにすでに一五〇人は召集している、ということも告げた。

井上は、自分の話を聞き、稲川親分がすぐにでも命令を下すかと思っていた。

稲川の顔色が、にわかに変わった。怒りを込めて井上に言った。

「すぐに、みんなを解散させろ！」

広い道場いっぱいに響き渡るほどの声であった。

稲川の顔が、怒りの色に染まっていた。

横山の顔も、怒りにゆがんでいた。

井上は、心臓をいきなり刃で一突きされたような衝撃を受けた。

その場にいたたまれず、ただちに引き下がった。


稲川は、その日の夜九時頃、世田谷区等々力の児玉誉士夫邸の応接間に呼ばれていた。

東声会会長の町井久之も、ともに呼ばれていた。

稲川は、児玉に頭を下げた。

「オヤジ、ご心配をかけて申し訳ありません」

稲川は、井上が下らぬ問題を起こし、児玉にまで心配をかけたことを、心から恥じていた。

稲川は、横浜に向けて車が滑り出すや、腕を組み、眼を閉じた。

はっきりと肚を決めた。

〈井上を、切る〉

稲川は、おのれに言い聞かせていた。

〈たとえ組が二分されようとも、筋は通さねばならぬ〉

その夜遅く、稲川は大船の横山新次郎の家を訪ねていた。

稲川は、奥座敷で、横山に畏まった口調で言った。

「兄貴の言う通り、井上喜人を切ります」

稲川の顔には、苦しみの色がありありとあらわれていた。

横山は、稲川のこのようにつらそうな表情を初めて見た。

〈よほど、苦しんだな〉

横山は、稲川の心を思った。

「稲川……」

横山は、深くうなずいた。

稲川は、横山に訴えるように言った。

「井上を破門にしないで、堅気にさせます」

稲川が、悩んだすえに考えついた断であった。

井上の将来を考え、せめて、堅気に……と決めたのであった。

井上には、十二分な知恵がある。堅気として、立派に生きていけるはずであった。


稲川は、「横浜ホテル」の一室に、井上を呼び出した。

井上は、いままでのような元気な姿でなく、青ざめた顔で、うつむきかげんに一礼し、部屋に入ってきた。

稲川は、井上の眼を見た。

射すくめるような恐ろしい眼であった。

「井上……今日から、堅気になれ」

井上の顔は、ゆがみ引きつった。

稲川は、言った。

「ともに体を張ってきたおれとおまえだ」

稲川は、血を吐くような口調で言った。

「おまえを助ける道は、おまえが堅気になるしかねえんだ。井上！」

井上は、強張り青ざめた顔で稲川を見つめた。

稲川は、きっぱりと言った。

「それが承知できねえんなら、この場でおれがおまえの命をとる！」

「……………」

「おまえが堅気になるか、おれが命をとるか、二つに一つだ、井上！」

息詰まるような時間がつづいた。

井上は、ようやく口を開いた。涙声であった。

「親分、ありがとうございました……」

稲川は、ようやく鋭い眼をなごめた。

井上は、稲川の眼をジッと見た。その眼には、涙がにじんでいた。

「親分……いろいろと、長い間、ご迷惑をおかけいたしました」

その言葉には、井上の断腸の思いがこもっていた。

稲川の胸にも、熱いものがどっとこみ上げてきた。

〈井上……〉

稲川は、その夜、井上の舎弟、若い衆たちを集めて言った。

「おれについてくる者は、来い。井上とともに堅気になるものは、堅気になれ」

その結果、井上の舎弟、若い衆のすべては、稲川親分を慕い、任侠の筋を通した。

ヤクザが堅気になるということ

井上喜人はまだ若かったし、各界の有名・知名の人たちが多く助けられ、感謝され、その道においても勢いたるや大変なものがあった。

快く引き受けてから、藤木幸太郎は井上に「井上君、きみは偉いぞ」と声をかけた。そして、幸夫と長谷川清の方に向き直って言った。

「幸夫、長谷川君、おまえたち二人で、井上さんのこと、ちゃんとやんなさい。商社と船会社と港運業者と、どういう手続きがあって、どういうような商取引をしているのか、港の流れというものを、井上さんにしっかり教えなさい」

幸太郎は、幸夫と長谷川に命じてから、ふたたび井上に言った。

「井上君もしっかり勉強して、いい実業家になんなさいよ」

心なしか、そう言ったときの幸太郎の顔は、晴れ晴れとしていた。それだけに、幸夫たちは責任重大である。

幸太郎の特色の一つとして、不思議なほど、その道の稼業をしていた人が堅気になることをきわめて高く評価した。

「幸夫な、おれはよく知らないけど、麻薬をやめる、モルヒネ中毒がモルヒネをやめるというのは大変な苦労らしいね。なんか血管のなかへミミズが這いずるような不快感、精神的にはもうこの場で死にたい、一時間も一分も生きていくのが嫌だ、そういう心理状態になるらしいな。

だけどな、それよかもっときついのは、ヤクザが堅気になることだ。これはおまえ、大変なことなんだよ。いったん堅気になろうとする者、あるいはなった者、これについてはできるかぎりのことをしないといけないよ」

こうした話を、幸夫は幸太郎から何度聞かされたかわからない。

幸夫と長谷川は緊張した面持《おもも》ちで、井上喜人を小さな部屋に案内し、二人で港の仕事の流れを説明した。

「井上さん、船が入ってくると、まず始めにするのはこういう手続きです。人間の上陸の手続きはこう……荷物の通関手続きはかくかくしかじか……そのときに、商社はこういう仕事をするんです。横浜支店の受け渡しの人は、こういうことをやって……」

幸夫と長谷川は、二人がかりで、くわしく説明した。

井上は、幸夫たちが記す貿易のチャートを、一生懸命、記憶に叩き込みながら書き写した。あの世界で三本の指に入る大物が、従順な態度で、まだ若い幸夫の言うことを一言も聞き洩らすまいとして、熱心に耳を傾け、鉛筆を紙の上に走らせたのである。

熱心なだけでなく、頭の回転のよい人だったから、じつに呑み込みが早かった。

井上の本当の人柄が、その姿に現れていた。

井上喜人は、かくして人生の再出発——実業家としての第一歩を踏み出したのである。

船を横浜へ持ってきたときは、みずから現場に出て受け渡しの仕事に携り、真っ黒になって働いた。

昔の稼業と比べたら収入も減ったし、ちやほやされ方も、まるで違ってしまったはずだ。

かつては肩で風を切って何百人、何千人を率いた男が、たった一人で汚れたジャンパーを着て、寒風に吹きさらされながら、本船が入ってくるのを埠頭で待つ——井上喜人のその姿を見て、幸夫はしみじみ思った。

〈ああ、オヤジの言った通りだな。本人はつらいだろうな……。しかし、あれほど美しい姿はない〉

幸太郎が書き残した信条がある。

《世間の人のしあわせに役に立たないような仕事は、企業とはいわれない。どうせ額に汗して働くからは、胸を張って、他人のよろこぶ仕事に打込むことが、男と生まれた甲斐というものではないか》

井上喜人は、額に汗を浮かべ、まさしく男と生まれた甲斐を五感で噛み締めていたに違いない。

幸夫もまた、井上の姿を眺めながら、幸太郎と幸せを分かち合い、額に汗して働くのとはまた格別の味わいを持つ「もう一つの港のロマン」を感じていた。

その後、またたく間に実業家として成功した井上は、やがて、その人物、人となりを買われて巨大商社伊藤忠の顧問にまでなった。

　幸夫は、稲川会のかつての幹部の井上喜人と年中会うような間柄ではなかったが、堅気となって、実業家として成功したことを心からよかったと思った。

　井上は子だくさんだった。妻との間に子どもは一人しかいなかったが、腹違いの兄弟たちが多かった。井上の子どもたちは、藤木を慕ってよく事務所に遊びに来ていた。そのため、藤木は、彼らが大人になってからも、仲人を引き受けたりした。

　ある日、伊藤忠に勤める井上喜人の兄貴分が藤木企業の事務所にやってきて、幸夫に言った。

「今度、伊藤忠の仕事を持ってくるから」

　堅気になったばかりの井上を気遣った言葉だった。


　じつは、わたしは稲川会を去り堅気になった井上喜人とは、銀座の『らどんな』という行きつけのクラブで何度か会い、酒を酌み交わしている。わたしが『修羅の群れ』を描き、東映で映画化されたのちのことである。

『修羅の群れ』は、あくまで稲川聖城会長側の視点で描いていたので、井上喜人からは別の視点からのドラマもあるはずであった。

　わたしは井上に話を持ち掛けた。

「井上さんを主人公にしたドラマを描きたいんですが、どうでしょうか」

　井上もまんざらではない表情であった。が、しばらく考え、ポツリと言った。

「稲川会長が、喜ばないでしょう」

　わたしは描く可能性もありと読み、言った。

「稲川会長に話してみます。もしいい返事が返ってきたときは、よろしくお願いしますよ」

わたしは、さっそく稲川会長に連絡を取った。

事情を話すと、稲川会長は、ためらいなく言った。

「井上さんなりのドラマもあるだろう。描きたいように描いてください。井上にもよろしく」

わたしの心は、はずんだ。

〈井上喜人の稲川会時代のドラマに加え、堅気になってからのドラマも入れると、魅惑的な作品になる……〉

クラブ『らどんな』で井上に会うなり、わたしは伝えた。

「稲川会長も、自由に描いてくれ、ということでした。井上さんにもよろしくと言っておられました」

「そうですか……」

井上は、ホッとした表情になった。井上なりに稲川会長の言葉はうれしかったのであろう。

井上は、ウィスキーを口にするや、申し訳なさそうに言った。

「会長の話はありがたく受け止めますけど、堅気になった身ですから、ドラマうんぬんはお断りしましょう」

わたしは、いま一度口説こうかと思ったが、それ以上押しても気持ちはびくとも動きそうになかったので、あきらめることにした。

残念ながら、井上の視点から描く『修羅の群れ』は幻に終わった……。

第五章　芸能人が集う港町

票の面倒を見る者、金の面倒を見る者

藤木企業名古屋営業所（のちフジトランス）に勤務していた小此木彦三郎は、横浜に戻り、実父の会社である小此木商店に入社していた。

昭和三七（一九六二）年、小此木彦三郎が幸夫のもとを突然訪れてきて言った。

「幸夫さん、相談がある。じつは市会議員選挙に出るつもりだ」

幸夫は驚いた。彦三郎は本当に静かで、特に目立つ振る舞いのない人物である。その地味で静かな彦三郎が選挙に出る、と言う。

〈よし、彼がそう言うのならとにかく応援しよう〉

幸夫はさっそく、横浜の名物イベントである「みなと祭り」のパレードに出すことにした。角帽をかぶった早稲田の学生を一〇〇人近く動員して、その先頭を早稲田大学の先輩である彦三郎に歩かせた。そうやって伊勢佐木町あたりを練り歩き、まずは顔を売ったのである。

昭和三八（一九六三）年の春の選挙で小此木彦三郎は当選し、横浜市議会議員となった。

政治家の応援をする者には、二通りある。票の面倒を見る者と、金の面倒を見る者である。票で面倒を見るのが藤木幸太郎、金で面倒を見るのが名古屋の藤木海運だった。

小此木彦三郎の選挙を応援する際、藤木海運の伊藤清蔵社長が、幸太郎に言った。

「兄貴、選挙の金は、ぜんぶ名古屋で持たせてください」

伊藤はかつて大学を卒業したての小此木彦三郎を預かり、何年か修業させた後に実家の小此木商店に帰した経緯がある。幸太郎が票も金も背負うのはあまりにも負担が過ぎる。そのため、小此木と無関係ではない伊藤が、金の面倒を見ようと申し出てくれたのだ。

のち、小此木彦三郎は、幸太郎の媒酌《ばいしゃく》で、伊藤清蔵の娘・節子と結婚した。

田岡一雄の三代目引退工作

田岡一雄は、終戦直後、兵庫県警の捜査二課長だった秦野章《はたのあきら》と奇《く》しくも神戸に居合わせて、それぞれの立場から国際ギャング団に立ち向かい、街を制圧した。そのために兵庫県警から頼まれて何度か「一日警察署長」を務めた。

また、ヤクザが暴力団と言われるようになってからは、立教大学の松下正寿《まつしたまさとし》総長が田岡一雄らと一緒に麻薬撲滅《ぼくめつ》運動に取り組んだ。

昭和三八年四月、田岡一雄は、麻薬・覚醒剤撲滅を目的とした「麻薬追放国土浄化同盟」を結成した。

この団体には、右翼活動家の田中清玄、麻薬審議会・菅原通済《すがわらつうさい》会長、参議院議員の市川房枝《いちかわふさえ》、作家の山岡荘八《やまおかそうはち》、評論家・劇作家の福田恆存《ふくだつねあり》らが参加して、幸太郎の地元の横浜市で結成大会が開かれた。

同盟の総本部は、兵庫県神戸市中央区橘通の山口組本部に置かれた。また、山口組益田組・益田芳夫組長（のち益田佳於）を、麻薬追放国土浄化同盟横浜支部長として、事務所を開設させた。

幸太郎は思っていた。

〈田岡一雄は、田中清玄と親しかったことから、田中のような存在になりたかったのだろう〉

藤木幸太郎が全国港湾荷役振興協会の会長、副会長が田岡一雄であることから、田岡は何かというと、会長の幸太郎のところへ足を運んで相談しては、神戸へ帰っていく。

田岡が帰っていくと、外で待ち構えていた神奈川県警の刑事が、すぐに幸太郎のところへ来て、聞いてきた。

「いま、田岡が来て、何を話したんだ」

その刑事は「ムラゲン」の愛称で知られた村松源一だった。

田岡は、関西の荷役仲間が選んだ全国港湾荷役振興協会のれっきとした副会長だが、ムラゲンの目には山口組三代目としてしか見えなかったらしい。

が、田岡を見る幸太郎の目はムラゲンとはまったく逆で、どこまでも全国港湾荷役振興協会の副会長である。

「ないよ、話なんか」

こういって、幸太郎はすげなく突っぱねる。

水上警察署の敏腕刑事として鳴らしたムラゲンは、納得しない。

「田岡一雄たる者が、神戸からわざわざ足を運んできたんだ。そんなはずがねえ」

幸太郎は突っぱねた。

「あの人は、頼みごとをするときは、必ず自分から出向いて頭を下げる。もちろん、港のことだ。刑事さんが期待するような話じゃなかったよ」

それからも、ことあるごとに、ムラゲンは執拗《しつよう》に食い下がり、田岡について、幸太郎の知るかぎりのことを聞き出した。しかし、どこをどう叩いても、「ミナトの田岡」でしかない。

「信じられねえ」

田岡の人間的な魅力を聞くうちに、ムラゲンは幸太郎と親しくなった。その場に同席していた幸夫も、ムラゲンに人間的な魅力を感じて兄弟同然に交わった。

そして、ムラゲンはのちに藤木の会社の顧問になり、何かといえば「社長よ、幸夫さんよ」というようになった……。


かつて幸太郎は幸夫に、田岡一雄の三代目引退工作を命じたことがある。

「港で働いている人たちの子弟が高校を卒業するまで、月謝は全港振で持つ港湾労働者の育英資金制度を、幸夫、おまえがつくれ。そのうえで田岡君を理事長に据えなさい。ただし、山口組の組長を辞めてからの話だよ」

幸夫が話を神戸に持っていくと、妻の文子が大変よろこんで、田岡も最初はその気になった。

「オヤジ、田岡のおじさんは、理事長を引き受けてくれそうだ。三代目もいずれは引退してもよいという口ぶりでしたよ」

「そうか。それは何よりだな」

幸太郎は幸夫と一緒になって心から喜んだ。

幸夫は張り切って横浜と神戸を往復し、奔走《ほんそう》を続けた。

ところが、ある日、幸太郎が幸夫に言った。

「幸夫、田岡君は引退しないよ」

「どうしてですか」

「この間、ここへ来たとき、そんな口ぶりだったよ」

幸太郎は、田岡に対して引退をすすめたという。

「ヤクザは所詮《しょせん》ヤクザでしかありようがない。きみがこの道を捨てて、港湾業者としてやり直す決意があるなら、自分はどんな犠牲《ぎせい》を払ってでもきみのために力を貸してやるが、どうか」

田岡一雄

が、田岡は答えた。

「ここに山口組と港湾事業と二つある。どちらを取るかと言われれば、オヤジさんには悪いが山口組を取る。山口組は暴力団だ、何だと世間から袋叩きに遭っている。しかし自分は男と見込まれて三代目組長を任されてきた以上、四代目をつくって、あとを任せる責任が残されている」

真意を質《ただ》すために幸夫が田岡を訪ねると、はたして言った。

「田岡のために喧嘩して懲役に行っているやつがいる。そいつらが出てくるまでは、わたしは足を洗えない。これだけ港のみなさんに心配してもらってありがたい」

幸太郎に予告されていたにもかかわらず、幸夫はこのときほどガッカリしたことはなかった。が、同時に、感銘を受けてもいた。

〈さすがは、田岡のおじさんだ〉

かくして、引退工作は不発に終わってしまった。が、「ヤクザの世界から足を洗って港の仕事に生きたい」というのが田岡一雄の偽らざる本心だということを、しっかりと確かめることができた。

幸太郎も田岡の本心を見抜いていたから、自分だけでなく幸夫に引退工作を命じたのだろう。


「田岡さん、大好きですよ。尊敬してます」


以来、幸太郎同様、幸夫と田岡との付き合いも、山口組抜きの「もう一人の田岡一雄」個人を相手にしてのものになった。

だから、幸夫は、人に聞かれても胸を張って言う。

「えっ、田岡さん。大好きですよ。心から尊敬してます。実の親子みたいにお付き合いさしていただいてます」

それを聞いて、なんとなく足が遠くなっていく人もいる。

幸夫はそれでよいと思った。酒井信太郎親方にしろ、幸太郎にしても、政界に打って出たとしたら、かなりのことがやれたはずであった。

が、港の世界に閉じこもって、決して外に出ようとしなかった。じっと内にこもって、「おれについて来い」で終わってしまった。

せがれの幸夫の代になって、初めて外に出てものを言うようになった。そして、酒井の親方や幸太郎が、なぜ外に出ようとしなかったか、身をもって知った。

酒井の親方や幸太郎が決して外へ出ようとしなかったのは、田岡一雄を受け容れたら、世間がどのような目で自分たちを見るか——そのことを、前もって強く自覚していたからである。

それでも、酒井の親方と幸太郎は田岡を受け容れた。田岡を堅気に返すには、取り込むほかに道がない、と考えたからだろう。

幸太郎がいつも言っていたように、幸夫は出しゃばりだから、外に出てべらべらしゃべって、ときには身に余る選挙のお誘いも受けた。

幸夫の気持ちに関係なく、熱心に旗を振ってくれる人もいた。

結果として、世間が幸夫たち港の人間を、どのように見ているか、幸夫はそのリトマス試験紙になった。

だからこそ、酒井の親方と幸太郎の偉さがよくわかったし、田岡がなぜ全身全霊を捧げるようにして港のために打ち込んだのか、それほどの気持ちがよく理解できた。

しかし、言い訳は無用……。

幸太郎と幸夫、田岡一雄との交わりは、このように、いわく言いがたいものがあった。

事実を皮相的に受け止めてしまうか、意味するところを深く察し、真実を感得できるか否《いな》かは、ひとえに聞く人の器《うつわ》の問題である。

それに、田岡一雄が活躍していた時代は、暴力団ではなく、任俠《にんきょう》の世界であった。

田岡の妻と子どもたち

田岡一雄の妻の文子は、若い衆から「姐《あね》さん、姐さん」と慕《した》われていた。

ある日、文子が藤木幸夫に言った。

「わたしは田岡と一緒になるつもりなんか、全然なかったのよ」

文子はコーヒー屋の娘で、「ヤクザなんていやよ」と田岡を袖にしていた。が、田岡の人間性や気っぷのよさに惹かれ、一緒になったという。

文子は、若い衆から慕われることで、一般の女性では知り得ない喜びの中に浸っていたようだった。が、やはりヤクザ稼業のことは嫌っていた。

娘の由伎もまた、山口組のことを嫌っていた。

由伎が高校生のとき、甲子園でかちわり氷販売のアルバイトをしていたことがある。

バイトが終わる夕方には、仲間同士で遊びに行ったりすることもある。その中に、由伎に好意を抱く青年もいた。

「由伎ちゃん、ぼくとご飯食べにいこうよ」

由伎が承知して、一緒に街へ出かけると、必ず黒塗りの車がスーッとついてくる。青年は「この車は何だろう？」と怪訝《けげん》に思う。

それからしばらくして、「由伎ちゃん、由伎ちゃん」とまとわりついてきた青年が、急に由伎を避けるようになった。

由伎は、自分に父親の監視がついていると知って、ひどくショックを受けたという。

田岡一雄の長男である田岡満は昭和一八（一九四三）年五月二六日生まれで、幸夫より一三歳年下である。

満は、慶應大学経済学部卒業後は芸能界に出入りするようになり、松山まさるのプロデュースを担当していた。

昭和四〇年に『新宿駅から／信濃路の果て』でデビューした松山まさるは、のちに芸名を替えて大スターとなる五木ひろしのことである。が、松山まさる時代の五木は、まったくレコードが売れなかった。

田岡満は、幸夫のもとを訪ねてきて言った。

「幸夫さん、悪いんだけど、ドーナツ盤で一枚五〇〇円なんだ。だからみんなに五〇〇円持たせて、レコード屋へ行って買ってくれないかい」

「一〇〇枚持ってきなよ。買い取るから」

「ダメ。レコード屋に行って買わないと、人気に影響がないんだ。面倒だけど、五〇〇円持たせて買いに行かせてくれ」

「わかった」

幸夫は、社員に五〇〇円を持たせて言った。

「伊勢佐木町へ行って、松山まさるのレコードをどっさり買ってこい」

「力道山は自分で自分の死を早めたのだ」

日本でプロレスが興行として一本立ちができるようになったのは昭和二五〜二六年からである。その数年前、相撲取りの力道山《りきどうざん》は関脇まで上ったが、相撲に見切りをつけプロレスに入りたいと東京・蠣殻《かきがら》町の新田新作を頼った。

新田はのちに明治座の座主になった男で、当時藤木幸太郎に何かと世話になっていた。新田の頼みなので、藤木は力道山をしばらく自分の会社に引き取り運転手をやらせ、それからプロレスの道場をつくってやった。

力道山の存在が次第に脚光を浴びるようになった。その頃幸太郎は新田に用があって出かけていった。新田は留守でたまたま居合わせた力道山が、「新田さんは二〇〇万円も持って、また競馬へ行ってるんですよ」とさも毒づくように、嫌味を口にした。

力道山

幸太郎はそれを聞いて、怒りが湧いた。新田の二〇〇万円は新田の金である。新田が何に使おうと自由なはずだ。それを非難がましく、小生意気にも自分に告げ口をするとはなんという恩知らずな男だ。プロレスでは強い男かもしれないが、人間としては最低の屑《くず》だ。

幸太郎はそう思うと、帰ってから新田に対して伝えてやった。

「自分は今後力道山とは無関係、したがって、面倒は一切見ない。おまえも力道山は破門した方がよかろう」

力道山はのちに田岡が面倒をみるようになり、田岡は日本プロレス協会副会長となった。

しかし、この頃から力道山の傍若無人《ぼうじゃくぶじん》の振る舞いには田岡も手を焼くことがたびたびで、不祥事が頻発した。

昭和三八年一二月八日午後一〇時三〇分、力道山は住吉一家傘下の大日本興業の村田勝志に刺されて、一週間後死亡した。

田岡はこれを「力道山は自分で自分の死を早めたのだ」と言った。

幸太郎は力道山のあと、力道山と共に日本プロレスを創設した遠藤幸吉の面倒もみた。遠藤の兄が藤木組の労務委員長をやっていた関係で「力になって欲しい」と頼まれたのである。

力道山で失敗した幸太郎は力道山をしのぐような立派なレスラーにしようと思ったが、なんとしても技量がともなわない。遠藤は弱すぎた。

さればといってここでまた手を切ってしまえば、力道山の二の舞のようになるかもしれない。

本人は道場をつくって、門下生を養成したいというので、幸太郎は作曲家の古賀《こが》政男《まさお》に頼んで一流歌手を揃え、野毛のマッカーサー劇場で音楽祭をやり、その収益金で道場を建ててやった。

幸太郎は、遠藤のためギャラを支払うという大きな支出を受け持っただけであった。

長嶋茂雄に教えた四字熟語

幸太郎は、大のジャイアンツファンだった。昭和四〇年代の川上《かわかみ》哲治《てつはる》監督時代、V9達成の頃の話である。強かったぶん、負けたときは大変である。

「巨人が負けると、藤木の会社は給料が出ない」

その噂が本当だから困ってしまう。当時の試合はダブルヘッダーがあり、巨人が二試合続けて負けた日は、幸太郎が出金伝票にハンコを押さない。経理が給料を払いたくても払えないのである。

巨人が負けた翌朝、幸夫はいつも通りに幸太郎に挨拶をする。

「オヤジ、おはようございます」

呼びかけても、横を向いて知らん顔をする。

〈あ、ジャイアンツ負けたんだった。まいったな〉

それでも再度、「オヤジ、おはようございます」と言うと、今度は新聞をつかんで顔を隠す。が、その新聞は逆さま。新聞で不機嫌な顔を隠しているのである。

仕方がないので部屋を出て、別の仕事をする。

しばらく経ってもう一度、「オヤジ、おはようございます」と挨拶すると、「うるさいね！　おまえは」

と怒る。

幸夫は長期戦のつもりで、黙ったまま幸太郎の機嫌が直るのを待った。

すると、怒ることに疲れた幸太郎が、「おい、天気はどうだい」などと訊いてくる。すかさず幸夫が言う。

「オヤジ、給料お願いします」

「……わかった」

それでようやくハンコを押してくれる。

が、負けるたびに不機嫌になるのだから、幸夫もたまったものではない。

幸太郎は、幸夫にたびたび愚痴《ぐち》った。

「幸夫、川上の野郎、昨日あんなところでスクイズやりやがって。スクイズなんかやるタイミングじゃないよ」

幸夫に言っても仕方ないのだが、言わずにいられないのだろう。

当時、昼間のテレビ番組といえば野球中継だけだった。まだナイターのない、デイゲームだけの時代である。

野球にくわしい幸夫に、幸太郎はよく質問した。

「幸夫、あれか。ウエストボール、ウエストボールっていうけど、それって釣り球のことかい？」

「そうですよ」

「なんだ。釣り球って言えばいいじゃねえか、馬鹿野郎」

大のジャイアンツファンの幸太郎のもとに、幸夫が長嶋茂雄《ながしましげお》を連れていった日は大変だった。幸太郎の喜びようといったら小学生のようにはしゃいで、これ以上ないほど上機嫌である。長嶋は、お土産を山ほど持って藤木企業を訪ねてくれた。

「いやー、きみが長嶋君か。よく来てくれたな」

幸夫が色紙を差し出して、長嶋に言った。

「シゲちゃん、字書いてやってくれ」

長嶋は、いつものように「読売巨人軍　長嶋茂雄」とサインしてペンを置いたので、幸夫が注文をつけた。

「シゲちゃんダメ、何かよ、ほら、あるじゃない。二文字とか四文字でちょっとしたのあるだろ、それ書きなよ」

「いや、書いたことない」

「じゃあ、『美意延年』と書け。いつも明るく楽しい心でいれば、寿命を延ばすことができる、という意味だ」

「そうですか、『美』は美しいという字でいいですか？」

長嶋は、幸夫の言うとおりに書いてくれた。

色紙には、「巨人軍　長嶋茂雄　美意延年　藤木幸太郎翁」と書かれた。

幸太郎の喜びようは大変なものだった。長嶋が帰った後も、色紙をずっと抱きしめ、胸に抱えたまま家に持って帰った。その子どものような様子を見て、幸夫はあらためて思った。

〈オヤジは、心底ジャイアンツが好きなんだな〉

長嶋茂雄は、この日以来、どこへ行っても色紙に「美意延年」と書くようになったという。

親のない子どもたちへの支援の輪

港の第一線で仕事をさせてもらえるようになった当初、幸夫は父親の幸太郎と藤木企業本社から約八キロ離れた横浜市港北区の妙蓮寺駅にほど近い、丘の上に住んでいた。

昭和三八年のある日、幸太郎から言われた。

「幸夫、おまえを家から追い出すわけじゃないんだが、現場から遠くに住んでいたら、いざというとき困る。会社の近くにいてくれないか」

断る理由はない。二つ返事で了解した幸夫は、すぐに家を探し始めた。

当時、小此木彦三郎の友人で中村栄という横浜で最も信頼する不動産屋が、「幸夫君の住むところならおれが探す」と言ってくれた。ちょうど横浜市中区本牧にある三溪園《さんけいえん》の隣に土地が空いていたため、そこに小さな木造住宅を建てて住むようになった。


ある朝、幸夫は通勤途中に近くの間門《まかど》小学校へ通う小学生の列が目にとまり、何気なく眺めていた。が、どうも様子がおかしい。子どもたちの着ている洋服が体に合っていない。手が隠れてしまうほどの長いセーターを着ている子、上着もサイズがまったく合っていない子もいる。

〈可哀想に。親がもっといいものを着せてあげればいいのになあ〉

幸夫は、会社に着くなり近藤専務に子どもたちの話をすると、近藤が教えてくれた。

「おそらくその子どもたちは、本牧元町にある『高風子《こうふう》供園』という、親のいない子どもたちが暮らす養護施設から通っている生徒ですよ」

幸夫はただちに五〇万円を用意して、近藤に言った。

「近藤さん、悪いんですが、これを高風子供園に届けてくれませんか。『子どもたちに着るものを買ってあげてください』と伝えてほしいんです」

近藤がお金を届けてくれた数日後、高風子供園の平野恒《ひらのつね》園長が藤木企業を訪ねてきた。

平野は「神奈川のお母さん」と呼ばれるほど保育者養成に尽力した人物で、父親は明治・大正期の民権運動家で衆議院議員を務めた平野友輔《ともすけ》である。

礼を言う平野園長に、幸夫が言った。

「藤木企業はいつまで続くかわかりませんが、力になれることがあれば、何でも協力しますよ」

こうして高風子供園との縁が生まれた幸夫は、以来半世紀以上にわたって、いまなお毎年の盆暮れには、当時と同じ額の寄付を続けている。昭和三八年当時と現在の貨幣価値は違うものの、これが幸夫と高風子供園とのいわばしきたりのようになっている。

幸夫は、折にふれて友人知人に高風子供園の話をした。すると、話を聞いた人たちが進んで支援、協力をしてくれた。

あるときは、横浜市からの助成金が削減され、三時のおやつ代と子どもたちの床屋代が削られてしまった。平野園長から事情を聞いた幸夫は、知り合いにその話をする。それならと名乗りをあげてくれたのが、プロレスラーたちだった。彼らは自ら用意したお菓子をたくさんもって子どもたちに届けてくれた。

幸夫が通っている床屋に「高風子供園の子どもたちが来たら頼むよ」と言うと、床屋のオヤジが「いいですよ」と毎回無料でやってくれるようになった。

こんな調子で、誰もが「いいです。お金は要りません」と言ってくれる。

勝新太郎が工面した一〇〇万円

昭和六二（一九八七）年、平野園長は、古くなって壊れそうな風呂場の修理費や、三〇年間使い続けて買い替える予定だった子どもたちのベッドが、横浜市の厳しい財政状況で予算申請してもなかなか下りない苦しい現状を幸夫に訴えた。

「藤木さんからも、市の担当者の方に頼んでいただけないでしょうか」

平野から相談を受けた数日後、俳優の勝新太郎《かつしんたろう》が藤木企業へやってきた。

このとき、勝は渡辺謙《わたなべけん》主演のＮＨＫ大河ドラマ『独眼竜政宗』に豊臣秀吉役で出演していた。そのストーリーを追い続けていた幸夫は、毎回放送が終わると「勝ちゃん、次回はどうなるの？」などと訊いていた。勝が藤木企業を訪れたその日は、ちょうど秀吉最期のシーンを撮る日だった。

勝が幸夫に言った。

「社長、いま撮影終わりました。今日で秀吉は死にました」

「え、勝ちゃん、死んじゃったの！」

「ええ、死にました。再来週の放送で終わりです。その次からはおれ、出ません」

「それはご苦労さまだったね。最後だから撮影大変だったんじゃないの？」

「大変どころじゃありませんよ。困っちゃって……」

当時、勝は昼間からビールを少しだけ飲むことが多く、この日も飲んで撮影に臨んだという。スタジオで装束を着て横になってスタンバイしていたら、そのままスーッと寝てしまった。

パッと眼を覚ますと、枕元の右側に淀君《よどぎみ》役の樋口可南子《ひぐちかなこ》が座っている。勝は以前から、「いまいちばんいい女は、樋口可南子だ」と言っていたほど惚れていて、女房の中村玉緒《なかむらたまお》にひっぱたかれたこともあった。

勝は、寝ぼけた頭で考えた。

〈いけねえ、とうとうおれは、この人を引っ張り込んじゃったよ〉

勝は、樋口を口説き落としたと勘違いしたのである。眠気も吹き飛び、反対側を見ると、北政所《きたのまんどころ》役の八《や》千草薫《ちぐさかおる》がいる。

〈あ、よかった、ここはＮＨＫだ～〉

安心して目を瞑《つむ》り、あらためて「さあ、撮影に入りましょう」と起き上がって監督に言うと、監督から「勝さん、いまの演技、いい死に方でしたね。一発ＯＫです！」と言われた。キャメラが回っていたのである。

勝が幸夫に言った。

「秀吉の最期のシーンは、そうやって撮ったんだ」

勝は、なんとも天衣《てんい》無《む》縫《ほう》な男だった。

そんな笑い話をしていた中で、幸夫は高風子供園のことを口にした。

「勝ちゃん、きみも知っている本牧の高風子供園のことだけど、いま風呂場を直してあげようと思っているんだ」

すると突然、勝が言った。

「会長、そのお金、わたしがつくりますよ」

幸夫もつられるように言った。

「そうか悪いな。横浜でディナーショーをやってくれるか」

「もちろん！　バンド連中集めてみんなタダでやりますから、売り上げをすべて寄付して風呂場をつくってやってください」

こうして、横浜のロイヤルホールで昼夜二回の公演が決定。チケットは港の関係者が買ってくれるので、売る前から「完売」状態で集客は問題ない。会場とディナーの料金も、ロイヤルホールのオーナーで、幸夫にとって兄弟同様の大切な友人である板橋悟がすべての費用は無償で協力すると言ってくれた。そうなると、唯一の問題はチケットの値段である。

勝新太郎

当初三万円にしたところ、勝プロのマネージャーから電話があった。

「うちのオヤジは四万円以下でディナーショーをやったことがありません。相場が下がってしまうので、四万円は取ってください」

出演者もディナーもタダで、チケットの印刷代もさほど掛からない予定だったため、さすがに四万円も取れない。結局、チケットには「四万円」と印刷して、実際は三万円で売ることで了解を得た。

ディナーショーは超満員の大盛況だった。

幸夫は会場後方から、感激しながらショーを見た。

〈やってよかったな……〉

すると公演の最中、スポットライトを浴びながら、勝が突然ステージを降り、平野恒園長が座っているテーブルに近づいていくではないか。二言三言、話しかけて、懐から何やら出して渡している。幸夫は勝に平野園長を紹介したことがなかったから、どこでどう園長を知ったのかわからなかった。

ショー終了後、幸夫は平野に訊いた。

「勝は、何を渡したんですか」

「一〇〇万円いただきました」

当時、勝は借金漬けでそんな大金を持っているはずがない。

〈勝ちゃんはいったい、どう工面したんだろう〉

幸夫が何気なく尋ねると、勝が説明してくれた。

ショーの前の晩、銀座で仲間たちと飲んでいた勝が、高風子供園のことを得意の大声でしゃべっていた。

「明日はな、横浜の藤木さんのところに行って、親のない子どもたちのためにディナーショーをタダでやるんだ」

たまたまそこへ居合わせたその筋のエライ人から、声がかかった。

「勝、おまえさっきから聞いていると、ずいぶん偉そうなことを言っているが、いったいいくら銭を持っていくんだ」

「え、タダで出演するのに銭がいるんですか？」

「馬鹿野郎！　そういうときこそ、包んで持っていくんだよ！」

「なるほどそうか」

が、勝には一文もない。

「それで、急いで仲間たちに頼み込んで、一晩で一〇〇万円をかき集めたんだ」

その後も勝は、誰に言われるともなく高風子供園にお菓子を差し入れてくれたりと、じつに人間味豊かな面を幸夫に見せてくれた。

また、幸夫の長年の友人である杉良太郎《すぎりょうたろう》も、高風子供園の子どもたちのために伍代夏子《ごだいなつこ》と夫婦でディナーショーをやってくれた。

もう一人、当時大関だった小錦《こにしき》にも高風子供園に来てもらっている。小錦は子どもたちの目線にまで腰を落として話しかけるのだが、「いまの親は、なっちゃいない！」などと、大人が感心するぐらい立派なことを次々と言う。

幸夫は思った。

〈小錦さんを将来は学校の教師か学者にしたいくらいだな〉

子どもたちがウルトラセブンが大好きだと聞いた幸夫は、バーニングプロダクションの周防郁雄にも協力してもらった。幸夫が周防に電話をすると、「すぐ行きますから」と言ってくれ、本物のウルトラセブンが高風子供園に駆けつけたのだ。もちろん子どもたちは大喜び。幸夫も満足だった。

〈みなさんが快く協力してくださるので、本当にありがたい〉

ジャイアンツの長嶋茂雄にも、何度も高風子供園を訪れてもらった。

「茂ちゃん、子どもたちを励ましてあげてくれないか」

「もちろん、喜んで行きます」

スーパースターがやってきてくれるので、これまた子どもたちは大喜びである。

幸夫は、高風子供園との縁を通じて、自分の知らなかった世界を勉強することができた。幸夫は、いまでは身体の不自由な人たちの社会復帰を支援する会の理事長をやらせてもらうなど、多くの方との出会いに恵まれて、今日まで歩んでこられた。こうした活動は、微力ながら藤木企業が続く限り、今後も続けていきたいと思っている。

山口組の勢力拡大と全港振の解散

昭和四一（一九六六）年二月の取締役会で、幸夫は藤木企業の専務取締役に選任された。その年八月、幸太郎が会長職におさまると、取締役社長に大久保秀雄、副社長に幸夫が就任した。幸太郎はこの年七四歳、大久保は四三歳、幸夫は三六歳である。

幸太郎は最初の妻ハルとの間に長男の幸夫、長女の博恵、二男の富雄の三人、後妻君江に三男の弘幸と子どもをもうけた。

酒井の褒章から六年経った昭和四一年五月一九日、幸太郎に、勲四等瑞宝《ずいほう》章受章の伝達があった。昭和三七年一一月の藍綬褒章授与に続き、二度目の栄典に浴したわけである。前回は褒章であったが、今回は勲四等なので叙勲《じょくん》であった。

しかしながら、幸太郎は受章式に行こうとしなかった。

「酒井の親方がもらったから、それで終わりだ。あとは余計だ」

幸夫が理由を迫ると、幸太郎は言下《げんか》に答えた。

「理由なんか、どうでもいい……おれは博打もやった。懲役も喰らった。おれなんかがもらったら、あとが困るだろう。行かないっ」

幸夫がどんなに勧めても、幸太郎は最後までとうとう行かなかった。

仕方がないから、幸夫が代理でもらいに行った。

幸太郎は勲章が嫌いだったわけではない。港の人間が勲章欲しさにおかしくなってしまうのを心配したのである。だから、港を代表して酒井の親方が褒章を受けただけで、もう十分だと考えたのだろう。

「酒井のオヤジで終わりだっ！」

あの時代の人間は、目先のことだけでなく、きちんと先まで見通して、そういうことが言えた。わが父親ながら、幸夫は惚れ惚れした気持ちになった。


田岡一雄は、昭和二八年一月に全港振副会長となり、港湾事業に進出するかたわら、昭和三三年四月、神戸芸能株式会社を設立した。川田《かわだ》晴久《はるひさ》、美空ひばり、三橋《みはし》美智也《みちや》、高田《たかだ》浩吉《こうきち》などを売り出すが、傘下の組織と他系との縄張り争いも表面化した。

それ以後、小松島事件、明友会事件、福岡事件、鳥取市の菅原組組長刺殺事件などのほか、三八年頃まで阪神から山陰、中国、北九州各地で凄惨《せいさん》な抗争激突を繰り返した。

組の勢力は、昭和四〇年までに傘下四二四団体、総勢九四五〇人を数える巨大組織に発展していた。

昭和四一（一九六六）年四月、山口組傘下の船内荷役会社三友企業のトップであり、田岡の舎弟であった岡精義が恐喝《きょうかつ》罪で逮捕された。そのせいで田岡も全港振の役員と甲陽運輸社長を辞任。さらに昭和四一年六月、全港振まで解散に追い込まれた。

田岡は、自分の所属する山口組への警察の追及によって全港振神戸支部にも事件が波及し、その結果、全港振そのものの存在に大きな疑惑がかけられ、ついに解散にまで追い込まれた責任を痛感していた。

幸太郎はまた田岡の人間性の正しさ、理非を弁《わきま》えた仁義道への精神を深く理解し、同情し、心から声援をおくっているというのが偽らぬところであった。

コンテナという黒船来航

コンテナ時代の幕開けが近づいていた。本格到来は昭和四三〜四四（一九六八〜六九）年にかけてのことだが、コンテナ船は、言ってみれば人力車の世界に自動車が現れたようなものである。アメリカのマトソン・ナビゲーション社がコンテナ船を日本に回航すると通告してきたのが、昭和四二年の秋のことである。

藤木企業は本牧Ｄ突堤《とってい》に新設された市営ガントリークレーン（橋型クレーン）を使って対応する態勢を取った。

それから間もない翌昭和四三年五月二四日、本牧Ｄ突堤にセミコンテナ船プレジデント・タイラー号が現れた。

巨大な貨物容器「コンテナ」を積載した船、それを目《ま》の当りにして、港湾業者は衝撃を受けた。それまではバルクキャリアというバラ積み船で荷役してきたから、人手を多く必要とした。

だが、コンテナ船が必要とするのは、人手より巨大なガントリークレーンである。設置された軌道上を、橋脚状のクレーンが移動してコンテナを運ぶため、人手は要らなくなる。このままコンテナ化が進めば、港の荷役のあり方が根本から変わってしまう。

いわば、港の産業革命で、なりゆきによっては荷役会社が全滅する。荷役会社が倒れれば、膨大な失業者が出る。労使双方にとって、まさに〝黒船〟の出現であった。

横浜港には日本港湾労働組合連合会傘下の労働組合や全日海（全日本海員組合）、全港湾（全日本港湾労働組合）など七つの組合組織があった。きわめて政治色の強い労働組合ばかりで、第一次安保闘争を経験しているだけに、その勢いには抗せざるものがあった。

個々に活動して横の連絡を欠いていたそれら七つの組合が大同団結し、「反合理化要求一六項目」を突きつけてきた。

当時、藤木幸夫はよりによって横浜港運協会の労務委員長になっていた。大同団結した労働組合の矢《や》面《おもて》に立った幸夫に、黒船の重圧がのしかかった。

幸夫は労働組合に対しては使用者の立場だが、船会社にとっては労働者側である。

「船会社の依頼に従って、この際、コンテナを受け入れよう。その代わり、船会社はわれわれに対して大きな借りをつくるのだから、こちらの要求に応じて欲しい」

組合に対しては求めた。

「コンテナ化は世界の趨勢《すうせい》だ。日本の船会社が考えたわけでなく、アメリカから売られた喧嘩だ。向こうからきた波だから、みんなで乗り越えないといけない。しかし、受け入れるからには、これだけの労働条件を約束するから、ストライキといった……非近代的な反対はしないでくれ」

幸夫は、労使双方の板挟みになって奔走を始めてから最初の三ヵ月間は、不眠不休で交渉に明け暮れた。労働組合が「よし、わかった」というまで、締めて半年以上かかった。

大同団結した組合連合軍を相手に交渉していては、いつまで経っても埒《らち》が明かないとみて、幸夫は個々の組合にねらいを絞って、一本釣りに出た。しかし、それがわかると大騒ぎになるから、場所選びに気を遣った。

幸夫は中華街の外国人バーを交渉場所に使った。外国人バーにはスロットマシンがいくつもあって、コインを入れてはガチャン、ガチャンとじつにやかましかった。

労働組合の幹部と席で話をすると目につく。だから、スロットマシンをやりながら交渉した。客席に背を向けるから顔を見られるおそれもないし、音に消されて話を聞かれる心配もなかった。

二ヵ月もそんなことを続けるうちに、ついに相手が折れた。

「わかった。労働条件は、もう一切いらない」

幸夫は、ようやく苦労が報《むく》われたかと頬《ほお》を緩《ゆる》めたが、そのとたん、ガツンとやられた。

「その代わり、委員長、一人当たり一〇万……働こうが働くまいが、月に一〇万円ずつくれれば、おれたちは全部手を引く」

大卒の初任給が三万円か四万円の時代だ。

港の作業員は仕事に従事した日数に応じて日当が支払われる、いわゆる出面《でづら》払いで、仕事はあったりなかったりのため、どんなに忙しく働いたとしても、五万円か六万円——それを月給制にして、しかも一〇万円寄越せという。

幸夫は相手をなじった。

「そんな非現実的なことを言って、それでも組合の委員長か」

しかし、引き下がろうとはしない。

「おれはあんたをこれ以上困らせたくない。港を混乱させたくないんだよ。経済問題なんだから、船会社から取りゃいいじゃないか」

経済問題ときた。

「そうしたら、おれもみんなに言えるし、あんたが苦しむのを見ないですむ。全員常備というのは画期的な提案だよ。船会社から取りゃいいじゃないですか。あんた方、取るもの取らないで、おれたちを抑えようたって無理だよ」

「一〇万円なんて冗談じゃない。明日から会社がなくなっちまう」

しかし、やり合うだけでは解決しない。

その頃、作業員は朝の七時半に出勤して、身仕度を整えて会社のバスで現場へ行く。それでウィンチをまわす——すなわち、仕事の始まりが八時で、終わりが五時。会社に五時半に引き揚げて、六時に退社した。

幸夫は提案した。

「コンテナ船はまだわずかだが、在来船も含めて四時半に終わらせて、五時に解散。朝の出勤も八時にする。朝晩三〇分ずつ短縮して、労働時間をいままでの八時間から七時間に一時間減らす、どうだ」

組合の代表が応じたので、幸夫は港湾荷役会社二五社の社長が一堂に会した全体会議に諮《はか》ったうえで正式に決着した。

それに対して、コンテナを扱わない荷役会社が、陰で一斉に猛反発した。

「藤木は自分が仕事をやりたいものだから、おれたちの在来船まで労働時間を短縮した」

当時、船内荷役会社二五社のうち、コンテナを扱うのは藤木企業のほか一社か二社だった。しかし、社長全員の了解を取りつけて決めたことでもあり、コンテナ化が一段と進んでいたこともあって、表立った反対は最後までなかった。

結果として、労働時間の短縮とコンテナ化がボディーブローのように効いて、作業中の労働災害が目に見えて減った。

当然の帰結だった。

中曽根派入りした小此木彦三郎

昭和四二（一九六七）年、小此木彦三郎は横浜市議会選挙で二期目に当選した。それから間もなくして、国政へ進出する話が出てきた。選挙区は、横浜市中区と西区を含む神奈川一区である。

ある日、小此木彦三郎が藤木幸夫のところに飛んできた。

「幸夫さん、わたし宛に自民党の各派閥から書類がボンボン来るんだ。聞いたら、出馬するんだったら、どこかの派閥に入らなきゃいけないらしい。一つ開けちゃうと、みんな開けなきゃならないから、これどうしたらいいだろう」

幸夫は冷静に答えた。

「いや、それはおまえ、藤山に決まってるよ。藤山だよ」

第一次佐藤栄作《さとうえいさく》内閣で経済企画庁長官に就任した藤山愛一郎《ふじやまあいいちろう》は、政治家になる前は父親が築いた藤山コンツェルンの後継者として大日本製糖、日東化学工業（のち三菱レイヨン）、日本金銭登録機（のち日本NCR）社長を歴任し、戦後は日本航空の初代会長に就任した大実業家である。

岸信介からたびたび通産大臣への就任を打診されていた藤山は、昭和三三年に横浜市を基盤とする神奈川県第一区から自民党公認で出馬して当選。都内千代田区永田町のホテル・ニュージャパンに事務所を構えていた。

幸夫はもともと中曽根康弘《なかそねやすひろ》と仲がよく、ゴルフ仲間だった。幸夫は箱根湯の花ゴルフ場の支配人と知り合いだったため、よく友人たちと箱根へ通っていたのだが、ゴルフ場の受付のところに一人ぽつんと座っていたのが中曽根だった。まだ若手議員だったから、早めに来て先輩たちを待っているようだった。

そこで幸夫は一人で座る中曽根に声をかけ、一緒にコースを回る仲になったのである。

中曽根から遠藤三郎《えんどうさぶろう》、遠藤派で神奈川一区が選挙区である藤山愛一郎とつながって、親しい付き合いをしていた。

「彦さん、ちゃんと藤山に頼みなよ」

が、幸夫の言葉に、小此木は首を横に振った。

「いや、藤山先生はダメだって言うんだ」

「なんでだ」

「一つの選挙区から同じ派閥の候補者が二人出ることはないんだ」

「彦さん、それは間違ってる。河野一郎はちゃんと一人抱えて神奈川三区から出ているよ」

河野一郎の選挙区である神奈川三区には、河野派の安藤覚《あんどうかく》も出馬していた。

「そういう例もあるんだから、彦さんは藤山だよ。だっておれは市議選のときから『藤山、藤山』で彦さんの応援やっちゃってるから、藤山派でなければ、おれはやりにくいよ。『藤山さんが小此木彦三郎を出すんだ』って言えば、藤山の支持者も好感をもって票を入れてくれるよ。藤山にすれば、むしろ票は広がると思う。おれ、藤山さんに聞いてみるよ」


幸夫は、横浜山手のフェリス女学院横に建つ、藤山愛一郎の屋敷を訪ねた。

藤山の家は、もともと外国人が住んでいた洋館を買い取ったもので、中には家の一切を取り仕切る林という支配人と、一〇人くらいの秘書がいつも行ったり来たりしていた。

その秘書たちの元締めをしているのが、今野良蔵だった。

今野は、銀座近くの三原橋《みはらばし》に自分の事務所を構えながら、藤山の筆頭秘書を務めていた。藤山とほぼ同世代、日本の大陸進出に関わった民間活動家で、俗に言う満州《まんしゅう》浪人であった。満州でだいぶ暴れてきたらしく、腹の据わったキリッとした人物だった。

今野は、藤木幸太郎のことをとても尊敬してくれていた。だから息子の幸夫に対しても、日頃から「幸夫さん、これはこうだよ、ああだよ」といろいろ教えてくれていた。

今野は、ボスである藤山のことを「藤山君」と呼んでいた。ぷかりと煙草をふかしながら、いつも藤山にアドバイスをしていた。

「藤山君、あれはまずかったよ」

藤山は、今野の言うことを素直に聞いた。

「そんなもんかね」

藤山愛一郎

「そうだ。これからは、あの男にはこうした方がいいよ」

「ああ、そうしましょう」

幸夫が知るかぎり、今野の方が上の立場であるかのような会話を、いつも交わしていた。

幸夫が藤山の屋敷を訪れたとき、藤山も今野もいたので、幸夫は二人に相談することができた。

「彦さんは、藤山さんと同じ選挙区から出る予定ですが、『ぜひ藤山さんに抱えてもらいたい』という気持ちでいます」

が、やはり藤山の反応は芳《かんば》しくない。慌ただしく立ち上がった。

「いや藤木君、悪いけどおれはこれから新幹線で名古屋へ行くんだ。だからまた帰ってきてから相談しよう」

ちょうど名古屋市長選の選挙期間中で、藤山は選挙応援のために名古屋へ行くという。サッと車に乗って、東京へ行ってしまった。

幸夫は、すぐさまタクシーを拾って追いかけ、東京駅から藤山と同じ新幹線に乗り込んだ。

「藤山先生」

幸夫が車内で突然藤山に声をかけると、藤山はひどく驚いた。

「なんだ、藤木君⁉　なんで、ここにいるんだ」

幸夫は、藤山に迫った。

「今日中に返事をもらわないと、こっちも準備がありますから」

「それは藤木君、無理だよ」

「いや、ご迷惑かけませんから。藤山という名前だけ名乗らせてください。この間、おれは井野さんにも電話して、ちゃんと彦さんのことお願いしますと言ってあるんだ」

藤山は井野《いの》碩哉《ひろや》法務大臣と懇意にしていたので、幸夫は根回しをしていた。

藤山がうなずいた。

「うん、たしかに井野さんから電話あったよ」

「ぜひ、彦さんを抱えてください」

「わかった。だけども、おれでないほうがいい。派閥でいちばん立派なのは前尾《まえお》派だ。前尾繁三郎《しげさぶろう》さんのところがいいけど、前尾さんは年が年だからな。これから先は、中曽根君が若いから、おれは中曽根君の方がいいと思うよ」

藤山がそんな言い方で中曽根康弘の名前を出した。幸夫は心の中でほくそ笑んだ。

〈しめた……〉

「中曽根派ですね。それでいいですね、藤山先生」

「うん、中曽根君がいい。ぼくから言っとくよ。それでいいだろ」

藤山は、しつこい幸夫をなんとか追い払いたくて仕方がない様子だった。が、幸夫はねばった。

「それじゃダメなんですよ、藤山さん。藤山さんが連れてってくれなきゃダメなんだ」

「そうか、だったら、ぼくが連れてくよ」

「約束ですよ」

念押しした幸夫は新幹線の次の駅で降り、すぐに上りの新幹線に乗り換え、横浜に戻り、小此木彦三郎に連絡した。

「彦さん、決まり。中曽根派だ。藤山が全部スタンバイして連れていってくれるって言うから」

小此木は、心底ホッとした声を出した。

「ああ、よかった……」

幸夫は、頃合いを見て中曽根康弘に電話を入れた。

「もしもし、藤山さんからなにかお話行きましたか？」

「うん、この間来たよ、ご本人が。小此木君はなに、材木屋だって？」

「そうです」

「おれのオヤジも、群馬の材木商だ」

中曽根の父親の松五郎は、関東有数の材木問屋「古久松」を営んでいた。敷地は三万平方メートルもあり、康弘の学生時代には、働いている職人一五〇人、住み込みの女中が二〇人ぐらいは常時いたという。

「彦三郎は、うちのオヤジの兄弟分の息子です。これからよろしくお願いします」

「藤山は馬鹿だから、いくら金があっても足りない」

幸夫が幸太郎にそれまでの経緯を報告すると、幸太郎は心配顔で言った。

「幸夫な、おかげさまで候補者は彦三郎に決まったけどな、国会の選挙ってのはいくらかかるかわからないぞ。おまえは藤山のところの今野さんに可愛がってもらってるから、彼に聞いてくれよ。あの人なら、おまえに何でも教えてくれるから」

当時の金で「藤山は選挙に一億使った」とか「一億じゃ足りなかった」といった噂が選挙のたびに飛び交っていた。

「そうですね。さっそく連絡してみますよ」

幸夫が今野に電話をして「ちょっと人のいる前じゃ話しにくいことなんで、会いに行ってもいいですか」と聞くと、今野は「じゃあ三原橋の事務所にいるよ」と応じてくれた。

幸夫は今野に会って、お礼を言った。

「今度、おかげさまで中曽根先生に抱えてもらうことになって、ありがとうございます」

「そうだなあ、彦三郎君でよかったよ。他のやつじゃ勝てないからな」

藤山と同じ神奈川一区では、橋中千代蔵など県会議員あがりの自民党候補者三人ほどが立て続けに落選していた。藤山は東京出身のため、地元生まれ地元育ちの彼らは選挙演説で、同じ自民党の候補者にもかかわらず「藤山を落とせ、あいつは落下傘だ」と喧嘩腰になってしまった。地元愛が落選原因になるとは、なんとも皮肉な話である。

幸夫は続けた。

「それで、うちのオヤジがお金をいくら用意したらいいか、今野さんに聞いてこいと言うんです」

「なに金？　いやいや、それは藤木が候補者出してやりゃ、金なんかいらないよ」

「でもオヤジが、国政選挙はいくらかかるかわからないと言ってました」

すると今野が言った。

「選挙になるとな、『これが風呂屋の名簿です、床屋のリストです、ナントカ宗教のリストです、これをいくらで買ってくれ』って、いっぱい来るんだよ。藤山は馬鹿だから、名簿なんか持ってくるとすぐ金をやっちゃうんだよ。あれじゃあ、いくら金あっても足りやしない」

海千山千の今野は、まるで子を思う親のように藤山のことを「馬鹿だから」と言った。

「だから小此木君の場合はだな、きみが事務所の受付をやれ。幸夫君が受付をやれば、それだけでいくらか遠慮するやつが出てくるだろうし、きみなら名簿を持ってきたやつを断れるよ。とにかく全部断れ。きみが断れば金はかからない。あとはポスターとかそういう金はかかるけど、そうだな、二〇〇〇万もありゃ充分だな」

幸太郎が覚悟していた半分も金はかからないという。

小此木彦三郎の選挙には、港湾関係者三〇社ほどが協力して、選挙応援のため社員を毎日二人寄越してくれた。

毎朝、幸夫がボランティア六〇人を集めて「今日はこの地域にポスターを貼って」などと指示を出す。

そして夜一一時頃にふたたび集まって今日一日の報告をし合う。彼らは、夢中になって協力してくれた。中曽根派に決まってからは、中曽根派の渡辺美智雄《わたなべみちお》や、田中派の江崎真澄《えさきますみ》など、国会の先生方が小此木彦三郎の応援に駆けつけてくれるようになった。

藤山愛一郎の筆頭秘書である今野良蔵が言った通り、伊勢佐木町にある小此木彦三郎の選挙事務所で受付をする幸夫のもとに、サングラスをかけた怪しい連中がやってきた。

「この組合の名簿を、買ってくださいよ」

「いや、いりません」

幸夫は断固拒否した。

すると、稲川組の林喜一郎が来て、幸夫に打ち明けた。

「おい、テキヤに聞いたんだけどよ。幸夫さんのことをみんなが『あいつがいるかぎり、藤山は金を出さねえ。だから、藤木をさらっちまおう』と言ってるらしいよ」

林によると、金儲けを阻害《そがい》されている連中が、裏で怪しい動きをしているらしかった。

幸夫のもとに、ミッキー安川《やすかわ》もやってきた。ミッキーは横浜高校の出身で、年齢は幸夫より二学年下だったが、二人は子どもの頃から仲が良かった。一八歳で渡米したミッキーは帰国後に英語を話すタレントとなり、ラジオパーソナリティとしても人気があった。

「藤木さん、何だよその顔は。なんかあったのかよ」

「べつに何もないよ」

「ぜんぜんくたびれちゃってるじゃないの。顔が尋常じゃないよ。藤木さん、おれの車乗りなよ」

「いいよ、おれ居なきゃ」

「いいから、ダメだ。頼むから乗ってくれ」

選挙中は戦の真っ最中である。幸夫は寝る間も惜《お》しんで選挙活動をしていた。

ミッキーはむりやり幸夫をイギリス車のオースチンに乗せ、幸夫の自宅まで連れていった。

ミッキーは部屋にあがり込んで、幸夫に命じた。

「布団敷いて、寝ろ」

朝のうちだったが、言われたとおり布団に横になった幸夫は、そのまま熟睡した。ミッキーに起こされると、もう夕方だった。

ミッキーはふたたびオースチンに乗せ、選挙事務所まで送ってくれた。

「ミッキーありがとう。さっぱりしたよ」

「よかった、よかった。藤木さん、また来るよ」

伴淳三郎を引っ張り出した選挙戦

小此木彦三郎は、神奈川県一区が選挙区である。横浜から町田に行く国道二四六号線の街道はいまでこそにぎやかだが、当時は一面が原っぱ状態。そこへ昭和四二年に田園青葉台団地という大規模マンションが建てられ、選挙運動といえば青葉台団地と決まっていた。

ところが、青葉台団地へ行った運動員の女の子が、毎回泣いて帰ってくる。小此木彦三郎と言ってもみんな知らんぷりして、反応は皆無《かいむ》。窓を開けてくれる部屋も一つもない。買い物かごをぶら下げた奥様方が、大声を張り上げている運動員の目の前を素通りして、うんでもすんでもない。

運動員の女の子が、泣きながら言った。

「誰も振り向いてくれないんです。振り向いてくれても、冷たい目で見られて……。もうわたし、青葉台団地に行くのだけは嫌です。悪いけど、ほかの区域に回してください」

一生懸命やっているだけに、幸夫は気の毒になった。

幸夫は、一案を講じた。ジャイアンツの長嶋茂雄に、小此木彦三郎の選挙応援を頼んだのである。

「茂ちゃん、悪いけど、小此木っていう男がいて今度選挙に出るから、応援で顔を出してもらいたいんだ」

ところが、長嶋はいい顔をしない。

「いやぁ、それが……」

当時、ジャイアンツの選手たちは元読売新聞社社長の正力松太郎《しょうりきまつたろう》の地元、富山県の選挙以外は一切応援演説などをしてはならないという不文律があるという。

長嶋が説明した。

「演説もダメだし、『小此木をよろしく』とも言えない。とにかくできないんですよ」

幸夫はちょっと考えてから、訊いた。

「わかった。いま本人を呼ぶから、小此木と握手したところを写真に撮らせてくれないか」

「写真ならいいですよ」

幸夫はカメラマンの手配をして、二人が握手している写真を撮った。この写真を等身大のパネルにして、選挙事務所の表通りに飾った。

すると、通りがかりの人たちの足が止まった。

「お、なんだ。小此木は、長嶋と親しいのか！」

長嶋と握手する写真は大好評だった。

長嶋茂雄については結果オーライだったが、青葉台団地へ応援演説をしてもらえる人はまだ見つからない。

仕切り直して考えていた幸夫の脳裏に、幸夫にとって恩人とも言える伴淳三郎の顔が浮かんだ。伴も、高風子供園に何度も足を運んでくれていた一人である。

「そうだ、伴さんに頼もう」

俳優の伴淳三郎はこのとき、昭和四四年四月五日から全三九回にわたってフジテレビ系列で放送されていた『あゝ忠臣蔵』で堀部《ほりべ》安兵衛《やすべえ》の父親堀部弥兵衛《やへえ》役で出演中だった。

伴淳三郎は、駆け出し時代に、大竹保《おおたけたもつ》、一龍齋貞鳳《いちりゅうさいていほう》らとともに、伊勢佐木町にある吉本の神奈川拠点劇場「横浜花月劇場」に出演していた。戦後は、清川虹子《きよかわにじこ》、笠置《かさぎ》シヅ子らと浅草で活動し、やがて映画やテレビドラマに出演する人気俳優となった。

共通の友人も多く、幸夫は、田岡一雄や清川虹子と一緒にいる伴を何度も見ていた。

幸夫は、原宿にある伴の自宅マンションに電話した。

「伴さん、選挙でさ、明日でもあさってでも撮影のない日でいいから、応援を頼みたいんだ」

「お、そうですか。選挙ですか」

すると、伴は思いがけないことを口にした。

「じつは、わたしの兄貴は山形県米沢市の市長なんです」

初耳だった。伴は続けた。

「世間はこのことを誰も知らない。だってわたし、兄貴の応援に行ったことないんだ。兄貴の選挙にも行ったことないくらいだから、選挙だけはダメなんですよ。ところで、誰なんですか、選挙に出る人は」

伴淳三郎

「じつは伴さん、おれが出ちゃってるんだよ」

伴はビックリして「えーっ！」と叫んだ。

他人の名前を出したら、絶対に断られる。そこで幸夫は、嘘をついた。

伴が言った。

「へええ、そうですか、藤木の二の字には勝てないな。わかりました。明日は大船でワンカット撮影があるだけなので、それを晩にずらしてもらいますので、朝からそっちへ行きますよ」

「伴さん、ありがとう。おれが迎えに行くよ」

「いやいいです。行くから」

「いやいい、おれが行くから」

翌日、幸夫は車で原宿駅前にある伴のマンションまで迎えに行った。すると、伴は自分のサイン入り色紙を山のように書いて用意していた。幸夫は思った。

〈ああ、ひばりと一緒だ〉

美空ひばりがまだデビューして間もない頃、ファンが「これにサインして」と汚いハンカチを差し出すことがよくあったという。ひばりは、それがイヤでつねにサイン入り色紙を持ち歩くようになった。ひばりは最後まで、色紙をあらかじめ用意して持ち歩くことを忘れなかった。

伴は、自分が提唱した募金運動の「あゆみの箱」と色紙を持って立ち上がった。

「伴さん、すいません。夕べの今日の朝で悪いね」

「いや今日はね、夕方五時に大船でワンカット撮影があるんです。だから今日は夕方まで応援しますよ」

何の撮影か聞いた幸夫は安心した。瀬川昌治《せがわまさはる》監督の松竹の喜劇旅行シリーズで、瀬川監督は、幸夫の弟子のようなものだから、多少なら融通が利く。

幸夫は車で来ていたが、伴がアメリカの大きなリンカーンに乗っているという。

「おれ、伴さんの車に乗るわ」

伴のリンカーンに乗った幸夫は、二四六号線を下っていった。多摩川を渡り、神奈川県に入る。

「ところで伴さん」

「え？」

「おれが立候補してればさ、おれが来るわけねえだろ」

「えーっ！」

伴は、またビックリして大声を上げた。幸夫が立候補したと本気で信じていたらしい。

「伴さんそうじゃないのよ、申し訳ない。うちのオヤジが仲人したやつなんだ。そいつがね、小此木ってんだ」

「小此木、ほう。難しい名前ですね」

「そう、ややこしい名前なんだ……頼む」

ここまで来れば、乗りかかった船である。伴はうなずいた。

「わかった。どこですか」

「横浜の青葉台というところなんだけど、町田市や川崎市に近いところでね、駅とか団地とかでやりますから」

青葉台団地に着いたのは午前七時半。選挙カーは、あらかじめ青葉台団地へ回すよう指示を出していた。幸夫と伴は選挙カーに乗り換え、団地前のちょっとした原っぱになっている場所に車を停めた。

さっそく、選挙カーに上がった伴が第一声を張り上げた。

「みなさーん、おはようございます。伴淳三郎です」

すると、青葉台団地の窓という窓が一斉に開き、中からわらわらと住人が出てきた。

「バンジュンだ」

「本物のバンジュンだ」

知名度抜群の伴が一声かけただけで、大変な騒ぎである。可哀想だが、ウグイス嬢のときとは雲泥《うんでい》の差である。

「今日はわたくし、伴淳三郎が、青葉台団地にお住まいのみなさんにお願いがあって来ました。わたしの二〇年来の友人である小此木彦三郎くんが選挙に出馬したんです。ぜひ、一票投じてあげてください。伴淳三郎からのお願いです」

幸夫は思わず吹き出した。

〈伴のやつ、まだ彦に一度も会ったことないくせに〉

伴は、そんな調子で横浜線沿線の各駅回ってくれた。その合間に大船に寄ってワンカットを撮り、すぐにまた戻ってきた。

最後は伊勢佐木町の有隣堂本店の前、というときに、幸夫は伴に言った。

「悪いけど、一回会社に戻るから」

「じゃあわたし、夕方六時くらいに本屋の有隣堂の前に行きますから」

いったん別れて、六時に伊勢佐木町でふたたび伴と会った幸夫は、お礼に『クラブロンドン』へ連れていった。酒を一滴も飲めない伴でも、楽しめる場所である。

帰り際、伴が言った。

「社長、おれでよければ、またいつでも言ってくださいよ」

男気のある伴に、幸夫は感謝してもしきれなかった。

ジャイアンツの長嶋茂雄、俳優の伴淳三郎のほかに、文芸評論家の十返肇《とがえりはじめ》の妻で、随筆家の十返千鶴子《ちずこ》も、選挙の応援に来てくれた。

小此木彦三郎の選挙中、幸夫が藤木企業の事務所にいると、幸太郎から怒られた。

「おい、おまえ、選挙の手伝いはどうした」

「いや、今日はここで」

「何やってるんだ。彦の事務所に行ってこい」

そうして追い出されてしまう。幸太郎は、そのくらい熱を入れて小此木彦三郎の応援をしていた。藤木幸太郎と、材木商「小此木商店」や倉庫業「金港倉庫」を横浜で営む小此木歌治とは、深いつながりがあった。酒井信太郎と並ぶ恩人であった。

その小此木の息子彦三郎の選挙である。幸太郎は恩返しのつもりで、懸命に応援をしたのだろう。親同士の友情が、子ども同士の友情に引き継がれた格好だった。

昭和四四（一九六九）年一二月二七日、衆院選の投票がおこなわれた。当時、開票は翌日おこなわれた。

幸夫は、自宅でＮＨＫの選挙特番を見ていた。すると、藤山愛一郎より先に小此木彦三郎の当確がパッとついた。

「勝った！」

幸夫は家を飛び出して、小此木の選挙事務所のある伊勢佐木町に向かった。

途中の馬車道には、藤山愛一郎の選挙事務所がある。幸夫は考えなしに当選した喜びで藤山事務所に飛び込み、藤山の妻の久子に言った。

「奥さん、小此木、当選しました！」

すると久子は、恐ろしい表情で言った。

「うちはまだですよ！」

しまった、と思ったが遅かった。見ると、事務所の奥の部屋で、藤山がじっとテレビを見て自分の当確が出るのを待っていた。

幸夫が小此木彦三郎の事務所に行くと、すでに大勢の支援者が駆けつけており、みんなと当選の喜びを分かち合った。藤山愛一郎も、無事に当選した。

親しき人々を見送る寂寥

酒井信太郎と鶴岡政次郎に先立たれた藤木幸太郎は、その衝撃と心の痛みに耐えかねていた昭和四二年一一月四日に笹田照一、その翌年の四三年一〇月七日に伊藤清蔵、翌々年の四四年に佐藤軍治を相次いで冥界《めいかい》へ送らねばならなかった。

暗澹《あんたん》たる寂寞《せきばく》の思いが幸太郎を取り巻き、生き甲斐を封鎖した。

笹田は、七二歳でこの世を去ったが、彼の死は藤木にとって青天の霹靂《へきれき》のような驚きと悲しみを与えた。楽天的で気ままいっぱいに生き抜いた笹田は、まるで藤木をからかうように「グッドバイ」をしていった。

戦後、港湾運送業の統制が解かれて各業者が独立をはかったとき、最後までそのふんぎりがつかずノホホンとしていたのは笹田であった。

笹田は酒井の子分として神戸時代から酒井に随伴していたが、その神戸時代のヘルム商会との因縁もあって、戦後も横浜で大沢組の仕事を手伝っていた。友人たちはみな独立して一国一城のあるじとなっていた。それを笹田はべつに羨《うらや》ましがることもなく、恬淡《てんたん》として、飯より好きな博打に日々を送っていた。田岡は、こんな笹田を評して「やつは極道七分、仕事三分」と笑っていた。

しかしこれでは家族や、部下の将来のこともあるので、酒井は藤木と相談して三井倉庫の地主である横浜支店長に頼み込み、ここの労務部長に採用してもらった。

昭和二七年、藤木は鶴岡らとはかって若干の資本をつくり、笹田のために三昌組を設立した。これは三井が九割、笹田が一割の出資で、社長には当時の三井倉庫支店長安沢友平を迎え、船内、沿岸、倉庫業を手がけた。

三昌組は間もなく株式会社笹田組として独立した。しかし笹田が会社の運営に熱意をみせたのは当初のことで、やがて業務のほとんどは組の幹部にまかせ、自分は千葉、茨城両県の関東南部一帯を勢力範囲としていた賭場《シマ》の経営に没入していった。田岡のいう極道七分とは、このことを指していたのであろう。

酒井は、そういう笹田の行状を苦々しく思い、顔をみるたびに注意を与えた。

そして笹田をこれ以上、逸脱させないという配慮から関東で鶴岡と笹田、関西から向井繁人、本多仁介、田岡一雄の五人を集め「兄弟会」の盃を固めさせた。この席には藤木が立会人となった。

酒井はこの五人のたばね役として藤木にも加盟を勧めたが、藤木は「これればかりは……」といってこれを辞退した。

こうしたこともあって、笹田にとって酒井、藤木、鶴岡は頭の上がらぬ大恩人となったわけだが、その大恩人の中でも最も畏敬《いけい》すべき酒井に、笹田は大失態をしでかしたことがある。

それはある日、急用を思いたった酒井が蒔田《まいた》の笹田の家を訪れたとき、取次に出た女中があまり質素な姿をしていた酒井を見て、そのまま玄関から酒井を追い返してしまった。

日頃は温厚な酒井もこのときはさすがに激怒して、笹田をすぐ会社に呼びつけた。

事情を知って駆けつけた藤木が仲に入って詫びを入れたが、酒井は頑として許さなかった。

「笹田、おまえはいつからおれを玄関払いするほど偉くなった」

酒井はそれだけ言うと、顔をそむけて、誰の言葉も受けつけなかった。

顔面蒼白《そうはく》の笹田は、板の間に土下座して謝罪したが、いつもならもういい、という酒井の言葉がその日はどうしても出てこない。

藤木はいったん笹田の身柄をあずかり、それから数日後、あらためて酒井に詫びを入れ、ようやく機嫌を直してもらうことができた。

そうした酒井であったが、彼はやはり頼りない笹田をいちばん気にかけ、将来への不安感を持っていた。

言った。

「やつのことは頼むよ」

酒井はつねに藤木や鶴岡にそう告げていた。

笹田がしばらく体を壊し、ようやく会社へ出てきた日、彼は吸いかけたタバコを灰皿にもみ消しながら言った。

「酒井の親方、体が弱るとタバコもうまくないね」

酒井はそれを聞くと、胸のポケットから彼が普段愛用していた細いパイプを取り出し、半分にしたパールをそれに詰めて笹田に差し出した。

「できりゃ、タバコはやめちまった方がいいんだが、おまえにはそれはできないだろう。吸いたいときはこうやって吸え」

そのパイプをくれた。

後年、笹田が病に倒れ、長い病床生活に入った。藤木が見舞いに行くと、彼は痩せて、ひからびた手にそのパイプを取り、泣いた。

「これが酒井の親方の形見になっちまったよ」

笹田は底抜けの人のよさと、無鉄砲さで藤木をはじめ、酒井や鶴岡や田岡にどれほど迷惑をかけたかしれない。しかし誰もが、彼のその「所業」を咎《とが》めだてしたことはなかった。

それによって憎むこともなかった。純情で、喧嘩早くて、涙もろくて、お人好しの笹田はよき先輩、友人、知人に囲まれて、昭和四二年一一月四日、波瀾《はらん》の多い人生を終えた。

昭和四三年一〇月七日、名古屋の伊藤清蔵が急死した。藤木にとって伊藤は実の弟のような愛情と信頼で結ばれていた。伊藤もまた、藤木を呼ぶときは「兄貴」のひと言ですべてが相通じた。名古屋営業所が「藤木海運株式会社」に昇格、発展した功績の大半は、伊藤の積年の努力によるものであった。

藤木は名古屋を伊藤清蔵にまかせて以来、一度としてこの会社の安危を気遣ったことはなかった。むしろ、傍系の新会社が設立されると、「名古屋を見習え」というのが藤木の口ぐせであった。

伊藤は、傍系の日藤海運やトヨフジ海運が外洋航路に乗り出した直後、社員を激励した。

「おれは藤木の兄貴の信頼に応えるため日本中の港に藤木の社旗を掲げ、七つの海に藤木の社旗を掲げた船を走らせるのだ」

その先頭に立って、藤木の社旗を振りかざしながら、伊藤は壮烈《そうれつ》な死をとげた。六三歳という働きざかりであった。

そのあとを追うようにして、翌年、佐藤軍治も死んだ。佐藤は、藤木幸太郎が酒井からのれん分けをうけて藤木組を創立したとき、長田次七郎らとともに藤木のもとに駆けつけた最古参組である。

佐藤は昭和四四年の秋、風邪がもとで肺炎をおこし、ついに再起できなかった。六二歳であった。

彼の遺族は長男一夫が早死にし、二男幸彦が佐藤総業株式会社を経営していたが、五三年五月急死した。

幸彦の妻勢津子は美空ひばり（加藤和枝）の妹である。未亡人となった幸太郎の妹ウメは、息子幸彦に逝かれ、磯子区森町で勢津子と二人きりの静穏な余世を送った。

藤木幸太郎はたった一人きりになったこの肉親にたまに電話をかける。

「元気か、そうかい」

それだけの短い会話のなかから、彼は亡き父と母と兄妹の息づかいを感じとるのである。

櫛《くし》の歯の欠けるように、藤木の周辺から先輩や盟友、知人が死を急いでゆく。老境にさしかかった藤木にとって、これは耐えられない衝撃であり、痛恨であった。

いたたまれない寂寥をさらにかきたてる悲報が相次ぐ。

佐藤の死に次いで昭和四四年一二月、藤木企業の常務一石利三が逝き、四六年八月、藤木陸運の取締役黒川新太郎が死に、五〇年一二月、三協運輸常務取締役渋谷正義、翌五一年六月、藤木陸運専務取締役の大久保敏三が死去したことである。

いずれも藤木企業および同系統会社の功労者であり、社運を双肩に担って活躍した連中である。

「おまえたちが逝くなら、このおれが代わってやっていいのに……」

悲報を聞くたびに、幸太郎は万感の思いを込めてこのつぶやきを繰り返すのだった。

「やれるだけやる、嘘のない仕事を。それだけじゃねえか」

コンテナリゼーションの波は米国を中心に欧州から日本へと押し寄せてきた。横浜の本牧D突堤にセミコンテナ船、プレジデント・タイラー号が入港したのは昭和四三年五月二四日である。港湾運送事業の近代化は急速な流れとなり、コンテナ船の出現はまさにその象徴、新しいエポックを画するものであった。

戦後、日本経済の高度成長のなかで巨額の設備投資によって生産費の引き下げを実現しつつあった諸産業が、つぎに追求し始めたのが包装、荷役、輸送、保管などの物的流通費の引き下げであった。荷主側の要請と運輸産業の努力が結びついて包装費、運送費を低下させる貨物のユニット化が進められ、それがパレット化、コンテナ化を生んだ。さらに運送時間の短縮、保管費の節約のため、ユニット化された貨物は「戸口から戸口まで」一貫輸送されることが要求された。

海運、造船業界では技術進歩が比較的遅れていた雑貨輸送についでも荷役費節減、荷役時間の短縮と結びつくさまざまな船舶の開発を進めていた折でもあり、その結果、コンテナ船をはじめロール・オン—ロール・オフ船、ラッシュ船などがやがて建造されることになった。

マトソン社がわが国へのコンテナ船の就航計画を発表したとき、運輸省は急遽、海運造船合理化審議会に諮問をおこない、わが国でも海上コンテナ輸送体制を早急に整備することを要請した。昭和四一年五月のことである。

こうして準備が進められる一方、北太平洋航路のコンテナ輸送のため、日本郵船と昭和海運のグループ、大阪商船三井船舶、川崎汽船、ジャパンライン、山下新日本汽船の四社グループが形成され、コンテナ・ターミナルが横浜、東京、名古屋、神戸に設けられた。

藤木幸太郎はこうした新事態に対処するため大久保社長や副社長の幸夫の意見を率直に受け止め、従来の行きがかりは捨てて、以下のような大胆な営業方針に乗り出した。

第一に会社の組織機能を再編成して、適材適所主義を大々的にとりあげ、部課の統合拡大をはかった。第二に本牧埠頭や大黒埠頭および大井埠頭への進出を積極果敢に断行し、上屋《うわや》や営業所、倉庫の営業開始をおこなった。第三にストラドルキャリアやトランスファークレーンなどコンテナ作業用の新型機械の購入をはかった。第四に雇用労働者の再教育、再訓練に重点をおいた。

昭和四二年七月は藤木企業創立の二〇周年に当たるので、この頃社屋を新・改築してはどうかという話が幸太郎の耳にも聞こえてきた。しかし彼は、新築論は蹴飛ばしてしまった。

「いまはそんなどころじゃないだろう。まず藤木企業の基礎を固めることだ。次に従業員のために環境を整備する。仕事をするのに部屋が足りないというなら、会長室や社長室を明け渡してもいいんだぜ」

藤木幸太郎は、つねに正面に立つのをきらい、役職につけられるのを終始断りつづけた。それは彼本来の性格でもあった。しかし幸夫の時代は、それを辞退することで、解決はできなかった。役職をつけられることは責任を約束させられることであり、それぞれの責任分野において約束を履行することが、業界の発展を維持することになる。

幸夫は、幸太郎が名利《みょうり》を求めず、他人が忌避《きひ》する難事業にもつねに業界のため、港湾労働者の福利のため挺身してきた足跡を顧みるとき、自分が安易に公職にあることを、なかば恐れることがある。そんなとき彼は、おのれに問いかける。

「調子に乗りすぎてはいないか。課せられた仕事に足らざるものはないか」

そしてその不安を、幸太郎に問いかけることがある。

そんなとき、幸太郎はこともなげに言う。

「やれるだけやる。自分にも、他人にも嘘のない仕事を、な。それだけじゃねえのか」

おれたちのことを考えてくれる「ミナトのおやじ」

藤木幸太郎が「ミナトのおやじ」という愛称で同業者はもちろん広く全国の港湾労働者から尊敬を集めているのは、港湾労働者の質的向上とか福祉対策などを単に抽象的な口先だけで空宣伝をしてきたからではない。

港湾労働者の立場になって、もっとうまい弁当を食いたいと聞けば、そうした内容のものにすぐに作りかえさせる。立派な鉄筋コンクリートの近代様式でなくてよいから、暑さ寒さをしのげて、大小の便所のついた寄場《よせば》が欲しいと聞けば、役所にかけあってすぐそれをつくる。かかあを呼び、子どもらと一緒に暮らせる住居さえあれば港で一生働いても悔いがないと聞けば、そのためにとりあえずバラックづくりでも宿舎をつくる。そういった打てば響くような彼の反応の素早さと、誠意のこもった対策づくりが、「オヤジは本当におれたちのことを考えていてくれる」ということを彼らに思わせるのであった。

そして藤木がそうした誠実な施策に精神を打ち込み、努力を続けてきたのは、

「港の繁栄は港湾労働者のあるおかげだ」

という単純明快な彼の論理と信念によるものであった。もちろんそれは彼らの労働によって、収益を収奪するということではない。また彼らの犠牲《ぎせい》によって業者がぬくぬくと生きることの、体裁のいい口実でもない。

幸太郎自身、かつて部屋暮らしの苛酷な生活経験をし、一日六〇銭の収入で空腹に泣いたことがあるだけに、そうした悲惨な状況からなんとしてでも港湾労働者の生活水準を引き上げ、平均的な一般労働者と同等のところまで向上をはかろうというのが、彼の念願であった。

港湾の発展のために「港湾労働者とともに泣く」のではなく、全部の港湾労働者が手をとりあって明るく明日への希望に踏み出そうというのが、彼の生涯をかけての希求であった。

そしてその一例は、昭和三六年頃の船混み問題に際しての彼の言動の中から汲み取ることができる。

昭和三〇年代の景気好転により、港では月末に船積みが集中する事態が発生した。各主要港では「月末船舶集中緩和対策委員会」が設けられ、事態を解消すべくさまざまな対策が話し合われた。

当時、全港振会長に就任早々の幸太郎にとって身魂をすりへらす大問題であったが、問題解決の一つの鍵は港湾労働力の不足であり、その不足は住宅問題に起因しているというのが、幸太郎の主張であった。

当時、関東海運局長の藤川種男もこれには同意見であった。

「ほかの業者の中にもそう考えている人はいるが、住宅問題となるとなにぶん資金を食うので口に出さないでいるんですよ。藤木さんが率先してこれをやってくれると助かるんですがねえ」

幸太郎は、藤川の意見がなくてもこれはさっそく手がけなければならないと思っていた。そこで三六年一二月、中区新山下町にすでに建設してあった作業員宿舎「藤木寮」を四棟に増築、三九年には社員食堂を新設、同年一二月さらに中区花咲町に作業員宿舎「花咲寮」を開設したのである。

昭和四五（一九七〇）年五月、藤木幸太郎は七八歳で引退し、代わって息子の幸夫が社長に就任した。

第六章　一つの時代の終わりと始まり

田中角栄からの頼みごと

昭和四六（一九七一）年七月、自民党の河野《こうの》謙三《けんぞう》が、参議院議長に就任した。

河野の家は平塚市松風《まつかぜ》町にあり、平塚駅から東海道線に乗って新橋駅で降りる。そして新橋駅前で待つ参議院議長の車に乗り、国会へ行くのが日課だった。

ところが、河野はすぐに車に乗らずに新橋駅近くにあるパチンコ屋に入ってしまう。小一時間もパチンコを打ち続け、運転手が「議長、そろそろ」と声をかけてようやく「ああそうか」と店を出る。これもまた日課であった。

やがて河野のパチンコ通いは知れ渡り、「参議院議長が駅前でパチンコやるのはまずい」ということになった。

見かねた議員たちは、田中角栄《たなかかくえい》通商産業大臣とともに相談し合った。

「謙三議長は、誰といちばん仲がいいんだ」

「横浜の藤木君が年中一緒です。謙三さんは藤木君相手だと、喜んで話をします」

「だったら、藤木君にお願いしよう」

幸夫は連絡を受けて田中角栄のいわゆる目白御殿を訪ね、田中から事情を聞かされた。

「今日は悪いな。パチンコの件、ぜひ謙三さんに言ってくれないか」

「わかりました」
二、三日後、幸夫は平塚の河野家へ電話すると、河野の妻の園子が出た。
「奥さん、ちょっとお父さんに話があるんだけど」

「ずっとこっち（平塚）にいますよ」

「じゃあ、明日の朝行きますよ」

翌朝、幸夫が平塚の河野家を訪ね、河野の妻の園子に言った。

「奥さん、おれ何日か前に、総理に呼ばれたんだ。オヤジのことで」

田中はこのとき、総理大臣ではなくまだ通産大臣であったが、仲間うちではすでに「総理」で通っていた。

「え、うちのオヤジのことで？」

「そう。パチンコばっかでよくねえって怒ってるんだ」

「ほんとかね。いますぐオヤジを呼んできます」

すぐに河野謙三が姿を現した。

「なんだよ幸夫さん、わざわざ」

「いやいや、この間、目白に呼び出されて、総理に会ってきたんですよ」

「そうか、何か言ってたの」

「オヤジのことだよ」

「そうか」

「オヤジがパチンコばっかりしてよくねえって。パチンコやるのはけっこうだけど、議長車来たらすぐ乗れって、こういうことだよ、お父さん」

田中角栄

「角さんがおれに、そんなこと言ってくれたのか。ありがてえ。おれのこと心配してくれたか」

「心配してたよ。しばらくパチンコは我慢してください」

河野は、不承不承うなずいた。

幸夫は、ついでに河野に頼みごとをした。

「高島町の駅から桜木町までの万里の長城、あれを壊さなきゃ、横浜は将来ないですよ。角さんがそう言ってましたよ」

当時、東横線の高島町駅から桜木町駅までの高架線下には、まるで万里の長城かベルリンの壁のようなコンクリートの壁があった。その壁が邪魔をして、人や自動車が自由に行き来できない。

幸夫は以前、この話を田中角栄から聞いていた。

「藤木なあ、おまえな、桜木町の駅と高島町の駅の間の壁をぶっ壊さないと、横浜はないよ」

幸夫は、田中角栄の言葉を伝えると、パチンコの話に戻った。

「総理には、わたしからちゃんと報告しとくから」

「頼むよ」

幸夫は、田中角栄のもとへ報告に行った。田中が言った。

「人間はね、晩節が大事なんだ。謙三さんも、晩節を飾らなきゃいけない」

田中は、「晩節」ということを、しきりに幸夫に言って聞かせた。

幸夫は思った。

〈この雰囲気だと、さすがの謙三さんもパチンコをやめるな〉

その後、幸夫は、千代田区永田町二丁目の参議院議長公邸に招かれた。

公邸には、河野謙三議長のほか、ヤクルトの松園尚巳《まつぞのひさみ》オーナーや、ベースボール・マガジン創業者の池《いけ》田《だ》恒雄《つねお》なども招かれ、一緒に食事をした。

このとき、幸夫は、田中角栄から「河野にパチンコをやめさせるよう言ってくれ」と頼まれたエピソードを披露した。

その話題で場は盛り上がり、みんなで大笑いした。

港湾人を育てる「港湾カレッジ」

昭和四七（一九七二）年四月、「港湾カレッジ」が、神奈川総合高等職業訓練校横浜港湾労働分校として本牧埠頭一番地に開校した。

オランダのロッテルダムで見た「ハーバー・トレーニング・スクール」に感銘を受けた幸夫は、横浜でも「港湾カレッジ」が欲しいと、まるで〝オランダ病〟にかかったかのようになっていた。

それから一三年後にようやく、横浜に初めて「港湾カレッジ」ができたのだ。提唱してまわっているうちは、「藤木のやつ、のぼせちまいやがった」とか、「藤木は気がおかしくなっちゃった」などといわれ、なかなか本気に耳を傾けてもらえなかったものだった。

日本の港における職業訓練に、系統的な方法というものは特になかった。大正の末期から昭和の初めにかけては徒弟制度的なものさえなく、ズブの素人が見よう見まねでその日その日の作業をこなし、早い者で半月、遅い者でも二ヵ月経てば一通りの荷役技術を身につけてしまうといったやり方に留まっており、技能習得の個人差にはきわめて開きがあった。

何事につけても本人の努力次第ということに帰着している。この傾向がいつか伝統になってしまい、自らが文字どおり血の滲《にじ》むような苦労をして習得した技能なのだから、他の者も同じように苦しみながら体得すべきだという理屈が成り立っていた。親切、不親切とは関係なく、後進にものを教えることはかえって本人のためにならないのだ、というミナトの職人気質《かたぎ》のようなものがいつの間にか定着してしまっていた。

さすがに戦後はこの傾向も薄れていく。昭和二二（一九四七）年に労働基準法が公布されたのを大きな契機として、あらゆる産業の人々が法による労働条件の整備保護を受け始めた。ミナトにおいても国家試験制度が敷かれたことによって、技能免許の取得方法や職場における指導系統の確立や個々の労働者の格付け問題などが、さらに盛んに議論されるようになった。

昭和三〇（一九五五）年頃を境として、フォークリフト、クレーン、揚荷装置、クレーンなどに物を掛け外しする作業である玉掛《たまがけ》技能などの資格取得者が急増してきたものの、当時の国家試験はあまり厳しいものではなく、ミナトの労務機能をそれによって停滞させてはならないという配慮から、免許そのものはややバーゲンに近い感じがあった。

学科試験は現在の比ではなく、実技試験にいたっては、おのおのの荷役会社が独自に発行する技能資格証明書の提示で事足りたのが実情だった。これが漫然《まんぜん》と日常化されるなかでライセンスの実質的権威の下落を招き、労働災害の多発となって人身、貨物などの損傷が続発するようになっていた。

当時の港湾が、人力のみの荷役作業から機械力併用の荷役作業に大きく移行、転換してきたという背景もあって、特に運転技能者、機械操作技能者の不足が目立ち、それが安易な免許取得に拍車をかけ、さらに先述のミナトの職人気質の存在とかかわりあって、大いに憂うべき事態となっていた。

まさに港湾人の育成が喫緊《きっきん》の課題だった。

欧州の港湾視察から帰国した幸夫は、横浜港運協会に働きかけ、研究会を開いたり、神奈川県港湾労働協議会のなかにも職業訓練部会を設けて研究討論や現地の実情調査をおこなった。さらに労働省の職業訓練局、教育委員会にも足を運び、担当者に話をした。

ところが、「港湾カレッジ」というと、どうしても「職業訓練所」のようなものを想像されてしまう。幸夫がつくりたいものは、単に手先の器用な商売人を育成する機関ではない。免許を取得しておしまい、という教習所のようなものでもない。ロッテルダムのように小学生から教えるというのは無理だとしても、せめて高校生から学べる人格形成も含めた全寮制の学校にしたかった。

　さいわい外国帰りということもあって、担当者たちが進んで幸夫に会ってくれた。これはありがたかった。幸太郎からよく言われたとおりだった。

「幸夫な、外国に行くと『洋行帰り』といって箔がつくぞ。これまで会ってくれなかった人たちもな、おまえに会ってくれるようになるぞ。おれのときはそういうのいなかったからな」

　神奈川県の労働部にも行き、陌間《はざま》輝《てる》労働部長にも面会した。陌間は、戦後初めて公選で神奈川県知事になった外交官の内山岩太郎《うちやまいわたろう》の弟子である。

　幸夫は内山知事の妻の登志子と親しかったのだが、内山は妻の言うことなら何でも聞くといわれた人で、「自宅で虐《しいた》げられた分だけ県庁で威張っている」などと笑い話が出るほどだった。

　その登志子から、幸夫は言われた。

「藤木さん、うちのオヤジはね、『日本で初めて』ということを言えば必ず了解しますから。『他の県にあるの？』と訊かれたら『初めてです！』と言えば大丈夫ですよ」

　幸夫は思った。

〈これはいいことを聞いた〉

　陌間労働部長にも、内山知事に通じるように「日本初」を強調したのだが、なぜか陌間の顔が晴れない。

　幸夫は訊いた。

「どうかしたんですか？」

　陌間が言った。

「じつはこの間、大工さんの組合ができて、保土ヶ谷の山の上に土地を用意したから、県で大工さんの養成所をつくってほしいと言われたからつくったんだよ。そうしたら生徒が一人も来ない。おれはえらい恥かいちゃったよ。港湾学校なんかで本当に生徒が来るのかな？」

幸夫はこう答えた。

「正直、やってみなければわかりません。でも、これだけははっきり言えます。わたしは通学する学校はつくりません。わたしがつくるのは人格形成がしっかりできる全寮制の学校です。それが日本に絶対に必要なんです！」

「幸夫君の決意は固いな……。で、労働省はなんて言っているの？」

「職業訓練局の局長さんにも会いました。職業訓練校なら鶴見にも相模原にもあるからそれでいいじゃないかと言うので、『全然違います！　うちは港湾に特化した全寮制の学校なんです。一緒に生活して同じ釜の飯を食べてみんなで協力してやっていく。一緒にしてもらっちゃ困ります！』と言って理解してもらいました」

しばらく黙って考えていた陌間が、ようやく了承してくれた。

「わかった。幸夫君、きみの考えはよくわかったよ。資金を出すようにしよう」

思いが通じた幸夫は、感無量だった。

その翌年、予算が決まる段階になった頃、陌間は労働部長から神奈川県副知事を務めていた。

「幸夫君、至急会いたいんだが」

ある日、陌間から連絡が入って急いで県庁に行くと、「無事、職業訓練局から予算がつきそうだ」と知らされた。

ただその際、建物の構造や機械の種類、敷地面積などを県の労働部が担い、国の負担はどれぐらいになるかといった打ち合わせを地方自治体と労働省でおこなう必要があるため、横浜港運協会の会長である岡部高を呼んだという。岡部は戦時中、三井物産に勤めていた腹の据わった人物である。

その岡部に、陌間はこう言った。

「幸夫君が毎日朝から晩まで港湾学校をつくることに邁進《まいしん》しているけど、じつは大工学校で失敗しているんだ。港湾で生徒が集まると思うか？」

すると岡部が、「人足に学問はいりませんよ」とひとこと言い、それでおしまいになってしまったという。

「岡部さんが？　冗談じゃない！　ちょっと待ってください」

そう言って、幸夫は岡部のところへ飛んで行った。

部屋に入るなり開口一番。

「岡部さん、副知事に『人足に学問なんていらない』って言ったの本当ですか！」

「おう、本当だよ。いらねえじゃねえかそんなもん」

「冗談じゃありませんよ！　わたしが何のためにこれまで朝から晩まで動いてきたのか。港湾カレッジがこれからの日本に絶対必要なんです。日本の物流を支えている港を担う優秀な若手を育てることがどれだけ重要か！」

「そうか……それは悪かったな。いまから副知事のところへ一緒に行って話をしよう」

すぐ岡部とともに、陌間のところへ引き返した。

副知事室に着くや否や、岡部が怒濤《どとう》のごとく話し始めた。

「副知事さん、これからの港はこれまでと違うんですよ。国際的な目を持たないといけない。単なる商売人じゃ務まらないよ。人格形成からしっかりと始めて、国を背負う港湾人を育成していかないとならない。この重要性がわかりますか？　わかってもらわないと困るよ」

そのあとも、ああだこうだと横で聞いていた幸夫が感心してしまうぐらい、岡部は港湾カレッジの必要性を諄々《じゅんじゅん》と説いた。

〈調子がいいな〉

幸夫はそう思ったが、聞いていた陌間も納得した様子で「よくわかった」と言ってくれた。

結果的に労働省からは九二〇〇万円の予算がつき、それに県も呼応して一億八〇〇〇万円を拠出してもらえることになった。場所は本牧埠頭に三〇〇〇坪《つぼ》。

ただ一つ問題があり、校舎を建てる段階になってベランダは県の規則で設置できないという。嫌な規則で、沖を通る船をベランダから眺めたり、船に向かって手を振ることができなければ港湾カレッジの校舎とはいえない。そこで、建設を請け負っていた渡辺組に「設計図になくても、ベランダは必須です！」と言って強引につくってもらった。

立派な広いベランダのある校舎が、いまも本牧埠頭に建っている。


開校した港湾カレッジの生徒は四〇人が二クラス。もちろん全寮制である。幸夫にとって、生徒はみんなわが子のように可愛くて可愛くて仕方がない。毎晩のようにすき焼きを食べに連れていった。

沿岸荷役事情の特別講義や実習、各種荷扱作業の実習など充実したカリキュラムはもちろん、船会社、倉庫会社を含む一九〇社の港湾関係業社で構成されている港湾教育訓練協会が、ＰＴＡとなって奨学金や生活費も補助するなど、生徒たちが思うぞんぶん学べる環境を整えた。

初期の講師には、長嶋茂雄や吉田茂の息子のイギリス文学者吉田健一なども駆けつけてくれた。

昭和四九（一九七四）年三月、藤木幸夫は、港湾カレッジの二年制の第一期卒業生に祝辞を贈った。

「わたしのいちばん好きな言葉は、『知ることは愛することだ』という一言です。そして、二番目に好きなのが、アナトール・フランスがいった『もしもわたしが神様ならば、青春を人生のいちばん終わりに持ってくるだろう』というすさまじいまでの青春への追憶であり、憧憬《しょうけい》の言葉です。

知ること――これは、すべてについて、その追求が深ければ深いほど、深い『愛』につながるでしょう。

人に対して、物に対して、そして、技術、文学などの創作活動に対しても。小さな世界としてみるならば、みなさんが港湾カレッジを通じて知り得た港、そして自分……。知ることが永遠の愛に昇華するよう、まず知ることに青春を傾注することが、『青春を人生のおわりに持ってくるだろう』という追憶を、将来、少しでも希釈《きしゃく》することにつながるのではないか。

今年で卒業のみなさんには、どうか本当に『短い青春は今なんだ』ということを、再認識していただき、貪欲《どんよく》に自分、港を知り、愛し、青春のエネルギーを燃焼させていただきたい。すべてを知ってからの青春はすばらしい、過ちもない、しかし、それはあり得ない。二つの言葉を贈って、みなさんの門出の祝福といたします」

横浜の港湾カレッジでは今日も将来の港を、将来の日本を背負って立つ若く情熱溢れる生徒たちが日夜学んでいる。彼らの輝く眼を見ていると、幸夫は「これほど頼もしいものはない」と思う。

進取の気風と和合の精神

昭和四六年八月、パシフィック・イーストラインの二万六四〇〇トンのトーマスポカフ号が横浜港に入港するということになってひと騒動がおきた。このラッシュ船の船主は横浜市当局に対して、加州―極東―東南アジアにこのラッシュ船を就航させるため、横浜港をその極東基地にしたいという申し入れをおこなってきたのである。ラッシュ船とは貨物を積んだ艀《はしけ》を、そのまま載せて運ぶ貨物船のことだ。目的地に着いたらクレーンでおろし、タグボートで直接岸壁や倉庫へ運ぶ。接岸できなくても速く安く貨物の積卸しができる。

昭和四二年九月、コンテナ船の第一号、アメリカのマトソン・ナビゲーション社のハワイアン・プランター号が横浜港を素通りして東京から神戸へ直行して、大いに面目を失っていた市当局は、この申し入れを喜んで受け入れた。

これを知った労組側は、このような大型省力船が横浜港に出入することになると艀労務者の失業は目に見えているとして、反対運動に立ち上がった。

ラッシュ船の基地化を承諾した市港湾局では、同船の入港場所を限定するということで労組に妥協を求めたが、それは受け入れられなかった。入港絶対反対の機運が日とともに高まり、艀一二〇隻を動員して海上デモを開始し、入港当日の八月二七日には共闘の港湾関係労組は四八時間ストを宣言、労組員が本牧D突堤を占領するという騒ぎになった。

港外に投錨《とうびょう》したポカフ号は赤旗を林立した艀群にとり囲まれ、ついに入港を断念、同船は清水港へ回航せざるを得なかった。

この入港拒否問題は、米本国でも問題となった。米国大使館を通じて日本政府と横浜市へ厳重な抗議が寄せられ、ついに国際問題と化した。このため飛鳥田《あすかた》一雄《いちお》横浜市長は労使代表と市側の三者の協議会で「共同荷受機関をつくり、組合が労務供給をする」という妥協案を提示したが、ついにまとまらなかった。

この年一〇月、PFFL社のラッシュ船「ゴールデン・ベア号」が横浜に入港した。ラッシュ船の横浜入港はこれが最初であり、このとき荷役を請け負った藤木企業は市と全港湾に十分な事前連絡をとり、作業を順調に終了することができた。同社のコンテナ運搬用の特殊自動車ストラドルキャリア購入第一号機が威力を発揮したのはいうまでもない。

こうして藤木企業は、昭和四二～四三年のコンテナ就航、四六年のラッシュ船騒動のいずれにも他社にさきがけて最初の荷役作業に従事した。藤木をはじめ社の幹部職員が新しい時代の、新しい輸送革新に取り組むためいかに積極的に努力し、そのための準備を重ねていたかがうかがわれる。

藤木の企業精神には、高能率、高賃金のほかにさらに「新知識」という三文字を加えなければならないのである。

そしてそのすべての基調は、全社員、全作業員が「全社和合」の融合と愛社精神によって培《つちか》われているのである。

藤木の会長室には「功徳大宝海」という扁額《へんがく》がかけられている。その意味は、藤木企業をますます発展させて、その余沢をわれわれは皆で平等にうけるようにしよう――。

「おれはそう思っているんだよ」

その額を見上げながら、藤木幸太郎はいつもそう答えている。

藤木企業は、幸夫が社長になってから二度取締役会の大量入れ替えをおこなっている。昭和四六年の専務取締役には大久保敏三、福本正、常務取締役に近藤菊次郎、城光雄介、取締役に島田隆一、簑島正道、田坂正治、風間神吉。五〇年には専務に近藤と城光、常務に簑島、風間が昇格、新取締役に細井善四郎、新井一郎、金子角雄、池田尚史、伊藤清太が就任した。

この人事を決めるとき、幸太郎は、「この連中はぜひなんとかしてやってくれ」といって、幸夫の前に数人の名前を書いた紙片を示した。それは幸太郎が藤木組を創設した前後から、彼とともに生き抜いてきた男たちである。バカヤロ呼ばわりをし、ときには鉄拳を見舞った者もいれば、組を出ていけと怒鳴りつけた連中でもある。

幸太郎が海岸通り一帯の賭場をとりしきっているとき、その威勢を妬《ねた》んで密告され、そのため彼が服役をしたとき、身代わりになろうとして「余計なことをしやがるな」と幸太郎に張り倒された者もいる。

またその服役中、幸太郎の人柄に心酔して、そのまま随身して今日にいたった者もいる。

船会社や造船所や百貨店から転身してきた者、戦前憲兵をやっていた者、戦後長い間ソ連に抑留されて身心ともにボロボロになって帰国してきたのを迎えいれて、要職につかせた者もいる。

幸太郎は、その一人一人にいつも温いまなざしを向けて、見守ってきた。そしてその感謝の想いを人事の異動ごとにあらわすのが彼のやり方であった。

彼らが新しい辞令を受けて幸太郎の前に立って報告すると、彼は「ご苦労」と言うかわりに「よかったな」と言う。よくやってくれた、これからも頼むぞ、という意味であり、それは「ミナトのおやじ」だからこそ出てくる言葉であった。


藤木企業株式会社の従業員は一〇〇〇人を超し、一時は一五〇〇人に達したこともある。その中には関係者からの依頼や、姻戚関係によって採用した者もあるが、なかにはそれとまったく別な理由によるものもある。

たとえば、藤木幸太郎がまだ部屋住み時代、他の組の者と喧嘩があり、相手を傷つけた。相手はそれを恨み、永年幸太郎の身辺をねらったことがある。幸太郎はこのため、つねに短刀を抱いて寝たというが、それがひょんなことから仲直りをすることになり、深い友情で結ばれることになった。

その男が死ぬ間際、遺族のことを幸太郎に託した。彼はその約束を守り、男の子が成人するのを待って藤木企業に採用した。いま彼は幹部の職にある。

幸太郎はこのように、長谷川《はせがわ》伸《しん》の大衆小説にでもでてきそうな古風な義理人情の持ち主である。しかし、人間の本性を逸脱した非道な者に対しては、いささかも容赦はしないし、決して許すことをしない。

政財・芸能界の大物が出席した田岡満の結婚式

昭和四六（一九七一）年、田岡一雄の長男の田岡満は芸能事務所「ジャパン・トレード」を設立した。満は、父である田岡一雄の半生を描き、田岡一雄役を高倉健《たかくらけん》が演じた東映映画『山口組三代目』や、続編『三代目襲名』をプロデュースして大ヒットを飛ばした。

昭和四九（一九七四）年五月、田岡満は、父親の一雄が運営する甲陽運輸の代表取締役に就任した。

昭和四九年の田岡満の結婚式には、田中清玄が仲人《なこうど》を務めた。田岡一雄は田中のことを尊敬していたことから、仲人を頼んだのである。

田中はみんなが呆れるほどの話し好きで、このときも仲人として一時間半も話し続けた。幸夫は話の途中で、司会の人に「なんとかしてよ」と頼んだが、誰にも止められなかった。

列席した七〇〇名のメンツには、いまでは到底考えられない名前が並んでいる。

政財界では自民党代議士の石井一《いしいはじめ》や中山正暉《なかやままさあき》、東急社長の五島昇《ごとうのぼる》、三菱倉庫社長の松村正直《まつむらまさなお》、元神戸市長の中井一夫《なかいかずお》ら錚々《そうそう》たるメンバーが披露宴に参加した。

芸能界からは『山口組三代目』で主役を張った高倉健を筆頭に鶴田浩二《つるたこうじ》、勝新太郎、中村玉緒、寺島純子《てらじまじゅんこ》（富司純子《ふじすみこ》）、梅宮辰夫《うめみやたつお》、伴淳三郎、清川虹子、大村崑《おおむらこん》、西郷輝彦《さいごうてるひこ》、五木ひろしなどの名前が見える。

祝電披露の筆頭は、岸信介元総理大臣である。

会場にはＮＨＫのテレビクルーをはじめ、五〇人ほどのマスコミ関係者も入場を許されており、大阪ロイヤルホテル（のちリーガロイヤルホテル）の四階会議室では、仲人の田中清玄の仕切りによって記者会見もおこなわれた。

新聞、テレビ、雑誌を問わず、いまのように暴力団と芸能界の関係を黒い交際と糾弾《きゅうだん》する者は皆無だった。

藤木幸太郎が、しみじみと幸夫に語った。

「幸夫、おれが八十いくつまで長生きしたのは、鶴岡（政次郎）と笹田（照一）のおかげだ。ふつうだったら、おれはとっくに殺されている。だから幸夫、仲間は大事だぞ。笹田に何かあれば、藤木と鶴岡が黙ってない。おれに何かあれば、笹田と鶴岡が黙ってない。そうやって生きてきたんだ。だからおまえも、しっかりしろよ」

幸夫は、これまで父親から耳にタコができるほど聞いた話を、このときも黙ってうなずきながら聞いた。

昭和二二（一九四七）年に建てられた本社ビルが老朽化したため、昭和五〇（一九七五）年頃に建て替えの話が出た。

が、藤木幸太郎は大反対だった。

「うちの仕事場は、ビルの中じゃねえ。本社ビル建てる金があったら、現場の方へ金をかけろ」

幸夫が説得してなんとか了承を得たが、幸太郎はいろいろと注文をつけた。

「働く仲間のロッカールームは、一階につくれ」

幸太郎は、毎日汗を流して働く港湾労働者たちのロッカールームは、もっとも便利な一階につくるべきだ、と主張した。幸太郎は長年会社の経営者だったが、気持ちはみんなと同じ一労働者のままだった。

幸夫はうなずいた。

「わかりました」

「それからな。エレベーターはつくるな」

「でも、ビルは七階建てですよ」

「社長がホテルで飯を食って贅沢《ぜいたく》したら、会社は潰れる。エレベーターをつけてラクしたら会社は潰れる。田岡のところだって、エレベーターがないじゃないか」

幸太郎はそう言って、頑として譲らなかった。

いよいよ明日が本社ビル設計の最終決定という日、幸夫が出張先の博多から飛行機で戻ると、藤木企業の役員たちが羽田空港で待っていた。

役員たちは、口々に訴えた。

「藤木会長が『エレベーターなんかつけちゃいけねえ。そんなビルつくったら会社が潰れる』と言い張って困っています」

　幸太郎の気持ちもわかるが、どうにも考え方が古すぎる。こういうときはいつも、幸夫が幸太郎を口説く以外になかった。

「わかった。おれが説得するよ」

　会社に戻った幸夫は、さっそく幸太郎に話した。

「田岡のおじさんのビルを見に行ってきましたけど、よかったですよ」

「そうか」

「田岡のおじさんのビルは三階、うちは七階なんですよ」

「おお、そうかそうか」

「オヤジ、神戸の田岡のおじさんのところはねえ、一階に事務所と帳場があって、お客さんが来ても一階。現場行ってる作業員のロッカールームは、いちばん上なんです。階段だから、昇るのも三階で限界ですよ。みんなくたびれて帰ってくるんだから。藤木は七階建てでしょう？　お客さんを七階に持っていけませんから、一階をお客さんの場所にします。だけど、オヤジの考えはそうじゃないでしょう。働く仲間を一階にしろと、オヤジはわたしに言うでしょう？」

「当たり前だ、馬鹿野郎」

「一階は、作業員のためのロッカールームにします。風呂場も一階にします」

「われわれは三階、オヤジは悪いけど四階に入ってもらいます」

「うん」

「オヤジ、田岡さんのところの会社と、うちは違うんです。あっちは仲間のロッカールームが三階ですけど、藤木は一階。お客さんに『階段登っていけ』と言えないでしょう？　だから、やっぱりお客さんのためのエレベーターは必要なんです」

幸夫の説明に、幸太郎はようやく納得してくれた。

「うん、それならいいよ」

幸夫は、幸太郎の精神論は百も承知していて、幸太郎が気に入るような理屈をつけて納得させる技術をとうの昔に身につけていた。

幸太郎は子どもっぽい理屈を言うが、純粋無垢《むく》だった。口とは裏腹なことをしたり、腹に一物あって人を騙すようなところはカケラもなかった。

幸太郎は、幸夫に何度も言った。

「おまえな、人間というのはな、ケツの穴へ指突っ込んでも我慢するもんだ。わかったか」

「わかりました」

「おまえは、我慢がねえ」

幸夫は、自分で我慢が足りないというより、意気地がないからやらないという自覚があった。

ただ、覚悟はあった。〈いつ殺されたっていい〉という心境は、きっと幸太郎から受け継いだものに違いないと思った。

幸太郎の背中を怖がった孫・幸太

藤木企業株式会社の代表取締役社長を務める藤木幸太《こうた》は、昭和二九（一九五四）年八月九日に藤木幸夫の長男として生まれた。

幸太が生まれたばかりのとき、一家は、横浜市港北区菊名にある妙蓮寺近くに住んでいた。

当時の藤木家は、妙蓮寺近くに一族みんなが居を構えていた。祖父の幸太郎、父親の幸夫、幸夫の弟の富雄の家がそれぞれ近くにあった。藤木一族はみなそこで生活していた。

幸太は、そんな環境のなかで、藤木企業を継ぐサラブレッドとして育った。

祖父の幸太郎にしてみたら、藤木家の跡取りとなる大事な初孫だ。そのため、幸太は、生まれるとすぐに藤木幸夫夫妻の住む家ではなく、隣の家の藤木幸太郎家で育てられることになった。

幸太が子どもの頃の景色として覚えているのは、朝起きると住み込みのお手伝いさんがハタキをかける音や、仏間で日蓮宗の信者だった祖母の君江が熱心にお経をあげる声だった。

そんな幸太にとって、幼少時は父親の幸夫よりも、祖父の幸太郎との思い出の方が多い。

ただ、その祖父とも、毎日顔を会わせるわけではなかった。月に一度しか家に帰ってこないのだ。

祖父の幸太郎は帰宅のたび、可愛い孫の幸太のために、どこからか手に入れた積み木など、幼子が喜びそうな玩具のお土産をめいっぱい持って帰ってきたが、幸太と顔を会わせる機会はめったになかった。

幸太は、子どもながらにいつも不思議に思っていた。なぜならば遊び相手の近所の子どもたちは、毎日父親と顔を会わせている。

あるとき、幸太は、意を決して、祖父の幸太郎に訊ねた。

「友達の家のおじいちゃんやお父さんは、毎日帰ってくるのに、どうしてうちのおじいさんは、めったに帰ってこないの？」

幸太の問いに対して、祖父は困り顔を浮かべるだけで何も答えなかった。

祖父だけでなく、その場にいた周りの大人たちも困り顔だったのが幸太の記憶には強く残っている。

そんな幸太郎だが、幸太に対してはとても優しかった。

祖父の幸太郎は、孫の幸太を風呂に入れるが大の楽しみだった。そのため、月に一度帰ってくると、いつも喜んで幸太を風呂に入れた。

祖父の体には、見事な般若の刺青が入っていた。あるとき、幸太はつい口にしてしまった。

「おじいさんの背中、怖いよ」

何気ない一言だったが、幸太郎にとってはとてもショックだったようだ。

後から幸太が聞いた話では、幸太郎はその直後、まわりに愚痴をこぼしていたという。

「幸太に、おれの刺青が怖いって言われてしまったんだ。おれはもう幸太とお風呂に一緒に入れないよ」

そんなふうに真剣に嘆いていたという。


子どもの頃のことで幸太がよく覚えているのは、正月の思い出だ。正月元旦になると、藤木家は親族一同や、藤木企業を昔から支えたかつての若い衆たちが集まってきて、にぎやかになる。彼らは、お年玉として幸太に気前よく五〇〇〇円札や一万円札をくれた。小さな子どもにとっては、かなりの大金だ。そのため、幸太は正月が来るたび、いつも玄関でみんなが来るのを喜んで待っていた。

正月に親族や、かつての若い衆たちが集まったとき、いちばん上座に座るのは、決まって祖父の幸太郎だった。幸太の印象では、いつも祖父は口数が少なかった。まだ体が元気な頃は、幸太郎は客人や親族とよく麻雀をやった。

幸太がその周りをチョロチョロしていると、怒鳴られることもあった。

「チョロチョロするな」

幸太郎が怒鳴るのは、決まって負けが込んでいるときだった。

幸太は、お年玉が手に入ると、いつも菊名駅の近くにあるおもちゃ屋にウキウキしながら向かった。右手には、普通の子どもではありえない大金を握り締めていた。

幸太は、おもちゃ屋に入ると、自分が欲しかったありったけのおもちゃを買うことにした。

「これ、ちょうだい。あれも、ちょうだい」

普通は子どもがおもちゃを買う場合は、せいぜい一つ。買い占めるように買おうとする幸太はおもちゃ屋の店主からは異質に見えたのだろう。不思議に思って、訊ねてきた。

「おいおい、坊や。そんなにいっぱい買えるわけないんだから。一つにしなさいな」

しかし、幸太は大金を持っている。

幸太は胸を張って、店主に答えた。

「お金なら、ちゃんとあるよ」

そう言って、右手に握っていたたくさんのお札を見せた。

すると、おもちゃ屋の店主は慌てて訊ねてきた。

「ちょっと、坊やの家はどこだい？」

「藤木だよ」

店主は、藤木と聞いてピンと来たようだったが、藤木家に電話をして確認することにした。

「お宅の子どもがたくさんお札持って買いに来てるけど、売ってもいいのかい？」

幸太がもし家のお金を持ち出していたら、あとあと厄介だと思ったのだろう。

幸太は、そんなふうに地元の人たちからも可愛がられて、のびのびと育った。

幸太の子どもの頃の藤木家には誰かしら居候《いそうろう》が必ずいた。すし屋の職人が居候していたり、高校球児が居候していたりとさまざまな人が出入りしていた。

本牧育ちの怖いもの知らず

幸太は父親の幸夫に似てスポーツマンの面もあった。幸太にとって、アイスホッケーというスポーツは人格形成の場となった。

幸太は、自らの半生を振り返って語る。

「アイスホッケーがなければ、まともな人間になっていませんよ。高校のときもグレて暴走族をやっていた時期があったくらいですから」

地元の友人たちは、罪を犯して刑務所に入ったり、ヤクザになったり、薬物中毒で亡くなる者もいた。

結果的にまともな人生を歩むことができたのは、幸太と神奈川県議会議員になった友人くらいであった。

幸太がアイスホッケーに打ち込みはじめたのは、小学校三年生のときからだ。小学校にはスケートリンクがないため、東神奈川駅の近くにある神奈川スケートリンク（のち横浜銀行アイスアリーナ）まで通っていた。

当時は、スケートリンクとボウリング場が不良の溜まり場だった。子どもの幸太がリンクでチョロチョロしていると不良たちが可愛がってくれることもあった。

スケートリンクでアルバイトをしている不良のお兄さんに、中華街にあったディスコ「レッドシューズ」に連れていってもらうこともあった。

幸太が高校生ぐらいになった頃には、このお兄さんが横浜の不良たちのボスになっていた。その縁は、不良になった幸太にとってすごく助かるものだった。

神奈川スケートリンクは、夜九時を過ぎると、貸し切りの時間帯になる。いつも、横浜国立大学や慶應大学のアイスホッケー部が練習をしていた。幸太は、貸し切りの時間になっても練習を続けていた。大学生たちが練習する隅《すみ》で、アイスホッケーに興じた。そのくらい夢中であった。

まだ子どもの幸太は、大学のアイスホッケー部の部員や監督たちからもずいぶん可愛がられた。

父の幸夫は、野球一筋だったが、幸太がアイスホッケーに熱中することは認めてくれた。

幸太が中学三年生のときのことだ。幸太が所属する日大附属のアイスホッケー部は、当時、中学と高校が一緒になってクラブ活動をしていた。中学三年生は高校生の大会であるインターハイには出場できない。だが、幸太は中学三年生のときにやむを得ない事情のために出場したことがあった。

山梨県の河口湖でインターハイが開催されたときだ。幸太は、高校生の先輩たちの道具持ちとして同行していた。が、いざ本番となる初戦の前日、アクシデントが起こった。練習中に幸太と背格好が似ていた新井先輩が怪我をした。

その晩、監督や先輩たちは、明日の試合に備えて、ミーティングを開いた。

「新井の代わりだが、どうしようか」

皆が顔を揃えて相談するなか、一人、閃《ひらめ》いた先輩がいた。その先輩が幸太の元に来て、そっと囁《ささや》いた。

「いいか、藤木、おまえは明日は新井だぞ」

幸太は、最初意味がわからずキョトンとしていた。が、すぐにピンときた。

〈中学生のオレに代わりで出場しろということか！〉

こうして幸太のインターハイ出場が急遽《きゅうきょ》決まった。

すぐさま、監督が横浜の幸太の自宅に電話をし、父親の幸夫に頼んだ。

「お父さん、じつは明日の試合に急遽、幸太君に出場してもらうわけになりまして……」

事情を聞いた幸夫は、すぐさま幸太の試合道具を車に乗せ、真夜中に横浜を出発し、河口湖へと向かった。先輩の影武者ではあるものの、幸夫にとっては子どもの晴れ舞台だ。

幸太は、翌日嬉しそうに試合を観戦した幸夫の姿を覚えている。

幸太が出場した試合の相手は、青森県代表の青森県立八戸高校だった。

だが、そういうときにかぎって、まずいことも起きる。なんと、最初に得点を決めたのが新井のフリをして出場した幸太だったのだ。

幸太がゴールを決めると、ベンチからは歓声が飛んだ。

「いいぞ、藤木！」

「違う、藤木じゃない。いいぞ、新井！」

ゴールを決めた幸太だが、喜ぶどころではなかった。自分が偽者であることがバレるのではないかと内心ヒヤヒヤしていた。

のちに早稲田大学に入学後、幸太は、このとき対戦した八戸高校出身の先輩と再会した。ハッキリとバレたのはこのときだった。

「おまえ、あのときにインターハイに出ていたな」

幸太が生まれ育った頃の本牧は、あまり治安はよくなかった。本牧は、もともと昔ながらの漁師町であると同時に、外国人船員を相手にした「チャブ屋」と呼ばれる売春宿が戦前から存在していた。盛り場に不良はつきものだ。幸太の地元の先輩たちも、多くは不良であった。

周囲の影響もあり、自然と幸太自身、不良の世界に足を踏み入れた。周りの友人たちと同様に頻繁《ひんぱん》に喧嘩をした。喧嘩の助っ人として呼び出されることも多かった。

夜、家の呼び鈴が「ピンポン」と鳴る。幸太が「誰だ？」と思い、扉を開ける。そこには友人数名が息を切らして立っている。友人たちは、幸太の顔を見るなり言った。

「藤木、喧嘩だ。いまから行くぞ」

若くて血気盛んなこともあり、相手がどこの誰なのか、喧嘩になった理由も訊かずに飛び出していった。もし、怖気《おじけ》ついたりしたら、それだけで不良の世界では臆病者の烙印《らくいん》を押されてしまう。

幸太は、もともと度胸《どきょう》があり、腕っぷしにも自信があった。呼ばれればどこへでも臆《おく》せずに向かっていった。当時の幸太は、とにかく度胸が据わっていた。怖いもの知らずで、恐怖を感じることはほとんどなかった。

そんな臆病知らずの幸太だが、一度だけ、ヤクザ者と喧嘩をする羽目になってしまったこともあった。

その日も、いつものように友達に呼ばれ、友人二人と一緒に喧嘩の場となる夜の公園に向かった。しかし、公園に着いてみて、相手側の様子を見た。明らかにその筋の者と思われるヤクザが、なんと日本刀を持って立っているではないか。闇夜のなかで、日本刀の刃がギラリと光る。どうやら、相手が知り合いのヤクザに声をかけて、連れてきたようだった。

幸太も、さすがに驚いた。

〈日本刀はさすがにヤバい。不良の喧嘩じゃ済まないだろ〉

そう思った幸太は、友達二人と一目散にその場から逃げた。

だが、友人の一人が逃げ切れず、ヤクザに刺されてしまった。肺を刺されたようで、血が泡になって友人の口から出てきている。

連れて逃げるわけにもいかない。幸太は、友人を公園の通路に寝かせてやった。

「おい、あとで助けに来るからな。とりあえずここで寝てろ」

騒ぎを聞きつけたのか、喧嘩の舞台となった公園には機動隊も駆けつけてきた。

やり過ごすために、当時細身だった幸太は、公園の側溝に身を隠すことにした。機動隊が来たのがわかったが、気づかれなかった。

幸太は、静かになってからもう一度逃げた。が、途中で階段を下りたところでついに特殊警棒を持った機動隊に捕まってしまった。

結局、横浜の山手警察署に逮捕されて、一晩勾留《こうりゅう》されることになった。

取り調べを受けたものの、さんざん嘘を並べて、しらばっくれることにした。

朝になると、母親が来て、引き取ってもらえた。

ヤクザと喧嘩になったのはこの一度だけだが、警察のご厄介になることは何度かあった。

地元の横浜は、稲川会系の暴力団が多かった。不良だった幸太は、臆せず若い頃から暴力団の息がかかった店にも平気で足を運んでいた。

当時の中華街は、現在ほど観光地化されず、堅気の人はあまり寄り付かなかった。特に夜はガラが悪かった。

早大アイスホッケー部のキャプテンに

藤木幸太が進学を考える頃には、大学の監督たちからよく言われた。

「幸太、おまえは、うちに来るんだよな」

いろいろな大学からひっぱりだこであった。

しかし、幸太は自らの行くべき進路を決めていた。

幸太には、アイスホッケーの師匠とも呼ぶべき人物がいたのだ。昭和四三（一九六八）年のグルノーブルオリンピックに出場した秋葉武士だ。秋葉は、日大付属高校から早稲田大学を経て、社会人の岩倉組に入社し、活躍した。幸太にとっての恩師と言うべき存在だ。

幸太も、秋葉と同じように日大附属中学、日大附属高校を経て、早稲田大学を目指す。

高校時代の幸太は、日大附属高校アイスホッケー部の一員として活躍し、国体もインターハイにも毎年出場した。その実績もあって、高校卒業時、幸太は日大のアイスホッケー部に誘われた。もちろん特待生待遇であった。

が、秋葉との縁を優先し、早稲田大学への進学を目指した。

父親の幸夫も、同じ早稲田大学だが、父親との関係ではなく、秋葉との縁から早稲田を選んだ。

現役生のとき、幸太は、早稲田大学をアイスホッケー部への自己推薦のセクションで受験した。が、学科試験の点数が低く、落とされてしまった。

幸太はショックだった。

〈情けないな〉

一浪が決まった幸太は、一念発起して、浪人の一年は死に物狂いで勉強した。

その甲斐もあってか、一浪後、幸太は、昭和四七（一九七二）年、みごと早稲田大学教育学部に入学した。

浪人時代は勉強一色だった。早稲田に入学後は、一度も勉強した記憶がないほど、アイスホッケー一色だった。ラグビー部と隣り合わせのアイスホッケー部の寮に住み、密度の濃い時間を過ごした。

大学では、集団生活について学んだ。同級生はもちろん先輩や後輩とも濃厚に付き合い、そのとき築いた人間関係は現在も幸太にとってかけがえのない財産になっている。当時の親交はいまも続いている。

慶應大学アイスホッケー部のキャプテンで伝統の早慶戦を戦った冨木浩は、いまでは藤木企業の一員として働いている。

幸太にとって冨木は、お互いが日大附属と慶應高校の高校生であった頃からのライバルであった。そのいっぽうで各都道府県の選抜チームで戦うことになる国体の際には、ともに神奈川県選抜に選ばれ、チームメイトでもあった。

なにかと比べられる早稲田と慶應だが、幸太たちの時代は敵同士とはいえ、仲はよく、交流を深めていた。各大学のOB同士の連携も密で、「氷の球の会」という名称のOBの会をつくり、四〇人ほどが在籍している。

藤木企業の系列会社であり、幸太の弟の幸二が代表を務める藤木陸運は、藤木企業以上に元アイスホッケー経験者が多い。石を投げればアイスホッケー選手にあたると言っても過言ではないほどだ。

幸太が東伏見で寮生活を送っていた時代は、早稲田大学ラグビー部の黄金時代でもあった。

練習場が隣同士ということもあり、ラグビー部とはとても仲がよかった。

のちにラグビー日本代表の監督となる宿澤広朗《しゅくざわひろあき》が幸太の二学年上で在籍していた。

アイスホッケー選手としての幸太の売りは、足の速さだった。もともと運動神経はよかったが、「学生時代から東京六大学でいちばん速い」と評判だった。

いまは一〇〇キロある体重も、当時は六八キロほどで細身だった。

ちなみに、幸太の妹の千代も、フィギュアスケートをやっていたため、弟の幸二も含めて、よくスケートリンクに足を運んだ。

幸太の弟の幸二は、のちには大東文化大に入学し、アイスホッケー部で活躍した。

幸太は、大学生時代もアイスホッケー一筋だった。そもそも遊んでいる暇がない。

他の学生たちは、放課後になると、女子学生とお茶を飲みに行ったりしていたが、幸太はすぐに寮に帰って、電話番や先輩の洗濯をしないといけなかった。

自らも野球に青春を捧げた幸夫は、満足だった。

〈青年時代はこれでいい。変な経済論を理解してもしょうがない。仲間も、生き方も、アイスホッケーでつくれる〉

幸太は、早稲田大学アイスホッケー部の主将（キャプテン）も務めた。北海道出身の選手は、みな技術的に優秀であり、非常に参考になった。

四年間必死に練習に打ち込んだだが、大学での最高成績は全国二位までで、優勝はかなわなかった。

当時は、法政大学のアイスホッケー部がいつも優勝していた。主力をみな北海道出身の選手で固めた法政はとても強く、幸太の所属する早稲田大学の前に立ちはだかる高い壁であった。

幸太の所属する早稲田は、いつも選手層の薄さに苦しんでいた。そのため、多少の怪我では休むことができず、幸太も、一度肋骨《ろっこつ》を骨折しながら、試合に出場したこともあった。

かつて西武グループを率いた早稲田大学ＯＢの堤義明《つつみよしあき》は、アイスホッケーの振興に熱心で、幸太の所属する早稲田大学アイスホッケー部の活動もとても支援してくれた。

堤が学生時代に所属していたのは、アイスホッケー部ではなく、柔道部や観光学会であったが、アイスホッケー部に対しても並のＯＢ以上の情熱を傾けてくれていた。

ちなみに、幸太は、現在は、神奈川県アイスホッケー連盟の会長を務めている。

「船会社の気持ちがわからないといけない」

昭和五三（一九七八）年四月、大学を卒業した藤木幸太は、商船三井に入社した。父親の幸夫の薦めで、藤木企業の取引先の一つである商船三井への就職は武者修行のようなものでもあった。

幸太は、よく幸夫に言われた。

「まず船会社の気持ちがわからないといけない。お得意さんの気持ちがわからないとダメだ」

もともと藤木企業は、商船三井よりも日本郵船との付き合いが深く、最初は日本郵船への入社も検討された。

が、幸夫は「最初から得意先の企業では人質をとられたようなものになってしまう」と考えたようで、結局、商船三井に入社することになった。

入社すると、幸太は上司からきつく言われた。

「おい、うちの料金表を、絶対におまえの会社（藤木企業）にばらすなよ」

結局、商船三井では二年間ほど働いた。

幸太が振り返って語る。

「当時の経験がなかったら、いま、藤木企業の社長になっていないかもしれません。やっぱり船会社の中で働くと、取引先の気持ちもわかるようになりますね」

商船三井で二年ほどサラリーマン生活を過ごした昭和五五（一九八〇）年の三月頃、藤木幸太は、父親の幸夫から言われた。

「おまえ、お祖父さん（藤木幸太郎）のことがあるから、そろそろ帰ってこないか」

いずれ藤木企業に入社するつもりではいたが、幸太本人にはせめて三年は勤めたいという気持ちがあった。

〈お礼奉公だって三年じゃないか。二年じゃ短いよ〉

だが、その頃祖父の幸太郎は重い病にかかっていた。

幸太は、祖父を安心させるためにも商船三井を退社し、昭和五五年四月、藤木企業に入社した。

幸太と結婚する祐巳子とは、見合いではなく恋愛結婚だった。もともと、妻の両親と幸太の両親は知り合いであった。

きっかけは、横浜市を地盤とする衆議院議員の小此木彦三郎の衆院選だった。

商船三井の横浜支店勤務だった幸太は、よく小此木陣営の選挙の応援に駆り出され、大規模な集会の司会を務めたこともあった。

その小此木の集会の手伝いに来ていたのが、入谷祐巳子であった。

彼女の父は、大阪出身の元プロ野球選手で、明治大学卒業後、読売巨人軍のピッチャーとして活躍した入谷正典《いりたにまさのり》だった。

入谷は、引退後、解説者や大洋ホエールズの二軍投手コーチやスカウトを務めた後、藤木幸夫の誘いで、藤木企業の関連会社で働いていた。

入社まもない四月一〇日には、以前から付き合いのあった入谷祐巳子と結婚式を挙げた。

全国からは祖父の関係者がたくさん出席してくれたが、そのため、自分自身の友達は一人も呼べなかった。

〈これじゃ、おれの結婚式じゃなくて、じいちゃんの結婚式じゃないか〉

集まってくれた人たちを見て、幸太はもらした。

田中清玄の石油開発よもやま話

実業家で政治活動家の田中清玄と藤木幸太郎の関係は、深まっていった。石油に含まれる硫黄《いおう》による大気汚染で困っていた日本にとって、硫黄が少ないインドネシア産の石油は重要なものだった。すでに岸信介・河野一郎らはスカルノ大統領と組んでいた。田中は反スカルノ派のスハルト将軍と組もうと考え、アラムシャ中将に、インドネシア国営石油会社のプルタミナの石油を日本に売ってくれと頼んだ。経団連会長の土《ど》光敏夫《こうとしお》、中山素平《なかやまそへい》、トヨタ自販の神谷正太郎《かみやしょうたろう》らとともに「ジャパン・インドネシア・オイル」を設立した。

通産大臣の田中角栄には「あんたを支えているのは両角良彦《もろずみよしひこ》事務次官と小長啓一《こながけいいち》秘書官くらいで、まわりはこのままだと岸一派にやられるぞ」と説得したところ、事業を承諾した。

アラムシャ中将の紹介で、アブダビのザーイド・ビン＝スルターン・アール＝ナヒヤーン（シェイクザイード）首長に接触した。シェイクザイードはアブダビだけでなく同一種族のドバイ、アジマーン、シャルジャ、ウムアルカイワン、フジャイラ、ラスアルハイマ、カタール、バーレーンの湾岸一族を集結させた汎《はん》アラブ主義の共同体を考えていた。そこに田中清玄は惹かれたという。

のち日本はアブダビの海上油田開発に参加。昭和四二〜四四（一九六七〜六九）年にかけてアブダビのシェイクザイード首長と何度も会見。その後アラブ諸国を一三回にわたり訪問するなど深い親交を築き上げ、中東石油を日本に持ち込む橋渡しをなし、オイルショック時の危機を救った。カタールとアラブ首長国連邦の最大の輸出相手国は日本である。

ある日、田中清玄が、青山の家から藤木企業までやってきた。

大声で、田中の「オヤジさん、オヤジさん」という声が聞こえてくる。幸太郎は、「清玄が来やがったぞ」と慌てて立ち上がった。が、すぐに田中に捕まってしまった。

「おい、田中さん、悪いけどおれちょっと今日は用がある。すまないんだけど」

が、田中は言うことを聞かない。

「いや、オヤジさん、これだけは聞いてもらわなきゃ困る。おれは昨日、エジプトから帰ってきたばかりなんだ」

「そうかい、エジプトに、何しに行ったんだ」

「アラビア石油がね……」

当時、田中清玄は、石油交渉でインドネシアや中東を飛び回っていた。

「……それで、サダトっていうのがいい野郎でね」

「なんだいそれは、どんな野郎だ」

「いやいや、エジプトの大統領ですよ」

「大統領かよ、そうか」

「そう。こんな巨体」

話は中国に移った。

「それからね、オヤジさん、支那に、まだ名前は出てないけど、すごいのがいます」

「そうかい、支那は、何かあったのか」

「そのうち毛沢東《もうたくとう》じゃなくなります。すごいのが出てきた。鄧小平《とうしょうへい》っていうんですけどね。新聞にはまだひとかけらも出てません。これから出てきます。これはたいした野郎だ」

「そうかいそうかい。田中は本当に、何を言い出すかわからねえな」

幸太郎は、田中清玄の話を右から左に聞き流していた。

田中は、のち昭和五五（一九八〇）年四月、五〇年ぶりに訪中し鄧小平と会見。一時間半にわたって話し合い、アジア連盟の構想を提起した。また天皇訪中を中国側に持ちかけたのも田中だった。その年六月、インドネシア・スハルト大統領と会見。ＡＳＥＡＮの盟主であるインドネシアと日本と中国によるアジア連盟の必要性を訴えた。

その後、インドネシアと中国は大喪《たいそう》の礼での弔問《ちょうもん》外交を機に東京から国交正常化を始め、韓国も加えて日本と中国とASEANは東アジア共同体を目指すASEAN＋3を結成した。

田中清玄の話好きのエピソードは数多くある。

昭和五五年の訪中のとき、帰国した田中清玄は、藤木幸太郎と、田岡一雄に鄧小平の話を聞かせた。

幸太郎は幸夫に「田中の話は長いから困る」と嫌がっていたが、田岡は「鄧小平の話をあなたの口から初めて聞きましたよ」などと調子を合わせていた。

なお、田中清玄は、平成五（一九九三）年一二月一〇日に逝去《せいきょ》する。享年《きょうねん》八七であった。

秦野章の呼びかけ

昭和五五年三月のある日、突然、幸太郎が幸夫に言った。

「幸夫、ちょっとおれは、何かこの頃、調子が思わしくないから、いっぺん医者へ行って検査するかなあ」

「あ、いいですねえ、オヤジ。あそこには特別室がありますから、検査かたがた休養、取りましょうよ」

「そうだなあ、ひとつ、入るか」

幸太郎のかかりつけの病院は、幸夫が生まれた天神町の近くにあった。院長が幸太郎に言った。

「やあ、オヤジさん、もう八八になったんだから、しっかり拝見しましょう。ただ、オヤジさんは血圧が高いからなあ。しょっぱいものは気をつけてもらって、できたらお醤油かけないで、おしんこ食べてもらうといいんだがなあ」

ところが、幸太郎が文句をつけた。

「先生、余計なことを言わないでくれ。醤油かけねえおしんこなんか、食えたもんじゃない。おしんこに醤油かけて食っちゃいけないというんなら、生きてるのやめるよ」

親しさからそんな憎まれ口を叩いて、幸太郎は入院した。

検査の結果、幸太郎は本当に病気になってしまった。

肺炎だった。我慢強い幸太郎が自分から「具合が悪い」と言い出したのだから、かなりの自覚症状があったはずである。

五月、六月、七月と、三ヵ月の間は毎日点滴をして過ごし、食事もしていたが、八月一日から、口からは何も受けつけなくなった。

点滴をしようにも、肌は針の跡ばかりで打ちようがなくなって、足の先から送り込むようになった。

幸夫は幸太郎が気の毒で、なんとかして口から食べさせたいと思った。

幸太郎が「お寿司が食べたいなあ」と言ったら、五分以内に幸太郎の口に寿司が入る。「ハンバーグが食べたい」と言えば、すべて五分以内――そういう態勢を取った。

「お寿司……食べたいなあ」

幸太郎が言うと、すぐにつくって持っていって口に入れた。幸太郎は寿司を少し口に含んだだけで、「ああ、もういい」と言った。

八月、九月、一〇月の三ヵ月間、来る日も来る日も繰り返しつづけた。

幸太郎が、かかりつけの病院に入院しているとき、元法務大臣で元警視総監の秦野章《はたのあきら》が駆けつけた。

秦野章は、明治四四（一九一一）年、神奈川県藤沢市に生まれた。旧制日本大学専門部政治科を経て、高等文官試験合格後、内務省に入省。兵庫県警刑事課長時代には、神戸市における暴力団摘発作戦で、自ら拳銃を手に陣頭指揮した。昭和四二年、私大出身者では初の警視総監に就任した。昭和四九年の参院選で、自由民主党公認で神奈川県選挙区から立候補し、初当選した。

秦野は、相手構わず味噌も糞も一緒くたにした法律の適用を「法匪《ほうひ》」と呼んで最も嫌った。法律匪賊《ひぞく》と

秦野章

まで言ったのである。だから、藤木幸太郎のやり方を評価し、現職の頃から親しく付き合った。

もちろん、秦野と付き合い始めた頃の幸太郎はとっくの昔に博打の世界から足を洗っていた。それどころか、社員に「博打をやったら即刻クビ」の宣言までしていた。

秦野は、藤木企業の社長室で、田岡一雄と会った。秦野は、兵庫県警時代のエピソードなどを、幸太郎や田岡に語って聞かせた。

「おれは兵庫の課長やってるときに、ボンノの野郎を勘弁してやったことがあるんだよ」

ボンノとは、三代目山口組の若頭補佐を務めた菅谷政雄のあだ名である。

少年時代に近隣の法専寺の和尚から「この煩悩《ぼんのう》め！」と暴れすぎることを一喝されたことから、以降そう呼ばれるようになったという。

菅谷は、戦後になって神戸・三宮《さんのみや》を中心に「国際ギャング団」として、朝鮮人、中国人、台湾人の一部と無法者一味と活動を共にするようになった。昭和二一年頃、神戸で自警団を組織していた二代目山口組の若衆田岡一雄、吉川勇次と朝鮮人連盟の集団の間で、三宮の朝鮮人連盟本部で起こった緊迫した場面を仲裁したりした。

昭和二一年四月、三宮の闇市の利権に絡む問題がこじれた際、菅谷の舎弟藤本元司が朝鮮人連盟神戸支部情報部長・洪準水を射殺してしまう事件が起きた。

この事件で菅谷は逮捕・脱獄を繰り返し、地裁では無期懲役となったが、控訴《こうそ》審の途中でサンフランシスコ平和条約の恩赦《おんしゃ》があり懲役一八年となった。

菅谷逮捕の指揮を執ったのは秦野だったが、いっぽうで秦野は「控訴すれば減刑になる。あきらめたらダメだ」と菅谷に控訴を勧め、川端康成《かわばたやすなり》の『伊豆の踊り子』を差し入れに持っていった。

昭和五五年の暑い八月のさなかだった。幸太郎は特別室にいて、部屋を暗くして臥《ふ》せっていた。長洲一二《ながすかずじ》知事、小此木彦三郎代議士らが見舞いに来た。枕許にかしこまっている妻の君江と息子の幸夫に、「オヤジさんによろしく」と、そっと囁いて帰っていった。その直後のことである。

秦野が病室のドアを開けて姿を見せたかと思うと、幸夫や君江などまるで目に入らないかのように、ズカズカッとまっすぐ幸太郎の枕許に来て、大声で呼びかけた。

「オヤジーッ」

「おっ」

幸太郎が驚いて目を開けた。

「秦野だよ」

「秦野さんか」

幸太郎が気づくと、秦野は一段と声を張り上げた。

「オヤジよ、ダメだよ、こんなとこにいちゃ。いまよ、会社に行ったけどよ……火が消えちゃってるよ」

「おう、秦野さんよ。帰るよ……もうじき、けえる。心配しないでくれよ」

「言っちゃ悪いが、幸夫さんじゃ保たねえよ、あの会社は」

他の人は幸太郎に気を遣ってひそひそ話すのに、秦野はまるで頓着《とんちゃく》せずに、平気な口ぶりで普段通り大声で呼びかけた。

〈言うに事欠いて、おれの目の前で……〉

けれども、幸太郎の顔に、一瞬、気力が蘇った。

後で、幸夫は秦野に礼を言った。

「秦野さん、おれは、嬉しい。オヤジの励まし方、あれこそ、どんぴしゃりです。だけど、幸夫さんじゃ保たない、はないよ」

「おれは言わない。絶対に言ってない」

秦野は平気でシラを切った。

秦野をよく知る人間に言わせると、秦野はつねに「人間対人間」で相手に接し、まわりは目に入らない。だから、ときには思ってもいないことを方便として言うらしい。当然、幸夫もそのように受けとめて聞いた。

言った、言わない——そんなことは、どうでもよかった。かけがえのない、大切な、大切なオヤジ……。

幸夫にとっては、神のごとき存在であった幸太郎である。その人の命数《めいすう》がまさに尽きようとしたとき、たとえ一分一秒でも多く、この世に留まらせてくれた秦野の言動が、幸夫は嬉しかったのである。


「おれがいなくなったら、世の中の風向きも変わるぞ」


藤木幸太郎は、昭和五五年一一月一日午前九時、息を引き取った。享年八八であった。

幸夫は、五〇歳になっていた。その年になるまで、幸太郎が生きてくれたことに感謝した。

幸夫は、幸太郎がいつも言っていたことを思い出した。

「自分が粗末にされてきたことを、人に味わわせちゃいけない」

「自分がお世話になった人には恩は返せないんだから、どこかに恩をちゃんと返せる場所をいつも持っていろ」

恩を受けた人に直接恩返しはできないが、別の誰かに人から受けた恩を返しなさい。ペイ・フォワード、恩送りの精神である。

結局、幸太郎の教えというのは、この二つの精神に集約されていた。

幸夫は、息子の幸太にもこの二つの精神を伝えている。が、幸夫は思っている。

〈おれが考えていることは、自分の頭で考えているんじゃない、オヤジの考えたことが頭に入ってるんだ。おれの話す言葉は、生きた人間を使ってオヤジが言わせているんだ〉

そのくらいの謙虚さでもって、幸太郎の教えを自分の子どもたちや人々に伝えている。

藤木幸太郎の葬儀は、幸太郎が亡くなった一週間後の一一月八日に決まった。場所は幸太郎の遺言に従って藤木企業本社で出すことになった。

「おまえなあ、これだけの会社にできて、おれは嬉しい。だから、万一、おれの葬式やるときは、ここでやってくれよ」

幸夫は、こんな幸太郎の言葉も思い出していた。

「幸夫、いまはな、おれが元気でいるからな、世間の風や温度が、おまえには合っているんだぞ。だがな、おれがいなくなってみろ、えらいことになるぞ。おまえに対してな、手の平返すように人が変わるぞ。世の中の風向きも変わるぞ。そんときは大丈夫だろうな。きちんとやってくれよ。当分、おれは死なねえだろうけど、いつかそんなことがあったら、あわてちゃいけないぞ。頼むぞ」

幸太郎はくどいくらい、何度も繰り返した。

「そうなったら、そうなったで、ちゃんとやりますよ」

幸夫はそのたびに自信を持って答えた。

だから、自分なりに覚悟はしていた。が、まさに風が変わった。幸夫の思い過ごしもあるかもしれないが、「この人がこんなことを言い始めたか」という感じで、三角だった人までバツになってしまった。

すべて丸かバツ……。

対人関係、利害関係、いろいろ絡み合って、はっきり色分けされた。幸太郎は、こうなると読んでいたのだ。

〈藤木幸太郎の存在が、周囲にとっても、いかに大きかったか〉

幸夫は嫌というほど思い知らされた。

最初から丸のまま変わらなかったのが、修羅場を潜《くぐ》ってきた長谷川清、井上喜人、安藤昇《あんどうのぼる》だった。

安藤昇は、昭和二〇年六月、神奈川県久里浜の伏龍特攻隊に志願し、過酷な訓練を受けるも、二ヵ月後に終戦となり、除隊。昭和二一年、法政大学予科に入学するが、翌年退学し、仲間たちとともに愚連隊を結成した。

昭和二七年に用心棒や賭博を手がける東興業を設立。のちに「安藤組」となった。

昭和三三年、乗っ取り屋と見られていた横井英樹《よこいひでき》の債務取り立てのトラブル処理を請け負うが、その話し合いの席上で横井の人を舐めきった態度に激怒した安藤は、組員千葉一弘に襲撃を命じる。安藤は逮捕され、六年間服役した。

稲川聖城会長は、安藤を稲川会の幹部に入れたかったが、安藤は堅気になり、安藤組を解散した。

昭和四〇年には、自らの自叙伝を映画化した『血と掟』に主演し、映画俳優に転向。松竹の専属となる。

昭和四二年には東映に移籍する。端整な顔立ちに曰くありげな左頬の傷跡、有名暴力団の元組長という類いまれな経歴から、鶴田浩二、高倉健に互《ご》して、数々のヤクザ映画に出演し、人気を博した。幸太郎とも幸夫ともウマが合い、親しく付き合っていた。

安藤昇

それでも、幸太郎が亡くなった後、周囲の人たちが口々に「おまえのオヤジに世話になったよ」と言ってくれた。間違っても、「おまえんところのオヤジはわからず屋で困ったよ」とか「おまえんところのオヤジには、ずいぶんひどい目に遭ったよ」などと言う者はいなかった。

幸夫は思った。

〈おれも死んだら、「おまえのオヤジはわからず屋だった」なんて言われないように生きよう。まったく、自分が幸太郎のせがれだったことくらい、光栄なことはない〉

幼い頃から、幸太郎の生活の中から生まれるとっさの判断や知恵などを、よく教わってきた。その教えは、大学に一〇〇年通っても教えてもらえない類のものであった。

人の能力には、とっさに物事を判断する能力、蓄積したものから出る能力などいろいろある。が、戦争で苦労したとはいえ、基本的に幸夫は幸太郎とハル、周囲の者たちの庇護《ひご》のもとで育ったお坊ちゃんである。だから、子どもの頃から親元を離れて苦労した幸太郎と、お坊ちゃんの自分の能力は、まったく違うはずだと思っている。

愛新覚羅溥傑との出会い

昭和五五（一九八〇）年初冬、藤木幸夫に友人の岡田伸浩《おかだのぶひろ》が言った。

「うちの浩《ひろ》おばさんが嫁にいった愛新覚羅溥傑《あいしんかくらふけつ》さん、この人がとってもいい人でね。彼と話をしたら、今度日本に行ったときに藤木に会いたいと言ってたよ」

岡田は、ショッピングモール「岡田屋モアーズ」で知られる横浜岡田屋の社長で、妻は元華族の嵯峨《さが》公《きん》元《もと》の娘である。その嵯峨公元の長姉である浩が愛新覚羅溥傑に嫁いでいた。溥傑は全国人民代表者会議の上海代表で、元満州国皇帝・愛新覚羅溥儀《ふぎ》の実弟である。

「ああそうですか、じゃあおれ会いにいくよ」

「いや、せっかくだから中華街に来てもらって食事をしよう」

横浜中華街では、『重慶飯店《じゅうけいはんてん》』『聘珍樓《へいちんろう》』『萬珍樓《まんちんろう》』『華正樓《かせいろう》』の四店が、昔から代表的な店として知られていた。幸夫は、その中でもっとも美味しいと評判の『重慶飯店』を選んだ。

重慶飯店の李海天社長は、かつて蔣介石《しょうかいせき》の側近中の側近だった。笑顔が素晴らしく、幸夫が行っても腰の低い、日本の官僚などには想像もできないような見事な人である。

「藤木さん、いつもいつも、いろいろしていただいて」

「李さん、今度溥傑先生連れてきていいかな」

すると、李は大感激した。

「ありがたいです。偉い人ですから。ぼくらはなかなかお目にかかれない人です」

昭和五五年一二月一五日、藤木幸夫は来日中の愛新覚羅溥傑と横浜中華街の重慶飯店で会食をした。

薄傑夫人の浩は、あいにく北京《ペキン》の病院で腎臓《じんぞう》の検査を受けるということで、来日していなかった。その代わりに、浩の弟夫婦である嵯峨公元夫妻を伴って現れた。

幸夫と嵯峨夫妻は友人同士だった。岡田を通じて、横浜の日吉に住む嵯峨公元とも親しくなったのである。

終戦直後の嵯峨公元は、溥傑とのつながりを見込まれて日本郵船の顧問を務めており、国交のなかった中国への船の出入りの斡旋《あっせん》などを手掛けていた。

当日、テーブルには次々とご馳走が運ばれてきて、李社長が、テーブルのそばにつききりでサービスしてくれた。

ついには中華料理では最高級の食材とされる熊の掌《てのひら》の料理まで出てきた。

「溥傑先生、これは右手ですか、左手ですか」

珍しさも手伝って、幸夫は尋ねた。

「いや、これはね、藤木さん。右手ですよ」

薄傑は迷わず答えて、その場で説明してくれた。

熊の大好物の一つに蜂蜜《はちみつ》がある。右手のひらに蜂蜜をたっぷりつけて舐める。その繰り返しで、いつしか右手のひらには、蜂蜜が染みついて絶妙の味になる。

「ああ、そういうわけですか」

幸夫は感心し、納得したが、同時に素朴《そぼく》な疑問が湧いた。

「しかし、先生、熊だって全部が全部右利きじゃないでしょう。左利きがいたら、どうしますか。どうやって見分けるんですか」

「そこまでは気がつかなかった」

そんな落語のようなやりとりをしながらの会食は、じつに愉快だった。

やがて、話が港の荷役におよんだ。幸夫は、日本の荷役業者の間でしきりに出ていた話をした。

当時、横浜港には一日一〇〇隻前後の船が入り、大型の外国船は三〇隻ほど、うち三分の一が国有の中国船だった。

「溥傑先生、中国船がたくさん来てくれるのはうれしいのですが、中国船は負けられない公定料金の荷役賃を強硬に値切る。それればかりか、態度が横柄《おうへい》だ、と日本の荷役業者はみんな困っています」

溥傑の表情が真剣になった。

幸夫は続けた。

「船会社にも成績のよいところ、悪いところ、それから船が入ってくるインターバルによっては、ここは少しぐらい荷役賃を下げるべきだな、ここは少し余計にもらわなければいけないな……ということもあります。が、荷役賃は認可料金で、大きい船も、小さい船も、年中来る船も、たまにしか入らない船も、一トンいくらと一律に決まっているんです。これは公定料金なんです。だから、これを下げると法律違反で運輸省から免許の取り消しを受けてしまう。それがあるので、協力はしたいけれども、困るなあ、困るなあと、みんな中国船に頭を痛めているんです」

ふと口をついて出た幸夫のぼやきに、溥傑はこう返答した。

「藤木さん、そういう話をここで聞かされても、わたしにはどうすることもできません」

「彼らのプライドの高いのはわかるけど、頼むときは頭の一つ二つも下げなきゃダメでしょう。溥傑さんからそうおっしゃっていただければ、みんな『なるほど』と思うでしょう。先生、北京に帰ったら言ってください」

「それはあなたが直に言いなさい。わたしが言うよりは、藤木さん、あなたが一度北京へ来て、直に言うべきだ」

「北京の本社に行きたいのは山々だけど、わたしのような一介の民間荷役業者が中国へ行けるわけがない」

すると、溥傑が言った。

「大丈夫。わたしが北京に帰るとき、一緒に行きましょう」

溥傑が、こともなく言ってのけた。

幸夫は何気なく言っただけなのに、ごく当たり前のことのように物事の本質を見て取って、すかさず放っておいてはいけないと感じるあたり、なかなかできないことである。

日頃からさりげない話題でも聞き逃しにしないで暮らしているから、すぐにこうした反応が返ってくるのだろう。

〈偉い人だなあ〉

溥傑は言った。

「わたしと一緒なら、どこでも大丈夫だから」

溥傑は、満州族代表として、全国人民代表大会常務委員会委員を務めていた。全国人民代表大会民権委員会副主任でもあった。

幸夫は感銘を受けて、それならこちらも真剣に、と姿勢を正した。

「行きます」

こうして幸夫の初めての北京渡航が決まった。

中国の船会社相手に大喧嘩

明けて昭和五六（一九八一）年五月三〇日、藤木幸夫は帰国する愛新覚羅溥傑と一緒に、長谷川清をはじめ藤木企業の幹部三人を伴って北京へ渡った。通訳は、北京大学に通う溥傑の孫の敬子が務めてくれた。溥傑は幸夫たちのために北京市にある高級ホテルの北京飯店に部屋を用意してくれ、同級生たちを集め、近くの焼肉店で鉄板焼きをご馳走してくれた。

すべてに至れり尽くせりだった。

横浜中華街の重慶飯店での饗応《きょうおう》に対する答礼のパーティーだったのだろうが、親しい中国人を集めての歓迎ぶりには、じつに温かい気持ちがこもっていた。

敬子の正確で、上品な通訳のおかげで、幸夫たちは少しも言葉の壁を感じることなく、相手の気持ちにじかに触れることができた。


北京到着の翌朝、溥傑のお膳立てで、幸夫は中国を代表する船会社のコスコ（ＣＯＳＣＯ：中国遠洋運輸総公司。のち中国遠洋海運集団有限公司）へ行き、銭永昌総経理（社長）をはじめ幹部社員一〇人と面会した。

コスコの本社は、天安門広場の二軒隣の建物だった。

「初めてお目にかかります。わたしは横浜の港で船内荷役の会社の社長です。本日は、溥傑先生にご便宜を計っていただいて参りました」

中国は格式を重んじるお国柄だから、幸夫は相手と対等の立場の人間であることを明かし、溥傑先生の肝煎《きもい》りだということを強調した。それから、「一言申し上げたいことがあります」と前置きして、本題に入った。

「いまの資本主義社会では、お金を払う方が偉い人で、もらう方はそうでない人となっている。しかし東洋の場合は『あなたのおかげで』というのが先に来る。だから日中も上下関係なく、対等の付き合いであるべきだ。細かいことだし、中国のみなさん方が非常に苦労しているのはよくわかるけど、ものを頼むときには礼儀というものがある。それに値段を下げられないものを値切られて、日本の荷役業者は困っている」

日中が本当に仲良くするためには言いづらいことでも、やわらかく言わせてもらう必要がある。面倒も厭《いと》わず幸夫を北京に案内し、「コスコ」の総経理に対面させた溥傑の思いも、そこにあるはずだ。幸夫はそのように信じて疑わず、真剣な眼差しで訴えた。

銭永昌総経理から答えが返った。

「わかりました。溥傑先生の周旋《しゅうせん》でもあるから、意見として承ります」

銭総経理の態度はきわめて紳士的だったが、敬子が幸夫の発言を北京語で伝えたとき、向こうの通訳の表情が一転して強張《こわば》ったのが気になった。

一呼吸おいて、通訳がこう続けた。

「しかしながら、あなた方、それは少し余計なことですよ。中国には中国流のやり方がある。そんなことをわざわざ言いに来ないでください」

あとで知ったことだが、このとき、相手側の若い通訳が自分の思いを勝手に付け加えていた。

銭永昌は立派な人物なのだが、窓口になった人間が悪かった。若くて気概に燃えるだけで、銭ほどの分《ふん》別《べつ》も、心の広さも身につけていなかったようだ。

通訳の言うことに「コスコ」の幹部連中が同調した。

「おれたちはちゃんと、自分の取引相手と話をしてるんだ。きみとはまったく関係ないだろう。こんな話を持ってくるな」

幸夫は言った。

「たしかに藤木は中国の仕事はしていないが、港運協会代表の立場で来ている。中国側はもう少しマナーを持ってほしい」

お互いに主張すべきことを虚心坦懐《きょしんたんかい》に述べ合って、理解しようと努め、合意点を探るのが外交のありようで、溥傑の意図するところでもある。

ところが、彼らからは「生意気だ」という、プライドからくる感情的な反応しか返らなかったものだから、幸夫は憤《いきどお》って幹部連中や相手方の通訳に喧嘩腰で応酬《おうしゅう》した。

「余計とは何だ。わたしは日中の関係を良くしようとして、言ってるんだ。溥傑先生が心配して計らってくださったから、こうして来ているんじゃないか」

「それこそ、余計なことだ。日本の港は荷役賃が高くサービスも悪い」

「余計なお世話じゃないんだよ。これは、日中の問題なんだ」

もう、お互い取っ組み合い寸前だった。現状を何も知らない相手から、ありもしないことを言われて頭にきた幸夫は当時まだ若く、我慢を知らなかったことも手伝って、ついに爆発した。

「馬鹿野郎！　おまえたちとは口利いちゃいられねえよ！　おう、みんな帰ろう、帰ろう、もう駄目だ。こんな連中とはやっちゃいらんねえよ。すぐ飛行機を取れ、明日一番で日本に帰るぞ！」

べつに話し合いに失敗しても、幸夫に損はない。

〈でも言うだけのことは言ったんだから、これで役は終わりだ〉

幸夫のことを心配してついてきてくれた長谷川清も、幸夫に同調した。

「帰りましょう」

が、藤木企業の二人の幹部は、このままでいいのかなあ、という顔で仕方なく幸夫に従った。通訳の敬子はオロオロしている。気の毒なことをしてしまった。

幸夫は、啖呵《たんか》を切って相手に挨拶もせず、自分から席を蹴って退出してしまった。銭永昌は「困ったな」という顔をして、ただ黙ってその様子を見ている。

幸夫たちが宿に取った北京飯店は、大きな通りを隔てて「コスコ」の目の前にあった。

幸夫は憤ってホテルに戻ったが、どうも様子がおかしい。白人、黒人、東洋人、すべてが喪服を着ている。

「いったい、どうしたんだ？　北京じゃいま喪服が流行っているのか」

フロントで確認すると、その日はなんと孫文《そんぶん》夫人の宋慶齢《そうけいれい》の国葬の日だった。国葬が終わって、みんな帰ったところだと、すぐにわかった。なので、ラジオ放送の音楽も宴会もすべて禁止。例外なく国中が喪に服していたのである。

〈こんな偶然もあるものだな〉

幸夫は部屋に入るなり、会社の連中に言った。

「こんな馬鹿馬鹿しいところにゃいられない。おい、明日の飛行機で帰ろう。万里の長城の見学は取りやめにする」

幸夫の希望をあらかじめ聞いていた溥傑の手配で、コスコでの話が済んだら、その後は北京市内を見物し、翌日は万里の長城へ行く予定だった。

が、幸夫が喧嘩したことで予定はすべてキャンセルとなった。

「今日はもう遅いし、航空会社は国葬でお休みですから、あしたの朝一番に、飛行機の手配をしましょう」

「悪いけど、そうしてくれ」

幸夫は食事を済ませたあと、すぐにベッドに入った。

ところが、突然鳴り響いた電話のベルの音で叩き起こされた。時計を見た。夜一〇時を過ぎている。受話器を取ると、銭永昌からの伝言だという。

「このまま別れたのでは、日中のためにも、横浜港との関係にもよくない。それに加えて溥傑先生に大変失礼だ。今日の会談はまだ終わっていない……調べた結果、わが方の通訳に落ち度があった。さっそく、いまから宴会をやろう」

「しかし、今日は宴会が禁止のはずでは？」

「中央政府に許可を得て、特別によいことになりました」

幸夫は眠い目をこすりながら急いで着替え、指定されたレストランに向かった。


レストランは、幸夫たちが宿泊している北京飯店五階にある特別室だった。

出迎えた銭永昌は、通訳を替えて来ていた。

「さっきのことは、どっちがいい、どっちが悪いということは関係ない。会談をあそこで打ち切ってはならない。日本側の申し入れは十分に理解しました。あなた方の気持ちはよくわかりましたので、今度はわたしたちの気持ちをわかっていただきたい」

これが銭永昌総経理の気持ちだと初めてわかった。最初から正しく通訳されていれば、無用な対立を生むことはなかったのだ。

銭総経理は続けた。

「藤木社長の申し入れは、言われてすぐ答えを出せる問題ではない。双方で再検討する時間を持とう」

見事な提案だった。

むかっ腹で帰るより、よっぽどいい。

「わかりました。銭総経理のご好意に心から感謝します」

幸夫は渡りに船とばかり、即座に銭総経理の提案を受け容れた。

「考えてみれば、余計なことだったかもしれないけれども、将来、中・長期的に見れば、わたしの今回の申し入れは決してマイナスにはならないと思います」

若い通訳が自分の感情を剝き出しにして、銭総経理の気持ちにはないことまで言ったから、幸夫は喧嘩腰になって真情を吐露《とろ》した。通訳が最初からきちんと仕事をしていたら、幸夫の申し入れは単に申し入れにすぎず、熱意は形となって表れなかった。そのときは、聞きおく程度で済まされてしまい、銭総経理も禁止された宴会の許可を取りつけてまで、このような提案を持ち出すには至らなかったろう。

しかしながら、銭総経理の器が大きかったから、怪我の功名になっただけである。やはり窓口、パイプ役の役割は大事だから、人選には注意が必要である。

銭総経理は対立の原因が通訳にあると見極め、ただちに人選を改めるあたり、そういう意味でも見事だった。

いっぽうで、民間人で、しかも、その立場にない幸夫だが、言葉の通じない外交交渉の難しさを、嫌というほど痛感させられた。

銭総経理と一緒に来ていた中国人が言った。

「今日はわが中国は、全土で宴会も、ラジオも音曲は一切禁止です。今日、全土で宴会をやっているのは、この階だけです」

それを聞いた幸夫は、急に気分よくなった。

「そうなんですか」

二人はたちまち肝胆《かんたん》相照らして酒を飲み、心行くまで語らった。

翌日、幸夫は帰国を取りやめて、はからずも復活をみた「北京の休日」を楽しみ、万里の長城へ向かった。

銭永昌交通部長との海を越えた交流

それから半年もしないうちに、銭永昌が交通部長に就任した。日本でいう運輸大臣である。以来、何かというと、銭交通部長から幸夫に声がかかった。

呼ばれて北京空港に降り立つと、銭交通部長が差し向けた乗用車が来ていて、イミグレーションはすべてパス、日本の迎賓《げいひん》館に当たる釣魚台《ちょうぎょだい》国賓館に運んでくれて、多忙を極めるはずの銭交通部長が出迎え、晩餐《ばんさん》のひとときを過ごす——こうしたことをいくたびか繰り返す仲になった。

銭交通部長昌が用意してくれた釣魚台国賓館は、元《げん》の時代に、宰相、耶律楚材《やりつそざい》の居宅として開発された後、金《きん》の皇帝、章宗《しょうそう》が同地の池に釣り場を設け、清《しん》の皇帝、乾隆《けんりゅう》帝が皇家園林「玉淵潭《ぎょくえんだん》」を整備した場所である。

また文化革命時には、文化大革命の首謀者の一人であった江青《こうせい》の住居として独占的に使用された建物である。

幸夫は、案内してくれた中国人に、真剣な表情で言われた。

「釣魚台国賓館には、昼間に幽霊が出ます」

歴史があり、政治の中枢《ちゅうすう》に存在した建物であるから、政治権力に近い人達の感情が怨念《おんねん》となって渦巻《うずま》いている場所なのだという。特に、政治権力の中で無残な経験をした女性たちの幽霊が出るのだという。

「だから藤木さん、大丈夫だとは思いますが、気をつけてください」

銭永昌は幸夫が北京に来たときは一切お金を使わせなかったし、幸夫も銭永昌が横浜に来たときは一銭も使わせなかった。

喧嘩はしてみるものである。

振り返ってみれば、喧嘩腰のやりとりになったとき、地金《じがね》が出たというか、幸夫はおのれを捨てていた。われ知らず日本の威信、港の名誉を肩に担って、一歩も引けない気持ちになっていた。

銭交通部長は自分の器に照らして、それを幸夫の情熱の表れとして好意的に受け取ってくれた。

思慮分別も大事だが、それだけでは足りないものがある。そのことを、幸夫は経験的にしかと悟《さと》った。

〈歳相応の分別は身についたとしても、若気のいたりと紙一重の情熱――これだけは失わないようにしよう〉

銭交通部長と語らううちに、彼に船長の経験があることがわかった。だから、中国船の船長時代、何回か横浜港に来ていて、「荷役賃を負けろ」とやったわけだ。

銭交通部長は、したがって、片言の日本語を話した。

幸夫は納得した。

〈そうか、そういうことだったのか。経験に裏打ちされた知識――それがあったからこそ、わたしの申し入れに耳を傾け、放ってはおけないという気持ちになったわけだ〉

経験というものがいかに大切か。幸夫は強く再認識させられた。

銭交通部長との海を越えた交際は、その後も続き、たとえていえば兄弟のように仲は深まった。

その出会いから考えて、奇跡というほかない結果である。

銭永昌は幸夫を認め、幸夫は二歳年下の彼を心から敬《うやま》い、兄弟のように語らって、話題はいつまでも尽きなかった。

なお、八〇代後半を迎えていた愛新覚羅溥傑は、平成五（一九九三）年から、北京にある日中友好病院にて療養していた。

日中友好病院は、中国の要人しか入院することができない特別な病院だった。ましてや、溥傑の病床まで行けるのは、日本人では幸夫だけだった。

平成六（一九九四）年二月二八日、愛新覚羅溥傑は北京で亡くなった。

北京でおこなわれた葬儀には、幸夫も出席し、親戚代表として挨拶した。

田岡死す

藤木幸太も、山口組の田岡一雄三代目組長と会うこともあった。父親の代わりに挨拶に出向いたこともあった。

神戸市の田岡の住む山口組本家に行くと、三代目は丁寧に挨拶をしてくれた。

「幸太君、今日はご苦労様。遠いところありがとう」

そう言って、いつもコーヒーとメロンでもてなしてくれた。

挨拶を終えると、ＪＲの新神戸駅まで、若い衆が送ってくれ、そのまま新幹線で横浜まで帰ることが多かった。

三代目の長男の満や、長女の由伎とも付き合いがあった。特に由伎とは同い年だったために親しかった。

満の長男と二男、由伎の長男は、若い頃、藤木企業で修業をしている。子どもたちは、修業を終えると、その後、神戸に戻り、田岡家が経営する甲陽運輸で働いている。

昭和五六（一九八一）年七月二三日の朝、神戸の田岡満から幸夫に電話があった。

「いま、わたしは、尼崎《あまがさき》の病院にいます」

幸夫は港の関係者として何度も尼崎の労災病院へ田岡一雄の見舞いに行ったし、毎日のように「おじさん、今日は具合どうだい」と電話で容態を確かめた。そのたびに、「今日は大丈夫だ」と聞いて気を休めていた。

ところが、そんなときに限って、幸夫には労働組合の幹部と箱根へ行く予定が入った。

「おれは、前から箱根へ行くことになっている。連絡取れなくなるけど、おじさん、大丈夫かなあ」

「心配ないと思います。行ってください」

返事を聞いてひとまず安心し、幸夫は労働組合の幹部を大勢連れて箱根に出かけた。そして、箱根に着いたときに、尼崎の労災病院の満から電話が入ったのだった。

「いま、危篤《きとく》です」

「そりゃ、大変だ。すぐ行く」

幸夫はすぐに引き返し、小田原駅から新幹線の車中に身を投じた。

しかし、小田原からだと各駅停車の「こだま」しか利用できない。やたらに時間がかかって、新神戸駅に着いたのは夕方だった。

尼崎の労災病院に急行すると、甲陽運輸の役員が幸夫を待っていた。もちろん、そこには山口組幹部の組員もいて、黒山の人だかりだった。

幸夫は田岡の妻の文子と二人だけで、マスクをし、手袋をし、白衣を着て、田岡の亡骸《なきがら》に対面した。

田岡一雄は、享年六八だった。

「かつての仲間として、葬儀を出したい」

田岡一雄の弔問《ちょうもん》を済ませて横浜に戻った幸夫は、港の役員たちに言った。

「山口組が田岡のおじさんの葬儀をどのようにするか、おれは知らない。しかし、堅気に戻ることが田岡のおじさんの心からの念願だった。亡くなったいま、それを叶《かな》えてやれるのは港の関係者しかいない。かっての全港振として、その仲間として、葬儀を出したい」

「ぜひ、そうしろ」

役員のみんなが賛成してくれたので、さっそく、神戸の業界関係者に連絡した。

「田岡のおじさんは神戸が地元だから、そっちが中心になって準備をして欲しい。しかし、準備は神戸がやるけれども、名前は全国船内荷役協会にしたい」

「わかった」

こうして支度にかかったところで、兵庫県警から神戸の寺という寺に向けて「田岡の葬式に協力してはならない」という通達が発せられた。

神戸から事情を告げられて、幸夫は困惑した。

〈港のことはもちろんだが、警察のためにも、あれほど働き、大きな功績があった田岡のおじさんの葬式が出せない。そんなことが許されてよいものだろうか〉

田岡が亡くなったとき、全国船内荷役協会の会長は岡部高、幸夫が総務委員長だった。岡部の前の会長が藤木幸太郎、田岡は副会長だった。

幸夫は、警察のやり方が心外でならなかった。


田岡一雄が目指したのは、みずから起草した山口組の「綱領」の前文「俠道精神に則《のっと》り国家社会の興隆に貢献云々」とあるように、終戦直後、神戸を魔都と呼ばれるほど荒廃殺伐《さつばつ》とさせた国際ギャング団に真っ向から挑むことだった。事実、GHQによって武装解除されて無防備となった兵庫県警本部を国際ギャング団の襲撃から守った。

国際ギャング団が晴れて一掃され、神戸に平和が戻ったとき、だからこそ、兵庫県警は田岡一雄にいくたびも「一日警察署長」を委嘱《いしょく》したのではなかったか。

国際ギャング団が姿を消してから、それまで協力してきたヤクザ集団が暴力的抗争に走り、やむなく田岡も巻き込まれていった。

田岡は組員に「違法行為を起こしてはならぬ」と厳命し、博打さえ禁止したが、気づいてみたら、山口組は自分の手が届かないほど大きくなっていた。

田岡が堅気の世界へ返る意図を持って甲陽運輸を設立し、港の荷役の世界に進出したのは、その頃だ。

ところが、『田岡一雄自伝』にはこう書かれている。

《終戦直後から山口組の力を借り、山口組のバッジの使用まで求めて辛うじて治安を維持してきた警察当局は、いまや山口組壊滅にじりじりと包囲の環をせばめ、末端組織のいざこざを口実に虎視《こし》眈々《たんたん》と機会を窺《うかが》っていた。昭和三五（一九六〇）年四月、兵庫県警察本部に暴力犯罪取締本部が開設され、三八（一九六三）年三月、警察庁は神戸の山口組、本多会、大阪の柳川組、熱海錦政会、東京の松葉会を広域暴力団として取締活動の徹底を図り、こえて翌三九（一九六四）年四月、兵庫県警本部では捜査四課を新設して資金源の根絶、頂上作戦、武器の摘発、その他三本立てによる組織暴力壊滅に乗り出した》

これでは、とうてい、引退などできるわけがない。

田岡が、自分が育てた山口組に対して、深刻に責任を感じていたことは事実だ。しかし、荷役業界にとって、「山口組三代目」はまったくの赤の他人である。仮に山口組三代目だったとしても、「一日警察署長」に任命されたほどの人の葬儀さえ警察が許さないとは、どういうことなのか。

たとえ、法的に罪はあろうとも、亡くなれば弔《とむら》う、それが、自然な心である。

幸夫は義憤を感じて、一歩も引けない気持ちになった。

弔辞を読んだ美空ひばり

兵庫県警が管内の寺に「田岡に関する葬儀は、一切、許可しない」と指令を出したから、山口組は手も足も出ない。山口組三代目としてはそれでよいが、全国船内荷役協会は困った。

田岡一雄は山口組三代目には違いない。しかし、全国船内荷役協会にとっては、かつての副会長である。藤木幸太郎前会長の息子である幸夫が、世間の批判を恐れて知らん顔でいたら、港の仲間に顔向けできなくなってしまう。

「兵庫県警は田岡のおじさんの葬儀は認めないといっている。なんとかならないか」

幸夫は、警友《けいゆう》病院事務局長を務めるかつての敏腕刑事部長ムラゲンこと村松源一に相談した。ムラゲンは「社長が兵庫県警へ行くべし」という。

「警察はね、社長が出向いていってトップに会いたいといったら、必ず会う。そういうことになってるんだ、警察というところは」

「それじゃ行くよ」

「その代わり、おれの教える通りのことを言ってくださいよ。『兵庫県警はお世話になった方に、お世話になったと言っちゃいけないんですか』」

「そんな当たり前のことでいいのかい」

「そうです。『お世話になった人にお世話になったと言うのは当たり前だ』。向こうは必ずこう言います。そうしたら、『港ではそれが葬式なんです』と言えばよい」

幸夫は兵庫県警へ足を運んで、警務部長に面会を求めた。しかし、警務部長が不在だったので、次長が幸夫に応対した。

田岡一雄が港湾荷役で果たした功績を述べて葬儀の許可を求めたが、なかなかよい顔を見せてくれない。そこで、ムラゲンから教わった通りのことを言った。

「あのう、警察はお世話になった方に、お世話になったと言っちゃいけないんですか」

「そんなことありませんよ。世話になった人に感謝するのは、当たり前のことです」

間髪《かんはつ》を容《い》れず、幸夫は畳みかけた。

「港もそうです。港はそれが葬式なんです」

「じゃ、一件だけ許可します」

新神戸駅の奥にある禅寺を使ってよいと、兵庫県警が幸夫に許可してくれた。

「ただし、ヤクザが一人でも来たら、即刻、葬儀中止をかける」

全国船内荷役協会としてやるのだから、一向に構わない。

「結構です」

幸夫は喜んで応じた。本当にムラゲンの言った通りになった。

以上の経緯で、田岡一雄の葬式が出せることになった。


田岡組長の長男であり、「ジャパン・トレード」社長として美空ひばりの興行を手がけたことのある田岡満が、ひばりの弟で歌手のかとう哲也《てつや》に電話を入れてきた。

「葬式には、ひばりさん頼むで」

が、哲也はすぐに返事をしなかった。

たしかに、ひばり一家は、田岡に義理がある。しかし、昭和四八（一九七三）年一月、かとう哲也が三代目山口組益田組の舎弟頭であることが発覚。日本縦断興行中だった「美空ひばり」ショーは、警察の要請により各地で締め出された。

世論は、ひばり一家と田岡とのつながりにいっそう非難の眼をそそいでいる。

昭和五〇年二月には、山口組壊滅作戦を執拗《しつよう》につづける捜査当局により、田岡満も、東映映画『山口組三代目』の違法入場券発行、公正証書原本不実記載の罪で逮捕された。「ジャパン・トレード」も解散に追い込まれたのである。

美空ひばりと田岡一雄。ひばりの興行は田岡の神戸芸能社が手がけた

それ以来、田岡や山口組との関係は切れていた。

今回、もしひばりが田岡の葬儀に出席すると、また写真を撮られ、マスコミの格好の餌食《えじき》になる。田岡との古い結び付きを問題にされる。

哲也は、ひばりに申し出た。

「満ちゃんから、電話があったが、姉貴は、何か理由をつけて休みなよ。その代わり、おれが姉貴の名代として出席する」

ひばりを庇《かば》っての進言であった。

ところが、ひばりは、キッとした表情で言った。

「わたし、出る。弔辞《ちょうじ》も、読むわ」

ひばりは、益田組の盃を受けた哲也以上に腹が据わっていた。

葬儀の当日、幸夫のもとに美空ひばりが来て言った。

「おにいさん、わたしに弔辞を読ませて」

幸夫とひばりは、姻戚《いんせき》関係にあった。ひばりの妹と、幸夫の従弟が結婚したからだ。

美空ひばりは亡くなってから国民栄誉章を受け、国民的人気の大歌手として評価されたが、当時はまだそれほどでもなかった。が、田岡一雄は早くからひばりの将来を見抜いていて、彼女に汚点を与えまいという親心から、わざと嫌ったふりをして寄せつけなかった。

幸夫は前からそれを知っていたから、それとなくやめさせようとした。

「田岡のおじさん、おまえのこと、大嫌いだって言ってたぞ」

「建前はそうだったけど、本当は違うのよ」

「わかっているよ、そんなこと」

「お願い、読ませて」

あまりせがむから、仕方なくひばりに弔辞を読ませることにした。田岡も立派だが、後難を恐れず弔辞を買って出たひばりもさすがだった。


八月二二日午後二時、新幹線新神戸駅のすぐ裏手にある布引山《ぬのびき》を背後に背負った臨済宗徳光院で、田岡の合同葬が営まれた。

ひばりは、八〇〇人を超える参列者を背に、弔辞を読んだ。

「……わたしの舞台をよく観に来てくださったし、また、子どもだったわたしが少しでも機嫌が悪く、口もきかないときがあれば、口笛を吹きながら、ふっと外へ行ってしまうのです。しばらくして帰ってくるときには、少しお酒を飲んでいるのです。そうしたやさしいおじさんの姿も、いまとなっては、懐かしい思い出です」

台風一五号の接近で、雨こそまぬがれたものの蒸し暑く、喪服の下が汗に濡れる。

境内の楠《くすのき》の大木から、頭上に、狂ったような蟬時雨《せみしぐれ》が降りそそぐ。

ひばりは、三三年にわたる田岡との思い出に胸を詰まらせながら、最後の呼びかけをおこなった。

「おじさん！　安心して天国へ行ってください。母がいまここにいれば、きっと同じ気持ちだと思います……」

「おじさんのおかげで、ひばりも大きくなりました。わたしが結婚するときには、いろいろとご心配をかけてすみませんでした。わたしが相談をすると、いつも教えていただいたのはおじさんだけでした」

とても温かい弔辞で、幸夫も感動した。

全国船内荷役協会葬として晴れて葬儀の運びになったことをいちばん喜んだのは、港の関係者は当然として、田中清玄、芸能人としては清川虹子、伴淳三郎、高倉健、勝新太郎、田端義夫《たばたよしお》、五木ひろし、長沢《ながさわ》純《じゅん》らだった。

「山口組葬だったら花を出せないけれども、これなら出せる」

田岡一雄に見出され、励ましを受け、世に出ることができた芸能人は数え切れない。

そうした芸能人は後押しされた恩義だけでなく、人としてのありようも、田岡から同時に教わった。だからこそ、知らぬ顔でいられなかったのだ。

神戸市の宮崎辰雄《みやざきたつお》市長、その他、公職にある人たちも大勢参列した。

田中清玄も、「いいことをしてくれた、いいことをしてくれた」と同じ言葉を繰り返して喜んでくれた。

兵庫県警の許可の条件を前もって伝えておいたから、結果として山口組の関係者は一人も現れなかった。

田岡への真の恩返し

全国船内荷役協会葬から間もなく、山口本家で山口組葬が営まれることになった。

それに先立って、幸夫は田岡満に言った。

「文子おばさんは、おじさんのかみさんだから、しようがない。でも、きみは出ちゃいけない。組とは一切関係ないということを見せるために、その日、きみはゴルフにでも行きなさい」

満は幸夫が言った通りにしてくれた。

父親の葬儀に長男を出させないというのは、いささか乱暴かもしれない。が、田岡一雄と付き合いがあるというだけで、幸太郎と幸夫、あるいは港湾業者が、どれほど世間から誤解の目を向けられ、口にして言えないほど苦い思いをしてきたか。

長男の田岡満に対する逆風は、それどころではないだろう。必死に耐え、我慢した努力が、組葬に出ることで、跡形もなく消し飛んでしまう。

ここで節を曲げてはならないのだ。

幸夫は思った。

〈非情の勧めと取られても仕方がないが、父親が果たせなかった堅気への、それこそ完全な回帰――その念願を遺子にまっとうさせることこそ、田岡への真の恩返しだ〉

山口組葬式の当日、兵庫県警機動隊が新神戸駅周辺をものものしく固めたという。

この日、ゴルフ場で白球を飛ばす満の心中を、幸夫は知るよしもなかった。が、亡き田岡一雄は、草葉の陰できっと喜んでいてくれたにちがいなかった。

藤木幸夫は、日本港湾協会会長であり名古屋の伊勢湾海運社長である高嶋四郎雄と面会した。

日本港湾協会は昭和二三（一九四八）年に発足した港運事業者の業界団体で、全国の各港にある港運協会の中央団体である。

幸夫は横浜港運協会の会長と日本港湾協会の副会長を務め、何かしらの交渉を進める際の政治を担当していた。そのため、高嶋四郎雄のことを以前からよく知っていた。

「高嶋会長、田岡のおじさん亡きいま、甲陽運輸をちゃんとしなきゃいけない。ひとつ、田岡満をよろしくお願いします」

田岡一雄に痺《しび》れていた高嶋は、快く承諾してくれた。

「もちろんだ。あんな立派な人はなかったな」

高嶋四郎雄は、じつは、ひそかに田岡一雄から盃をもらっていた。高嶋は勲二等をもらっている身であるので、表沙汰《ざた》にはできないことだった。高嶋はどことなく任俠の香りのする男で、幸夫も人間的に魅力を感じていた。

名古屋には、荷物の袋詰めをしたり、本船に積んだ貨物をしっかり結わいたりする雑作業事業者のための関連事業協会があった。その協会員だったのが、明宝作業の弘田武志社長である。

弘田は、田岡一雄が山口組三代目の時代に、田岡の若中《わかなか》として弘田組を名古屋で率いていた。

田岡一雄が亡くなり、四代目跡目問題で、山口組組長代行の山本広《やまもとひろし》が組を脱退して一和会を結成した際、山口組に残るか、一和会へ行くかさんざん悩んだ。

結局、弘田は、四代目山口組にも加わらず、組を解散しヤクザを引退した。

山本広から竹中正久《たけなかまさひさ》へと寝返ることなく引退の道を選んだことで、弘田の名を汚すことはなかった。

そして弘田組の者は司忍《つかさしのぶ》を会長に新たに弘道会を結成し、四代目山口組の盃を受けた。

弘田組の「弘」の字とその道を行く「道」の字から「弘道会」と組織したのは司忍の親分弘田への思いがあってのことだろう。

幸夫は、弘田武志のことも、司忍のこともよく知っていた。弘田は、幸夫に引退する際に言っていた。

「みんな、おれの兄弟分なのに、四代目の跡目のことで争って、そのどちらかに加担することはできない」

幸夫は思った。

〈弘田さんは偉いなあ〉

弘田は幸夫から見てもおとなしい人で、本当に尊敬できる人物であった。ヤクザとはいえ、みんな人間として優れていた。

第七章　実業界のドン

大連港へ出張指導

初の北京訪問から一年後の昭和五七（一九八二）年のある日のこと。親しくしていた友人の医師が、幸夫を訪ねてきて言った。

「中国の要人が横浜港を見学したいと言っています。どうかひとつ、藤木さん、案内してあげてください」

友人の言う要人の名前は孫尚清《そんしょうせい》。医師で学者でもあり、のちに大臣に当たる役職に就き、中国の「五ヵ年計画」を立案した人物である。当時は中国社会科学院の副院長を務め、経団連や日経連が帝国ホテルに招いて講演を依頼するほど、日本でも名を知られていた。

過去には文化大革命で下放《かほう》され、地方の農村に連行されたとき、最初の妻を殺されていた。

やがて、孫尚清副院長が、友人の医師に案内されて、中区北仲通の藤木企業本社に現れた。

幸夫は挨拶を交わしてから、北京で銭永昌総経理と喧嘩して仲良くなったことを話した。

「そうですかあ」

孫は感銘したようにつぶやいて、横浜港を見学に向かった。

幸夫は藤木企業の幹部を伴って孫を横浜港に案内し、港湾設備を見せ、荷役の現状をつぶさに説明した。

孫は幸夫に感謝し、ひどく喜んで帰国していった。

それからまもなく、中国から使者が来た。朝日新聞元北京支局長の秋岡家栄《あきおかいえしげ》だった。

「孫尚清さんから藤木社長に依頼がありました。じつは大連《だいれん》の港の問題なんです」

秋岡の顔に銭永昌総経理と孫尚清副院長の像が重なった。昨年に次ぐ今年のことでもあり、幸夫は何か見えない運命の糸のようなものを感じた。

秋岡は、中国に遠慮するあまり、「北京は清潔でハエは一匹もいない」といったヨイショ記事ばかりを書いていた。が、悪い人ではなく、幸夫は好きだった。

中国社会科学院の孫尚清副院長の使者として来た秋岡の説明によると、大連港は設備が貧しく、岸壁も未整備で、そこへ雲霞《うんか》のように船が押し寄せて、なかなか荷役が捗《はかど》らない。そのために、水際線はもとより沖まで船で埋まってしまって、どうにもならないでいるという。

「これは大連港だけでなく、中国の経済にひびく問題です。そこで、孫尚清さんは藤木社長に目を向けられて、一度、大連港を見てもらいたいとおっしゃっておられます。そして、見て直すところがあったら、大連港の渋滞を緩和するために、ぜひともアドバイスして欲しいということです」

横浜港の問題をねじ込んでおいて、向こうのことは知らないでは通らない。

「わかりました」

幸夫はその場で快く引き受けた。


かくして幸夫は、北京に続いて大連に飛ぶことになった。埠頭管理のありよう、炉《ろ》の使い方、クレーンの配置と操作、倉庫の運営、貨車との連携、トラック網の現状、港湾労働者の人数と技術的水準、器具器材は足りているのかどうか、労働組合の組織など、検証すべき項目は最初からわかっていた。

それらすべて幸夫が一人でチェックするわけにはいかないから、専門家を五人同伴した。その頃はまだ大連への直行便がなかったので、幸夫たちはまず北京へ向かった。

北京では最初に銭永昌交通部長に面会した。

「こういうわけで、これから大連へ行くことになりました」

「いやあ、よいことを聞いた。助かる」

再会を果たした翌日、幸夫は国内線を使って大連へ飛び立った。

大連空港に着陸する直前、窓から眼下を眺めると、きれいな海に密集する船舶の姿が見えた。ある程度予測できた光景だが、幸夫が驚いたのは船混みの凄さではなく、大連周辺一帯の山々や丘陵に、まったくといってよいくらい木が生えていないことだった。

緑豊かな日本の山や横浜の丘陵を見慣れた幸夫には、とてつもなく異様な光景として強く印象に残った。

大連空港に到着した幸夫たちは、出迎えた関係者に港務局に連れていかれて、于紹文局長と対面、ただちに会議に臨んだ。

会議室には大連市の幹部が三〇人ほど顔を揃えていた。

大連港では二万五〇〇〇人が働いているという。遼寧省《りょうねい》、吉林省《きつりん》、黒竜江省《こくりゅうこう》、つまり東北部三省の人口は一億八〇〇〇万人――それなのに、大連港しかないという。

大連市の幹部の説明は問題点がよく整理されていて、各現場からの報告も交えて、実にわかりやすかった。全体主義の国だから日頃からよく訓練されてきたのだろう。戦時中の日本人もこうだったなあと思いながら、幸夫は現在の日本人とそれとなく比較し、隔世《かくせい》の感で耳を傾けた。

しかし、説明を聞きながら、幸夫はとっさに危惧《きぐ》を抱いた。

昭和五七年当時の中国東北部は、衣食住はほとんど自給自足で、生活水準がきわめて低かった。それでも手に負えないほど港に出入りが混雑している。

〈生活水準がわずかでも上がって、食卓におかずが一皿加わるだけで、大連港はえらいことになるぞ

〈……〉

「わかりました」

幸夫は説明が一段落したところで言った。

「申し訳ありませんが、最後まで説明を聞く前に、現場をひと通り見たいんです。そのために各分野の専門家を連れて来ました。ですから、現場を見たうえでお話をしましょう。明日一日は現場を見る日にして、あさっての朝一〇時に今日のこのメンバーで、ここにお集まりください」

その日はホテルとして当てがわれた周恩来《しゅうおんらい》首相の別荘「棒棰島《ぼうすいとう》賓館」に入った。部屋を見て驚いた。トスバッティングができそうなくらい広い。電話が三つも四つもある。しかし、がっちり管理されていて、どこにも通じない。

幸夫は部屋にメンバーを集めて、「船内荷役は君がやれ」というふうに、翌々日に予定された講評の分担を割り振った。

そのうえで、翌日、幸夫たちは泥だらけになって、大連港を隅から隅へ見てまわった。

広大な岸壁ではクレーンを使って荷役がおこなわれていた。

タンカー専用のオイル新港へも行った。

港からの輸送はトラックは使わず、貨車による輸送がほとんどだ。

倉庫は蜘蛛《くも》の巣を払うようにして、中まで入って見た。

賃金を支払う帳場、労働組合事務所、従業員食堂も視察した。

いずれも関係者以外立入り禁止だが、特別なはからいで自由に出入りさせてもらって、一日がかりで見てまわった。

幸夫は翌日に備えて各分担から意見を聞いた。

たとえば、船内荷役についていうと、本船は在来の貨物船だから二トン巻きのウィンチでやっていた。横浜港でいえば、谷の中にお盆と呼ばれる木製の板を敷いて貨物を載せ、それをウィンチで巻き上げ、艀《はしけ》なり岸壁に積み降ろしている。だが、大連港はウィンチの能力が二トンなのに一・二トンもの鉄板を使っていた。だから、貨物は八〇〇キロしか載らない。これではいくらやっても量《はか》がいくわけがない。担当者は「鉄板を木の板に替えるようアドバイスする」という。

木の板にすれば、ほんの一〇〇～二〇〇キロだから、たしかに大きな改善になる。しかし、幸夫は脳裏に機内から眺めた裸山を思い描いた。木材が手に入らないから鉄板を使っているに違いない。だとしたら、相手に恥をかかせるだけだ。

急遽、幸夫は方針を変更することにした。

「板を使えというのは簡単だ。しかし、向こうにすればできない相談なんだよ。明日の講評は、きみらには任せられない。おれが一人でやる」

全員の意見を聞いてまとめ、幸夫が翌日の朝の会議で報告した。

幸夫は大連市の幹部にさまざまな改善策を提言した。

大連港の荷役の進捗《しんちょく》をいちばん妨《さまた》げている原因の一つが、鉄板のお盆だが、そのことは言わなかった。

もう一つの大きな原因は、道路とトラックがないことだった。

日本の荷役でいうと、本船から積み取った貨物の九五パーセントは、トラックで輸送する。しかし、大連の場合は、九八パーセントを貨車輸送に依存していた。トラックがほとんど見当たらず、馬車が貨物を運んでいたくらいだから、道路網そのものが整備されていなかった。

考えてみれば、あの広い国ではトラックの走りようがない。「ちょっとそこまで」というのが、三〇〇キロ、四〇〇キロもあるのだから、道路の整備そのものが容易ではない。でこぼこの道ばかりで、トラックで貨物など運んでいられない。いきおい、鉄道網に頼らざるを得ないわけだが、肝心の汽車がいつ来るかわからない。ないない尽くしである。

だから、本船の都合に合わせた荷役ができない。貨車の到着を待ってから荷役をやる。貨車が出ていつ帰るかというと、三時間後だという。その間、荷役は完全にストップしてしまう。

幸夫はバージ（艀）取りを提案した。

「余っている艀を全部、岸壁の側にずらりと並べなさい。そうすれば一杯当たり五〇〇トンは載せられますから、三杯で一五〇〇トン……一五〇〇トンで空になる船があるから、その分、船混みが解消する。だから、倉艀《くらはしけ》にすればよい」

大連市の港湾当局はすぐに倉艀を実践した。

本船は空になると、岸壁で待っている積み荷を載せて、どんどん出ていく。回転がいくらかよくなった。

それ以外は、貨車の都合に合わせるのだから、港務局では知恵の出しようがない。鉄道局と調整するほかないのだが、どういうわけか仲が悪かった。

〈これ以上は、生半可《なまはんか》な知恵を、知ったかぶって言ってもダメだな〉

幸夫はよくよく考えたうえで、最後に于紹文港務局長に言った。

「そこで、新しい提案をします。みなさんが横浜へ来て、横浜港の荷役の実際を見て、いいところがあれば吸収してもらう、悪いところはヤスリで削ってもらう。取捨選択はそちらの自由です。とにかく、見ていただきたい。大連港と横浜港は情報交換し、おたがいにアドバイスをし合って、日中の友好を深めましょう」

幸夫の講評が終わると、満場から拍手が湧き起こった。

当時は、密航でもしないかぎり、彼らは日本へ来られなかった。幸夫は単なる民間人であって、なんらオーソライズされた立場にない。

しかし、于紹文局長がその場で幸夫の提案に乗った。

「わかりました。研修生を送るよう、さっそく、計らいましょう」

これが、今日の「横浜・大連友好港」の始まりとなった歴史的決断となった。

「五人いらっしゃい。全部おれの方で用意する」

藤木幸夫は于紹文に「横浜に来い」と言ったが、しかし、実現は難しそうだった。

東京港と横浜港の日中交流はなかったが、神戸は一九七〇年代に中国の天津市《テンシン》と友好都市となり、中国から見物に来ることはあった。が、彼らが日本のホテルに宿泊すると、中国と対立の激しい台湾人が、中国を誹謗中傷《ひぼうちゅうしょう》するビラを入れていく。そんな時代であった。

于紹文は、隣の部屋へ行って北京に電話をした。「横浜港見学の提案が藤木からあった。人を派遣していいだろうか」と問い合わせているらしい。

その様子を見て、幸夫は思った。

〈これはもう、九九パーセントダメだな〉

この頃の幸夫はまだ若く、肩書もなく、中国社会科学院の孫尚清の友人というだけの立場である。ただし、幸夫は真剣だった。本気で「横浜に来てほしい」と訴えた。

電話を終えた于紹文が、幸夫に言った。

「これは重大な問題だから、正式な返事は明日にしてくれ。明日の朝、集まって、そのときにきちんと返事をする」

どうやら、北京から何か条件をつけられたらしい。于紹文はそのあたりを少し詰めたいと思ったらしかった。

「わかった。また明日」

翌朝、幸夫が于紹文を訪ねていくと、昨夜とは打って変わってにこやかな于紹文が立っていた。

「ニーハオ、横浜行き、ＯＫです」

幸夫は日本政府の人間でもなければ、役人でもない。ただの民間人である。于紹文は、幸夫を信頼してくれた。幸夫は嬉しかった。

「何人出していいいんだ？」

「五人いらっしゃい。三ヵ月。一銭も要らないよ。全部おれの方で用意するから」

「何日に行ったらいいんだ？」

のちにわかったことだが、「満州の東大」と言われた建国大学を卒業している于紹文は、日本語が話せた。が、幸夫たちの前では絶対に日本語を使わなかった。時折、日本人同士の会話を聞いて、ニヤリと笑ったりしていた。

ともあれ、まだ海のものとも、山のものともわからない幸夫を、大連市の于紹文港務局長は信頼し、間髪を容れず研修生を送ると約束した。

于紹文局長は、北京政府から事後承諾を取りつける覚悟で言ったに違いない。

いま考えると、大変な勇断である。

表面的にはガチガチの全体主義のように見えても、すぐれた人物は独自に判断し、主張を貫く。全体主義を貫くはつらつとした個人主義。

幸夫は中国の底知れぬ潜在能力の高さを感じた。

〈全体主義の中国に比べて、戦後民主主義を錦の御旗《みはた》に立てた日本はどうだろうか〉

それはさておき、幸夫は大連港の船混み解消に一応の成功をおさめて日本へ帰ると、本当に来るだろうかというかすかな不安を感じながら、研修生の受け入れ体制を調《ととの》えた。

しかし、不安は杞憂《きゆう》にすぎなかった。昭和五八（一九八三）年一月、研修生を送るという連絡が入り、三月、李緒元《りしょげん》団長以下四人が来日し、藤木企業本社を訪れた。

当時はまだ貧しい時代だったが、彼らは三〇〇万円もの大金を持参していた。

「はたして藤木企業に行って寝るところはあるのか、食事は食べさせてもらえるのか。四人で八〇日、日本は物価が高いから」

不安と心配でいっぱいだったという。

幸夫は、記念すべき第一期生を歓迎して言った。

「あなたがたは宇宙飛行士です。第一次生は何をするにも初めてで、どんなところへ行くかもわからないのだから、月世界に着陸したようなものです。あなたがた宇宙飛行士の勇気に敬意を表し、心から歓迎します」

李緒元団長が声を立てて笑った。

もちろん、幸夫は一銭も使わせず、一緒に生活をしながら横浜港湾の管理体制、会社の管理経営、貨物の積み下ろし、保管、道具の製造と使用、荷捌《さば》きなど、あらゆる研修を実施し、参考資料や道具も提供して研修生を歓迎した。

中国人が感動した横浜港湾研修

一期生の中に、王という青年がいた。幸夫と王は、それぞれ別の用事で大阪へ行くことになり、新横浜まで一緒に行った。

「おまえ、これからどこへ行くんだ」

「これからA社を訪問して、大阪から飛行機で帰ります」

幸夫は、王の身なりを見てアドバイスした。

「おまえね、訪問するならネクタイしてかなきゃ」

「ネクタイ持ってないですよ」

そこで、幸夫は自分が締めていたネクタイを外して手渡した。

「これ締めてけ。向こうの駅に着いたらつけなさい」

「ありがとう」

その後、帰国した王は出世して大連港のナンバーワンの地位にまで登りつめた。その王は、どこへ行ってもこのときの話をするという。

「昔、研修生として日本へ初めて行ったとき、藤木会長がプラットホームでネクタイくれたんだよ」

昔の中国は、貧しかったのである。


以下は、中国の地元紙が伝えた第一期研修生の報告である。

《藤木企業は研修生のために豊かな研修課程を計画し、横浜港湾の管理体制、会社の管理経営方法、貨物の積み下ろし、および保管、道具の製造と使用、荷捌きなどを紹介してくれた。

藤木幸夫社長先生みずから、毎日、研修状況の報告を聞き、何度も現場へ足を運び、研修室へも顔を出した。

研修の効果をより高く上げるため、藤木企業は横浜市港湾局、関東海運局、全日本検数協会などからも専門家を招聘《しょうへい》して講義を開いた。

また、会社の役員、各部部長なども研修生に業務知識を伝授した。彼らの真面目な、そして熱情のこもる配慮と根気強い指導など、これらはみな藤木社長および藤木企業全員の中国港湾経済建設への熱意と誠意を物語っている。

研修生の養成は理論授業と現場実習とを結びつけたやり方で、午前は教室の授業、午後は現場作業だった。藤木企業は研修生のために各方面と連絡を取り、横浜港のほとんどの埠頭、東京、千葉、川崎、神戸などの港も参観に案内し、また、日本鋼管、佐々木鉄工所などコンテナ製造工場の参観を通じて、研修生の視野を広げさせ、豊かな知識を与えてくれた。

研修生の記憶にいちばん残ったことは、藤木企業常務取締役藤木幸太先生や五十の坂を越える船内部長本橋先生など、休憩時間を犠牲にして夜遅く九時まで現場に付き添ってくれたことである。

あるいはまた、道具操作の参観のときなど、ちょうど雨の日だったが、日本の労働者たちが研修生のために手に取るようにして根気強く、何回もくりかえし教えてくれたことである。

研修が満期に至ったとき、藤木企業は、研修生に貴重な資料と道具を大量に記念として贈ってくれた。

藤木企業は、研修生の生活にも非常に関心を持ち、娯楽活動についても十分な配慮を寄せてくれた。藤木社長先生は研修生が日本の食事に慣れないで困るだろうと心配し、週末にはかならず魚、肉、野菜、果物などを届けさせた。藤木企業の人たちもつねに研修生を訪れた。

「我々の友誼《ゆうぎ》はまだやっと第一歩を踏み出したばかりだ。第一期の研修が終わっても、さらに第二期、第三期がつづく。わたしの世代だけでなく、息子、孫、世々代々、友好をつづけなければならない」

藤木先生の言葉は、研修生の胸を深く打ったのであった》

「中曽根のために二〇〇〇万つくりましたよ」

昭和五七年、中曽根康弘は、総裁選に二度目の挑戦をすることになった。

ある日、中曽根が横浜の藤木幸夫のもとを訪ねてきた。中曽根は、ＮＨＫアナウンサーから参議院議員に転身した宮田《みやた》輝《てる》を伴っていた。この頃、宮田はどこへ行くにも中曽根康弘にくっついて歩いていた。

三人は、ホテルで一緒に食事をすることにした。

「そうだ藤木君、きみはあれだな、玉置《たまき》君と懇意だね」

中曽根康弘

幸夫は、自民党の玉置和郎《かずお》参議院議員の後援会長を務めていた。中曽根は、そのことを百も承知していた。

「ええ、昨日も朝まで一緒でしたよ」

すると、中曽根が声をひそめて言った。

「玉置君の、手帳があるんだよ。あの手帳をちょっと見たいんだが……」

玉置の持つ手帳とは、まるで松本清張《まつもとせいちょう》の長編小説『黒革の手帖』のように、政治家の秘密情報が書かれており、いろいろな政治家の、いろいろな弱みを握っているのだという。

中曽根は続けた。

「だが、手帳を見る訳にはいかない。気になる参議院の実力者は、玉置に対してどういう態度なのか、今度の総裁選で中曽根に入れるのか、それとも……」

つまり中曽根は、一一月におこなわれる総裁選で、自分に投票してくれる人を増やしたいのである。ところがいちばんの狙いである参議院の実力者がそっぽを向いているので、その実力者を自分の方を向かせたい。その実力者の弱みを握っている玉置から、その議員に一言あれば、総裁選で勝ち目が出てくると踏んだのである。

「藤木君、じゃあ、よくお願いしたから、あと返事をな。小此木君を通じてひとつくださいよ、頼むよ」

幸夫は、中曽根のその言葉が引っかかった。

「ちょっと先生待ってください。あんたいま、おれに頼んだんだろ」

「そうだ」

「だったら、おれが返事するよ」

「そうか、わかった、失礼、失礼」

幸夫は思った。

〈あいう偉い人は、ちゃんと道理を教えといてやらないと、わからなくなるからな〉

中曽根との食事の後、幸夫は小此木彦三郎にこの件について報告した。すると、小此木が言った。

「幸夫さん、こっちは中曽根さんのために二〇〇〇万つくったよ」

「そうか。じゃあおれは、この件を玉置に話してやるよ」

幸夫は、永田町の超高級マンション「パレロワイヤル」に事務所を構える玉置和郎に会って、手帳の件を話した。

「じつは、中曽根御大《おんたい》がこう言ってるんだが……」

話を聞いた玉置は、さんざん中曽根に対して嫌みを言った後、「わかった、ちゃんとやりましょう」と言ってくれた。

幸夫は、中曽根康弘に電話をした。

「この間の件、ちゃんと玉置に言っときましたよ。玉置は『わかった』と言ってましたよ」

小此木彦三郎の資金づくりや、藤木幸夫の根回しなども功を奏したのか、昭和五七年一一月二四日の総裁選で中曽根康弘はついに勝利し、第七一代内閣総理大臣に就任することができた。

周恩来からの勲章

大連港は急成長し、やがて大連港そのものが「一つの単位」と呼ばれ、港務局の中に警察もあれば、病院、学校、幼稚園、住宅、アパートなど、すべてが含まれるようになった。

空港への幸夫の送り迎えもパトカーががっちり周囲を固め、信号に関係なくノンストップで突っ走る。

これには驚いた。

研修生として受け入れた教え子はいつしか一〇〇人を超した。ありがたいことに、幸夫が大連を訪れると、みんなわざわざ藤木企業の社員バッジをつけて出迎えてくれ、幸夫が帰るときになると、大の男がみんなして声をあげて泣く。

国家間の政治的な交流と違って、国益も、駆け引きもない。

最初から長屋の熊さん、八っつあんみたいに、おのれを剝き出しにして喧嘩したし、気持ちが通じ合ってからは誠心誠意接してきた。だからこそ、長屋の付き合いができた。

一〇年後には、大連市の名誉顧問を仰せつかった。

その式典で、幸夫は言った。

「于紹文さんがわたしを信頼してくれたおかげです」

その一事に尽きる。

のちになって、周恩来《しゅうおんらい》首相から国家功労章など別にいくつか勲章を授かったが、そのとき幸夫は「大連の藤木さん」と呼ばれた。周恩来首相の目には、幸夫は日本人に見えていなかったのかもしれない。

以来、毎年、足かけ三〇年にわたって受け入れた研修生は延べ二〇〇〇人以上。大連港と藤木企業、今日に至る双方向の交流が始まった。

もちろん、幸夫も幹部社員と一緒に、大連港をいくたびも訪れた。

日中民間交流を育んだ「信頼」

幸夫は、大連へ毎年行くようになった。直行便がないため、まず北京へ泊まる。すると、日本の運輸大臣に当たる銭永昌交通部長と、交通運輸部の役人たち、第一回中国研修生派遣で団長を務めた李緒元事務次官などが、毎回幸夫を歓迎して一緒に夕食を共にした。

李緒元が言った。

「北京から文句を言われてるんですよ。『あまりにも藤木から世話になりすぎて一方通行すぎる。このままでは恥ずかしい』ってね」

大連に通い始めてから、幸夫が大連賓館（旧ヤマトホテル）で宴会を開き、四〇人、五〇人と招待していた。北京の人民大会堂を借りて宴会をしたこともある。個人で人民大会堂を借りたのは、田中角栄と藤木幸夫だけである。

宴会を開き、たとえば大連外語学院の周校長先生を招待すると、その校長がまた大勢呼ぶ。幸夫が呼んだ招待客の中には、軍服を着て現れた者もいた。そのくらい付き合いの範囲が広まってしまった。

あるとき、周校長が、宴席で立ち上がって話し出した。

「今日の昼間、ある学校へ幸夫さんが行くと、その学校の女性副校長が、藤木さんに『戦争中の日本人にうちの者が殺された』と話したことを、後になって聞きました。こんな無礼なことはない。藤木さんに、ここで全員を代表してお詫びします」

その通りだった。女性副校長は、そんなことを幸夫に言うべきではなかった。

周校長が、さらに続けた。

「たしかに戦時中、日本人は威張っていた。しかし、日本の人たちは非常に親切でもあった。いろんなことをしてくださる。だけど後で必ずお返しを求める。これが日本人だ。いろいろなことをしてくれて、お返しを求めないのは藤木さんだけだ。この人は、そういう人じゃない」

幸夫は嬉しかった。

周校長に頼まれて、大学で講演をしたこともある。

が、李緒元事務次官に言わせると、幸夫の好意があまりにも一方的なのだという。

「民族として問題だ、と言い出すやつがいる。頼むから、何かおれたちにやらせてくれ」

「いや、やらせてくれって、来てくれるだけでおれはすごく光栄で、嬉しいんだ。現にわたしがこうやって来ると、大連中で大騒ぎしてくれる。運動会のときは、あらかじめおれのスケジュールを確認して、その日に三万人集めるんだから」

まったく大連港の運動会は、下手なオリンピックよりも大規模だった。幸夫が行ける日を決めてから、運動会の日を決める。当日は、幸夫が中国語で挨拶する。幸夫は李緒元に大連の歓迎ぶりを説明した。

「それでわたしも恩恵を受けてるんだ。北京は政治的に見るから、ちょっと偏りすぎてるんじゃないか」

李緒元をはじめとした中国側は、それでも引かない。

仕方ないので、幸夫は言った。

「今度大連と相談して、お世話になること決めてきますよ」

よく、「民間交流が大事だ」と言われる。民間交流を一からおこなってきた者の実感として、何よりも重要なことは「信頼」だった。

信頼という言葉は、中国語でも「シンライ」と発音する。日本語と中国語の発音が同じ珍しい言葉である。

ときにはお互いの主張をぶつけ合い、またあるときは相手の気持ちを慮《おもんぱか》る。単純なようだが、これが意外と難しい。

のち平成一七（二〇〇五）年、大連市の名誉顧問を仰せつかったとき、式典で幸夫はこう言った。

「あのとき、于紹文さんがわたしを信頼してくれたおかげです」

一事が万事、この一語に尽きた。

そうして決まったのが、横浜から大連へ研修団を送ることだった。

のち平成二七（二〇一五）年から、幸夫は五、六人の研修団を送った。

大連が大きく発展したことは間違いない。ただ、横浜から大連へ日本人が行っても、勉強になることは一つもない。港の仕事には危険が伴うから、大連では安心して働くことはできない。

横浜スタジアム誕生

大洋ホエールズの三塁手桑田武《くわたたけし》が、藤木幸夫のもとへ相談に来た。

「会長、川崎球場はもう限界です」

大洋ホエールズ（のち横浜ＤｅＮＡベイスターズ）の本拠地は川崎だったが、川崎球場（のち川崎富士見球技場）は狭く、ライト側に大きなボールが飛ぶと、球場を飛び出して家の中に入ってしまうほどだった。しかも巨人戦以外ではまったく集客が伸びず、いつも観客席はガラガラ。そこで、同じ県内でもより知名度が高く、人口も多い横浜市へ本拠地を移転する構想を持っていた。

土井淳《どいきよし》や秋山登《あきやまのぼる》など監督・コーチ陣も幸夫のもとへやってきては「なんとかならないか」と相談した。

横浜市中区には横浜公園平和野球場があった。昭和四（一九二九）年の竣工《しゅんこう》で、関東大震災による崩壊と再建を経て、第二次世界大戦中は連合軍捕虜収容所となった。

戦後ＧＨＱに接収されていた時代、横浜公園球場はこの地でプレーし日米開戦の直前に世を去ったゲーリッグにちなんで、「ルー・ゲーリック・メモリアル・スタジアム」と改称された。昭和二一（一九四六）年八月一七日、このスタジアムで日本初の職業野球公式戦のナイトゲーム「読売ジャイアンツ対中日ドラゴンズ戦」がおこなわれ、三対二で中日が日本職業野球のナイトゲーム初勝利を飾った。この八月一七日は現在でも「プロ野球ナイター記念日」とされている。

その後は横浜市に返還されたが、老朽化が進み倒壊の危険性が出てきたため、昭和四五（一九七〇）年くらいから、老朽化した横浜公園平和野球場の建て替えを求める市民の声が高まった。大洋の桑田武が幸夫のもとを訪ねたときには、一万人の収容すらできないため、とうてい、プロ野球の本拠地球場としては使用できなかった。

幸夫は言った。

「とりあえず、横浜への移転の件は、ちゃんと中部《なかべ》謙吉《けんきち》オーナーに言って頼めよ」

それからまもなく、平和球場は「横浜スタジアム」として生まれ変わることになった。幸夫のもとに、設計図を持った関係者が訪ねてきて相談した。

「これを横浜市につくってもらいたいんだ」

竹下登

公園法に基づいて横浜公園の中にスタジアムを置く設計で、横浜市がすべて管理する計画である。が、横浜公園平和野球場の跡地は狭く、二万人も入るグラウンドはつくれそうもない。

そこで幸夫は、竹下登《たけしたのぼる》大蔵大臣に相談してみることにした。竹下は全国に自分の後援会を幅広く持っており、幸夫は神奈川県の後援会長を務めていた。だから「竹下の金庫番」と呼ばれる青木《あおき》伊平《いへい》などもしょっちゅう藤木企業にやってきた。

「竹さん、横浜の球場の件、なんとかなんないかね」

「そうか。社長、おれにいい知恵がある」

竹下は、官僚に相談して、いろいろと策を練ってくれていた。

「そうですか。どんな」

「グラウンドを扇形にすれば、狭いスペースでも大人数収容可能な球場ができる」

昭和五二（一九七七）年四月、横浜公園平和野球場は解体され、横浜スタジアムの着工が開始された。

プロ野球以外の興行への使用を前提に、可動スタンドや昇降式マウンドが採用され、横浜スタジアムは日本で初めて、設計段階から多目的スタジアムとしてつくられた建築物となった。

竹下登は、総理大臣に就任後も、「横浜スタジアムは、おれがつくったんだよ」と自慢していた。

横浜スタジアムを建設する際、建設、スタジアム運営を担当する株式会社横浜スタジアムが設立された。

その社長には、社会人野球「横浜金港クラブ」オーナーで、藤木幸太郎との親交も深い山口久像《やまぐちきゅうぞう》が就任した。

山口久像が、幸夫に声をかけた。

「幸夫君、きみに横浜スタジアムの会長になってほしい」

幸夫は、「オヤジ殺し」の異名を持っていた。どこの世界へ行っても、父親くらいの年齢の人からの引き立てがある。彼らには実の息子がいるにもかかわらず、「おい、幸夫君、きみ、あの協会の責任役やって」「幸夫君、あの連盟の会長やってくれないか」などと声をかけてきた。

幸夫が「ダメだよお父さん、あんたんところの息子にやらせなきゃ」と言っても、「いや、いいの。きみがいい」と言われてしまう。

今回も同様だった。

株式総会で、藤木幸夫は、株式会社横浜スタジアムの会長に就任した。


昭和五三（一九七八）年三月、横浜スタジアムが竣工した。

この年から大洋ホエールズは横浜大洋ホエールズとなり、横浜スタジアムは横浜大洋ホエールズの本拠地となった。川崎時代には観客は一年で一〇〇万人にも達しなかったのに、横浜に移ったとたんに一二〇万人になり、右肩上がりに増えていった。

また、神奈川大学野球連盟のリーグ戦や、全国高等学校野球選手権神奈川大会、横浜市長杯関東地区大学野球選手権大会（明治神宮野球大会出場決定戦）、社会人野球など、アマチュア野球の会場としても用いられるようになった。

高校野球夏の大会では、開会式のほか一回戦から使用され、準々決勝以降は保土ケ谷球場に代わりメインスタジアムとなった。

昭和六一（一九八六）年秋、幸夫は、古葉竹識《こばたけし》を横浜大洋ホエールズの監督にしたいと考えていた。

古葉は広島東洋カープを球団史上初のリーグ優勝、日本一に導き、赤ヘル黄金期を築いた名将で、広島の監督を務めていた。ホエールズはこのとき、三年連続でBクラスに低迷しており、低迷からの脱却には古葉を起用するしかないと考えた。

幸夫は、横浜大洋ホエールズの久野修慈《ひさのしゅうじ》社長に言った。

「古葉を監督にするしかないじゃないか。とにかく社長、古葉さん連れてきなさいよ」

しばらくして、久野から電話が入った。

「会長、いま、新幹線からです」

「あ、そう、どうした」

「古葉の件、うまくいきました」

「じゃあ山口（久像）社長と一緒に、報告聞くよ」

久野が口説いてくれたおかげで、古葉は来年から横浜大洋ホエールズの監督になることを了承してくれた。幸夫としては万々歳である。

古葉監督は、三年の間に思うような成績は残せなかった。昭和六二年五位、六三年四位、六四・平成元年六位であった。ただし、選手のやる気が違っていた。

ある日、大阪商業大学を経て、入団したばかりの佐伯貴弘《さえきたかひろ》が、藤木企業にやってきた。幸夫が訊いた。

「佐伯どうしたの、おまえ」

「いや、おかげさまで、監督に殴られました」

「そうか、おまえのこと、殴ってくれたのか」

古葉は、見込みのある選手には厳しかった。だから、選手たちは殴られると喜んだ。

球団vsスタジアムの闘い

横浜スタジアムができてから、「球団」と「スタジアム」の闘いが始まった。

どこのスタジアムも同じであるが、野球場の管理をする側と、球団側はそれぞれ別会社が運営している。一つの会社にまとまるのが理想ではあるが、大洋ホエールズの場合、横浜ＤｅＮＡベイスターズとなった後の平成三〇（二〇一八）年まで実現しなかった。

会社が別であるから、当然細かい金の話になる。球場の使用料を売上の何パーセントにするかで、いつも揉めていた。

球団側が横浜スタジアムへ行って話し合おうとしても、スタジアム側は「座れ」とも言わず、お茶も出さない。もはや犬猿の仲である。

横浜スタジアム側の主張は、「おまえたちは貧乏球団で、いままでちっぽけな原っぱのような球場で試合をやっていた。横浜へ来て客が入るようになったということは、グラウンドが立派だからだ。話のタネとして、みんな球場を観に来てるんだ。ちょっと態度でかすぎるぞ」という理屈である。

いっぽう球団側は、主張する。

「グラウンドだけ見て帰る馬鹿がいるか。野球の試合をやっているから、みんな来るんじゃないか」

藤木幸夫から見れば、お互いに「あなたのおかげで」という感謝の気持ちに欠けていた。

幸夫は、横浜スタジアム建設を通して、大洋漁業（のちマルハニチロ）の総務部長で球団側の実質的なトップであった久野修慈と親しくなっていた。二人で相談し、元法務大臣の秦野章を呼んでは三人で食事をしたりした。だから幸夫は大洋漁業で非常勤役員も務めていた。横浜スタジアムの会長と兼任である。

両方の役員を務めるのは、幸夫ただ一人である。

スタジアムを建設する際、運営会社は、横浜青年会議所に「三〇年間無料で野球を見せるから株を買ってくれ」と頼み、六〇〇席分に相当する株式を買った。

が、球団側からすれば、「おれたちの試合をあいつらタダで見ている」ということになる。

球団トップの久野修慈が、藤木企業に来て幸夫に言った。

「藤木さん、あんなタダの席が六〇〇席もあるのはまずいから、金を払ってほしい」

「おまえね、そんなこと言えた義理かよ、この野郎」

“平成の怪物”松坂大輔の入団裏話

藤木幸夫は、横浜ベイスターズの外野の応援団の団長となった。だから、いつも応援は外野席からだった。

外野席には、地元漁業組合や浅草の同志会など、八つも九つも応援団が来る。みんな藤木企業の若い衆のように血気盛んな連中ばかりである。それぞれの応援団が狭い外野席で旗を振り、大声で声援を送る。一人がかけ声を発すると、「ヨォー、ボンボン」と太鼓を叩く。幸夫が「みんなで一緒にやれ」と言うと、複数の応援団が一丸となって声援を送り、しばらくすると、まとまりが出てきた。

唯一、幸夫が内野席で観戦したのは、平成一〇（一九九八）年の日本シリーズで横浜ベイスターズが優勝した回である。

外野席では、他の客から「旗で見えない、うるさい」と応援団に対する苦情が出た。そこで幸夫は、「応援団はみんな集まれ」と声をかけ、中華街の『華正樓』へ全員集合させた。そこでテレビ中継を通して応援をした。最終戦で優勝が決まったときは、応援団のみんなが幸夫を胴上げした。

松坂大輔《まつざかだいすけ》は、横浜高等学校一年生のときから、藤木幸夫に宣言していた。

「卒業したらベイスターズに入ります。よろしくお願いします」

幸夫はうなずいた。

「みんな待ってるからな。ベイスターズに入れよ」

「わかりました」

平成一〇年、甲子園出場をひかえた松坂大輔が、藤木企業に来て幸夫に挨拶した。

「会長、これから甲子園に行ってきます」

「気をつけてな。新幹線か？」

「ええ。これから新幹線に乗っていきます」

「がんばれよ。おい、松坂、がんばれという言葉、英語で何ていうか知ってるか？」

「がんばれですか、知りません」

「リラックスっていうんだよ」

「そうですか。ちょっとすいません」

松坂は、そう言うと自分のバッグから野球帽を取り出して、「リラックス」と書いていた。そういう素直なところが、好ましい少年である。

平成一〇年夏の甲子園で、松坂大輔は、ＰＬ学園高校相手に延長一七回という長丁場の試合で二五〇球を投げ、完投勝利した。

この試合の終盤で、ＰＬ学園に三塁ランナーが出た。このランナーが入るとサヨナラになってしまう。ホームスチールされる可能性があり、緊迫した状況になった。

監督が「タイム」と叫んだとき、松坂は野球帽を脱いで、幸夫から教えられた「リラックス」と書かれた文字を眺めた。

その後、松坂は、三塁ランナーにけん制球を投げてアウトを取った。

藤木幸夫は、テレビでこの試合をずっと見ていた。松坂が、野球帽の文字を見ていたところを見ることもできた。

松坂の活躍により、高校野球史上最強のチームが誕生した。

横浜高校は、怪物・松坂大輔を擁《よう》し、秋季神奈川県大会、秋季関東大会、神宮、選抜、春季神奈川、春季関東、選手権神奈川予選、選手権、国体に一度も敗れることなく、年間全タイトルを制覇。公式戦四十四連勝無敗の九冠となった。

横浜高校で長年監督を務める渡辺元智《わたなべもとのり》が、藤木幸夫に言った。

「横高はいま、対外試合で四四連勝しています」

幸夫は言った。

「それはな、元さん、気をつけなきゃダメだぞ」

渡辺はうなずいた。

「そうなんです」

横浜高校の欠点は、試合に勝ってしまうことである。選手たちは一六、七歳で天狗になり、「おれは天下の横校だ。おまえら、どきやがれ」という態度になってしまう。

平成一〇年一一月、新高輪プリンスホテルでドラフト会議がおこなわれた。

松坂大輔は、以前から周囲に「ベイスターズ以外は絶対に行かない」と宣言していた。だから、ベイスターズが外れても、ピッチャーがいない日石カルテックスや三菱重工あたりで一年間遊ばせて、それからベイスターズに入ればいい。そんな例はいくらでもあるから、ベイスターズの関係者はみんなその心づもりでいた。

結果、松坂大輔を日本ハム、西武、横浜の三球団が競合指名し、西武が交渉権を獲得《かくとく》した。

藤木幸夫は思った。

〈仕方ない。松坂は一年どこかで遊んで、それからベイスターズ入りだ〉

幸夫は、社会人野球の工藤会長に連絡した。

「工藤さん、松坂のためにどこかいいところ探してくれよ。チームの監督には、おれから『うちで徹底的に面倒みる』と頼むから、きみが探してくれ」

「わかりました」

そんなときに、中日ドラゴンズの星野仙一《ほしのせんいち》監督が藤木幸夫を訪ねてきた。

松坂大輔の話をはじめ、野球のさまざまな話をして、星野が帰ろうと立ち上がった。

「じゃあ、また」

「星野さん、今度は金本《かねもと》（知憲《ともあき》）連れてきてよ、あいつ、いずれタイガースへ行くなんて言ってるし」

「そうだ、今度必ず連れてきます」

星野は、扉から出る間際に足を止め、Uターンして戻ってきた。

「ところで藤木さんさ」

「ん？　なんだい」

「さっきの松坂の話ですけど、わたしはね、社会人野球はまずいと思いますよ」

すでに社会人野球チームへ行く、すべての段取りは整っていた。

「そんなこと言ったって、本人も家族もみんなその気になってるから、いまさら変えられないよ」

が、星野は椅子に座り直し、真剣な表情で訴えた。

「あのね、藤木さんね、ピッチャーには旬がある。いまの松坂は旬です。それなのに社会人野球へ行っちゃうと、社会人の野球になっちゃう」

「そんなもん？」

「ええ。たとえ一年でも、社会人には置かないほうがいいです。むしろいま、あの球で西武へ入れて、来年話し合えばいい。お金でどうでもなるんだから。ぼくらもいろいろ働くから、ぜひいまは西武へ入れるべきだと思います」

「仙ちゃん、そんなもんかね。だけど、きみのところの福留孝介《ふくどめこうすけ》なんかは、中日で外れたからって、どこか社会人野球へ行ったじゃないか。それで一年経って中日来て、今すごいじゃん、三番打って」

星野が言った。

「バッターはそれでいいんです。バッターは旬も何もない。しかし、ピッチャーには旬がある」

幸夫は思った。

〈ピッチャーには旬がある、か。いい言葉だ〉

星野の助言を受けて、幸夫はすぐに渡辺元智に電話した。

「元さん、いま、仙ちゃんが来て『松坂は西武へ行かせるべきだ』と言われたよ。どう思う?」

「いやじつは、会長、わたしもそう思ってたんだ。でも、松坂本人が言うこと聞かないんだ」

「そうか。それじゃ、元さんとお母さんで口説いてよ」

「わかりました」

渡辺元智から話を聞いた松坂大輔の母親は、息子を必死になって口説いたという。

母親は、頑固な息子に向かって、最後はこう言った。

「お母さん側の親戚が、借金で大変なの。その借金を完済したいから、おまえ頼むから行っとくれ」

すると、大輔はようやく首を縦に振ってくれた。

「おじさんのためならいいです」

これで松坂大輔の西武行きが決まった。

「ベイスターズを買ってくれないかな、頼むわ」

平成一三（二〇〇一）年頃の話である。藤木幸夫のもとに、横浜ベイスターズの中部慶次郎《なかべけいじろう》オーナーがやってきた。

「藤木さん、じつは本社の方が、バブル崩壊と景気低迷の影響が出まして」

聞くと、三〇〇〇億円もの赤字ができたという。本社ではコストカットに懸命になっていた。

幸夫は進言した。

「中部さんのご先祖には申し訳ないけど、早く売った方がいいよ。本社が大事だし、また後で買い直せばいいんだから」

「あんたがそう言ってくれるなら、そうしたい。ベイスターズは売りに出す」

「ただ、誰にでもいいってわけにはいかないよ。すぐ緊急役員会を開いてくれ」

急遽、ザ・ホテルヨコハマ（のちホテルモントレ横浜）で役員会が開かれた。株主はニッポン放送とTBS、大洋漁業の三社のみである。藤木幸夫は、市民代表という立場での出席だった。

役員が言った。

「とにかく、どこに売ってもいいから金にして、経費の流出を止めたいんだ」

幸夫は了承した。ただし、二つの条件を出した。

「わかった。ただし条件がある。まず、横浜から動かないこと。よその場所へ移らずに、横浜に留まってくれる会社であること」

「二つ目は、選手はそれぞれ個人契約だから出入りは自由だが、スタッフはちがう。スカウトまで入れると六〇～七〇人いる彼らのクビを切らず、きちんと就職できる体制にすること」

「三つ目は、横浜スタジアムは、アマチュア野球との付き合いがある。もともと市民球場で、プロ野球のためにつくったわけじゃない。つまり軟式でやる人の方をむしろ大事にしなければならない。そういう了見でちゃんとアマチュアを尊重する。この三つの条件をちゃんとやればOKだ」

藤木幸夫が三条件を出して、真っ先にやってきたのが武富士だった。当時、消費者金融の武富士はコマーシャルをどんどん打ち、飛ぶ鳥を落とす勢いだった。

幸夫は武富士の担当者と面会したが、態度が大きく不遜《ふそん》だった。「金貸しだ」という幸夫の先入観もあったが、あまりにひどい態度だったので、いつも冷静な幸夫も、このときばかりは頭に血が上ってしまった。

創業者の武井《たけい》保雄《やすお》は、腕一本でのし上がってきた人物だから、器量は大きい。だが、その下の担当者がいけなかった。

武富士に引き続きやってきたのが伊藤忠と、大塚製薬だった。が、どの会社も「横浜から拠点を移さない」という条件を呑まず、フランチャイズを移したいと言ってきた。TBSも名乗りを挙げたが、やはり東京に移したいと言う。

結局、どこも幸夫の三条件を満たす会社はなかった。それでも早急に決めねばならない。

幸夫は、TBSの担当者をつかまえて訊いた。

「TBSはいま、誰が社長？」

「砂原幸雄《すなはらゆきお》です」

「そうか、ありがとう」

藤木幸夫と砂原幸雄は同い年で、お互いによく知っていた。幸夫はさっそく砂原に連絡を取った。

「砂原さん、おれちょっと、あんたに会いたいんだけど」

幸夫はTBSに赴き、砂原に言った。

「ベイスターズを買ってくれないかな、条件が三つあるんだけど、頼むわ」

に就任した。

「じゃあ、骨を折りましょう」

砂原は、幸夫の出した三条件を呑んで、球団を買い取ってくれることになった。

平成一四（二〇〇二）年、TBSは親会社マルハから横浜ベイスターズを買収し、砂原幸雄がオーナーに就任した。

「万年ビリでもいい」の思想

TBSがオーナー会社になってから、横浜ベイスターズの人気は徐々に落ちていった。

ベイスターズに集客力はなく、シーズンシートは売れ残りが八〇〇〇席もあった。

藤木幸夫と砂原幸雄は営業戦略を立て、各企業を人数で割って個別訪問、企業訪問し、チケットを買ってもらうようお願いして歩こう、と話を進めた。

幸夫や砂原は、TBSの担当者たちに発破をかけた。

「きみらが中心になって動きなさい」

が、TBSから来た担当者たちは、みんなやる気がなかった。「せっかく東京本社で出世しようと思っていたのに、横浜なんかに飛ばされて……」と都落ちした気分でいるのだ。

スカウトもパッとしなかった。幸夫が、スカウトの担当者に訊いた。

「外国人選手が来るたびに、契約金を半分持ってすぐに帰ってしまう。きみら、どうにかならないのか。ローズみたいなやつ、もういないの？」

ロバート・リチャード・ローズは、ベイスターズで「マシンガン打線」の中心として活躍していた。平成一〇（一九九八）年シーズンのリーグ優勝、日本一に貢献し、「横浜史上最高の外国人選手」と称されていた。

が、出てくるのは言い訳ばかりだった。

「この間帰った選手は、年俸も安くて……」

外国人選手は、訪日の際、自分に合ったバットを三〇本、四〇本と用意して持ってくる。ところが、日本に来るとすぐに使えなくなってしまう。湿気でバットが重くなり、うまく振れなくなってしまうのだ。が、日本でつくろうとすると、値段がひどく高い。そんなことで、外国人選手たちは嫌気がさして帰ってしまうという。

平成一四年一一月のドラフト会議では、日本大学の村田修一《むらたしゅういち》選手が候補者に挙がった。が、TBSの担当者は「あまりいい選手ではない」と反対していた。ただし、幸夫が見る限り、ホームラン級の球をどんどん打てるのは村田しかいなかった。

幸夫は担当者たちを説得した。

「たしかに村田は守備が下手だ。だが、でかいのさえ打てばいいんだ。外国人に高い金払うよりよっぽどいい」

村田修一は、ドラフト会議で横浜ベイスターズに自由獲得枠で入団した。

それでも、かつての活気は戻ってこない。

とにかくTBSの担当者がいけない。テレビマンのプライドを捨てられず、まったく動こうとしない。

しかも砂原幸雄は、平成一六（二〇〇四）年に一場靖弘《いちばやすひろ》獲得をめぐり横浜スカウトが五〇万円の裏金を渡していた一場事件が発覚して、オーナーを引責辞任してしまった。

幸夫はガッカリした。

〈これはもうダメだ〉

幸夫は、TBSの連中と口をきくのも嫌になってしまった。

株式会社横浜スタジアム取締役会長でもある藤木幸夫が、オーナーであるTBSにすっかり愛想を尽かし、どうしたものかと逡巡《しゅんじゅん》しているうちに、ＴＢＳが横浜ベイスターズのオーナー権を手放すと言ってきた。

平成二三（二〇一一）年一二月一日、都内渋谷区に本社を置くＤｅＮＡによる、横浜ベイスターズ買収とオーナー会社変更が承認された。翌二日、球団株式が譲渡され、商号変更により「横浜ＤｅＮＡベイスターズ」となった。

幸夫は、幸太の友人でもある経営コンサルタントの大前研一《おおまえけんいち》に連れられてやってきたＤｅＮＡ南場智子《なんばともこ》オーナーと会って食事をした。

幸夫は言った。

「スタジアムのことは、『横浜スタジアム物語』という本があるから、それ買って読んでくださいよ」

「ああそうですか」

南場は、携帯電話を少しいじって、「あ、その本ありました」と言った。

幸夫が「あったら買いなさい」と言うと、南場が「もう買いました」と言う。その場でネットショッピングをしたのである。こういうことに、幸夫はなかなかついてゆけない。

藤木幸夫は、横浜ＤｅＮＡベイスターズ初代監督の中畑清《なかはたきよし》に、オーナーのいる前で言った。

「中畑くんね、ダメだよ、この間なんて三位になったろ。真ん中で、ああいうことしてくれるな。うちの指定席はビリと決まってるんだから。指定席動くと、おれたちはむしろ晩寝られなくなっちゃうんだから」

オーナーの前で言わないと、中畑が可哀想である。

万年ビリでもいい。幸夫は、早稲田ＯＢの飛田穂洲《とびたすいしゅう》の教えどおり、勝った負けたでやってはいけない、と思っている。

平成二七（二〇一五）年、横浜DeNAベイスターズの中畑清監督は、低迷の責任を取る形で退任した。後任監督には、球団史上初の外国人監督となるアレックス・ラミレスが就任することになった。が、横浜スタジアムの取締役会長を務める藤木幸夫は、不満であった。

〈外国人監督の姿勢には問題がある〉

それは選手を見れば一目瞭然《いちもくりょうぜん》だった。

ラミレス監督下の選手たちは、バッターボックスに立って見送り三振しても、「はぁぁ」と肩を落とす程度で、そのまま平気でベンチに帰ってくる。

が、かつての横浜大洋ホエールズの、須藤豊《すどうゆたか》監督時代の選手は違った。三振すると、ピッチャーを睨みつけて悔しそうにしている。幸夫が「どういう気持ちか？」と訊くと、「オーナーに申し訳ない！」という答えが返ってくる。

大洋ホエールズの中部謙吉オーナーも、こう言って選手に発破をかけた。

「おまえらいいか、金はいくらでも使え。おれがクジラを捕ってくりゃ、全部払えるんだからな！」

この勢いが、選手の心身に響く。が、DeNA時代になり、オーナーが指先一本で金を稼ぐようでは、選手のモチベーションが高まることはない。

しかも、最近のプロ野球は、ゲーム差が開きすぎて面白みに欠けるようになった。試合の数を増やして儲けようという商業主義が見え見えなのである。商売野球ここに極まれり、というところまで行ってしまっている。

幸夫が横浜スタジアムの取締役会長になってよかったと思える点は、ふだんミナトのことで文句ばかり言う横浜市長や市議会議員たちが、「藤木が決めた」というと尊重してくれるようになったことくらいである。

ＦＭ開局の旗振り役

昭和五八（一九八三）年八月、藤木企業に秦野章法務大臣がやってきた。

秦野章は、無派閥ながら田中角栄元首相に近かったことから、昭和五七年、第一次中曽根内閣で法務大臣に就任していた。

秦野は、藤木幸夫に面会を求めた。

「社長、神奈川にはテレビ神奈川はあるけど、ＦＭ放送がないんだよ。おれ、つくろうと思うけど、どうだろうか」

「神奈川はないんですか？」

「ないんだよ」

「ところで秦野さん、ＦＭって何ですか？」

「社長、ラジオのことだよ！」

〝秦野のオヤジ〟はこれまでもたびたび藤木企業を訪ねて、そのつど、幸夫にアイデアを披露した。が、今度のＦＭ放送の話は、藪《やぶ》から棒である。

〈なんでわたしにラジオの話を？　わたしで力になれるんだろうか〉

秦野は続けた。

「社長、いま議事堂の大臣席のおれの隣には、郵政大臣の檜垣徳太郎《ひがきとくたろう》さんが座っているんだよ。彼が『ＦＭ局は各県単位でつくっている』と言うんだ。それで『神奈川はないから、このへんで一つ、つくったらどうですか』と言うんで、さっそく、相談に来たんだよ、どんなもんだろう」

重ねて相談を受けたので、幸夫はようやくその気になって答えた。

「秦野さんがそう言うなら、横浜で旗を振りましょうか」

「悪いな、そうしてくれないかなあ」

秦野は、幸夫が引き受けるものと最初から決めてかかっていたらしく、話をどんどん進めていった。

「申請について、郵政省の電波監理局に連絡のつく男がいるんだ。八峯《はっぽう》テレビの杉山というんだが、おれと田舎が同じ男で、いま厚木にいる。昔、郵政省に勤めていたことがあるからくわしいんだよ。杉山と相談すれば、うまくいくんじゃないか」

幸夫はうなずいた。

「わかりました。杉山さんに連絡を取りましょう」

「いや、おれから言って、杉山君をここへ寄越すよ」

秦野が言った通り、ほとんど間を置かずに杉山が幸夫を訪ねてきた。

「藤木社長、FM放送が神奈川にないのはおかしいですよ。FMはいま、スポンサーがどんどんついている時代ですので、つくっても十分に採算がとれます」

「杉山さん、商売の話はいいんです。秦野さんの頼みですからやります」

「ありがとうございます。わたしが郵政省に案内します」

郵政省では、担当部長が応対に出てくれた。

「じつは、神奈川はすでに各業界から一〇〇以上もFM設立の申請が出ているんですが、中核になって話を進められそうな人間が誰なのかわからなくて困っているんです。秦野先生から『藤木という男が行くから相談に乗ってやってくれ』と言われておりました。藤木さんが申請してくださるなら、こちらも助かります」

担当部長はそう言って、申請手続きを説明してくれた。

が、その手続きは複雑で、許可条件を満たすための書類づくりに何ヵ月かかるかわからない。それでさえ大変そうなのに、加えて担当部長が言う。

「そのうえで、ＦＭ神奈川局の申請者を全員集めて、それを一本に統一する作業がまずあります。これをやらないと、郵政省としても窓口を決めようがないんです。藤木さんが『この人ならどこからも納得してもらえる』という人を探してくださる、と秦野先生からもうかがっています」

幸夫はそれだけで気が遠くなりかけて、内心後悔した。

〈えらいことに首を突っ込んでしまったなあ〉

が、いまさら引っ込みはつかない。

幸夫は覚悟を決めて、担当部長に尋ねた。

「わたしは素人《しろうと》で何もわかりませんが、ほかの県はどなたが調整役をやっているんですか？」

「だいたい県知事がやっておられますね」

幸夫はようやく合点がいった。お門違いのＦＭの話がなぜ自分のところへ来たのか、その理由がわかったのである。

神奈川県知事は、革新系の長洲《ながす》一二《かずじ》である。そして、参議院議員の秦野章は自民党で現職の法務大臣である。しかも秦野が警視総監時代に革新勢力と真っ向から対決した人物である。長洲知事から声をかけられたなら話は別だが、間違っても秦野の方から頼みにいくはずがなかった。

幸夫は思った。

〈たとえお門違いでも、秦野のオヤジから「それならあいつだ」と目を向けてもらえただけでも名誉なことだ〉

幸夫と長洲は、長洲が知事選に出る前から昵懇《じっこん》の間柄だった。

幸夫は担当部長に言った。

「神奈川県は長洲知事さんだから、さっそく、お願いしましょう」

ところが、担当部長が渋い表情になった。

「長洲さんは、ちょっと……。中央政府との関係で、駄目ではないのですが、ほかの人のほうが適当ではないかと思います」

「そうすると、銀行の頭取とか、商工会議所の会頭とかになるんでしょうか。いま会頭は上野運輸の上野《うえの》豊《ゆたか》さんですが」

担当部長の表情が和《やわ》らいだ。

「ぜひ、上野さんでお願いします」

申請一本化に睨みを利かす

幸夫は横浜へ帰るとすぐ、横浜商工会議所の川本譲次副会頭に相談した。

川本は幸夫の兄貴分に当たる人物で、横浜ランドマークタワーやパシフィコ横浜をはじめ、さまざまな建物の総合設備工事を請け負う川本工業の社長である。幸夫とは「譲次さん」「幸夫さん」と名前で呼び合う間柄で、周囲が不思議がるほど仲がよかった。

「譲次さん、おれは上野さんに調整役をやってもらったらいいと思うんだけど、どうだろうか。上野さんじゃなきゃ、この話はまとまらないよ」

川本は、すぐ話に乗ってくれた。

「わかった。じゃあ幸夫さん、上野さんのところへ一緒に行こう」

幸夫と川本は、二人で上野豊に会いに行った。

上野会頭は、話を聞いて開口一番言った。

「わたしでお役に立つのであれば、何でもやらせていただきます。ただし、唯一の条件があります。川本さんと藤木さんが、いつもわたしの横にいてくださることです」

意味の深い条件をつけられたものの、幸夫と川本は、上野が快諾してくれたことに一安心した。

八峯テレビの杉山を通じて電波監理局から手続きの方法を教わったものの、すでに郵政省には一八三社が申請していた。幸夫は郵政省から申請済みの各社の説明入りリストをもらい、友人である横浜銀行の相《あい》原三郎《はらさぶろう》副頭取などにも間に入ってもらい、さっそく調整にとりかかった。

いよいよ、申請済みの一八三社が一堂に会した。

横浜商工会議所の上野豊会頭が挨拶した。

「このたび、一八三社からお申し込みをいただいた。これを一本にまとめ、神奈川ＦＭ株式会社を設立します。ご協力をお願い致します」

申請していた一八三社の中には、新聞社もあればテレビ局もあり、各大学、各種業界団体も参加して、その内容はじつに多彩だった。また調整役のメンバーも、多岐《たき》にわたる分野のトップクラスの人たちだった。

上野会頭の挨拶が終わると、司会者が真っ先に川崎商工会議所の手塚彌太郎会頭に質問した。

「川崎の手塚彌太郎会頭、ご意見はございませんでしょうか？」

幸夫は思った。

〈司会者も、余計なことを〉

手塚会頭は幅広く力のある人物で、上野会頭はどうやら平素から手塚のことが苦手だったらしい。司会者の指名発言は、その辺の事情を承知したうえでのことだったのだろう。

手塚会頭もまた、幸夫の若いときからの友人で、情義に厚い男だった。

幸夫は、手塚が何を言い出すかと内心ハラハラした。

手塚は、大声で答えた。

「何もねえ！　隣におっかねえのがいるから」

上野が驚いたような表情で横を向き、自分の隣に座る幸夫の顔を見た。

幸夫は苦笑するしかなかった。

〈手塚さん、「おっかねえのがいるから」はないよ〉

会の終了後、上野が幸夫に訊いた。

「藤木さん、手塚会頭さんとは、どういうご関係ですか？」

幸夫は即答した。

「昔の不良仲間ですよ」

ネーミングは「FMヨコハマ」

こうして一本化して申請し、予備免許が下りることになった。が、名称が「FM神奈川」になっていることに気づいた。

幸夫は思った。

〈正式名称が「FM神奈川」になっては、まずい〉

神奈川県は、横浜、川崎と政令指定都市が二つもあり、相模原市（平成二二年四月一日に政令指定都市に移行）、横須賀市という大都市に加え、鎌倉市、小田原市という歴史都市があるなど、非常に恵まれている。

一つの県に大都市が複数あると、県単位の業界団体やOB会などの代表を選出する際に、各都市の代表が張り合って揉めることが多い。

ところが、神奈川県の場合は「横浜の人になってもらえや」というような空気が不文律のように作用するためか、一度も揉めたことがなかった。

それはやはり、横浜が世界に誇れるブランドだからであろう。

幸夫がハンブルクやロッテルダムへ行ったとき、「ヨコハマ」といえば子どもにまで通じたが、「カナガワ」と言ってもなかなかわかってもらえなかった。

かつて、ハンブルクにある日本郵船関係の港湾荷役会社のハルクセン社長と一杯飲んでいるとき、ハルクセンが言った。

「藤木さん、昼間、横浜から来た人たちを紹介してもらったけど、そのなかにフィリピンの人がいたね？」

幸夫は驚いて聞き返した。

「え！　フィリピンの人？　そんなことはありませんよ。みんな日本人ですよ」

よくよく話を聞いてみると、「Kanagawa Prefectural Government」（神奈川県庁）の職員を紹介するとき、「カナガワ」がタガログ語の発音に聞こえたらしく、「フィリピンの都市」だと勘違いしたらしい。ハルクセンだけでなく、海外で「カナガワ」をフィリピンの都市と誤解されることがよくあった。

他方、「ヨコハマ」であれば、海外の小学生でも地図を指差して「ここ！」と言える。

海外の港を見て回った幸夫は思った。

〈横浜の方が対外的にも国内的にも、すべてにおいていいのではないか。ＦＭにも全国に知られた「ヨコハマ」というイメージとブランドをはっきり打ち出したほうがいい〉

幸夫はさっそく、郵政省の担当者に提案した。

「神奈川県全県の一局には違いありませんが、ネーミングだけは『横浜ＦＭ放送』にしたいと思いますが、どうでしょうか」

担当者は即座に否定した。

「いやあ、それは無理じゃないですか。神奈川全体をカバーする局なのですから」

幸夫はねばった。

「無理だと言われても、横浜の方がいいと思うのですが……。他の県でもそういうことはなかったんですか？」

「それが、揉めた県がいくつかありましてねえ」

担当者によると、静岡県では「静岡エフエム放送」のネーミングに浜松が猛反対したらしく、結局、「浜松エフエム放送」もできた。長野県でも「長野エフエム放送」がある一方で、松本市には「エフエムまつもと」がある。

「結局、多くの県で、二局ないし三局あるのが実態なんですよ」

が、この担当者は、型にとらわれない実に柔軟な頭脳の持ち主だった。

「そのようなご希望があるなら、一応、『FM横浜放送』として申請を出してみたらどうですか」

頭から「ダメだ」と言われたら、それで終わっていただろう。この時点で、「FMヨコハマ」は幻となったはずである。

かくして「横浜エフエム放送株式会社」の名称で申請することができ、結果は幸夫の予想に反して通った。

幸夫は思った。

〈もしかすると、秦野のオヤジが、「横浜でいいじゃねえか」と言ってくれたのかもしれないな〉

幸夫は急いで横浜に戻り、関係者に報告した。

「以上のようなわけで、『FMヨコハマ』ということに致しました」

誰からも文句は出なかった。

「消費者金融のCMは流さない」

昭和六〇（一九八五）年一二月二〇日、エフエム横浜放送が開局した。

首都圏では昭和四五（一九七〇）年四月のエフエム東京開局、昭和六〇年一〇月のエフエム群馬の開局以来の新しい民放FM局となった。「Fヨコ（エフヨコ）」と親しまれ、大きなブームを巻き起こした。

開局当初から全国FM放送協議会（JFN）には加盟せず、独自の番組制作をおこなうという画期的な試みを最初におこなった局でもある。

代表取締役社長には、調整役を務めてくれた横浜商工会議所会頭の上野豊が就任。平成四（一九九二）年六月には、上野が会長、藤木幸夫が社長にそれぞれ就任した。

FMヨコハマの特徴は、リスナーの対象を一五歳から三五歳に絞って番組編成した点にあった。

開局当初から最新の音楽を流すことにこだわったFMヨコハマは、平成二（一九九〇）年一〇月、日本のFM局では初となる、ニューヨーク五番街にレコードの買い付け専門の支局も設けるなど、洋楽編成に積極的だった。

これがいちばんの強みとなり、リスナーからは「FMヨコハマの放送を聞いていると、まるでニューヨークやハワイにいるようだ」といった声が届くようになった。

消費者金融のCMを絶対に流さないのも、FMヨコハマの特徴である。NHKを除く放送局はすべて広告料でまかなっており、湯水のごとくCM料を払ってくれたのが消費者金融である。

広告代理店は、薬品、美容クリーム、栄養剤といったコマーシャルを五、六本セットにして持ってくる。その中に、消費者金融のCMが入っている。

セットだから、「消費者金融のCMだけ外して」という訳にはいかない。五本すべてのCMを流すか、すべて断るかの二択しかない。

FMヨコハマは、消費者金融のCMは一切流さない方針なので、断り続けた。

すると電通の担当者が文句を言ってきた。

「何を言ってるんだ、こんなにちゃんとしたCMを持ってきたのに」

が、幸夫は一歩も譲らなかった。

「いや、消費者金融のＣＭはダメです」

「社長は誰だ」

「わたしだ」

結局、電通の担当者が「しょうがない人だな」と折れることになった。ＦＭヨコハマの営業部のスタッフは苦労したが、それがやがて営業の強みとなっていった。

幸夫はもちろん、消費者金融のすべてを否定するわけではなかった。が、ＦＭヨコハマの中心的なリスナーは若者たちである。

ラジオは学生たちが受験勉強をしたり宿題をしたり、他のことをしながら聞く「ながら聴取」が多い。そこへＣＭが流れ、「誰でも簡単にお金が借りられる」「スマホのゲームでお金が必要な人はいますぐお電話ください」と繰り返し聞かされた子どもたちはどうなるか。

一〇〇人聞けば、そのうちの一人は電話をしてしまうかもしれない。それが親子の諍《いさか》いとなって、家庭崩壊のきっかけをつくってしまう恐れもある。たとえ一人でもそういう子どもを出してはならない。

幸夫は言っている。

「わたしが社長でいるうちは、絶対にダメだ」

スタッフみんなが納得してくれている。ＦＭヨコハマのポリシーの一つである。

現在、日本の国にはテレビ、ＦＭ、ＡＭ、短波放送のラジオを合わせて約二〇〇の放送局があるが、消費者金融のＣＭを断っているのは、その中でＦＭヨコハマただ一局である。

平成二五（二〇一三）年には、神奈川県内の難聴エリア解消を目的に、横浜市磯子区の円海山《えんかいざん》にあった基幹送信所を大山《おおやま》へ移転した。その前年に開業した東京スカイツリーの高さは六三四メートル。大山は一二五二メートルの標高であるから、テレビにも負けていない。

難聴エリアも解消され、若者を中心に多くのリスナーに人気を博し、現在も充実したコンテンツを提供し続けている。

平成三〇（二〇一八）年三月、藤木幸夫は、都内ホテルで「関東地区エフエム局社長会」をつくった。一都六県の社長に加え、総務省の総合通信局長なども出席した。

役人は、民間の人間に威張り散らしているものである。ふだんふんぞり返っている役人が、幸夫の前では「藤木さん、藤木さん」と腰が低い。

週刊誌がヤクザとの関係などについて面白おかしく書き立てるものだから、役人が気を遣っているのである。

また、藤木幸夫は、元警視総監の秦野章と本当に親しかった。そのため、警察に行くと丁重に扱ってくれる。人脈の幅広さ、付き合いの深さにおいても、幸夫は突出していた。

平成二八（二〇一六）年九月一日からは、自衛隊神奈川地方協力本部と緊急放送の協定を締結した。災害時に予備自衛官を招集する目的で、自衛隊と地方のラジオ局が緊急放送で協定を結ぶのは全国初。東日本大震災の教訓から、災害に強いラジオ放送の活用がこれからも期待されている。

こうした非常時の措置は、ＦＭヨコハマだからできたことである。幸夫は、そのことを非常にありがたく思った。

〈これからもＦＭヨコハマ放送局として、先人たちから受け継いできた「ミナト・ヨコハマ」が、子どもたちが明るく元気に過ごせたり、市民の方々が「やっぱり横浜はいいな」と誇りに思ってもらえるような住みよい街づくりに役立つよう、さらに社員一同で頑張っていこう〉

小此木彦三郎、失意の晩年

中曽根康弘は、小此木彦三郎に「票」も「金」も両方求めた。

金は、藤木幸太郎と幸夫でつくった。小此木が「二〇〇〇万いる」と言うと、幸太郎が方々へ「おまえ悪いけど頼むわ」と頭を下げる。すると、社長たちが「じゃあオヤジさん、これ少ないけど」と金を出してくれる。そこで幸太郎は「おれにじゃないよ、小此木のところにじかに届けてくれよ」と伝える。

幸夫は、小此木彦三郎の衆議院選挙の事務長を務めていた。

平成三（一九九一）年、小此木彦三郎が衆議院議員八期目のことである。

ちょうど宮澤喜一《みやざわきいち》内閣に変わるときに自民党三役人事が注目されており、彦三郎は三役入りが有望視されていた。

派閥の領袖である中曽根康弘は、小此木彦三郎にひそかに伝えていた。

「じつは総務会長は、きみにするつもりなんだ」

小此木は、これで長年の苦労が報われると喜んだ。幸夫たち支援者を呼んで、前祝いのような宴《うたげ》を開くほどだった。

ところが間もない休日の朝、小此木彦三郎は、中曽根に呼ばれた。

中曽根は、彦三郎にこう言った。

「じつは、中曽根派から総務会長を出す話が回ってきた。本来ならばきみだ。しかし、今回だけは佐藤《さとう》に譲ってやってくれないか」

北海道選出の佐藤孝行《こうこう》は、ロッキード事件の渦中《かちゅう》に日々マスコミに叩かれ続けた。ロッキード事件の裁判で有罪となり、無所属になってからも自らの腹心であり続けた佐藤の名を挙げ、中曽根は言った。

「彼を最後になんとかしてやりたい。最後の役職だ」

この人情人事を、彦三郎は了承せざるを得なかった。

この日の昼間、幸夫の自宅に彦三郎から電話があった。

「幸夫さん」

「なによ」

「あのなあ……幸夫さん。在庫一掃なんだよ」

「彦さん、どうしたんだい。酔っ払っているのか、昼間から」

「いやぁ……」

幸夫は、料亭の女将を電話口に呼び出した。女将が幸夫に訴えた。

「酔いつぶれてしまってどうにもならない。なんとかしてください」

女将がそう言うので、幸夫は迎えの車を差し向けて、末吉町の自宅まで送らせた。

幸夫は思った。

〈中曽根の御大も彦さんに伝えるのはつらかっただろうが、それにしても……〉

後日、幸夫が別件で竹下登の事務所を訪ねたとき、竹下が不機嫌そうに言った。

「社長、あれはどういうわけ？」

「どういうわけって、どういうこと？」

「オコちゃんのことだよ。藤木さん、わたしは小此木君になると思ったから、中曽根派に総務会長を回したのに、オコちゃんに持ってったら佐藤孝行で帰ってきたよ」

政治の世界にはそういうことがいくらでもある。

小此木は悔しい気持ちを抱えていたのだろう。ほどなく「眠れない」と言い出して、睡眠薬をしきりに飲むようになってしまった。

平成三年一〇月の終わり、藤木幸夫は、ハマコーこと浜田幸一《はまだこういち》に「わたしがご馳走しますから」と連絡を取り、赤坂TBS近くのしゃぶしゃぶ店の「ざくろ」で二人きりで食事をした。

浜田は意外なことに一滴も酒を飲まないから、お酌《しゃく》専門である。二人していろいろな話をしているところへ、浜田の秘書が巨体を揺らし、息せき切って部屋に入ってきた。

「先生、大変です！　いま、小此木先生が病院に行きました」

幸夫が訊いた。

「どこの病院入った？」

「慈恵医大です」

幸夫は少し安心した。

「ああ、慈恵医大なら大丈夫だ。あそこは、あいつの知り合いの医者がいるから」

幸夫は飲んでしまっているので、どうしようもない。浜田が言った。

「社長は、今日は横浜にまっすぐ帰ってください。わたしも行かないから、あんたも行かないで明日にしましょう」

「じゃあ悪いね」

幸夫は言われるまま、まっすぐ家に帰った。

翌朝、幸夫が慈恵医大に小此木彦三郎の見舞いに行くと、息子の八郎《はちろう》が出迎えてくれた。

「オヤジ、階段から落ちたんです」

小此木彦三郎は、議員会館七階の梶山静六《かじやませいろく》の部屋を訪ね、留守だと聞いて五階の自室に戻る途中、階段から転落。頭を打って慈恵医大に運ばれたという。

八郎が言う。

「ゆうべ、ハマコーさんがお見舞いに来てくださいました」

幸夫は思った。

〈あいつ、裏切りやがったな〉

小此木彦三郎は、階段から転落したことがもとで、一一月四日に逝ってしまった。

政治の世界にいなければ、味わわなくてもいいような苦しさや悔しさだったろう。それが小此木彦三郎の寿命を縮めてしまった。

幸夫は思った。

〈政治の世界というのは、実業の世界とはまったく違う厳しさ、つらさを伴う世界なのだな〉

幸夫は、政治家を選んだ彼の人生を振り返った。

〈彦さんは、つらいことが本当に多かっただろうな。政治家にならなかったら、もっと長生きしただろうに〉

中曽根康弘は、横浜市久保山の光明寺でおこなわれる小此木彦三郎の法事に必ず来てくれた。小此木も嬉しいだろうし、幸夫も小此木のことを思えば嬉しく思う。

が、幸夫は思っていた。

〈彦さんは、よほど悔しかったんだろう。中曽根御大は、彦さんのことを少し使いすぎたな〉

平成六（一九九四）年五月、幸夫が兄弟分として付き合ってきた山口組二代目山口昇の息子、山口幸博が亡くなった。もともと体が弱くパリに手術に行ったが、回復しなかったのだ。

神戸・三宮の国際会館でおこなわれた葬儀では、遺族に頼まれて幸夫が葬儀委員長を引き受けた。

山口組とは一切関係のない本家だけの葬式だったが、周囲は「田岡一雄と深く関わりのある幸博の葬儀など、恐れ多くて手が出せません」という雰囲気だった。幸夫は何日も神戸に寝泊まりして準備に入った。

幸夫は言った。

「葬式は、午後からにしよう」

山口組二代目の息子である山口幸博は、山口組とは縁が切れていたが、組のために午前中は空けておいたほうがよいと判断したのである。

山口組の組員たちは、自分たちは葬儀に参列できないことを理解していた。だから午前中に国際会館の前まで黒塗りの車が次々とやってきて、お辞儀をして去っていった。

幸博の妻は、甲陽園の大きなお屋敷で、一人になってしまった。この頃は長男の一幸も家を出て所帯を持っていた。大理石の部屋に布団を敷いて、その上に炬燵《こたつ》を乗せて、そこに一人であたって寂しそうにしていた。

第八章　港の闇を照らす

菅を救ったジャンパーと公明党

平成二一（二〇〇九）年秋、鳩山由紀夫《はとやまゆきお》内閣で国土交通大臣に就任した民主党の前原誠司《まえはらせいじ》が、就任早々横浜へやってきた。

藤木幸夫は、警察署や自動車のディーラー、大学、市民集会などで、また船のデッキの上で子どもたちを三〇〇人ぐらい集めて、港の話をしている。幸夫の話には鞍馬天狗が出てきたり、美空ひばりが出てきたりするので好評だが、呼ばれるいちばんの理由は講演料がタダということ。

幸夫は、この無料集会に前原誠司を招待し、参加してもらったのである。

話を終えた後、前原がやってきて、幸夫に言った。

「港の重要性がよくわかりました。そこで一つ質問があるんですが、いいですか。訊いても怒りませんか」

「はい、なんでしょう」

「港で働く方々と、こういう方って、どのような関係なんですか？」

前原は、頰っぺたに指で線を引っ張る仕草をしながら質問した。つまり、港湾業者とヤクザの関係を聞いてきたのである。

幸夫は思わず言った。

「前原さん、あなたは偉い。腹の中でいろいろなことを思っている人は大勢いるけど、面と向かってわたしに訊いたのは、あなたが初めてですよ」

やはり、いまでも港のイメージというとヤクザ者、という感じがしてしまうのだろう。

安倍晋三《あべしんぞう》内閣官房長官を務める菅義偉《すがよしひで》は、幸夫と昵懇《じっこん》の小此木彦三郎《おこのぎひこさぶろう》の秘書を一一年にわたって務めた苦労人である。

菅は、昭和二三（一九四八）年一二月六日、秋田県雄勝《おがち》郡秋ノ宮村に生まれた。高校卒業後、法政大学法学部政治学科へ進学する。法政大学法学部を卒業し、建電設備株式会社に入社した。

昭和五〇年、衆議院議員の小此木彦三郎の秘書となる。

菅は秘書時代、小此木彦三郎と藤木企業に来ては昼食の出前を取りに行ったり、雑用をこなしていた。藤木幸夫は、そんな時代から菅のことを知っている。

小此木彦三郎は、人使いが非常に荒い男だった。菅だけでなく、ほかにも秘書をたくさん抱えていたが、小此木は自分の身辺の世話や雑用に当たり前のように秘書を使った。

幸夫は、たびたび小此木をたしなめた。

「おまえ、そんなこと菅にやらせるなよ」

菅は感情を表に出さず、言われた通りのことをキチンとこなした。人前で足を組んで話をするような真似もせず、余計なことは言わない、雑談もあまりしない寡黙《かもく》な男である。

人間的にしっかりしているものの、幸夫の目からは決してチャーミングとは言えない。

菅が藤木企業に来るときは、何か用事があるときに限られた。

横浜港ではうるさい仲間が何人かいて、よく菅に注意していた。

「おい菅、おまえ、ちゃんと会長のところに挨拶に行ってるか」

そう言われると、菅はちゃんと幸夫に挨拶に来る。秘書時代は、幸夫に直接会って話をするような立場ではなかったが、菅にはそうした律儀さがあった。

昭和五八（一九八三）年、菅は小此木彦三郎の通商産業大臣就任に伴い大臣秘書官に就任した。

菅を横浜市議会議員へ出馬させる話が、何度か検討された。が、横浜市西区の横浜市議会議員には、藤山愛一郎衆議院議員の系列の鈴木喜一など実力者がいた。菅は、出馬しようにもできない状況が何年も続いた。

昭和六一（一九八六）年、菅は横浜市会議員選挙に西区選挙区から出馬することが決まった。

実力者がいながら出馬できたのは、ひとえに菅の人柄であった。着実で、威張らず、幸夫から見ても気の毒なくらい控えめな男である。おらがおらがと自己主張の強い政治の世界では、珍しいタイプといえる。

菅は初当選を果たし、その後市議を二期務めた。横浜市政に大きな影響力を持っていた小此木彦三郎の死後、当選回数わずか二回にもかかわらず、小此木の事実上の代役として、秘書時代につちかった政財官の人脈を活かして辣腕《らつわん》を振るった。高秀秀信《たかひでひでのぶ》市長からは、人事案などの相談を頻繁に受けるなど、「影の横浜市長」とさえ呼ばれた。

菅義偉

平成八（一九九六）年、菅は、衆議院議員総選挙に神奈川二区から自民党公認で出馬し、新進党公認・公明推薦の上田《うえだ》晃弘《あきひろ》、旧民主党公認の新人大出彰《おおいであきら》らを破り、初当選を果たした。当時の菅には、まだ国政に出られるほどの政治的な力はなかったが、小此木ファミリー、藤木ファミリーという立ち位置で当選した。

平成一二（二〇〇〇）年六月、菅にとって二度目の衆議院議員選がスタートした。

菅を支援する地元の社長たちが、藤木幸夫のもとにやってきて言った。

「会長、今度の選挙は、どうも様子がおかしい」

菅が落選する可能性がきわめて高いのだという。

幸夫は言った。

「じゃあ、菅の名前を書いたジャンパーをつくらせて、みんなに着せろ」

幸夫は、自筆で「ＳＵＧＡ」と書き、それをジャンパーの背中にプリントさせた。黄色地のジャンパーに、赤色の「ＳＵＧＡ」の文字がよく映える。数千枚つくり、藤木企業の社員と、選挙スタッフ全員にジャンパーを着せて、選挙区に散らばせた。

すると、有権者たちが「なんだ、あれは」と反応してくれるようになった。

幸夫さらに動いた。じつは幸夫は、横浜では公明党との人脈が広く「公明党の藤木」で通っていた。幸夫が公明党にお願いして、菅義偉に一票入れてもらえるよう頼むと、公明党側も無理とは言わなかった。

六月二五日の投開票で、菅義偉は無事二選を果たした。

幸夫はあらためて思った。

〈公明党の組織力というのは、すごいな〉

「菅さんは将来絶対に総理になる」

菅義偉のことを買っていたのは、小此木彦三郎の友人の梶山静六《かじやませいろく》だった。菅も、梶山のことを師と仰いでいた。菅は、平成一〇（一九九八）年七月の自民党総裁選挙で、所属していた平成研究会会長の小渕恵三《おぶちけいぞう》ではなく、梶山静六を支持し、同派閥を退会。が、梶山は小渕に敗れた。

菅はその後宏池会《こうちかい》に入会し、梶山の推薦で総務会にも入った。

藤木幸夫は、藤木企業に来た菅義偉と雑談をしている折、菅からこんなことを言われた。

「総務会に入ったのはいいけれど、会議で自分がなにか発言すると、そのたび『新人、そんなことを言うのは一〇〇年早い』などと言い出す人がいて、閉口《へいこう》しています」

「誰だよ、とんでもねえ野郎だな」

「橘先生といって、いま交通部会の部会長代理をしていて……」

「橘康太郎《たちばなこうたろう》？」

「そうです」

幸夫のよく知っている男だった。

橘康太郎は、富山の出身で、橘も港湾作業会社の人間である。大学は早稲田、伏木海陸運送の社長だったから、大学も業界も幸夫の後輩にあたる男だった。

その橘康太郎が、菅にやたらに文句を言っているという。

「ああそうか、それじゃ菅君、一緒に行こう。きみ一人じゃなんだから、小此木八郎《はちろう》も呼んで、八郎と二人で行こう。八郎もいじめられちゃイヤだから」

小此木彦三郎の息子の八郎は、平成五（一九九三）年七月の衆院選に旧神奈川一区から立候補。菅は選挙事務所の事務長として奔走し、初当選。平成八（一九九六）年の衆院選では比例南関東ブロックで復活当選していた。

橘康太郎は平成一一（一九九九）年一〇月に自治政務次官に就任したばかりで、威張り腐っている盛りであった。

幸夫は菅と、小此木八郎も伴い、首相官邸の隣のビルにあった橘の事務所をふらりと訪ねた。急に事務所に入っていったら、橘はビックリしていた。

「あれ!?　先輩、どうしたんですか。菅君や小此木八郎君とは、どういうご関係で？」

「おれは、八郎君の父上の小此木彦三郎と、父の代からの古い知り合いなんだよ。橘さん、あんたは菅君が発言しようとすると何かと止めるらしいが、どういうことだい？　頼むよ、この二人をよ。いじめちゃダメだよ、いじめちゃあよ。みんなうちの人間なんだよ」

　橘は恐縮して頭を下げた。

「はああ、知らなかった、すみません。これから気をつけます」

　それだけのことだったが、効果てきめん。少し経ってから菅が、笑って幸夫に報告してくれた。

「藤木会長、この前の訪問が効きすぎて、橘先生の風向きが変わりすぎです。最近は『そうだそうだ、もっと言え』『もっとしゃべれ』とあおられて、逆に困っているくらいですよ」

　平成一七（二〇〇五）年頃の話である。藤木幸夫は、横浜の中華街で、俳優の杉良太郎夫妻と食事したことがあった。このとき、幸夫は杉から面白い話を聞いた。

「これまでわたしもいろいろな政治家とお付き合いしてきて、『これは』と思った人はみんなその通り出世しているんです」

　そんな杉が絶賛したのが、菅義偉だった。

「会長、最近すごい人に会いまして、自民党の菅義偉さんは、将来絶対に総理大臣になる」

　宏池会に入会していた菅義偉は、平成一二（二〇〇〇）年の第二次森喜朗《もりよしろう》内閣の不信任決議案をめぐる「加藤《かとう》の乱」では、加藤紘一《こういち》らに同調して不信任案の採決では欠席した。

　ただし、その後の加藤派分裂では親加藤派の小里《おざと》派（会長小里貞利《さだとし》）ではなく、反加藤グループの堀内《ほりうち》派（会長堀内光雄《みつお》）に参加した。

　第三次小泉純一郎改造内閣の竹中平蔵《たけなかへいぞう》総務大臣のもと、菅は総務副大臣として総務省内部統制のトップを任され、事実上人事権なども行使していた。

　幸夫はすぐに目の前で菅に電話をしてその話を伝え、杉に電話を代わった。

お互い会話が弾んで、楽しそうに話をしていた。

杉良太郎はいまでも、地方から東京に帰るときにはわざわざ横浜に寄って、幸夫の顔を見てから帰る。それほど、幸夫のことを心配してくれている。

藤木幸夫と菅義偉は、地元横浜の道路やトンネルの開通式などの式典でよく一緒になった。

菅は、平成一八（二〇〇六）年、第一次安倍政権で総務大臣として初入閣。が、一年後の平成一九年九月、安倍総理は退陣した。

平成二四（二〇一二）年一二月に、第二次安倍内閣が発足すると、内閣官房長官に任命された。

幸夫は、菅に会うたびに意見を言った。

「安倍さんを守りなさいよ、彼を守ってやらないと可哀想だよ」

「はい、わかってます」

「安倍さんを守れるのは、菅さんしかいないんだから」

田岡の息子の死

田岡一雄の息子の田岡満は、甲陽運輸の代表となったものの、事業にほとんど関心はなかった。昭和四六年に芸能事務所「ジャパン・トレード」設立をしていたので、やはり、芸能の仕事に命を燃やしていたのである。

幸夫は、東京に出ずっぱりで、業界の会合にも参加しない田岡満に言った。

「今度、おまえを日港協（日本港運協会）の副会長にするから、神戸の港運協会で講演しろ」

田岡満は、幸夫には調子を合わせた。

「ああはい、やらせていただきます」

が、周囲は当然納得できない。

「田岡満は、港のことを神戸で何もやってないのに、どうして中央の副会長になるんだ」

それでも甲陽運輸が回っていたのは、やはり父親の田岡一雄の名前があったからである。

芸能の仕事に熱心だった田岡満が、ある日、幸夫に言った。

「これからちょっと銀座の東武ホテルへ行くんだ」

「そうか、なんで」

「三船敏郎と会って、今日はいろいろ話をしなきゃ」

「そうか」

いつもそんな話ばかりで忙しそうにしていた。

幸夫は、ある俳優から礼を言われた。

「いや、田岡の満さんくらい面倒見のいい人ないんですよ。わたしが芝居やると、必ず楽屋へ祝儀を届けてくれた」

そういうことには、こまめだった。

ある日、幸夫を芸能関係者が訪ねてきた。幸夫が訊いた。

「あんた、何しに来たの？」

「いや実は、田岡満さんに会いたいんですけど、なかなかどうしていいかわからないんで。そうしたら、藤木さんに電話してもらうといいと教えてくれた人がいまして」

「満を紹介しろってことですか」

「そうです」

「じゃあ、お安いご用だ」

幸夫はその場で電話した。

「満ちゃん。いまこういう人が来てきみに会いたいと言ってるから、会ってやって」

「わかりました」

数日後、その芸能関係者がふたたび幸夫を訪ねてきて、封筒を幸夫に差し出した。

「なんです、それは」

「いや、田岡満さんを紹介してくれたから」

「わたしは、電話一本かけただけですよ」

芸能の世界には不思議な慣習があるらしい。もちろん、そのような慣習は港にはなく、幸夫は封筒を受け取ることを拒否した。


平成二四（二〇一二）年一〇月八日、藤木幸夫は、親しくしていた田岡満が入院する神戸の病院の病室にいた。幸夫は朝からずっと満を見守ってきたが、「はあ、はあ」と苦しそうに呻《うめ》くばかりだ。幸夫が何を言っても反応しなかった。

午後二時ぐらいに、見舞客が入ってきた。満の妻に連れられた、演歌歌手の五木ひろしだった。

幸夫は言った。

「おい、五木くんね、満のために歌をうたってくれ」

「わかりました」

五木は、田岡の耳元で、田岡が好きだったという歌をうたった。

〈今日は、帰っても大丈夫そうだな〉

幸夫はそう判断して新幹線に乗り、新横浜に到着した。すると、携帯電話に満の妻から連絡が入った。

「満が、いま亡くなりました」

六九歳だった。

一〇月一一日、葬儀は本願寺神戸別院において密葬として執りおこなわれ、翌月の一一月九日には同じく本願寺神戸別院で甲陽運輸が社葬を執りおこなった。

第二次安倍政権を支える敏腕官房長官

平成二九（二〇一七）年三月、横浜港から第三京浜へ行く横浜北線が開通した。このときの開通式は国交省のみならず関係者の多くが集まる盛大なものになった。

このときも、出席した藤木幸夫のもとへ、菅義偉が飛んできて挨拶してくれた。

「藤木さん、どうも」

「菅さん悪いな、忙しいのにな」

「いえ」

こうしたインフラ整備は、横浜市民の声を聞いた菅がみんな、開通に向けて動いてくれていた。

第二次安倍政権では、官邸は菅義偉、自民党は二階俊博《にかいとしひろ》でもっているようなものだった。

菅義偉が官房長官になって以来、幸夫とゆっくり話をする機会は減ってしまった。が、一二年間、菅の事務所にいた伊波俊之助《いなみとしのすけ》や、渋谷《しぶや》たけしなど、菅義偉の系列の市議会議員がたくさんいる。

平成二五（二〇一三）年、藤木幸夫は、菅義偉に電話をした。

「これから官邸に行ってきみのところへ行くから、誰か財務省の偉い人を呼んできてくれないか」

「わかりました」

菅は、財務省の香川俊介《かがわしゅんすけ》主計局長、岡本薫明《おかもとしげあき》財務省主計局次長を呼んできて、幸夫に引き合わせてくれた。香川は、この翌年の平成二六（二〇一四）年七月に財務事務次官に就任する男である。

このとき、菅は、役人たちにハッキリと言った。

「藤木会長は、おれがいちばんお世話になっている人だ。選挙の関係でもみんな藤木会長にやってもらっている。ひとつよろしく頼む」

以来、幸夫が香川と岡本に声をかけると、横浜まで足を運んでくれるようになった。失礼になってはいけないので、幸夫はいつもホテルニューグランド三一五号室、通称「マッカーサーズスイート」を取っていろいろと話をした。

このときの交渉が功を奏し、平成二六年におこなわれた来年度の予算の概算要求で、年金・医療の自然増を見込んだ厚労省を除き、唯一前年比九〇〇〇億円以上の増額予算となったのが、国土交通省であった。


藤木幸夫は、多くの政治家の選挙にかかわることも多かった。その中で、当落の歓喜や悲哀、候補者たちの当選後、また落選後の人生も見てきた。そうした中で一つ言えることは、「落選」は政治家を変える、磨きのかかった人間に変えるということだった。

幸夫が最後まで応援した小此木彦三郎は、最初の選挙から連続当選九回、一度も落選したことはなかったが、そういう人は珍しい。実際、息子の小此木八郎は、六回目の選挙で落選を経験している。

昭和四〇（一九六五）年生まれの小此木八郎は、父親の小此木彦三郎秘書、渡辺美智雄秘書を経て、平成五年七月の衆院選にて定数四の旧神奈川一区から出馬し、得票数三位で初当選した。

二回目の平成八年七月の衆院選では、小選挙区比例代表並立制の導入により神奈川三区から出馬。が、新進党の西川知雄《にしかわともお》に惜敗し、重複立候補していた比例南関東ブロックでなんとか復活当選した。

ただし、三回目、四回目、五回目の衆院選では小選挙区で当選を飾った。

しかし、六回目の平成二一年八月の衆院選では神奈川三区で民主党の岡本英子《おかもとえいこ》に大敗し、比例復活もならず落選した。

藤木幸夫は、落選後の小此木八郎の選挙のとき、多勢の人に向かって、次のような話をした。

「小此木八郎くんは、父親が持っていなかった財産をもらった。その財産というのは『落選』という財産です」

それくらいに、落選というのは人間を成長させるのである。

たとえば梶山静六、麻生太郎《あそうたろう》、田中角栄、石井一。みな最初の選挙、あるいは何回目かの選挙で落選経験がある。落選して、初めてなにが大切かを学ぶ人は多い。

梶山静六は、もともと「忘年会の幹事」のようなタイプでフットワークがいい、何を頼まれても嫌な顔をしない。人の話をよく聞いてまとめる穏やかな人であった。

しかし、三期目をめざした昭和五一（一九七六）年の、いわゆる田中角栄にからむ「ロッキード選挙」で落選を経験したことで、その後は穏やかさだけではない強さも身につけた見事な政治家になった。

「政治のことは二階さんに従いますよ」

藤木幸夫が小此木彦三郎の選挙の手伝いをするようになってから、さまざまな政治家と知り合うようになった。

二階俊博もその一人である。

二階は、昭和一四（一九三九）年に和歌山県御坊《ごぼう》市に生まれる。

平成二五年、第二次安倍政権下で衆議院予算委員長に就任。与野党の人脈を駆使し、衆議院において史上最速で予算案を通過させた。

平成二六年九月、第二次安倍改造内閣発足と同時におこなわれた党役員人事で党総務会長に再任される。

平成二八年八月の第三次安倍第二次改造内閣発足と同時におこなわれた党役員人事で、自転車で転倒して入院した谷垣禎一《たにがきさだかず》の後任として自民党幹事長に就任した。就任時の年齢は七七歳と五ヵ月であり、歴代の自由民主党幹事長の中で史上最高齢の就任であった。

藤木幸夫は、議員会館や、国会のエレベーターホールなどで二階とよく会った。

「いや、二階さんしばらく」

「あ、どうも。藤木さん。なんかこれ、すごくいいものだから、よかったらどうぞ」

二階は、幸夫と会うたびに何かしらプレゼントしてくれた。

「あ、どうもありがとう。元気？」

「元気」

そんな会話を繰り返していた。

ただし、幸夫と二階は微妙な関係にあった。

幸夫が後援会長を務める玉置《たまき》和郎《かずお》の出身地は、二階俊博と同じ和歌山県御坊市であり、この頃の御坊市長は玉置の実兄・玉置修吾郎《しゅうごろう》であった。玉置と二階はライバルであり、幸夫は玉置の選挙演説もおこなっていたので、二階は当然、幸夫を意識していたはずである。幸夫もまた立場上、二階とあまりベタベタしないよう心がけていた。

それでも幸夫は、現在二階派と呼ばれる志帥会を結成した村上正邦《むらかみまさくに》や、志帥会会長を務めた伊吹文明《いぶきぶんめい》などと親しかったことから、自然と二階と会う機会が増えていった。

藤木幸夫は、自民党の二階俊博幹事長と政治の話をしたことはほとんどない。

二階俊博

幸夫は、二階に言った。
「わたしたちは兄弟だから、政治のことは二階さんの言うことに従いますよ。あなたのほうが年下だけどね」
二階は、幸夫の言葉にひどく感銘を受けた。
幸夫はさらに港の精神について語った。

「横浜港のコンテナ荷役の技術、実力は世界トップクラスです。その秘訣を知ろうと、海外から頻繁に横浜港へ視察団が訪れて、決まって『いったい、どんな訓練をしているのか』と訊かれます。訓練なんてしていないんですよ。みんな先輩の仕事を見て、自分で技を盗んでいく。企業の文化であり、日本人の「義理と人情と恩返しの精神」があるからこそできることなんです。

義理と人情と恩返しの精神――わたしは、それぞれのローマ字綴りの頭文字を取って「G・N・Oの精神」と呼んでいます。『このご時世に義理や人情なんてなに古臭いことを言っているんだ』と笑われるかもしれない。でも、わたしは、G・N・Oの精神こそ世界にない日本だけの宝だと思っています。G・N・Oの精神が日本の港には詰まっており、その精神を先輩方から受け継いできた労働者たちが大勢いる。そうした積み重ねが、港の歴史なんです。だから、わたしは海外からの視察団にこう答えるようにしています。

『理由を話すと長くなります。なぜなら、縄文時代から今日まで日本人の五臓六腑《ごぞうろっぷ》に沁《し》みわたった日本民族の精神と歴史の話をしなければならないからです』

日本の貿易を担う港湾荷役には、日本にしかない強みがあります。日本の港、日本という国はまだまだ可能性に満ちていますよ」

二階も、政界を泳いできながら、そのG・N・Oの精神を肝に刻んでいた。

藤木と意気投合し、その後も仲を深めていった。

幸夫は政治家よりもむしろ、国交省や総務省など役人との付き合いのほうが多かった。

平成三〇（二〇一八）年、遼寧省大連で五月二五日～六月二日におこなわれる「アカシア祭り」に、政界で最も中国との人脈の深い自民党の二階俊博幹事長をはじめ、林幹雄《はやしもとお》幹事長代理、大連から名誉市民の称号をいただく全日空（ANA）の大橋洋治《おおはしようじ》前社長などが招待された。藤木幸夫も招待され同席した。

ANAと中国の関係は、二代目の岡崎嘉平太《おかざきかへいた》社長の日中貿易交流や友好促進への寄与でも知られ、昭和四七（一九七二）年の日中国交正常化の折には、中国国務院総理であった周恩来が「わが国には『水を飲むときには、井戸を掘った人のことを忘れない』という言葉がある」とのメッセージを岡崎に寄せた。

バブルの経営失敗ですっからかんになった藤木家

藤木幸夫の息子、藤木幸太は、かつてオーストラリアに進出し、ビジネスを展開していた時期があった。最初は、オーストラリアでスキューバダイビングの学校を始めたのがきっかけだった。もともとは、神奈川県三浦郡葉山《はやま》町でやっていた事業を海外展開したのだ。スキューバダイビングは、幸太の趣味でもあった。幸太の小学校時代の同級生で、スキューバダイビングを趣味にしていた友人と一緒に始めることになった。

葉山町で始めたのは、藤木企業に入社し、四年後の昭和五九（一九八四）年、幸太が三〇歳前後の時期である。

事業は順調に軌道に乗った。

まず大島に支店を出し、その後、与論《よろん》島にも出店。サイパン、オーストラリアと海外進出も果たした。ちょうどスキューバダイビングが若い人たちに受け入れられ始める時期であった。

昔は、ダイバーといえば男だけであったが、幸太が事業を始めた頃から、女性もスキューバダイビングをやるように変わっていった。女性が関心を示すと、もちろん男性もこぞって参加してくる。海外旅行を庶民が楽しめるようになってきたこともあり、一気に南の島ブームともいえる現象が起きていた。

ニチイが出資した「ピープル」という会社がスイミングスクールを始めたときには、ダイビングのインストラクターの派遣を要請されて、幸太の会社から派遣したこともあった。

その会社は、藤木企業とはまったくの別会社であった。

事業が拡大するにつれて、幸太はその会社で、オーストラリアで大規模レジャータウンの開発をすることにした。ちょうどオーストラリアに東京の港区と同じくらいの広さの五三〇万坪の土地が売りに出ていた。開発には約一四億円ほど必要だった。

幸太は、父親の幸夫に頼み、藤木企業に出資してもらうことにした。

開発に要した時間は約五年。ホテル、ゴルフ場、マリーナ、コンドミニアムなど一つの街をオーストラリアにつくるような大規模なものだった。アンセット航空のジャック・カーマン会長と親交があった幸太は、飛行場まで建設した。

リゾート開発には、日本の大手企業出身のスタッフの協力を得た。

幸太は、熊谷組や青木建設、三菱商事など海外経験豊富なスタッフを集めて、ゼネコンを自分でつくり、開発した。

できあがったゴルフ場は特に評判を呼んだ。平成元（一九八九）年頃には、オーストラリアで一位のベストゴルフ場に選ばれたほどであった。

テレビの中継が入ったトーナメント大会も開催され、当時のトップ選手のグレッグ・ノーマンが参加したこともあった。

だが、オーストラリアでの事業は、軌道に乗る前に影が差してしまった。バブルが弾けて、幸太の会社に融資をしていた銀行が徐々に手を引きはじめたのだ。しかし、リゾート完成にはまだ程遠かった。

銀行からの融資が難しくなってきたが、幸太は藤木企業の出資で補塡《ほてん》をしながら、事業を推進していた。

が、当時のメインバンクの三和銀行から融資についてストップがかかった。

「返済はいいですから、しばらく勘弁してください。藤木さんのところは立派な本業があるんですから、そちらに専念してください」

そう言われてしまった。

幸太は、父親の幸夫のところに相談に行った。

「オヤジ、どうしたらいいだろうか」

「幸太、おまえも本業が大事だろう。もうやめろ」

幸太としたら、ここで事業をストップしたら、これまでの投資が無駄になってしまう。なんとしても諦めたくはなかった。が、銀行が幸夫になんとかやめるように頼んだようであった。

結局、オーストラリアの事業は、二束三文で叩き売ることになって、借金だけが約二〇〇億円も残った。

RCC（整理回収機構）に入って、一〇年ほどかけて返済することになった。

失敗には終わったものの、オーストラリアでのリゾート開発の経験は幸太にとっては大きな財産となった。


藤木幸夫は、息子の幸太が幼い頃から、たびたび感じていた。

〈幸太は、ずいぶん利口な子だな〉

親ばかというのを差し引いても、幸太は人の気持ちをよく読み、気のつく子どもである。何か特別な教育を施したわけでもないのに、幸太は頭脳明晰《めいせき》で、ちゃんと親のしていることを見て、自分の中に取り入れていた。

が、それが災《わざわ》いしたこともある。横浜港のことだけに集中していればよいものを、父親の真似をしてあっち行ったりこっち行ったりする。さまざまな経済人や銀行の人間と親しくなり、方々へ手を出した挙げ句、藤木企業を大赤字にしたことがあった。

昭和の終わり頃、住友銀行、三井銀行、三和銀行が共同でオーストラリアの土地開発の壮大な計画書をつくって、藤木幸太が幸夫のもとへやってきた。

「オヤジ、アメリカへちょっと長く行ってきます」

「何しにいくんだ」

「ヘリコプターの免許を、取りに行ってきます」

「ああ、行ってこい、行ってこい」

幸夫は、幸太がそういう男だということを見抜き、許していた。

免許を取った後、幸太が幸夫に言った。

「オヤジ、明日大阪で何かあったら、おれがヘリで迎えに行きますから」

「いいよそんな、もうやめてくれ、頼むから」

幸夫は戦時中には食うや食わずでいた身である。そのような贅沢《ぜいたく》はしたくなかった。

いっぽう幸太は「幸太郎イズム」を正統に受け継いで、なおかつ幸太自身の世界を広げているようだった。

幸太が巨大プロジェクトに乗ると聞いて、幸夫は藤木家の資産が全部でいくらあるのか調べさせた。すると、四五〇〇億円だという。

幸夫は幸太に言った。

「一〇〇億の範囲でやれよ」

ところが、事業の損失で四五〇〇億が一挙に一〇分の一にまで減ってしまった。

ある日、幸夫は、住友銀行に呼ばれて大手町へ行くと、地下へ呼ばれ、係長に言われた。

「藤木会長、恐れ入りますが、いま住んでいる家は出ていただきます」

幸夫はさすがに驚いた。つい一ヵ月ほど前に、住友銀行の頭取と一緒に食事をしたばかりである。それなのに、今日は地下で係長に家を取り上げると言われているのだ。銀行のあまりに異なる対応の落差に、幸夫はただ唖然《あぜん》とするしかなかった。

「ああ、結構です。家を出ましょう」

あまりにも高い勉強代だった。

バブルの時代、銀行の強力な営業で融資を受けた者が痛い目を見、受けなかった者が生き残った。金融に関して幸太は素人なのだから、誰かしっかりアドバイスする人間がついていれば、こんなことにはならなかった。

海外事業の件は、すべて銀行が用意して勧めてきたものであり、銀行は最初から「いざとなれば、資産を没収すればよい」という腹づもりである。だから、藤木家の資産総額を見越して「もっと、もっと」と自己資金に対して、その何倍かの取引をするレバレッジをかけてくる。

日本のバブルは、誰もが初めて経験するものだから、経営者はみんなやられてしまったのである。

同じ頃、百貨店「そごう」がバブル崩壊により倒産し、会長の水島廣雄《みずしまひろお》の個人資産に対しても差し押さえ命令が出た。が、水島は、そごうグループ倒産前に一億円余りの個人資産（地銀口座の預金と投資信託）を解約・現金化し、その金銭を自宅内などに隠したとして、平成一三（二〇〇一）年五月に強制執行妨害容疑で八九歳ながら、逮捕された。

対して、幸夫は、潔《いさぎよ》く素っ裸になった。幸夫がもっとも信頼する井上嘉久弁護士が、その手助けをしてくれた。

藤木企業までやってきた井上が、幸夫に言った。

「会長、男を売るチャンスが来たよ」

「そうですね」

「ここで男を売らなきゃ、しょうがないですよ」

「わかりました、ありがとうございます。じゃあ裸になります」

銀行・債権回収会社の整理回収機構（ＲＣＣ）の担当者は、信じられないという表情で、幸夫を褒めに褒めた。

「誰もが資産を隠すのが当たり前なのに、すべてオープンにしたのは、あなたのところだけですよ」

結局、銀行が一番あくどかった。藤木夫妻は、金融機関のえげつなさに対し、キッチリ片をつけることで、その後の道を切り開いた。

政府発行の債務者記録には、「横浜の海運業者」として藤木企業のことが掲載された。

「業務実績もあり技術力に対する評価は高く有力な事業基盤を有していた。バブル期に事業の多角化を意図し、複数の子会社を設立しリゾート事業を展開したがこれが失敗し債務過剰に苦しむことになった。経営者自身からＲＣＣへ潔い真摯《しんし》な決意表明だった。ほぼ全財産の私財提供による経営者の責任明確化を図るとともに、株式責任については減増資を行った」

藤木幸夫は思った。

〈悪夢はもう終わりだ。会社が残っただけでもありがたい。そうでないと、あの世のオヤジに会えない。死んでからも三途《さんず》の川を渡れないところだったよ〉

幸夫は、良いことも悪いことも、まず全従業員にしっかりと説明することを心がけている。従業員が不安そうにしているときは、おのれの胸を叩いた。

「おれが生きている間は、心配するな！」

幸太は、大学卒業後商船三井に入社、その二年後に藤木企業に入社したものの、本業がどこかへ行ってしまっていた。幸夫は「これではいけない」と、息子に大きなお灸《きゅう》を据えた。

幸夫がもっとも信頼する井上弁護士が「まだ反省点には足りてない」と言うので、幸夫は「先生よろしくお願いします。わたしから幸太によく言いますから」と、そんな一幕もあった。

それからの幸太は、失敗を糧《かて》に慎重に行動するようになった。また、先見の明、ビジョン、腹の据わり方は、そのへんの経済人ではとうてい対抗できないものを持つようになった。が、まだまだこれからである。だから幸夫も、やらなければならないことがたくさん残っている。

裸一貫でやり直してから、いまは何の問題もなく暮らしが成り立っている。藤木企業も順調である。

横浜港運協会会長に就任

平成六（一九九四）年当時、藤木幸夫は東京・新橋に事務所がある日本港運協会の副会長を務めていた。名古屋の伊勢湾海運社長の高嶋四郎雄が会長で、幸夫と関東港運の田端彰社長が横浜の船内業者を代表した副会長だった。

いっぽう、荷主、船会社、メーカーと接触して、港全体の営業を担当する元請《もとうけ》業界があって、そちらからも副会長が五人ほど選ばれていた。

高嶋会長は、むかしから藤木幸太郎や田岡一雄に嘱望《しょくぼう》されていた人で、その人の時代になって、政界・官界に対しても大きな力を持つようになった。

元請業界の副会長は役職でなるから人事異動があるたびに顔ぶれが変わるが、船内業界代表の幸夫と田端はずっと副会長でいて、高嶋会長の直参《じきさん》旗本のようなもので、必然的に側近となって十何年も働いた。

ある日、高嶋会長が幸夫と田端二人を呼んで言った。

「田端さん、そろそろ、東京の港運協会長を引き受けたらどうだ。幸夫さん、きみは横浜港運協会の会長を引き受けたらどうだ……。ぼくは任命する権限もないし、立場でもない。しかし、見ていると、きみらは何か遠慮しているな。遠慮することはないよ。いまの港は元請だとか、船内業者だとか、区別してやっていられるようなのんびりとした時勢じゃない。きみたちは実力があるんだから、人様に推挙されたら、遠慮なく会長になりなさい」

高嶋会長は、幸夫と田端の反応を見るように、ひと呼吸置いて続けた。

「もしも、きみたちが、その気になれば、わたしにはそれぞれの港に友人がいるから、お願いしてみようと思うが、どんなものだろう」

横浜港運協会には、それこそ泣く子も黙る菅井雅一会長がいる。天にも昇るほど名誉なことだったけれども、幸夫は「田端さん、どうしようか」という気持ちになった。

東京・横浜・名古屋・大阪・神戸・関門の六大港の港運協会の会長は、半ば慣行として元請業者がなることに決まっていた。ここで、断れば叱《しか》られるし、引き受ければ軽率になってしまう。

「わかりました。会長のご意向は、大変、名誉です。お時間ください」

確答を避けて帰ってから、幸夫は田端と相談した。

「やっぱり、元請業者になってもらおう。そうでなくても、わたしたちは出しゃばっているような存在だし、高嶋さんの側近でもあるから、日本港運協会の仕事に徹する必要がある。地区の会長は二人とも無理だよなあ」

結果、意見が一致して、二人で断りに行った。

「会長、まだ先輩がいらっしゃるし、作業会社出身の者が地区の会長になるのは、ちょっと早いような気がします。先へいけばわかりませんが、今回は見送らせていただきたいと思います」

「ああ、そう……時間かけていいから、もう一度、よく考えなさい」

高嶋は不満をありありと表情に出しながらも、さらりといって応じ、そのときはそれで終わった。

それから三年後の平成九（一九九七）年、横浜港運協会の菅井会長が、「一七年もやった。八〇歳が限界だ」と言い出した。

菅井会長は横浜の元請業界の旗頭で、老いてますます才気煥発《かんぱつ》、しかも乱世に強いタイプで、先を正しく見通すことができた。そして、嘘やごまかしがなく、代議士だろうが、政府高官だろうが、相手構わず思っていることをずけずけ言ってのける。

しかも、話を寝かせておけない人でもあったから、夜中でも代議士に電話してしまう。

「おい、あんたら、港を何と心得ているんだ。労働法の改正はどうなんだ。こういうことは、さっそく改善してもらわなければ困る」

菅井会長に尻を叩かれた代議士は、翌朝になると、決まって幸夫に電話してきた。

「夕べ、菅井会長に言われたが、ぽんぽん言われて、聞くことができなかった。藤木社長、実態はどうなんですか」

菅井会長がねじ込んでは、幸夫が代議士に港の実情を説明するということが、いくたびも繰り返された。

しかし、それが幸夫には肌に合っていた。

菅井会長が「おれの後継は藤木だ」と言い始めたのは、引退宣言をする数年前からのことだった。どこへ行っても、「そろそろ藤木、そろそろ藤木」と言い続けていたらしい。

菅井会長が藤木企業本社を訪ねきて、幸夫に直接言った。

「藤木さん、あなたは中央で大きくなる人だろうが、とりあえず、横浜港運協会の会長をやってもらいたい」

幸夫は高嶋四郎雄会長の意向を念頭に置いて、慎重に答えた。

「こんなときですから、変に遠慮はしませんが、まず長谷川清《はせがわきよし》会長に相談していただけませんか」

藤木企業の人事は幸夫が自分で決めるが、業界の人事は出しゃばってもいけないし、無理に引っ込んでもいけない。さりとて、あるべき姿は自分自身には見えないから、幸太郎亡き後の後見人・長谷川清第一船舶会長に判断を委ねる――と、幸夫は決めていた。

数日を経て横浜回漕協会会長の飯泉牧太郎《いいずみまきたろう》と、関連事業協会会長の長谷川元が藤木企業に藤木幸夫を訪ねてきた。長谷川清の意向で、横浜港運協会の総意を取りまとめたという。

「みんなが歓迎することだから遠慮することはない。あんたにやってもらいたいというのが、長谷川清さんの意見です」

幸夫は今度こそ引き受ける気になって、菅井会長を訪ねた。

「菅井さん、こんなわたしでよろしかったら、よろしくお願いします」

こうして平成九年三月一七日、横浜港運協会の正副会長会議で、藤木幸夫の会長就任が決定した。

ところが、会長を退いてからも、菅井の御意見番ぶりは収まる様子がなく、一方、その点では、幸夫も前会長に少しも負けていない。

たちまち、政官界から、ぼやき声が聞こえてきた。

「おいおい、どういうことなんだよ。横浜港運協会は、会長が二人になっちゃったじゃないか」


平成八（一九九六）年九月、中国の江沢民《こうたくみん》が、藤木幸夫を北京の大会堂へ招待してくれた。世界中からさまざまな人たちが招かれて、会場は大勢の人々で埋め尽くされたが、日本からは、横浜港の幸夫のほかに、政界を引退した後藤田正晴《ごとうだまさはる》、日本画家の平山郁夫《ひらやまいくお》、中国の二万ヘクタールの砂漠の緑化に成功した鳥取大学の遠山正瑛《とおやませいえい》名誉教授の、合わせて四人だけだった。

江沢民が挨拶に立った。

「今日はみなさんよく来てくださいました。この中に政治家は一人もいません。政治家の付き合いじゃないんです。みなさんは、それぞれ中国に尽くしてくださっている方たちだ。じつにありがたい。今日は山海の珍味をご堪能《たんのう》ください。全部わが国でとれたものばかりです。よそから輸入したものは一切ありません」

料理は素晴らしかった。数え切れないほどの料理がテーブルを埋め尽くし、豚の丸焼きもあれば、ありとあらゆる種類の果物も揃っている。「全部わが国でとれたもの」とは、日本では考えられない台詞である。

幸夫は料理を堪能し、人々との会話に酔った。

「任期は死ぬまで」の在横浜オランダ名誉領事

平成一三（二〇〇一）年秋のある日のこと、神奈川県知事の岡崎洋《おかざきひろし》から藤木幸夫に電話があった。

「お願いしたいことがあって、これからうかがいます」

「とんでもない。わたしがすぐ飛んで参ります」

県庁は藤木企業本社の目と鼻の先にある。知事に足を運ばせては申し訳ないから、幸夫は受話器を置いてすぐに出た。

〈なんだろうな〉

知事室に入ると、岡崎知事が言った。

「わたしがうかがうべきでしたが、藤木会長……藤木さんは、オランダは好きですか？」

「好きですかとおっしゃいますが、どういうことですか」

「いや、まず、それをお聞きしないと……」

ちんぷんかんぷんだったが、幸夫は岡崎知事に答えた。

「わたしにとって、オランダは、好きとか、嫌いとか、それどころじゃありません。わたしはオランダへ七回も行ってます」

幸夫は二九歳のとき、初めてオランダのロッテルダム港を視察しに行ってから、個人で四回、集団で三回訪問していた。

当時、感じた思いを込めて、幸夫は岡崎洋知事に言った。

「オランダでわたしは『港湾学校病』にかかっちゃったんです。熱に浮かされてね。行くたんびにね、知事さん……」

幸夫は若き日の熱い思いを語った。

「オランダへの思いを打ち明けた幸夫は、あらためて岡崎知事に問うた。

「オランダとは浅からぬ因縁です。好きかどうか、聞く理由をおっしゃってください」

「それはありがたい」

岡崎知事は納得して、ようやく理由を打ち明けた。

「この間、オランダの駐日大使に新しくヤーコプスさんが就任しました。そのヤーコプスさんが横浜に来たとき、わたしのところへ寄って……横浜にオランダの名誉領事がおりましたが、現在はおりません、大変困ることなので、岡崎知事さん、どなたかご推薦願えませんか……そう言って帰っていきました。海運国オランダといえば船、船といえば港です。港だったら横浜港にお付き合いがあるかもしれない。だからすぐ、藤木さんの顔が浮かんだわけです」

ようやく話の筋道が見えてきた。同時に、いろいろな思いが、胸に一度にこみ上げた。

「わたしは天皇陛下をご案内したんだ」

感激を新たにして、涙をこぼしながらそう語ったオランダ人の日本名誉領事の姿が、幸夫の脳裏に真っ先に浮かんだ。

かつて、昭和天皇が皇后陛下とご訪問された際に、両陛下はユーロ・マストに上がって、ロッテルダムの日本名誉領事から説明を受けられたという。名誉領事はオランダ人だが、日本語ができる。

名誉領事は、陛下に次のように説明したという。

「陛下、ごらんいただいておりますこちらが、ロッテルダムです。変なことを申し上げてまことにすみませんが、ヒトラーが壊せと命じた堤防が、あれです。ロッテルダムに駐留するドイツ軍の司令官が、『それだけはできない。あの堤防を壊したら、人が全部死ぬ』と、ヒトラーの命令に背《そむ》いて守った堤防が、陛下、あそこに見えます。陛下は、『あ、そう、あ、そう』とうなずかれた」

オランダ人の日本名誉領事は、幸夫に話しながら涙をこぼした。

幸夫は胸を打たれ、心の中で思った。

〈これだよ。アメリカ人にこれはないよ、王様のいない国だから。オランダには王室があるから、こういう気持ちになれるんだな。同じ民主主義国でも、アメリカは心の乾いた民主主義国、オランダは心にうるおいのある民主主義国、日本はどっちかな〉

それこそ、どっちかわからなくなっている。日本人には、そういう迷いが生じている。

「岡崎さん、わたしのような者でよければ、何なりと命じてください」

港にまた勲章が来る。

〈世間の港に向けられる目が、これで少しでもよくなれば〉

幸夫は感謝の気持ちさえ抱きながら、喜んで引き受けさせてもらった。

岡崎洋知事はすぐに駐日オランダ大使館に連絡し、藤木幸夫に関する資料を文書にして送ってくれたらしい。しかし、三ヵ月、四ヵ月経っても、何の音沙汰もない。

どういうことかというと、オランダ名誉領事は七〇歳が定年だという。そのとき、幸夫は七一歳だった。

あとで岡崎知事が幸夫に言った。

「まさか、藤木さんが、七〇を越しているとは思わなかった」

ヤーコプス大使は、それでも「わかりました」と岡崎知事の推薦を受けてくれた。

「しかし、七〇前なら、わたしの一存で決められますが、七〇を越した方はダメとは申しませんが、ベアトリックス女王陛下の許可が必要です」

半年あまり要して、ベアトリックス女王陛下の許可が下りた。

平成一四（二〇〇二）年、幸夫は通知を受けて東京都港区神谷町のオランダ大使館へ行き、ヤーコプス駐日大使に初めて面会した。
「ヤーコプスさん、わたしをオランダ名誉領事に任命してくださって、まことにありがとうございます。年齢的にいろいろと問題があったようですが、ヤーコプスさんのお力で乗り越えられました。これからは、何なりとお命じになってください」

お礼を述べてから、幸夫は言った。
「ところで、お聞きしますが、任期は何年でしょうか」

任期をはっきり聞いておかないと、やりようがなくなってしまう。ヤーコプス大使が、微笑みを浮かべた。
「ふつうは七〇で終わりなんです。七〇前の方なら、あと二年とか、何年と申し上げられるのですが、藤木さんは七〇を越してならられましたから、ルールはないんです。だから、任期は死ぬまでです」

幸夫は思った。
〈オヤジが生きていたら、何と言うだろうか〉

港湾カレッジの創立セレモニーのときには、トーマセン市長が「こんなに熱心なやつはいない」と持ち上げてくれた。

港湾に対する認識が改まりそうになると、なぜか世間に逆向きの風が吹いて後戻りしてしまう。幸夫たちの時代になってさえ、港と刺青、そしてヤクザとの関係が取り沙汰され、誤った認識が拭《ぬぐ》い去られることはなかった。

航空機時代の到来で、港湾の重要性が相対的に軽んじられたり、日本人の「きつい、汚い、危険」のいわゆる3K嫌いでますます敬遠されたり、どんなに声を嗄《か》らして叫んでも、幸夫たちの真の呼びかけは世間に届かなかなかった。

オランダも似たようなものだと知ったが、酒井信太郎親方や藤木幸太郎の苦労を考えれば、そんなことは何の気休めにもならない。

こうしたことが一つでも積み重なっていけば、港で働く者に対する世間の評価は、次第に改まっていくだろう。

〈わたしたちの次の世代には何物にも屈しない「力」を譲り渡さなければいけない〉

貿易立国・日本を支える港湾の危機

日本には、貿易港が九九三、漁港が二七七七、合わせて三七七〇の港がある。約八キロに一つの割合と考えると、日本の大半の町が港町になる。

日本はよく「貿易立国」と称されるが、日本の貿易に占める海上貿易の割合は約九五パーセント、輸出入のほとんどが港でおこなわれていることはあまり知られていない。

港湾荷役がなければ日本の貿易はもちろん、日本が成り立たないといっても過言ではないのである。

藤木幸夫の働く横浜は「ミナト・ヨコハマ」と称されるように、「港湾都市」である。海の玄関口として、日本の物流を支え続けてきた。

「港湾」とは何か――。幸夫は、港湾には次の三つが不可欠だと考えている。

一つ目は、入ってくる船と貨物。船と貨物がなければ港湾ではない。

二つ目は、設備。コンテナを船に積んだり、岸壁に降ろしたりする大型クレーンであるガントリークレーンや船と倉庫との間の荷さばきの中継作業がおこなわれる施設である上屋《うわや》などの設備がなければ、港湾とは言えない。

三つ目がいちばん肝心で、港で働くエンジニアや労働者の存在。

どれも揃っていて当たり前のようだが、意外にもこの三つが整っている港湾が日本には少ないのが現状である。

日本の多くの企業が生産拠点を海外に移してしまったため、そもそも輸出する製品が減少し、船を動かそうにも運ぶ貨物がない。あるいは、単に岸壁をつくってクレーンを置いてあるだけで港湾だと勘違いしてしまっている。「入ってくる船は？」と訊くと「ない」、「働く人は？」と訊いても「いない」と言われてしまう。

地元選出の国会議員が「隣の県にコンテナ港ができたから、おれのところも造る」とやってしまったために、いまや日本海沿岸の一〇県にコンテナ港があるが、その大半が入ってくる船も働く人もいないというのが実態である。

平成二一（二〇〇九）年、藤木幸夫は、若い港湾人たちの海外視察団を派遣した。誰もが現地を見て青ざめて帰国してきた。これからの港を背負って立つ若い港湾関係者を研修で海外の港に送り出すと、近隣諸国の目を見張るような港の発展を目《ま》の当たりにして、みんな驚愕《きょうがく》する。やはり、青ざめて帰ってくる。

それほど国主導で進められた港湾の現場は日々進化を遂げており、日夜、世界で熾烈《しれつ》な競争が繰り広げられているのである。

世界の港はいま「第三の革命期」、横浜港でいえば「第三の開港」を迎えようとしていた。

横浜港の開港が安政六（一八五九）年。翌年の安政七年には輸出総額の八四パーセントを横浜が占め、以後は横浜港が貿易の第一位だった。

それから約一〇〇年後の昭和四三（一九六八）年にコンテナが導入された。これが「第二の革命期」「第二の横浜開港」である。それ以前の港はすべて人力でおこなってきたから、コンテナ化はいわば人力車の世界に自動車が導入されたようなもので、まさに革命的だった。船会社も荷役会社も編成を変え、労働条件も激変した。

では、「第三の革命」とは何か。それは船のサイズが一変して大型化したことである。

初期の貨物船は、大型船でも二〇フィートコンテナ（約六メートルのコンテナ）に換算して四〇〇〇〜六〇〇〇個、最大で七〇〇〇個の積載量で、八〇〇〇個になると難しかった。

それがいまでは積載量一万個が当たり前。平成二七（二〇一五）年は、世界で一万八〇〇〇個積みの大型船が一〇〇隻《せき》も進水した。驚くべき数の大型船が次々と建造されている。

平成二七年秋口には、船の大型化に合わせてパナマ運河の拡張工事が竣工し、リニューアルされた。パナマ運河を通過できる船の最大の大きさを「パナマックス」と言うが、拡張前は最大許容船型は全長二九四メートル、幅三二メートル、喫水《きっすい》一二メートルだったものが、拡張後は全長三六六メートル、幅四九メートル、喫水一五メートルへと拡大した（ネオパナマックス）。

喫水とは、船舶が水に浮いているときの船体の最下端から水面までの垂直距離を意味する。コンテナ海運世界最大手のマースクライン（デンマーク）が所有する大型船エマ・マースクは全長三九七メートル、幅五六メートル。同じく、マースクラインが所有する世界最大のコンテナ船マースタル・マースクは全長三九九メートル、幅五九メートル、コンテナ積載個数は一万八〇〇〇。マースタル・マースクは平成二六年五月に横浜港に寄港した。

横浜にある七〇階建てのランドマークタワーの高さは二九六メートル。それを横に寝かした状態プラス約一〇〇メートルの大きさと言えば、いかに巨大かが理解しやすい。

「船が大型化すると一度に運べる物量も増えるから、効率的で問題ないじゃないか」

そう思われがちだが、そう単純にはいかない。

平成二六（二〇一四）年末にアメリカの西海岸で労使交渉が膠着《こうちゃく》状態となり、港湾ストライキが長期化した。その原因は、船の大型化で機材や人員が許容範囲を超えてしまったことにあった。

港に着いた船の荷下ろしでいえば、最後の一万八〇〇〇個まで待っていたらそれだけで日が暮れてしまう。効率が悪く、運送業界はまったく利益が出ない。港で働く人も足らず、設備も追いつかない。アメリカの総輸入量の約半分は西海岸の港湾施設が請け負っているから、ストライキによるアメリカ経済への影響は計り知れない。極端な話、産業構造が変わってしまうのである。

この「第三の革命」は、日本も決して他人事ではない。幸夫はむしろ事態を深刻に受け止めていた。

〈日本は危機感が希薄すぎる〉

今後、船の大型化に対応できない港がどんどん潰れてしまうおそれがあるからだ。雇用が失われ、関連産業にも多大な影響が出てしまう。

船体の幅が三〇メートル以上、積載量が一万四〇〇〇個超の大型船が入れる港はいくつもない。日本のみならず、東アジアでも八〇〇〇個がやっと。水深も横浜は一八メートルあるが、東京は大井コンテナ埠頭でも一五メートルと浅い。

そうしたとき、横浜港だけが「大型船いらっしゃい」「ネオパナマックスだから大丈夫」などと喜んでもいられない。

近年、日本の港は国際港としての地位が目立って低下している。

その原因は何か。長年、港を見続けてきた藤木幸夫の考えは、日本の港がどれも地方自治体の持ち物だという点にある。

日本では、昭和二五（一九五〇）年に制定された港湾法で、港湾の管理は地方自治体が担うと定められてしまった。

横浜港にしても管理主体は横浜市、つまりは「市民の港」なのだ。「日本の港」としての統制が取れていない。

横浜、神戸、名古屋、川崎と各自治体が「おれの仕事だ、われわれの仕事だ」と日本の中で兄弟喧嘩をしているような状態で、日本を支える物流の要《かなめ》も横浜港だけである。東京港は積載量が少なく、これでは国益を損ねてしまう。

　もちろん横浜港は横浜市民のものだが、国益を考え、国として「国家戦略港湾」をつくっていくことが急務である。港湾法を変えない限り、日本の港湾に未来はない。

ラストポートの地位を中韓に奪われた横浜港

　かつて藤木幸夫は、横浜市長に頼んだ。

「市長、ガントリークレーンを三機お願いしたい」

　が、市長の答えはノーだった。

「その予算は、老人ホームの設置を五年間取りやめにするのと同じ金額です」

「保育園をみんな廃止にしなければ予算は出ません」

　結局、横浜市という同じ懐《ふところ》から出す金であるから、港のクレーンに回す余裕がないのである。

〈このままではまずい〉

　しかも、横浜市の予算そのものが低かった。これには理由がある。

　横浜市は、昭和三八（一九六三）年に社会党の公認を得た飛鳥田一雄が市長に就任した。〝革新市長〟として四期一五年務めた飛鳥田は、当然ながら中央政府と喧嘩になってしまった。

　この頃の地方選挙は野党の力が強く、昭和三二（一九五七）年当選の長野《ながの》正義《まさよし》横須賀市長も旧社会党と労働組合が支持基盤だった。また、昭和四二（一九六七）年当選の美濃部亮吉《みのべりょうきち》東京都知事と、昭和四六年当選の伊藤三郎《いとうさぶろう》川崎市長はともに日本社会党・日本共産党の推薦を受けていた。

　その影響で、中央政府から金が出なくなってしまったのである。そのタイミングで、港ではコンテナが始まった。当時は一機八億円。幸夫は、それを三機欲しいと訴えたのだから、市長が素直にうんと言うわけがない。

横浜市長との交渉に、いつも同席してくれたのは、個人的に親しい国土交通省の役人であった。

幸夫は、国土交通省の局長以下役人たちを誘って「サンマーメンの会」をつくった。

サンマーメンとは、横浜名物のもやしのあんかけラーメンのことである。もとは上海の港湾労働者たちの食べ物だった。もやしが体にいいことを噂で聞いて知っていたのである。

「日本はロシアと喧嘩して、日本が勝ったんだ」

「どうやって勝ったんだ？」

「ビタミンていう栄養があって、それがもやしを食えば取れるんだ」

日露戦争のとき、ロシアのバルチック艦隊が大西洋から出港して日本海に来るまでの遠距離航海の間に、ビタミンC不足のせいで壊血病《かいけつ》や夜盲症《やもう》に悩まされていた。のちに日本軍がロシアの要塞に攻め込んだとき、食糧倉庫にたっぷり残されている大豆を発見した。ロシア人は豆は煮て食べること以外は知らなかった。もし、もやしにして食べる知識があれば、ビタミンC不足に陥ることなく、戦局にも大きく影響していたと言われている。

上海の港湾労働者たちは、この話を聞いて、「もやしを食べれば元気になる」と好んで食べるようになった。「サンマー」とは「埠頭」という意味で、埠頭で働く労働者が食べる麺《めん》料理、ということでサンマーメンと名付けられた。

横浜で、いつ頃からサンマーメンが食べられるようになったかは定かではないが、『聘珍樓』が最初にメニューに加えたという。

藤木幸夫は、横浜名物サンマーメンを会の名前にして、国土交通省の役人たちとの交流の場としたかったのである。

が、しばらくすると、何かで茶々が入ってしまい、サンマーメンの会はしばらく休会ということになってしまった。幸夫は、あえて原因を追及することをしなかった。原因を聞いてしまえば、人を恨《うら》むことになる。

水深を一メートル深くするのにかかる費用は約二〇〇億円、岸壁に沈降するヘドロの除去など現在の水深を維持するだけでも大変な作業を要する。ガントリークレーンを一基つくるのに、日本では銀行融資か、国から無利子で借りるか、延々と議論してばかり。これでは、国際競争どころではない。

インフラ設備でも、日本は世界から遅れをとっている。荷揚げした貨物の輸送や集積には（1）内航船、（2）トラック、（3）レール（鉄道）の手段があり、環境負荷削減などの観点から、今後はレールの重要性が高まってくると考えられるが、整備は遅々として進んでいない。

世界の主な港は、みな国が仕切っている。たとえば韓国の釜山《プサン》港や中国の上海港なら、国が直轄《ちょっかつ》で即決される。大連しかり青島しかり。上海にしても釜山にしても、あれほど国際競争力が高まったのは、国が国策として予算を注いだからにほかならない。

韓国の釜山港は世界のトップ5に入る巨大港、一流の国際貿易港となったが、最たる例は中国の深圳《しんせん》港である。

鄧小平が対岸の香港との格差を見て、「ここに香港に負けない港をつくれ」と号令をかけた。二〇世紀の終わり頃までは、深圳の人口はわずか三万人だったが、いまや一三〇〇万人の大都市に発展している。上海港もまたしかりである。

だからといって共産主義がよいと言っているわけではなく、日本は制度的に世界に対抗することがきわめて困難な状況なのである。いま、先進国で国が港を運営していないのは日本くらいだ。

明治、大正から昭和も戦後三〇年くらいまでは、横浜港はアジアのラストポート（最後の積み出し港）だった。六〇〇〇トン級の空っぽの船が、まずマニラに行って砂糖を積む。次に香港、上海に行ってレアメタル、豚の剛毛。当時、中国が輸出して喜ばれるのは豚の剛毛くらいしかなかった。台湾で砂糖、これはサトウキビから採る高級品だった。瀬戸内海に入って除虫菊《じょちゅうぎく》（殺虫剤の原料）、神戸、大阪、名古屋でチープトイ（安い玩具）、清水でお茶、そして横浜に来て生糸《きいと》。これでだいたい船が満杯になった。

これらを積んでシアトル、バンクーバー航路で太平洋を渡って、アメリカまで運ぶ。パナマ運河を通ってニューヨークまで。

横浜には香港やシンガポール、上海や大連などの近隣諸国の港湾関係者や世界の港湾関係者が高評価の秘訣を学びに、たびたび視察に訪れる。先輩たちのおかげで、横浜というブランドは世界に知れ渡っていると同時に、国内でも「日本のミナト・ヨコハマ」の信頼は非常に厚い。

横浜市の歴代市長や局長は、港の話になると、よく「横浜の経済の三割は港でもっています」と言ってくれる。港で生きてきた幸夫たちにとって、とてもありがたいことなのだが、残念ながら実情は違う。

横浜港は言われるほど稼いでいない。納めている法人税にしても、決して褒められるようなものではない。貢献しているところは、港湾人がよく行く野毛の居酒屋さんぐらいなものである。

横浜は、ラストポートの地位を、中国・韓国の港湾に完全に奪《うば》われてしまった。

コンテナ船が導入される前、運航中に時化《しけ》にあったりして、荷崩れを起こして沈没する船が後を絶たないなかで、横浜港の積み付け技術なら絶対に沈没しないと評判だった。横浜で荷役を整えて世界の海に出ていったものである。

それがいまや、横浜港を素通りして、釜山や上海などをラストポートとして行ってしまう。コンテナになって、船倉内の積み付け技術が不要になってしまったからだ。

以前なら、東アジアからアメリカに行く船は必ず横浜に寄ったものだが、いまでは上海や釜山から直接行ける航路が増えた。横浜港は素通りである。横浜発アメリカ行きの船も大きく減少した。さらに外資がどんどん参入してきて、安価な土地にターミナルを次々と建て、そこから日本全国に運んでいく。つまり、日本にお金が落ちない仕組みになってしまったのである。

国内で自治体同士が争っている場合ではなく、国が率先して取り組まなくてはならない。

もちろん、諸外国に遅れをとっている現状を打開しようと、日本でも国策として港を強化する取り組みが進められてはいる。国土交通省は、京浜港（東京港、横浜港、川崎港）と阪神港（神戸港、大阪港）を国際コンテナ戦略港湾に指定し、国際ハブ港として育てるべく、重点的に投資していく計画である。

官僚にも意識の高い人はいる。だから、民主党政権時に「政治主導」という決まり文句を盾《たて》に官僚を排除したのは、とんでもないことである。税金を食い物にすることしか考えないダメな官僚もいるが、だからといって官僚すべてを悪者扱いしてはいけない。

ある現役官僚が、藤木幸夫に言ってくれた。

「藤木さん、韓国や中国に負けないでください。わたしたちも全面的に協力しますから」

幸夫は思った。

〈官僚の中にも「日本をよくしたい」と思って仕事をしている愛国者は間違いなくいる〉

「義理・人情・恩返し」の精神が港の強み

日本の港の実力を最大限に活かして世界的な存在感を保つためにも、国を挙げてのバックアップが不可欠である。

その際に注意すべきは、「発展」や「国際競争」とは何かという点だ。国土交通省などに尋ねると、最も発展して「国際競争力」があるのは「シンガポールだ、釜山だ」という答えが返ってくる。発展や国際競争の基準を問うと、「扱うコンテナの数だ」と言う。船が何隻入ってきた、コンテナの扱いが何個になったなど、返ってくる答えは計数ばかり。

たしかに、コンテナの数字から言ったらそのとおりかもしれない。が、それは違うのではないか。むしろ、数値目標に頼る弊害《へいがい》の方が大きいのではないかというのが幸夫の考えである。経済成長率アップや企業再生が数値目標で言われている間に、経済のグローバル化なるかけ声の下、コストダウン第一主義が蔓延《はびこ》り、工場が相次いで海外へ進出していった。日本の第二次産業界が、中国の人件費が安いとなれば中国で生産し、今度はベトナムが安いとなればそっちへ行く。貨物がない港に船は来ない。

特に最近は工業製品の海外生産が進むにつれ、横浜港から出荷する貨物は年々減少していき、横浜港は落ち目である。「アジアのラストポート」と呼ばれた黄金時代がふたたび訪れることは、もはや夢物語となったのである。

国内では正社員のリストラ、派遣社員やパートの大量雇用が進み、社会的には国民の中核をなしてきた「中産階級」層の崩壊、富裕層とワーキングプアの二極化、企業間には「勝ち組」と「負け組」という格差が生じた。これが、日本の進めた構造改革の実態である。

これではいけないと考えて、横浜港運協会は真の発展の指針を示すため、平成二一（二〇〇九）年に独自に調査団をシンガポールや釜山、香港へ派遣した。調査したのは数値で表される実績ではなく、港で働く人がどんな暮らしをしているか、世間が彼らをどのように評価しているか、港湾産業の発展が港で働く仲間の生活面と社会的評価の向上に結びついているかという点だった。

調査の結果、港湾技術者の暮らしはパール・バックの大河小説『大地』に描かれた農民の極貧生活そのもので、社会的評価は最低、低賃金・低コストによる人海戦術による荷扱いで、技術的水準も低く、数値で表される華々しい躍進の陰でスラム化がますます拡大している実態が判明した。コンテナの扱い量が多い一方で、働いている人たちの統率もとれていない。これでは港湾が発展しているとはいえない、というのが調査団の結論だった。

「国際競争」といって数値だけで考えてしまうと、世界の悪い潮流に呑み込まれてしまう。

藤木幸夫は決意を新たにした。

〈日本人が本来、大切にしてきた価値観や文化が失われてしまう。ミナト・ヨコハマはそういう悪い波を止める「波止場」にしよう〉

横浜港運協会に加盟している二五〇社は一社も倒産させない。リストラ、クビ切りも絶対にしない。

横浜の港は人情長屋である。横浜港運協会加盟の二五〇社には一万人近い従業員が働いているが、過去十数年間、リストラは一度としておこなわれず、倒産した会社も皆無だった。

数値上の実績を上げる前に精神的・技術的土台をしっかり築き、継承していく。これが本当の発展であろう。港の優秀性とは能率であり信頼であり、そこで働いている従業員たちが誇りを感じられること。幸夫は、そうした港がいちばんいい港だと思っている。繰り返しになるが、数だけを追い求めて発展した「国際競争力がついた」というのは大間違いなのだ。

新聞などを見ると、年間のコンテナ取扱い数ランキングで横浜は一二番から二八番になった、二八番から四〇番に転落したなどと書かれるが、転落などしていない。いまでも発展しているし、素晴らしい人材が育っている。

世界には七〇〇ほどのコンテナ・ターミナルがあり、毎年、ロンドンの雑誌『The Journal of Commerce』（ＪＯＣ）が発表しているランキングがあるのだが、ライアビリティ（信頼性）、プロダクティビティ（能率）、ホスピタリティ（船会社に対するサービス）のすべてにおいて、八年連続でポート・オブ・ヨコハマが一位だった。

横浜港のコンテナ荷役の技術、実力は世界トップクラスである。たとえば一万トンのコンテナ船の荷役本数でいえば、香港や釜山ではどんなに頑張っても一時間に三〇本。だが、横浜なら五〇本はいく。

藤木企業のガントリークレーンの運転士・上圷茂《かみあくつしげる》がＮＨＫの「プロフェッショナル　仕事の流儀」とい

う番組で紹介されるなど、世界に誇れる人材が育っている。

積み荷が荷崩れするなど何かトラブルがあると、まるで医者に診てもらいにいくかのように横浜を目指す船も多い。世界からの信頼も非常に厚いのである。

そして何よりも、港には「義理と人情と恩返し」を知っている人たちが揃っている。これがいちばんの強みであり、藤木幸夫の誇りでもある。

国家戦略としての横浜港

藤木幸夫は、本当に忸怩《じくじ》たる思いだった。

〈海洋国家・日本の玄関口が、このままでいいはずがない〉

特に横浜港には、素晴らしいミナトの人材が育っている。藤木幸太郎をはじめ、尊敬すべき先輩たちが築き上げてくれた港の伝統、G・N・O（義理と人情と恩返し）の精神を受け継いだ優秀な港湾荷役のスペシャリストが揃っている。

〈いまこそ日本はどの国にも負けない、国を挙げての港をつくらなければならない、いや絶対につくれる……〉

幸夫は、同じ横浜に縁があり、兄弟のように往来していた政治家の小此木八郎、菅義偉、斎藤文夫《さいとうふみお》たちと、港の現状認識をつねに一《いっ》にしていた。

日常会話の中で生まれてきた「日本の港がこのままではいけない」という根本思想が、小此木、菅、斎藤らから中央政界にまで徐々に長い期間にわたって浸透していった事実は、きわめて重要だった。

その肥沃《ひよく》な土壌の上でようやく転機が訪れたのは、平成二一（二〇〇九）年だった。八月の総選挙で政権交代が起こり、鳩山由紀夫内閣が発足。国土交通大臣に前原誠司が就任した。

その際、当時、神奈川県知事だった松沢成文《まつざわしげふみ》が松下政経塾で前原の先輩という縁もあり、横浜の波止場で面談の場をセットしてくれた。

藤木幸夫は、前原大臣に世界の港と日本の港が置かれている現状を説明した。

「安い労働力を求めて第二次産業が中国大陸を中心に次々と海外に出ていってしまい、つくる品物も海外に輸出する荷物もない。横浜港だけでなく日本の港は近隣諸国に遅れをとり、このまま放っておいたら大変なことになります」

かつて横浜港がアジアのラストポートと呼ばれた所以《ゆえん》は、単に物理的なことや能力的なことだけではなく、港に生きた先輩方の港湾人としての想いと誇りが大きかった。前原大臣に窮状《きゅうじょう》を訴えているとき、幸夫の背中を開港一五七年の歴史をつくってきた先輩たちの魂《たましい》、守護霊《れい》が後押ししてくれていると感じた。

そのなかには当然、藤木幸太郎もいる。

「オヤジだったらどうするだろうか。きっとこうするはずだ」

いついかなるときも、幸夫はつねにそう考えてきた。言葉ではなかなか説明できないつながり、横浜港の伝統と伝承がそこにはある。

横浜さえよければいい、ということでは決してない。横浜港が発展することによって、日本の約一〇〇ある物流の港が発展する。それによって、約二八〇〇ある漁港も発展する。

日本はいわば「港の群れ」と言える。港湾が国を支えている。港に生きる者にはそうした誇りがある。

先輩たちの想い、執念を、幸夫は一身に背負いながら前原大臣に訴えかけた。

「横浜市民の、日本の山下埠頭なんだ。横浜市民のみなさんに奉仕するとともに世界で戦える戦略港湾として、これからも進化、発展し、海洋国家・日本の国の玄関口として日本を支えていかなければなりません」

幸夫の話が終わると、黙って聞いていた前原が、力強く言った。

「わかりました。やりましょう。新しい埠頭はわたしたちがつくります。巨大船を呼ぶことも技術者の育成もおこないます。港に力を入れます」

あの瞬間、国家戦略港湾（のち国際コンテナ戦略港湾）の発足に向けてようやく大きな第一歩を踏み出すことができたのである。

幸夫は、前原に確認した。

「でも、お金がかかりますよ」

すると前原が言った。

「八ッ場《やんば》ダムの建設を中止して、その代わりに埠頭をつくればなんとかなる」

じつにシンプルであった。

民主党は、議員一人ひとりが勝手なことばかり言っている政党である。幸夫が最初に驚いたのは、親分、子分という関係がまったくないことで、みんなバラバラなことだった。「党内一致は関係なく、おれが決めたからやる」のである。

自民党であれば、まず派閥の了解を取り、委員会の了解を取り、総務会へはかり、誰々にはかり、利権の調整をし、とすべて整理がつかなければ動くことはできない。

民主党は簡単である。それがよかった。もし自民党政権が続いていたら、こんなに簡単に了解が取れるはずもなかった。

また幸夫は、ふだんから野党議員とも、きちんと付き合ってきた。日頃の付き合いを大切にしていたからこそ、前原も動いてくれたのである。

民主党政権時、藤木幸夫の発案で、地元の国会議員による超党派の「横浜港議員連盟」が結成された。共産党も「入りたい」と申し込みがあったが、幸夫は断った。

会長は田中慶秋《たなかけいしゅう》、副会長が菅義偉であった。

問題は、与党になった民主党が「官から民へ」を強調し、民間から資金を集める「民主導の港湾」を構想していたことだった。その点で、幸夫たちが考える「国主導の港湾」との考えに齟齬《そご》が生じていた。

民主党政権下では、国土交通大臣がわずか三年の間に五人も交代したのだが、三人目の大畠章宏《おおはたあきひろ》大臣のときに東日本大震災が発生し、横浜港も放射能の風評被害に悩まされた。

横浜港に入る船は激減したが、幸夫は大畠大臣に訴えた。

「世界に安心してもらえる基準値の早急な設定と、各国の大使を横浜港に集めてもらうようお願いします」

海外の船会社の担当者などにも、横浜港に来てもらった。横浜港運協会傘下の会員店社の企業が総出で、横浜港を出るコンテナの一つひとつをガイガーカウンター（放射能測定器）で測定し、放射能はまったく問題ないと丁寧に説明したことで、船はふたたび横浜港へ戻ってきたのである。


平成二三（二〇一一）年四月に第一次改正港湾法が施行された。

また、民主党政権が三年で潰れ、自民党政権に戻ったこともプラスになった。走り出した車に自民党が乗り込んだので、計画はどんどんスピードアップしていった。

藤木幸夫はよろこんだ。

〈自民党に政権が戻ってくれてよかった〉

平成二五（二〇一三）年三月、藤木幸夫は、自民党の梶山弘志《かじやまひろし》国土交通副大臣と面談した。梶山弘志は、幸夫の古い友人である梶山静六の息子で、太田昭宏《おおたあきひろ》国土交通大臣の下で実務を担っていた。

それからわずか七ヵ月後に、梶山副大臣は、自ら主宰した梶山委員会で国の出資を決めてくれた。

幸夫は、このスピードにはまったく驚いた。通常、法改正するとなれば、まず諮問《しもん》委員会をつくるのだが、梶山は自らの名前を前面に出した委員会をつくり、議長として率先して取り組んでくれたのである。

これにより、国家戦略港湾の港湾運営会社に対して政府の出資が可能となった。民主党政権時代の「民主導」から「国主導」へと変わった瞬間だった。

平成二五年五月、参議院予算委員会で、地元・横浜の友人、牧山《まきやま》ひろえ議員が質問した。

「日本の港は、三番か四番でいいのですか」

安倍晋三首相が答弁した。

「日本経済の成長を強力に推進するために、戦略港湾の機能強化に向けて効率的・集中的に取り組む。やるからには一位を目指したい」

安倍首相のその一言で、官僚たちも「国家戦略港で一番になる」と勢いづいた。

平成二八（二〇一六）年五月、改正港湾法が施行された。幸夫は、梶山副大臣の勇断を忘れることができなかった。

そして平成二八年五月二〇日、横浜港運協会の拡大理事会開催の日を、藤木幸夫は万感の思いで迎えていた。

「生きている間にこの日を迎えることができるとは思っていなかった」

戦後七一年、日本で初めて港湾の国策会社「横浜川崎国際港湾株式会社」が誕生したことをみんなに報告できる。港に生涯を捧げてきた幸夫の長年の願いがようやく実現したのである。

国家戦略港湾として日本の港の一つの新しい姿が展開したことは、藤木幸夫にとって「もう死んでもいい」という心境であった。

胸を張って言えることは、横浜港と川崎港の運営が一体化したことで港を中心とした人の塊、人的クラスター（集団）ができたこと。国会議員、地方議員、役所、民間、そんなことは関係なく、胸のバッジも年齢も地位も関係ない。一切の垣根を取り払った港を中心とした人的クラスター、これがミナト・ヨコハマの「財産」である。

この「財産」を中心に、新国策会社の初代社長には諸岡正道《もろおかまさみち》という天の配剤を得て、横浜港は第二ステージに入った。

戦略港湾ヨコハマの目標は、（1）持続的な発展、（2）人情長屋、（3）安全・安心な港、（4）世界に先駆けた国策の港である。（1）は船会社に寄港してもらえる港、（2）は雇用の確保と安定、徹底した現場主義、（3）はテロ対策の徹底と防災基地化、（4）は先進性、洗練性、俯瞰《ふかん》性である。

これから民間の側が、新しい体制に呼応した対応が求められていく。

日本の港運は、船会社・元請・専業（作業会社）の縦割りである。船の大型化によって、世界的に船会社のアライアンス（合従連衡《がっしょうれんこう》）がより激しくなるこれからの時代に、このままでよいのか。よいはずがない。多様な船会社が横浜港へ柔軟に寄港できる体制を早期に確立する必要がある。

いま横浜港運協会には二四五社が加盟している。が、藤木幸夫は、港の天領《てんりょう》というべきこの新しいコンテナ・ターミナルの領域に限って、加盟各社が参画する「統合港運事業体」を発足させ、それを核に従来の日本の港運体制の枠に留まらない優れたマイスター技術員を網羅《もうら》した、柔軟なターミナル・オペレーション体制の構築を目指していきたいと考えている。

新しい国策ターミナル全体の関係者が、狭義《きょうぎ》の企業本位意識を捨てて、同じ「同志の釜の飯」を食べて次の世代に渡せるミナト・ヨコハマ、日本の代表港への熱い思いを共有することが肝要な使命である。

安倍晋三

日本の第二次産業は、安い労働力を求めて中国大陸を中心に次々と海外へ出ていってしまった。いまではベトナムやラオス、ミャンマーと、さらに安い労働力を求めて奔走している。残念ながら、「貿易立国・日本」はもはや過去の姿である。

労働力そのものが消費される世の中。日本は労働者派遣法を改正して、とにかく人を安く使うことしか考えない国になってしまった。若い人たちを安く使い、単に自分たちが儲かればいいんだと考える。新自由主義の末期症状のような状態で、藤木幸夫は、これに断固として反対している。

〈日本の港には絶対にそんなことはさせない〉

安倍首相が経団連の人たちを前に賃金アップを直接求めた際、経団連はしれっと言ってのけた。

「総理、わかりました、必ず賃金を上げます。しかし、うちはまだリストラ（首切り）が終わっていませんからもう少し待ってください」

すべてではないが、これが日本の大企業の「根っこ」なのである。

藤木幸夫は思う。

〈われわれは、もう第三次産業に徹しているわけにはいかない。これからは、自分たちで臨港部における第二次産業を興していこう〉

「おれたちが、自分たちでやらなきゃいけない」

カジノを含む統合型リゾート施設ＩＲが取り沙汰されていた。

国会でもＩＲ推進法案（カジノ解禁法）が審議中で、山下埠頭の再開発をめぐっても真っ先にＩＲが持ち上がった。幸夫は菅義偉官房長官や二階俊博幹事長に、「ＩＲをやるなら、横浜でやりますから」と伝えた。

仮にＩＲ・カジノ法案が成立し、事業を臨海部、特に山下埠頭で実施する場合においても、土地利用権は港の事業者たちに属する。法案によればＩＲ・カジノ事業者を公募によって選定することとなり、もちろん幸夫たちがＩＲ・カジノ事業をおこなうこともあり得る。

そして幸夫たちが主眼にしている税制にしても、ＩＲの利益は法人税として県に行く部分が多いので、横浜市の方に大部分が行くように仕向けなければ、何のための開発なのかわからなくなる。推進法案が通った後の施行法案では、横浜にしっかりと還元するよう求めていく。

幸夫たちの先祖が守ってきた土地柄なのだから、あくまでも横浜市民の生活向上に貢献できる施設をつくり、横浜市民に還元し、市民生活を豊かにすることが第一なのである。

林文子横浜市長は、カジノの件で藤木幸夫に相談に来たとき、「あたしじゃないんです。官邸からなんです」とにおわせた。

幸夫は、問いただした。

「その話は、キチッと官邸から来た話？」

「ちがいます」

平成二八年一〇月一九日、藤木幸夫が会長を務める横浜港運協会は理事会を開き、カジノやホテルなどのIRの誘致先として有力視されている山下埠頭の再開発について、港湾事業者としての基本方針を決定した。IR推進法案の成立とは切り離し、開発を進める立場を鮮明にした。

カジノでは再開発に時間がかかるうえ、不健全な経済に手をつけるわけにはいかない。また、公募方式では港湾事業者が参入できないというのが理由である。

平成二九（二〇一七）年九月一四日、藤木幸夫は記者会見し、「MICE《マイス》（国際会議や見本市などの大型集客イベントの総称）で新しい横浜港をつくる」と述べて、国際展示場を中心とした埠頭の再開発案を発表した。

再開発案は国際展示場や大ホールを中核にし、ホテルやクルーズ客船岸壁などを備えた「ハーバーリゾート」を開発する構想で、開発事業は、民営、非公募でおこなう。

協会の試算では、年間売り上げは約一兆円で、一五〇〇万～二〇〇〇万人の集客を見込む。二〇二〇年の東京五輪・パラリンピックの影響で利用が制限される東京ビッグサイト（東京都江東区）に代わる施設にもなる。

いっぽう、ＩＲの誘致・推進の旗振り役は、横浜商工会議所の上野孝会頭と、川本守彦《かわもともりひこ》副会頭である。

「ＩＲに対する横浜市民の理解を得る好機。ポジティブに考えたい」とあくまで前向きな姿勢を見せた。が、カジノ解禁によるギャンブル依存症に対する懸念《けねん》をはじめ、青少年健全育成への影響、反社会的勢力の介入などを不安視する市民の声は根強い。

国の公聴会でも民間企業の多くがカジノ解禁の経済効果を強調する一方、市民団体はギャンブル依存症への懸念を表明し、賛否は分かれた。

平成三〇（二〇一八）年一一月、政府が全国の自治体にＩＲの誘致に関する調査をおこなった。

「誘致申請予定」と答えたのは、二〇二五年日本国際博覧会（大阪・関西万博）の前年までのＩＲ開業を掲げる大阪府・市や、和歌山県、長崎県。「検討中」と答えたのは東京都、横浜市、千葉市、北海道だった。

藤木幸夫は、平成二九年七月三〇日投開票の横浜市長選の三選を目指す林文子に言った。

「あんた、選挙前に、絶対に、『カジノをやる』と言ったらダメだよ」

林はかつて、「カジノ」と言って落選している。みんな付和雷同《ふわらいどう》のかたまりである。

ＩＲ構想については、市民集会がギャンブル依存症や青少年への悪影響が懸念されるとして、カジノ誘致反対を訴えている。港湾関係者も反対意見が多く、藤木幸夫も先頭で反対を表明している。

実際、平成二三（二〇一一）年二月に開業したシンガポールの総合リゾートホテル「マリーナベイ・サンズ」では、オープン直後に地元の人たちがこぞってカジノに興じた。そこでたちまち全財産を失い、ホテルの屋上から飛び降り自殺する人が相次いだ。

そうした話を聞けば、現在の状況ならば、幸夫はカジノに反対を表明せざるを得ない。ＩＲ構想がらみで毒まんじゅうを食ってしまっている政治家がすでに多数いて、官邸も汚れていると、幸夫の耳に入っている。

藤木幸夫は、とあるパーティーで、セガサミーホールディングスの里見治《さとみはじめ》会長と会った。

「いや藤木さんよ」

「里見さん、しばらくだね」

「あんたんところへ行かなきゃいけないんだけど、いまタイミングを見ていてね」

里見は、横浜での事業に関しては、構想の段階で真っ先に幸夫に相談しなければならない立場の男だった。が、平成二六〜二七（二〇一四〜一五）年頃から、里見はカジノ構想について「山下埠頭」など具体的な名前を出して、銀座で勝手なことをしゃべって回っている。

里見は昭和五五（一九八〇）年にパチンコ・パチスロ機の開発・販売をおこない、日本最大のパチスロメーカーに発展させ、パチンコ依存症を多数生んだ戦犯である。明らかな社会悪であり、幸夫は里見に今後会うつもりもないし、手を貸すつもりもない。

幸夫が提唱する国際展示場は、カジノ建設に反対するための構想である。反対のための反対だったら、成田闘争と同じになってしまう。代案が必要なのである。

カジノ構想は、覆面をかぶった連中が裏で蠢《うごめ》いている状況にある。幸夫も対抗して、覆面をかぶっていた。

もともと横浜港は、明治時代から生糸を積む東アジア最大の港であった。それが目先の利益しか考えない経団連の経営者たちが、賃金が安いという理由だけで工場を中国、ベトナム、ラオス、ミャンマーなどに建て、横浜港の仕事は激減した。

幸夫は長い間、思っていた。

〈経団連の連中を頼っていられない。船会社が来なきゃ埠頭が遊ぶ、そんな時代は終わりにしなければダメだ。おれたちが、何か自分たちでやらなきゃならない〉

そのためには、横浜港の性格を、外国船専門の港ではなく、観光専門の港に変えねばならない。国際金融マフィアが横浜港を食い散らかして、稼ぎを海外へ持っていくことを防がねばならぬ。横浜市民に還元できなければ意味はない。

その対案として、国際展示場がよいのではないか。幸夫は、現段階では「代案は？」と聞かれれば「国際展示場」と答えることにしている。

幸夫は、日本展示会協会の石積忠夫《いしづみただお》会長と協力して、山下埠頭で大規模展示場を中核とした再開発の計画を立てていった。

平成三〇年七月一八日、藤木幸夫が会長を務める横浜港運協会は、国際展示場の将来性や事業内容に関する講演会を中区で開いた。市民約七〇〇人や行政関係者が参加。日本展示会協会の石積忠夫会長は講演で、山下埠頭での大規模展示場「横浜メッセ」（仮称）建設も提案。

カジノについては、依存症さえなければ問題はないが、依存症のないゲームはないから、幸夫は、この問題をクリアすべきと考えていた。ＩＲ推進法は、すでに平成二八年一二月に可決された。カジノを運営する事業者は、地方公共団体が地方自治法に基づいて公募し、契約相手を決める形になる。みんな毒まんじゅうを食ってしまっているから、話はどんどん進んでいく。

場所も、東京にはすでに広い土地はないため、東京に近い四七ヘクタールある山下埠頭か、八〇ヘクタールある瑞穂《みずほ》埠頭が最終候補に挙がるはずである。

幸夫は、最終的には協力せざるを得ない可能性が高いと判断している。が、カジノは藤木幸夫や横浜港運協会が進めるわけではない。だから、幸夫としては、あくまで国際展示場で話を進めていくつもりであった。

横浜市民はカジノ反対が多勢を占める。市民感情は無視できない。だから幸夫は、ギャンブル依存症の勉強会を開くことを決めた。

平成三〇年三月一四日、ギャンブル依存症を考える公開勉強会が横浜市中区でおこなわれ、約六〇〇人が参加した。

山下埠頭再開発において検討材料の一つであるカジノを念頭に、その弊害として懸念されているギャンブル依存症について理解を深めることが目的。横浜港運協会が主催した。講師は、國學院大學名誉教授で日本社会病理学会前会長の横山實《よこやまみのる》が務めた。

横山は、ギャンブル依存症は自覚がないため、自ら治療を受けることが難しいという特性を紹介。また、専門的な医療機関が少なく、さらに二〇一七年度の国家予算における依存症全般の対策費はわずか五億円と「非常に貧弱」と指摘していた。国会に提出されたギャンブル依存症対策基本法案については、対策の骨格が示されているだけで実効性の有無が不明と疑問を投げかけた。

勉強会は、最初仲間内一〇〇人ほどで開く予定だったが、もったいないので興味のある人への参加を呼びかけた。税関、運輸局、神奈川県警、入管事務所、検疫場、農林水産、横浜市、川崎市の役人たちも参加を希望した。

幸夫は、港湾で働く人たちの未来に、責任をもつ必要がある。自分たちで考え、行動に移さねばならない。頼まれてやるのは間違っている。

平成三一（二〇一九）年、横浜港運協会を母体としてカジノ誘致に反対する横浜港ハーバーリゾート協会が設立された。カジノ誘致反対のうねりは横浜市長選へとつながり、藤木幸夫が主導した反対運動は勝利した。

藤木は、現在の政治をどう見ているのか。

「自民党には感謝です。平和でここまで来たじゃないですか。悪口ばかりではなく、そのことに対する評価をしないといけない。ただ心配なのは皇室の制度です。日本人の知恵を使って、どう皇室を守っていくかを考えないといけません」

三代目のバトン

秦野章は、何か一つ学ぶたびに、幸夫に言った。

「転向は進歩なんだよ。間違った考えだったと気づいたら、スパッと決別する。だから、人間は進歩する。だけどだな、みんなが聞く耳を持たないで、宗教裁判的になっちまったら、世の中は最悪だな」

かつて若いとき、「たとえ火にあぶられるとも」とまで信奉したイデオロギーに、敬愛する祖母を養いたい一心で決別し、長じてそのイデオロギーの燃焼と真っ向から対決した秦野の言うことだけに、幸夫の胸にズシンと響いた。

言われてみれば、初心を変えない、という言葉のみに齧《かじ》りついて、それを自慢し、誇りとし、それがために検証を怠《おこた》り、結果として他人の意見に耳を貸そうともしない人が多い。

平成一四年（二〇〇二）年一一月六日、秦野章は、腎不全《じんふぜん》のため亡くなった。九一歳であった。

幸夫には、藤木幸太郎をはじめ、酒井信太郎親方、田岡一雄など、生涯の手本とすべき教科書のような人が存在した。が、秦野章の場合は、公権力という対岸に身を置いた人でありながら、心はこちら側にあったという意味で、異色の人だった。

一緒に学びながら、幸夫は秦野のオヤジから、大学へ何年通っても教えてもらえない――そういう貴重な識見を得た。

それこそ、正しく知ることであったように思われる。

ところが、そういう人たちが他界してからは、学ぶ機会さえ失われてしまい、知る必要のあることが知らされず、テレビの人気番組、ベストセラーなどに行列症候群的に右へ倣《なら》えする人々が大半になった。

世の中を愛してきた者にとって、こんなつらい晩年はない。

平成二七年（二〇一五）一月五日、藤木企業株式会社内に在横浜パラオ共和国名誉総領事館が開館、名誉総領事として藤木幸太が任命された。

幸太は、振りかえって思う。

〈苦労を何も知らない幸せな人生を送ってきたな〉

幸太自身、子どもの頃から藤木企業をいずれ自分が引き継がなくてはいけない、という自覚を持っていた。

藤木幸太

幸太が語る。

「不思議なものですが、家業のある家に生まれて、周りの人たちから跡取りとして見られると自然とそういうふうに育つんです。やらなきゃいけないんだなと思うわけです」

幸太から見ても、藤木幸夫の横浜港を思う気持ちは計り知れないものがある。

幸太は、よく幸夫が言っているのを耳にする。

「ほかは悪くても、横浜だけはこの業界でやっている会社は一社たりとも潰さない。一五〇社全部守る」

幸夫は、横浜港湾協会会長を務めているが、幸太は過去に何度も後継の打診をされている。が、そのつど、断ってきた。

そのたびに、幸夫はこぼす。

「おまえは、この事業が好きじゃないのか」

「好きとか嫌いとかじゃない」

幸太がそう言うと、幸夫は黙って出ていってしまう。

が、幸夫は、令和四（二〇二二）年六月一七日、横浜市内で開かれた横浜港運協会の総会で、退任を表明した。

「わたしは八月で満九〇歳になる。身を引いて新しい体制をつくっていただきたい」

三三年務めた会長職を退任したのである。

退任を了承され、相談役に就き、新会長には藤木幸夫の長男の藤木幸太が就任した。


藤木幸夫の長男は、昭和二九年生まれの幸太、二男は昭和三三年生まれの幸二である。二人の母親は博子である。三男の幸三は昭和四五年生まれ。四男の幸吉は昭和四七年生まれ。二人の母親はツヤ子である。

藤木企業には、親子二代にわたってお世話になっている井上嘉久弁護士がいる。

藤木家では、幸夫が幸太ら子どもたちと井上弁護士を集めて、会議をすることがある。

幸太たちは、その席であるとき井上弁護士に言われた。

「幸太君、あなたはかわいそうだけど、お父さんの跡をやらなきゃダメだよ。幸二君、あなたはかわいそうだけど、幸太の補佐だ。絶対トップにはなれないから、ナンバーツーのままでいなさい。三男の幸三君は、幸太さんの跡を継ぐつもりでやりなさい。四男の幸吉君は、かわいそうだけど、幸三君を盛りたててやりなさい」

幸太は、「藤木家とは何ですか」と聞かれるたびに、いつもこう答えている。

「一種の宗教ですよ。藤木教（笑）。うちのオヤジは、教祖ですね」

特に重視しているのは、祖父の藤木幸太郎が残した言葉だ。幸太郎はよく言っていた。

「どうせ額に汗して働くならば、人のためになることをやれ」

口で言うのは簡単だが、実際に行動するのは難しい。

幸太は父の幸夫に、はっきりと言ったことがある。

「オヤジは会長（幸太郎）のコピーだけど、おれはオヤジのコピーではいけないと思っている。幸太郎さんの精神は絶対に踏襲《とうしゅう》するけれど、自分なりに幸太郎さんの精神を今の時代に反映させるやり方を考えます」

幸太も弟たちも、執務室には、いつも祖父の幸太郎の写真を飾っている。

幸太は、毎朝、出社すると、必ずその写真に一礼する。それは藤木企業の祖である幸太郎への挨拶なのだ。自分の部屋にも、祖父の写真を飾っている。

幸太たち幸二、幸三、幸吉の四人の男兄弟は、それぞれ父の幸夫に対して反発した時期がある。日本に息苦しさを感じて、三男の幸三はアメリカに行き、四男の幸吉はオーストラリアに行った。次男の幸二も、大学でアイスホッケーに打ち込んでいるときに逃げたことがあった。

幸太は、幸二の三歳年上にあたる。そのため若い頃はしょっちゅう連れ立って悪さをしていた。

幸夫は、幸太郎イズムの信奉者だ。幸太は、あるとき父の幸夫に言われたことがある。

「おれは幸太郎のコピーで生きるけど、お前はおれのコピーで生きるなよ。お前はお前のやりたいことがあるだろうから、やりたいように生きろよ」

幸太は、実際やりたいことをやってきた。が、そのたび、幸夫によく怒られた。

幸太は振り返って思う。

〈言っていることと、やっていることが全然違う。うちのオヤジは、朝令暮改《ちょうれいぼかい》以上だ〉

父・藤木幸夫の存在は、幸太にとってなによりも大きい。父親の背中だけを見て、必死に生きてきた。

若い頃は、自分なりのビジネスをしたくなり、リゾート開発などさまざまなことを手がけたこともあった。

インナーハーバーという大きな絵を描く

幸太は、今後の藤木企業と横浜港の将来についてどう考えているのか。

幸太が語る。

「物流事業は、自分でものをつくるのとは違って、世の中の流れに対応しないとうまくいかない業態だ。藤木企業の一番の武器は、荷役の藤木企業として世界でナンバーワンの評価を得ていること。この信用力をしっかりと受け継いでいくことです」

かつて、横浜港は京浜工業地帯を支えていた。原材料を輸入し、製品をつくり、また港から輸出する。そのための港であった。が、かつてとは時代が変わり、工場の海外移転も進んだ。

しかし、国の政策は、港の能力をさらに強化しようとしている。が、幸太は、むやみやたらと巨大化を志向する必要はないと思っている。

適切なサイズである方が効率も能率も一番よい。

藤木幸太は、よく「東京港」を閉めるべきだと提唱している。

そう発言するたびに、なかには、「我田引水だ。横浜港びいきだ」と批判をしてくる人もいる。が、幸太の発言の意図はそんな簡単なものではない。横浜港の発展のために主張しているのではない。

幸太は言う。

「ぼくは東京だけでなく、横浜もダメだと言っています。浦賀水道を抜けて入ったところが横浜ですが、さらに南の三浦半島の城《じょう》ヶ島《しま》や久《く》里《り》浜《はま》までの間などを開発するべきだと言っているんです」

もちろん、幸太の主張するところはまだ未開発の地区である。

だが、発展いちじるしい中国では、それまで何もなかったところを埋め立てて、新しい港を開発している。

国が将来を見据え、決断さえすれば、日本も中国のように新しい近代的な港を整備することは技術的にじゅうぶん可能だ。

幸太は、そういう可能性に目を向けるべきだと思っている。が、周りからは「将来を見すぎだ」と言われることが多い。

藤木幸太はこれからの横浜港の将来についてどのように考えているのか。

今回の山下埠頭へのカジノを含む統合型リゾート施設（ＩＲ）の誘致は、幸太にとっては、事件ですらないという。

「オヤジが事件と言っていますから、あまり言えませんが。本来、わたしが歴代総理にずっと言ってきたことなのですが、それはインナーハーバーという意識が一つあったんです」

幸太は、横浜ベイブリッジよりも内側の地域をインナーハーバーと呼ぶように意識している。その地域は従来の港湾としての機能から都市の機能として長い時間をかけて変化をしてきた地域である。

みなとみらいを開発するときも、藤木企業をはじめ、地元はそれまでの権益を譲っていた。しかし、だからといって、その代わりに何か仕事があるのかと思っていたら、結局、何もなかった。そのため、横浜市に騙《だま》されたという気持ちがどうしても港湾関係者には残ったという。

そのような状況のなかで、山下埠頭の再開発の話が浮上してきた。そうすると、港湾関係者の間には、「もう市には騙されないぞ。街をつくるなら、俺たちがつくる」という雰囲気が高まってきていた。

幸夫もそのように発言していたが、幸太もそのつもりだったという。

幸太は言う。

「インナーハーバー全体でこうなるべき、という大きな絵がないとダメなんです」

しかし、菅や林市長は「山下埠頭だけをカジノにする」と突然、発言した。

そのような話の持っていき方では、「カジノにイエスか、ノーか」で横浜市民を二分する問題になってしまうのは当然だろう。

インナーハーバー全体の計画をつくり、そのプロジェクトのなかで各地域の役割を明確にし、時間をかけて、プロジェクトを実施していく姿勢が理想的だったと幸太は指摘する。

幸太は思っていた。

〈山下埠頭をどうするかだけで、八人もの候補者が市長選に出て、カジノに賛成か反対かで論争するのはおとなげなかった〉

幸太は、「そもそも山下埠頭だけで考えるのでは意味がない」と指摘する。

最近話題になっている瑞穂埠頭は、横浜港の突き当たりに位置する。日本の提供施設として在日米陸軍が使用している「ノース・ピア」があり、そのほかに民間埠頭、公共埠頭としても併用されている。もしカジノをやるならば、そこでやってもよい。

幸太は、長年親交のあるコンサルタントの大前研一と、かつて瑞穂埠頭でのカジノ誘致を計画したことがある。

幸太は思っていた。

〈米軍の基地内でカジノをやれば、パスポートを持っている人なら誰でも入れるから問題ない。セキュリティもよいし、日本の法律にも抵触《ていしょく》しないだろう〉

しかし、この話は実現しなかった。

世界中どこを見渡しても、港湾は都市として開発されている。だが、日本は遅かった。

それは運輸省と建設省がそれぞれの権益を主張し、縄張り争いを長年繰り返したことが大きい。今では両省ともに国土交通省に統合されたが、その弊害はいまだに残っている。

かつて横浜市は、社会党の委員長をのちに務める飛鳥田一雄が昭和三八～五三（一九六三～七八）年まで一五年間、市長として市政を担っていた時期があった。

飛鳥田市政は革新市政だったので、国からは予算の面で嫌がらせに遭っていた。

だが、飛鳥田市政はのちの横浜市の発展の基盤となる八大計画をつくり、飛鳥田以降の歴代市長の細郷《さいごう》道一《みちかず》や高秀秀信《たかひでひでのぶ》も、基本的にはその方針を引き継ぎ、横浜市を開発し、成長させていった。

しかし、中田宏《なかだひろし》と林文子の市政では、飛鳥田市政のように、横浜市の将来像を描いたマスタープランの策定には取り組まなかった。

当時は、幸夫も積極的ではなく、港は港という認識だった。

幸太は、そんな幸夫に怒られつつも、将来のことを考えて動きつづけていた。

幸太は、バブルの頃には倉庫街の再開発を試みて、地権者を集めて、海外の開発事例を提示しながら、レストランなどをオープンさせた。

最初は懐疑的な声もあったが、いざ、はじめてみると、レストランは大流行した。

当時、地元の人たちと議論すると、「観光客が来るのは横浜駅周辺や中華街ばかりで、山下埠頭までは来ない」という意見が多かった。

その結果「山下埠頭の再開発に取り組もう」という話が浮上したのだという。

結局、カジノの誘致が大きな争点となり、山中市政が誕生し、またゼロから白紙で考えることになった。

だが、もともとの計画をカジノありきで考えていた部分が大きかった影響もあり、十いくつの新しい計画が出たが、結局、カジノをやろうというチームの人がカジノだけ抜いて計画を出している。エンジンがカジノだったのに、それを降ろした車は走らない。そんなアイデアばかりであった。

結局、令和五（二〇二三）年三月から新たな案を募集している。

幸太は、つい先日、ある企業の副社長の求めに応じて食事をした。その副社長が言う。

「藤木さん、カジノやらなくてよかったね。いまや劇的な変化で、マカオですら景気が悪く苦しんでいるそうだ」

幸太はあきれかえって言ったという。

「あなた、あれだけカジノ推進派だったのに、今になって何を言ってるんです」

幸太は、横浜市長選の落選後にも、小此木八郎に会った。

「はっちゃん、また出るか？」

だが、小此木は言った。

「もう政治はやらない」

幸太は、小此木に神奈川県知事選への出馬も勧めてみたが、積極的ではなかったという。

ただし、現在の山中竹春市長も万全とは言えない。小此木八郎にも、次はチャンスがあると藤木幸太は見ている……。

盟友大前研一との最後のたくらみ

藤木幸夫は、幸太に対して、常日頃から「申し訳ないことをした」という気持ちを抱えているという。

理由は、幸太の幼少時代に、幸太の母親博子と離婚したことにあった。

幸夫は、なにかにつけて幸太に言う。

「お前には、苦労かけたな……」

じつは、幸太自身はそれほど気にしていないことなのだが、幸夫にはずっと負い目になっているようで、その分優しいという。

現在も、幸太の母親博子の誕生日になると、幸夫は何かしらのプレゼントを渡すように幸太に言ってきて、さらに気にかける。

「あいつは、元気なのか?」

現在は、オーストラリアで悠々自適に暮らしている母親博子のことを今も心配しているという。

評論家の大前研一と藤木幸太は年齢こそ一一歳もの差があるが、親友どうしの付き合いをずっと続けている。

大前研一は、昭和一八(一九四三)年二月二一日、福岡県若松市(のち北九州市)に生まれる。早稲田大学理工学部卒業後、東京工業大学大学院原子核工学科で修士号を、マサチューセッツ工科大学大学院原子力工学科で博士号を取得。日立製作所原子力開発部技師を経て、昭和四七年に、マッキンゼー・アンド・カンパニーに入社。以来、ディレクター、日本支社長、アジア太平洋地区会長を務めた。

平成四年には政策市民集団「平成維新の会」を設立、その代表に就任する。マッキンゼー・アンド・カンパニーを退職し平成七年、東京都知事選に出馬するが落選した。

その後も、経営コンサルタントとして各国で活躍しながら、経営や経済に関する多くの著書を執筆している。

幸太は、三浦半島の油壺《あぶらつぼ》にあるシーボニアヨットクラブに中学時代から通っていて、大前研一もそのクラブを利用していたという。

ただ当時は、面識はなかった。大前との知遇《ちぐう》を幸太が得るのは、社会人になってからだった。シーボニアヨットクラブの会長を務めていたエスビー食品の山崎達光《やまさきたつみつ》社長に紹介してもらったという。

それ以来、幸太と大前は、どこへ行くにも一緒で親しくしている。

大前は仕事だけでなく遊びも一流だ。

アウトドアスポーツが大好きで、冬はスノーモーグル、夏はジェットスキーを嗜《たしな》む。幸太は大前とともに海外にも遊びに行った。

藤木幸夫も、大前のことを高く評価している。

横浜DeNAベイスターズの南場智子オーナーは、マッキンゼー時代、大前の下で働いていたことがあるため、今も大前と親交がある。


コンサルタントを本業とする大前研一は、親友である藤木幸太に対しても、手厳しいことを言う。

「幸ちゃんの業界は、国から守られてるから、伸びないよ」

そう説教されることもしばしばだった。

大前は、横浜港にコンテナ船が入ってくるのを見ると、よくぼやいた。

「幸ちゃん、日本に来る貨物、日本から出る貨物だけじゃなくて、日本を経由する貨物を取るには乗り継ぎをよくしないとダメだ。ユナイテッド航空が羽田空港でやったみたいに、中国に一番待ちがない時間で到着するように組まないといけないよ」

大前はいつも辛口だ。藤木幸太に対しても、遠慮せず手厳しいことをズバズバと言う。

「幸ちゃんはダメだよな。知っていることを人に訊かれると、みんな教えてしゃべっちゃう。俺はコンサルタントだから、そんなことはしない。コンサルタントは娼婦と一緒なんだ。娼婦は抱かれてからカネを取るのでなく、カネを取ってから抱かせるんだ。だからコンサルタントもチャリンとおカネが落ちた分だけしかしゃべらない。なんでもしゃべっちゃったら、一銭にもならないだろう」

そう言う半面、大前は、時折、幸太のことを褒めるときもある。

一緒に海外旅行に行き、航空機で隣同士になる。幸太が乗務員にお礼を言ったりすると、その様子を見た大前は言う。

「幸ちゃんは、気さくにありがとうと言って偉いな。コンサルタントはありがとうとは言っちゃいけない。それも料金に含まれているからさ。でも、幸ちゃんは経営者だから、そういうところは気を使わないとダメなんだよな」

大前は幸太との旅行先で、有名人だとバレると面倒くさいために、偽名を使いたがることもある。

「幸ちゃん、俺は大前じゃなく、斉藤さんだから、斉藤って呼べよ」

しかし、幸太が言われた通りに「斉藤さん」と呼んでも、一向に返事をしない。

言った本人の大前が斉藤という偽名を忘れてしまっているのだ。


藤木幸太は、自分の生涯で最後にやりたいことについて次のように語る。

「オヤジには知られたくないんですが、今の仕事を十二分にやりきった後に、蒸発したいんです（笑）。今までの縁を全部切って出家したい」

藤木幸太は、大前ら親しい友人ともよくその話をするという。

それぞれの家族には老後安心して生活できるだけの十二分の財産を渡して、自分たちは蒸発し、どこか遠くに気の向くままに旅に出る。

ときおり、「藤木幸太を○○で見た」「藤木幸太は、イタリアで死んだらしいぞ」などと風の噂が流れるが、実際のところはわからない。

闘いつづける幸太は、そのように気ままに生きてみたいとふと思うことがあるという。

継承の重み

藤木幸太は、父親である藤木幸夫のことをどのように見ているのか。

「評価もなにもないですよ。できるだけ長く生きてほしい。それだけです」

今では幸夫は、幸太のことを全面的に信頼しているようだ。

これまでは藤木企業に関することで何かいい話があると、全部、幸夫の会長室がある七階に話が行った。

いっぽう、悪い話は幸太の社長室がある五階に降りてくる。

幸太のもとには悪い話ばかりで、いい話は来ない。

ところが、最近は、五階に来た悪い話を七階に持っていくと、幸夫は次のように言う。

「この話は、幸太は知っているのか。あいつはなんて言っているんだ」

ここ数年、幸夫はそのようなことを言うようになってきた。

幸太は幸夫からの事業の引き継ぎについてどう思っているのか。

「はっきりと引き継ぐということはないんですよね。フェードアウトというか、うちの親父は長くやりすぎて、僕がやらなきゃいけない期間ののりしろをとっちゃったんですよ。だから、僕は、次の社長を担う四男の幸吉に早めにパスしようと思っています」

エピローグ――ハマへの想い

死ぬまで自分の体で、港をよくしていきたい

横浜港ハーバーリゾート協会の会長を務める藤木幸夫は、令和五（二〇二三）年一月四日、ロイヤルホールヨコハマでおこなわれた横浜船主会、横浜港運協会、横浜港ハーバーリゾート協会の三団体共催による年始の会で、次のように挨拶した。

「こんなに大勢のみなさんにこちらにお出かけいただきまして、ありがとうございます。黒岩（祐治）知事も、山中（竹春）市長も、それぞれ政治の世界のわたしが普段お世話になっている友人のみなさんも、駆けつけていただきました。心からお礼を申し上げます。

わたしは九二歳なんです。九二っていうのは嫌です。長生きはめでたいと黒岩さんは言いますが、あれは間違いだね。ある時期が来たら、面倒を見てもらわないといけません。もう黙っていても小便が洩れちゃうしね。新年早々汚い話から入りますが、生理的なもの、衰退というのは、これは天下国家ではなくて、一人の個人の中にいろんな現象が現れます。

今日もわたし、ほっぺたが腫れている。これは歯の関係なんですね。歯の関係で痛いんです。ご飯が食べられない。ご飯が食べられなくて、いいことがあったのは一つ。目方がうんと痩せちゃうんです。わたしは目方が痩せて痩せて、裸になって鏡を見てこれがおれかよって言うくらい。大きな体が小さくなってしまった。

年をとるってことは大変なことだってことをみなさんにお伝えしたいのは、もうだらしなくても、みっ

ともなくても許してください。わたしはまだまだ世の中とお付き合いをしたいんです。もう引っ込んで老人ホームに入るとか、あるいは、一人で孤独を楽しむとか、しゃれたことはできません」

横浜港への愛について、強く語る。

「わたしはどんなことがあっても、この港でご縁になって、港で育ててもらって、港でご飯を食べていますから、死ぬまで自分の体で、港をよくしていきたい。

有名な世界の都市に行きますと、三歳の童子が横浜を知っています。東京港って言うと、いまだに東京に港はないよって人がいっぱいいいます。横浜港って言うと、小さい子どもが地球儀にこうやって指を指しています。日本どこだ、って訊くと、わからない。インドの方向を指している。でも、横浜って言うと、日本列島をちゃんと指す。

みんな横浜が好きなんですよ。行ったこともないし、見たこともないんだけど。だから、横浜の流行歌は売れるでしょう。『ブルー・ライト・ヨコハマ』、あれがいちばんいいですね。そのほかにも『港が見える丘』があるけれど、とにかく横浜のよさというものは、磨けば磨くだけよくなると思います」

問題になったカジノについても触れた。

「先般来、お騒がせしたカジノの問題も終わりました。今日ご出席いただいている山中市長さんがカジノはやめたということを正式に発表してくれました。わたしは本当に涙が出ました。

今日もテレビ朝日の人が来て、こうやって撮ってくれているけれど、テレビ朝日を見ていたら、わたしが会議でしゃべっていた。『もし、カジノをやる方が勝って、カジノをやらない反対派が負けたら、来年の正月はおれはいないよ』って発言しているんですね。だから、もし、この場に山中さんがいないのなら、こんな挨拶もこの場でしていないんですよ。そのつもりでいました。

今日は松沢（成文）さんも来てくれている。それから中田（宏）さんも来てくれている。わたしの古い地方自治の知り合いがみんな来てくれている。彼らは知っています。わたしはもしもカジノが横浜に決まったら、決まった瞬間に死んでいます。うちの家内も、よく知っています。その死に方も勉強しました。ヨーロッパ流のやり方を田中康夫さんに教わりました。浅野内匠頭《あさのたくみのかみ》みたいな死に方ではなくて、どういう死に方がいちばんいいのか。新年早々こんな話をしているのはおかしいけれど、どんな死に方がいちばんいいのだろうなあって思ったら、なかなかないんです。これだという決め手が。

わたしは、白装束はしない。こういうかたちで死ぬと決めていました。それがズルズルズルズル今日になりました。こうやってここでみなさんにお話をしている。これは山中さんが勝ったから。だから、わたしは山中さんのために四年間は生きないといけない」

横浜で生活し、仲間をつくる。それがハマっ子

親孝行について語る。

「しかし、世間というのは、面白いものですね。どこが面白いのか。いろんな人がいるっていうことで面白い。いろんな人がいる。鉛筆の二四色の見本ではないけれど、一人ひとりみんな色が違う。昨日までは赤だったけれど、今日からは黒になったとか、今日からは緑になったとか。いろんな人がいますね。

九二年間生きている中で、わたしがやらなかったことは、親孝行だけでした。いま考えると、親孝行しておけばよかったなと。あの瞬間は、おれがオヤジを喜ばせてあげてたな。母親はおれにこんなことを言ったけれど、あのときは、おふくろはうれしかったんだな。そういう思い出が二つ三つあります。だけども、いまいちばん会いたいのは誰か。やっぱり親ですね。お父ちゃんに会いたいね。わたしは。お母ちゃんに会いたい。年をとればとるほど、早く会いたいなあという気持ちになってきた。

だから、わたしは新年のご挨拶で今日こうやってお話をさせてもらっていますけれど、これが最後になるかもしれない。次の機会がないときは、わたしが喜んでいると思ってください。親に会っています。報

告しています。
横浜の港についてはこうなっていると。カジノでちょっとね、二、三問題あったけれど、ちゃんと元に戻っていますと、わたしは報告できるんです。何のためらいもない」

ハマっ子について強調した。

「たとえば、今日は、商工会議所の上野（孝）会頭もお見えですが、横浜のバリバリの経済人たちがみんなカジノの件では嫌な思いした人もいたんですね。今日は何人もお見えくださっていろいろとお話をいたしました。もう何にもなかったような感じです。

これが組織対組織だったら違いますよ。組織対組織だったら、したくない喧嘩をしなきゃならない。これは国と国との関係もですよね。

横浜の経済人、政治の人たち、全部いま元に戻って、無色透明になって明るい付き合いを再開しています。この新年のわたしの願いは、それが一日も早く、昔のハマっ子らしい姿になってもらうこと。

ハマっ子が増えているんですよ。人数が増えたんじゃない。意識の問題なんです。

横浜に寝泊りしている、横浜に住んでいる、横浜で生活を営み商売している、だけど、おれは生まれはどこどこだから、本当はそっちの方が大事なんだっていう人もいないわけじゃないですよ、世の中。それは何年横浜に住んでいようと、あくまで通行人です。旅人です。

わたしの友達でハマっ子の共通点は、生まれは全部違う。四七都道府県のいろんなところから先祖代々来ている。横浜の住人になっています。そしてなにより、根っこからのハマっ子になっています。

今日ここにお集まりのみなさんも、ハマっ子ですよ。横浜の将来を考えてますね。でも考えたってしょうがないですよ。自分が考えたって、自分がいなくなっちゃうんだから。二〇年先の横浜をこうしよう、ああしようと考えても何にもならない。

しかし、悪さだけはやめようね、いいことだけを残そうね。ちゃんと真っ白なキャンバスを残していこうね、というのはわれわれハマっ子の考えです。

ハーバーリゾート協会という名前もありますが、横浜港運協会の会長藤木幸太さんと、それから横浜船主会の会長の中井英樹《なかいひでき》さん、来ておられますけれど、みなさんに申し上げたいのは、横浜というところは、方々から人が来ている。これから外国からもどんどん来る。それが横浜に住んだら住民。住民になったら、みんなハマっ子になってもらう。通行人じゃないんだ。本当のその根っこから、横浜の人間なんだと。

だから、横浜でこういう生活をして、こういう話をして、こういう仲間をつくる。そうなれば、カジノをやれば何千億円の横浜市の収入があるからやるんだという、甘ったれた、他人様の迷惑を考えないプランはなくなるんですよ。そういうことでいきましょう。

三〇年後も横浜をよくする、二〇年後の横浜をよくする、そんなことを山中さんの選挙の最中にしゃべりましたが、とにかく横浜をよくしたい、自分の足元をよくすれば、日本がよくなる」

ハーバーリゾート協会の未来について訴える。

「さてそこでみなさんね、お願いをいたします。ハーバーリゾート協会は、いまは考えが全部白紙です。横浜市港湾局を中心に、市長さんを中心にした、どうやって横浜の進め方を決めるか。港がそのときどういうようなことをやるのか。港がどういうことをやったらよいのか。いまの足元の現実でおまえたちこれをやれ、と。それを市民のみなさんから聞きたいんです。

わたしは横浜市民というのを見なおしたんですよ。この前の市長選挙で。市民は強いですね。何もしないのに、わたしがしゃべっただけなのに、五〇万人以上の票が入っているんですよ。期待してくれているんですよ。

わたしはみなさんに刻々とお伝えしたい。いま、横浜市は港湾局を中心に、会報をつくりました。こういう話題が出ています。それについてみなさんどう思うか。小さな活字です。その小さな活字を、どんどんハーバーリゾート協会が発信します。

リゾート協会に入ってきてもらいたい。どうぞみなさんその小さな活字がでっかい活字になって、みんなの頭の中に入っていくような会をつくりたい。協議会をつくりたい。それはハーバーリゾート協会の役員会の形でやりますから。市民一人ひとりが役員なんですよ。こうしなさいよ、ああしなさいよと。

そういうことで今日、この会で、わたしはみなさんにそれをお願いしようと思ってこの台に上がりました。ぜひ、これからのハーバーリゾート協会の拡大役員会を開くよと。先月はすでにやりましたけれど、その拡大は、ある意味で、市民全部のみなさんに来ていただいて、そこでみなさんの声をまとめて、わたしが横浜市に陳情する。市長さんに了解をいただくというようなことでやっていきたいと思うんです。

圧力団体ではありません。お願いの段階です。市民の希望の段階です。そういうことでやっていきたいと思っておりますのは、ハーバーリゾート協会です。これはほかの港にはありません。ほかの港には振興協会で、ハーバーリゾート協会があるのは横浜だけです。

四〇〇〇近くある港で、こんなことをやっているのは横浜だけです。これからも続けます。わたしはもうしばらく生きますから、この調子なら、来年の正月も来られるかもしれないね。

そんな調子で、わたしも指折り数えながら、オヤジに会えるのも楽しみだけど、こっちに残って仕事をすることも大事だなと、そんな気持ちで今日からスタートしていきます。助けてください。ありがとうございました」

あとがき

この作品を執筆するにあたって、藤木幸夫氏と藤木幸太氏に、インタビューにご協力いただきました。お忙しいなか、ご協力に感謝いたします。

また、『ミナトのおやじ　藤木幸太郎伝』（白土秀次著、藤木企業株式会社）、『ミナトのせがれ』（藤木幸夫著、神奈川新聞社）、「港に生きる」全一二回（藤木幸夫著・「月刊Ｈａｎａｄａ」二〇一六年二月号～二〇一七年一月号連載）、『山口組三代目　田岡一雄自伝』（田岡一雄著、徳間書店）、『田中清玄自伝』（田中清玄・大須賀瑞夫著、筑摩書房）、『お父さんの石けん箱』（田岡由伎著、筑摩書房）、拙著の『修羅の群れ（上・下）』（徳間書店）、神奈川新聞を参考にしています。

今回、この作品の上梓に協力してくださった株式会社さくら舎の古屋信吾氏と松浦早苗氏、飛鳥新社の「月刊Ｈａｎａｄａ」編集長の花田紀凱氏に感謝いたします。

大下英治

著者略歴

一九四四年、広島県に生まれる。広島大学文学部仏文科を卒業。「週刊文春」記者をへて、作家として政財官界から芸能、犯罪まで幅広いジャンルで旺盛な創作活動をつづけている。

著書には『十三人のユダ　三越・男たちの野望と崩壊』（新潮文庫）、『実録　田中角栄と鉄の軍団』シリーズ（全三巻、講談社＋α文庫）、『昭和　闇の支配者』シリーズ（全六巻、だいわ文庫）、『安倍官邸「権力」の正体』（角川新書）、『高倉健の背中　監督・降旗康男に遺した男の立ち姿』（朝日新聞出版）、『逆襲弁護士　河合弘之』『専横のカリスマ　渡邉恒雄』『激闘！闇の帝王　安藤昇』『百円の男　ダイソー矢野博丈』『田中角栄　最後の激闘』『日本を揺るがした三巨頭』『政権奪取秘史』『スルガ銀行　かぼちゃの馬車事件』『安藤昇　侠気と弾丸の全生涯』『西武王国の興亡』『最後の無頼派作家　梶山季之』（以上、さくら舎）などがある。

ハマの帝王《ていおう》

——横浜《よこはま》をつくった男《おとこ》　藤木幸夫《ふじきゆきお》

二〇二三年八月一〇日　第一刷発行
二〇二三年九月二四日　第四刷発行

著者　大下英治《おおしたえいじ》
発行者　古屋信吾
発行所　株式会社さくら舎　http://www.sakurasha.com
東京都千代田区富士見一-二-一一　〒一〇二-〇〇七一
電話　営業　〇三-五二一一-六五三三　ＦＡＸ　〇三-五二一一-六四八一
編集　〇三-五二一一-六四八〇　振替　〇〇一九〇-八-四〇二〇六〇

カバー写真　毎日新聞社
装丁　石間　淳
印刷・製本　中央精版印刷株式会社

ISBN978-4-86581-396-8